플로리안 일리스 지음

한경희 옮김

증오의 시대, 광기의 사랑

감정의 연대기 1929 ~ 1939

1929/
/1939

문학동네

차례

일러두기

1. 이 책은 아래의 원서를 한국어로 완역한 것이다.
   Florian Illies, *LIEBE IN ZEITEN DES HASSES: Chronik eines Gefühls 1929-1939*(Fischer Verlag GmbH, 2021)
2. 주석은 모두 옮긴이주다.
3. 단행본, 일간지, 잡지는 『 』로, 시, 단편, 논문은 「 」로, 미술작품, 음악작품, 영화는 〈 〉로 구분했다.
4. 외래어 표기는 국립국어원의 표기 원칙을 따랐으나 관례로 굳어진 경우는 예외를 두었다.

그 이전

1929년 봄, 파리 고등사범학교에서 시몬 드 보부아르와 처음 눈이 마주친 젊은 장폴 사르트르는 인생에서 처음이자 마지막으로 이성을 잃었다. 그로부터 몇 주가 지난 6월 초 어느 날, 마침내 단둘이 만나기로 한 날, 그녀는 나타나지 않는다. 사르트르는 메디시스가에 자리한 찻집에 앉아 하염없이 기다린다. 날은 기분좋게 따뜻하고, 머리 위로는 새파란 하늘에 하얀 구름이 떠다닌다. 사르트르는 일부러 넥타이를 매지 않았다. 보부아르와 차를 마신 뒤에 근처 뤽상브르공원에 가서 작은 보트를 띄울 계획이기 때문이다. 다들 그런다고 어디선가 읽었다. 차를 벌써 절반이나 마시고, 열다섯 번이나 시계를 쳐다본 사르트르가 파이프에 천천히 담배를 재어 불을 붙였을 때, 금발머리의 젊은 여인이 사르트르 쪽으로 헐레벌떡 다가온다. 그러더니 시몬의 여동생 엘렌 드 보부아르라고, 언니는 아쉽게도 오늘 못 온다고, 언니가 유감이라고 전해달라 했다고 말한다. 그러자 사르트르가 묻는다. "그런데 이 많은 사람 속에서 어떻게 그렇게 빨리 저를 찾아냈습니까?" 엘렌이 이렇게 대답한다. "언니가 말했어요, 키가 작고, 안경을 썼고, 아주 못생겼다고.” 이렇게 20세기 가장 위대한 사랑 이야기가 시작된다.

◇

늦은 오후 베를린, 구름 사이로 해가 다시 얼굴을 내밀고 햇살이 아우구스트 거리를 비추자, 마샤 칼레코는 눈을 깜빡이고는 잠시 멈춰서서 피부에 닿는 온기를 음미한다.

항상 오후 네시 정각에 퇴근하는 마샤 칼레코는 5년째 일하고 있는 유대인 노동자 복지국 사무실 계단을 달려내려가 문을 열어젖힌다. 그러고는 그 자리에 가만히 멈춰 선다. 처녀 때 성이 엥엘Engel이니, 천사로 태어난 마샤 칼레코는 몸이 따뜻해지는 것을 느끼며 머릿속으로는 이런저런 생각을 떠올리면서, 저멀리 전차 바퀴가 선로와 부딪치는 날카로운 소리, 맥주를 실은 마차가 덜컹거리며 달리는 소리, 아이들이 이곳 알렉산더광장 주변 유대인 지구의 뒤뜰에서 뛰어다니며 내지르는 소리, 신문팔이 소년들이 목청껏 석간신문을 선전하는 소리에 귀를 기울인다. 그러다가 귀마저 닫아버린 채 그저 햇살의 부드러운 온기를 즐긴다. 해는 프리드리히 거리에 있는 높은 건물들 뒤로 가라앉고, 마지막 남은 빛줄기 몇 가닥이 오라니엔 거리에 있는 시너고그의 황금빛 돔에 걸리더니 결국 어스름이 깔린다. 그러나 스물두 살의 마샤 칼레코는 집으로 향하지 않고 베를린 서부 지구에 있는 카페로, 평소대로 로마니셰스 카페로 가서 그곳에 앉아 카랑카랑한 목소리로 베를린 사투리를 멋들어지게 구사하며 논쟁을 벌인다. 쿠르트 투홀스키도, 요제프 로트도, 루트 란츠호프도 마샤 칼레코 옆으로 의자를 당겨 앉는다. 모두 마샤 칼레코의 엉클어진 갈색 머리를, 모든 걸 다 안다는 듯 자신감 넘치는 웃음소리를, 갈색 눈을 의기양양하게 빛내며 쏟아놓는 재담을 사랑한다. 그 재담에는 인간에 대한 애정이 담겨 있다. 마샤의 남편도 자주 로마니셰스 카페로 와서 자리를 함께한다. 마샤의 과묵한 남편 자울은 박사학위도 있는 뼛속까지 학자인 사람이었는데, 금속테 안경을 썼고, 성긴 머리에, 삐쩍 말랐으며, 『유디셰 룬트샤우』 기자이자 히브리어 강사다. 그리고 사랑에 푹 빠져 있다. 과묵한 자울은 격정적인 젊은 아내를 바라보는 다른 사내들의 시선을 느끼고, 거침없는 마샤가 이 남자들의 시선을 즐기는 것을 보고는 시간이 흐를수록 점점 더 과묵해지고, 다른 이들이 첫 와인병을 따는 동안 차를 한 잔 주문한다. 그러다가 어느 순간 정중하게 양해를 구하더니 모자를 쓰고 서류가방을 집어든 다음 작별을 고하고 집으로 향한다. 그리고 다 늦은 저녁, 마샤가 템펠호프 호엔촐러른코르소에 자리한 집으로 돌아올 즈음이면 남편은 이미 자고 있다. 마샤는 가만히 남편을 바라본다. 규칙적인 호흡에 따라 살며시 올라갔다 내려갔다 하는 진지한 모습을. 마샤는 부엌에 있는 탁자로 가서 종이와 연필을 집어들더니 남편에게 바치는 짧은 사랑의 시를 짓는다. 이제까지 쓰인 시 중에 가장 감동적인 시를. "다른 이들은 광활한 바다 / 당신은 항구 / 그러니 나를 믿어요, 당신은 편히 자도 돼요 / 나는 언제나 이리로 배를 돌릴 테니까요." 그리고 이렇게 덧붙인다. "한 남자에게." 그러더니 아침식사용 접시에 그

쪽지를 올려놓고는 침대로 들어가 남편에게 바싹 파고든다. 마샤 칼레코는 내일 이른 아침 여섯시 정각에 다시 항해를 떠날 것이다. 이 거대한 도시의 반대쪽 끝에 있는 사무실에 제때 도착하기 위해서. 자울이 고향의 항구에 무사히 정박한 아내를 느끼고는 잠에서 깨어 등 뒤로 손을 뻗어 마샤를 어루만지며 안도한다.

◇

1929년에 미래에 대한 희망을 품는 이는 아무도 없다. 그리고 그 누구도 과거를 떠올리고 싶어하지 않는다. 그렇기에 모두들 그토록 정신없이 현재에 몰두하고 있다.

◇

"누가 사랑 때문에 남자와 결혼하는 위험을 감수해? 난 아니야." 마를레네 디트리히는 1929년 봄, 확신에 가득차서 이렇게 말한다. 그것도 코미디에 암 쿠어퓌르스텐담 극장의 무대에서 조지 버나드 쇼의 작품 〈부모와 자식들〉*을 연기하면서. 그녀는 음미하듯 담배를

* 원제는 〈잘못된 결혼Misalliance〉.

빨아들이며 눈을 살짝 내리깐 채 나른한 우아함이 뭔지 보여준다.

그러고는 집으로, 사랑 때문에 결혼한 게 아닌 남편 루돌프 지버에게로 돌아간다. 그렇게 그와 함께 매일 집에서 〈부모와 자식들〉을 연기한다. 마를레네는 자기 남편을 "아빠"라고 부르고, 마를레네의 남편은 자기 아내를 "엄마"라고 부른다. 딸 마리아는 이제 다섯 살이다. 집에 와보니 딸을 돌보는 보모 타마라가 부부침대에서 남편 옆에 자고 있다. 그걸 본 마를레네 디트리히는 마음이 아주 가벼워진다. 이제 밤이면 밤마다 이 집 저 집, 이 술집 저 술집을 떠돌며 이 여자 이 남자를 만날 때마다 죄책감을 느낄 필요가 없어졌다. 마를레네 디트리히는 무대 공연이나 바벨스베르크에 있는 UFA 영화사 스튜디오에서 영화 촬영을 마치고 나면 우선 집으로 돌아와 잠깐 항구를 순회한다. 현관홀에 있는 꽃병에 든 꽃을 바로잡고, 자고 있는 마리아의 이마에 입맞추고, 옷을 갈아입고, 물을 한 잔 마시고, 새로 향수를 뿌리고는, 높은 하이힐을 신고서 이제 막 따뜻해지기 시작한 밤바람을 맞으며 집을 나선다.

◇

여기 1920년대 내내 정처 없이 방황하는 젊은이가 있다. 이제 겨우 스물세 살의 클라우스 만은 인생이 막 시작될 나이인데 이미 인생의 끝자락에 서 있는 것 같을 때가 많다. 사랑받고 싶지만 감정이 마비된 아버지 토마스 만은 아들을 멀리하며 무시한다. 그 자신은 평생 동안 그렇게 교묘하게 자신의 동성애 성향을 억눌러야 했건만 아들은 그런 성향을 거리낌없이 드러내는 것을 용서할 수 없기 때문이다. 1920년에, 토마스 만이 아들 클라우스와 "사랑에 빠졌다"고 쓴 적은 있다. 그러나 그후로 다시는 아버지의 사랑을 느낄 기회를 주지 않은 채 아들에게 그림자 같은 인생을 선고한다. 『혼돈과 젊은 날의 고뇌』에서 토마스 만은 자기 아들을 "응석받이이자 허풍선이"로 묘사한다. 끔찍하다. 가끔 인생은 금단요법 같기만 하다. 클라우스 만은 아버지의 조롱으로 받은 "상처"에 대한 불만을 편지에 쏟아놓지만 그 편지를 부칠 용기는 내지 못한다. 그저 문학으로 부친 살해를 할 뿐이다. 『어린이를 위한 노벨레』에서 누가 봐도 알 수 있게 바트 퇼츠에서 지내던 시절 자기 가족의 일상을 묘사했는데, 모든 가족이 등장하지만 아버지만은 일찍 죽는다. 그러나 물론 문학적 살해가 못 받은 사랑의 해결책이 되지는 못한다. 클라우스 만은 자서전에서 아버지 토마스 만에 대해 이렇게 말한다. "물론 나는 그 누구보다 아버지의 박수를 받고 싶었다." 그러나 토마스 만은 박수치지 않는다. 그저 헛기침만 할 뿐이다.

◇

파블로 피카소는 젊은 연인 마리테레즈 발테르를 누운 모습으로, 서 있는 모습으로, 앉아 있는 모습으로 그린다. 그런 다음 처음부터 다시 시작한다. 피카소는 마리테레즈를 위해 특별히 리에주가 11번지에 작은 집을 세냈다. 은밀하게 그림도 그리고, 은밀하게 사랑도 나누기 위해서. 피카소는 마리에게 키스하고는 서둘러 집으로, 아내와 자식에게로 돌아간다. 아직은 아무도 눈치채지 못한다. 나중에야 피카소의 그림들 때문에 이 비밀이 드러날 뿐이다. 붓은 마법이 사라진 시대에 유일하게 살아남은 마법 지팡이다.

◇

1920년대는 고트프리트 벤에게 끔찍한 10년이었다. 어스름을 사랑하는 벤에게 베를린은 모든 것이 너무 시끄럽고, 너무 빠르고, 너무 향락적이었다. 고트프리트 벤은 벨레알리앙스가 12번지 2층 오른쪽에 있는 무애無愛의 공간인 진료실에서, 스스로 "양로원"이라고 부르는 곳에서 살고 있다. 이제 그의 나이 마흔셋이었다. 이곳에서 여덟시부터 오후 여섯시까지 피부질환 환자와 성병 환자를 돌보지만, 실수로라도 여자 환자가 찾아오는 일은 거의 없다. "초인종은 거의 울리지 않는다"면서 "내가 그토록 바라던 황혼"이라고 벤은 애인에게 편지를 쓴다.

저녁이면 벤은 모퉁이에 있는 라이히스칸츨러 식당에서 맥주 한잔에 카셀러*를 먹는데, 그러면서 이따금 시를 쓴다. 그러나 이

* 소금에 절인 훈제 돼지고기 요리. 19세기에 베를린의 정육점 주인 카셀이 개발한 요리라는 설도 있고, 프랑스의 냄비 카세롤레로 만드는 요리라서 붙여진 이름이라는 설도 있다.

제 더이상 제대로 된 시를 쓸 수 없다. 연은 늘 8행으로 이루어졌지만 시어들은 구원받지 못하고 어떤 출판사도 그 시들을 출판하려 하지 않는다. 밤이면 침실 창가에 서서 불을 끄고 영감이 돌아오기를 기다린다. 뒷마당에 의자들을 내놓고 영업하는 음악 카페에서 들려오는 감상적인 선율에 귀를 기울이는데, 저 아래에서 연인들이 아무 이유 없이 크게 웃어대는 소리가 들린다. 오늘밤만은 무슨 일이 있어도 어젯밤처럼 음울하게 끝나선 안 되기 때문에 웃는 것이었다. 벤은 시의 원초적 힘을 다시 일깨우기 위해 카페인에 정신이 몽롱해질 때까지 커피를 마셔보고, 이틀이나 사흘 정도 잠을 안 자기도 하고, 코카인에 손을 대기도 한다. 그러나 그 힘은 여전히 자기 안에 숨어 있을 뿐이다. 아내는 죽었고, 딸은 덴마크에 사는 자식 없는 애인에게 보냈고, 파사우어가에 있는 커다란 집은 어쩔 수 없이 팔았고, 남동생은 암살 사건에 연루되어 사형 선고를 받았다. 이것이 벤이 보낸 1920년대 "황금기"였다. 연애는 끊이지 않았다. 주로 배우나 가수였는데, 미망인이면 더 좋았다. 그러나 지팡이처럼 뻣뻣한 몸짓, 제비꽃다발, 군인 같은 위엄, 귀에 거슬리는 높은 목소리는 로마니셰스 카페나, 쇠네베르크나 쿠어퓌르스텐담에 있는 술집에 오는 현대적인 여성들을 기절시킬 정도의 매력은 아니었다. 벤은 들어올 때나 나갈 때나 몸을 깊이 숙여 인사했고 다른 인사법은 몰랐다. 몰락하고 있는 사람, 뭔가를 찾고 있는 사람들만이 의사 가운을 입은 이 시인에게서, 그리고 그 한결같은 멜랑콜리에서 물리적, 화학적 마취제 형태로 아주 조금이나마 위안을 얻기를 기대할 뿐이었다. 그러면서 사실은 갈대로 둘러싸인 고독의 늪에 빠진 자신을 이해해주기를 바라는 것이었다. 물론 고트프리트 벤은 제1차세계대전이 일어나기 전에 병리 연구소와 "암환자 수용소"에서 쓴 표현주의 시들로 열광적 갈채를 얻었지만 그것은 15년 전의 일이었다. 지금은 누구나 거리를 거닐다가 아무렇지 않게 벤이 1913년에 그랬던 것처럼 죽음과 섹스에 대해 이야기한다. 그러니까 1929년에 의학박사 고트프리트 벤은 과거와 처진 눈꺼풀을 가진 남자, "선구자"일 뿐이었다.

2월 1일에 진료실로 전화가 걸려왔는데 벤의 현재 애인 릴리 브레다였다. 현재 실직 상태인 마흔한 살의 배우인데, 역시 몰락하고 있는 사람으로, 벤의 사랑과 인생에 대한 희망고문에 지칠 대로 지쳐 있었다. 릴리는 벤에게 지금 자살할 거라고 말하고는 흐느껴 운다. 처음에는 작은 소리로 흐느꼈는데 점점 소리가 커지더니, 가슴 깊은 곳에서 울려나오는 흐느낌으로 변했다. 그러고는 전화를 끊었다. 벤은 진료실에서 뛰쳐나가 택시를 잡아타고 릴리의 집으로 갔지만, 도착했을 때 이미 릴리 브레다의 몸은 길 위에 부서져 있었다. 6층에 있는 침실에서 뛰어내린 것이다. 벤이 죽은 릴리를 쓰다듬고 나자 소방관이 자비롭게 시신에 담요를 덮어주었다. 벤은 『BZ』 신문에 부고를 내고 장례식을 준비한다. 포츠담 근교에 있는 슈탄스도르프에 있는 묘지의 차가운 땅속에 릴리의 시신이 묻히는 동안 스무 명 정도 되는 조문객 가운데 그 누구도 단 한마디도 하지 않는다. 이제 세시 반밖에 되지 않았는데 벌써 땅거미가 지고 있었다. 벤은 릴리의 가장 친한 친구 엘리노어 뷜러에게 위로의 말을 건넨다. 그런 다음 짙은 색 모자를 쓰고 외투깃을 여미고는 가볍게 흩날리는 눈속을 뚫고 납덩이처럼 무거운 발걸음을 옮긴다. 기차역에 도착하니 시간이 너무 일렀다. 다음 기차는 한 시간 후에나 있다. 저녁에 포름알데히드와 절망의 냄새가 나는 베를린의 텅 빈 진료실에 홀로 앉은 벤은 자기가 우는 법을 잊었음을 깨닫는다. 벤은 절친한 조피아 바스무트에게 보내는 편지에 이렇게 쓴다. "맞습니다, 사람들 말대로 릴리는 나 때문에 죽은 게 맞습니다." 벤이 릴리한테 마지막으로 들은 것은 전화기 너머로 들려온 흐느낌이었다. 그런데 꿈도 꾸지 않고 밤을 보낸 이튿날 아침, 벤은 수화기를 들어 어제 릴리의 무덤가에서 손을 잡아주었던 릴리의 친구 엘리노어 뷜러에게 전화를 건다. 두 사람은 오랫동안 통화한다. 엘리노어는 말하고, 벤은 듣는다. 이주 뒤에 두 사람은 만나서 함께 중국 미술전을 보러 가고, 카페 요스티에서 와인을 마신다. 그런 다음 벤의 집으로 갔고 둘은 연인이 된다. 나중에 벤이 말한 대로 벤은 "그것 없이는" 살 수 없는 것이다. 언젠가 벤이 쓴 짧은 시처럼 "만물의 영장, 돼지, 인간"이다.

곧 두 사람은 결혼을 생각한다. 엘리노어 뷜러는 네번째 결혼이고, 벤은 두번째 결혼이다. 엘리노어 뷜러는 명함을 판다. "엘리노어 벤, 처녀 성 뷜러" 이 명함을 사용할 일은 결코 없을 테지만 그래도 엘리노어 뷜러는 9년 동안 벤의 연인 엘리노어 뷜러로 남는다. 결혼은 고작 "성욕을 마비시키는 제도"일 뿐이라면서 "자기야, 우리 결혼하지 말자"고 벤은 거듭 엘리노어를 달랜다. 그게 원하던 목적은 아니지 않느냐면서.

◇

테오도어 아도르노는 “영국의 회화뿐만 아니라 빅토리아시대에 그려진 적지 않은 회화들에서 섹스와, 섹스와 관련한 관능적 순간의 폭력성은 침묵을 통해서만 느껴진다”고 썼다. “그것을 거부당한 사람만이 표현할 수 있는 압도적인 섬세함을 지닌” 부분들이 있다는 것이다. 프랑크푸르트에서 와인 상인의 아들로 태어나 압도적인 섬세함에 대한 욕구를 지니고 있었던 향락적인 테오도어 아도르노는 그때까지 별로 거부당해본 적이 없었다. 아도르노는 1920년대에 프랑크푸르트, 빈, 베를린에서 학생 신분으로 지내면서 전공 공부, 박사학위 취득과 교수 임용 시험은 물론 여자들과의 관계에서도 남부러울 것 없이 살았다. 그사이에 작곡도 하고 음악비평도 썼다. 무엇보다 베를린 출신으로 기업가의 딸이자 박사학위를 받은 화학자인 마르가레테 카르플루스에게 푹 빠져 있었다. 두 사람의 아버지 덕분에 맺어진 인연이었다. 아도르노의 부친이 운영하는 와인 양조장에서 와인을 독하게 만드는 성분인 타닌 잉여물을 베를린에서 가죽 장갑을 생산하는 마르가레테 카르플루스의 부친에게 보내 가죽 장갑을 부드럽게 만드는 데 쓸 수 있게 했던 것이다. 멋진 상징 아닌가? 훗날 그레텔 아도르노가 되는 마르가레테 카르플루스는 일평생 남편의 사상에 대해 그 근거를 묻고, 수정하고, 타자기로 정갈하게 옮겨줌으로써 그 사상 속에 들어 있는 독한 타닌을 조금이나마 부드럽게 만들었다.

그러나 1929년만 해도 아직 둘의 관계는 그렇게 확실하지 않았다. 일 년 전에 약혼한 사이인데도 말이다. 독일에 동화된 유대인 집안 출신으로 키 크고 아름다운 마르가레테는 개성이 아주 강한 여성이었다. 베르톨트 브레히트, 라슬로 모호이너지, 지크프리트 크라카우어, 쿠르트 바일, 로테 레냐와 친분이 아주 두터운 사이였고, 천재 세 명 사이에서 왔다갔다 마음의 갈피를 못 잡고 있었다. 한편에는 장거리 연애중인 약혼자 아도르노가 있고, 베를린에는 에른스트 블로흐와 발터 벤야민이 있다. 블로흐와는 육체적인 관계도 맺고 있고, 벤야민과는 정신적인 관계만 맺고 있다. 그리고 늘 그렇듯이, 둘 사이에 오간 편지들을 보면 오히려 이 두번째 관계가 사랑에 가깝게 보인다.

◇

1929년 3월 27일, 콜 포터는 처음으로 이 위대한 질문을 던진다. "우리가 사랑이라고 부르는 건 도대체 뭘까?"*

---

* 미국의 작곡가 콜 포터의 노래 〈What is this thing called love?〉를 말함.

◇

디트리히 본회퍼가 사랑하는 것은 오로지 신과 자기 자신뿐이다. 그루네발트의 좋은 가문에서 태어난 이 젊고 조급한 신학생은 첫 해외 파견으로 바르셀로나의 개신교 교구에 부임하게 되자 무뚝뚝한 바이에른 사람인 그곳 교구 목사 프리츠 올브리히트에게 먼저 편지를 띄워 어떻게 준비하는 게 최선인지 묻는다. 본회퍼가 말하는 준비는 의복 문제였다. 바르셀로나의 날씨가 몹시 덥기는 하지만 아주 변덕스럽다고 들었다면서, 그러니 어떤 유형의 양복을 추천하는지, 어떤 소재가 좋겠는지 올브리히트 목사에게 묻는 것이다. 스포츠클럽에 갈 때를 대비해서 특별한 운동복이 필요한지. 저녁 만찬 때는 사람들이 어떤 양복을 입고 어떤 넥타이를 매는지. 올브리히트 목사는 멀리 베를린에 있는 허영에 들뜬 이 젊은 신학도에 대한 분노가 다 타서 사그라들 때까지 4주가 걸렸다. 그러자 디트리히 본회퍼에게 이렇게 답장한다. 유감스럽지만 의복 문제에 관해서는 전혀 도움을 줄 수 없다고, 여하튼 성직자로서 여행가방에 목사복 한 벌쯤 챙겨 온다면 도움이 될 거라고.

◇

베르톨트 브레히트는 굉장한 봄을 보내는 중이다. 부활절 토요일에 브레히트의 전 애인 마리루이제 플라이서의 희곡 〈잉골슈타트의 공병들〉이 쉬프바우어담 극장에서 초연된다. 프로그램 책자에 브레히트는 이렇게 쓴다. "이 작품에서 우리는 낡아빠진 선사시대의 감정세계를 탐구할 수 있다." 예를 들어, 베르톨트 브레히트의 선사시대 감정세계를. 이 작품에서 하녀 베르타는 자기 애인 콜에게 자기 말고도 여자들이 더 있을 뿐만 아니라, 결혼도 했고, 자식까지 있다는 것을 알게 된다. 브레히트 때문에 똑같은 충격을 받은 마리루이제는 베르타의 입을 빌어 이렇게 한탄한다. "우리에게는 중요한 것이 빠져 있어요. 우리에게는 사랑이 빠져 있어요." 인생에서 사랑 말고는 아무것도 빠뜨리고 싶지 않았던 브레히트는 얼마 지나지 않아 또 새롭게 시작한다. 1929년 4월 10일에 헬레네 바이겔과 결혼한 것이다. 둘 사이에 이미 어린 아들이 있었다. 브레히트는 헬레네 바이겔이 "온순하고, 무뚝뚝하고, 용기 있고, 인기 없는" 사람이라고 말한다. 한마디로 모든 면에서 남편과 정반대라고 할 수 있겠다. 그 남편은 샤를로텐부르크에 있는 호적사무소에서 혼인 서약에 "네"라고 대답하자마자 무엇을 했을까? 연인을 마중하기 위해 기차역으로 달려갔다. 그런데 어리석게도 결혼식 때 썼던 시든 수선화 꽃다발을 아직도 손에 들고 있었다. 베를린 동물원역 승강장에서 브레히트가 삼십분 전에 헬레네 바이겔과 결혼했고, "불가피한" 일이었으며 사실 "무의미한" 일이라고 고백하자 카롤라 네어는 그 시든 꽃다발을 브레히트의 발치에 내동댕이치고는 가버린다. 그 먼 다보스에서 죽어가는 남편인 작가 클라분트를 끝까지 돌보다가 이곳 베를린까지 달려와서는 고작 브레히트가 또 결혼했다는 사실을, 그런데 또 자기가 아닌 다른 여자와 결혼했다는 사실을 알게 된 것이다. 그런데 카롤라 네어보다 더 큰 충격을 받은 것은 엘리자베트 하우프트만이었다. 1929년 봄에 브레히트와 가장 가까운 동료이자 애인이었던 엘리자베트는 브레히트의 갑작스러운 결혼 소식을 듣고는 집에서 자살을 시도한다. 그러나 걱정할 필요 없다. 건강과 이성을 다시 회복하자마자 6일 뒤에 새로운 희곡을 쓰기 시작하며 작품 제목을 '해피 엔드'라고 짓는다. 농담이 아니다.

엘리자베트 하우프트만은 브레히트에게 자기가 쓴 희곡을 위해 노래를 만들어줄 수 있는지 묻는다. 보수의 3분의 1을 주겠다면서. 그 일에는 작곡가 쿠르트 바일의 도움도 필요했다. 브레히트는 오버바이에른에서 엘리자베트 하우프트만과 함께 휴가를 보내면서 작품 자체도 이리저리 고친다. 7월에 희가극 〈해피 엔드〉 리허설이 시작되었을 때, 브레히트는 자기가 생각하는 행복한 결말은 무엇인지 보여준다. 자기 애인 엘리자베트 하우프트만이 쓴 작품에서, 마침 베를린에 있었던 또다른 애인 카롤라 네어가 주연을 맡고, 아내 헬레네 바이겔은 조연을 맡는다. "회색 부인"이라는 독특한 캐릭터를 지닌 역할이었다. 남자 주연은 테오 링겐이 맡았는데, 전 부인 마리안네 초프의 새 남편이자 자기 딸 한네의 계부다(그렇다, 이곳에서 전체를 조망하기가 늘 쉽지만은 않다). 자기 여자들이 모두 한자리에서 동시에 괴로워하는 모습을 보고 싶어하는 브레히트의 가학적인 욕망은 무대 위에 오를 준비가 되었다. 이 무렵에 잡지 『우후』는 하필 브레히트에게 질투를 어떻게 생각하는지 묻는다. 이 질문에 브레히트는 다리를 쫙 벌리고 이렇게 대답한다. "한때 비극적이었던 이런 성향을 오늘날까지 지니고 있는 건 속물들뿐이죠." 그러고는 책상 위에 놓여 있는 자기 얼굴을 본뜬 석고상을 만족스러운 표정으로 바라본다. 스스로 올려놓은 것이다. 이렇듯 자신을 중심으로 돌아가는 사람은 경추 손상을 입을 위험이 있다. 그러나 브레히트의 경우에는, 끊임없는 회전을 감히 방해하려고 하는 다른 이들만 다칠 뿐이다.

◇

저 먼 라트비아에서 온 급진적인 공산주의자 아샤 라치스와 함께 보낸 밤들은 발터 벤야민에게 아주 불만스러운 결말을 맺게 된다. 두 사람은 이탈리아의 카프리섬에서 만났다. 동틀녘에 벤야민은 반쯤 감긴 눈에 반쯤 잠든 상태인 아샤 라치스에게 자기 꿈 얘기를 들려주려고 한다. 아샤 라치스는 별로 듣고 싶지 않아서 말을 끊었는데도 그는 계속 얘기했다. 아샤 라치스는 꿈 이야기는 필요 없으니 제발 이제 그만 아내 도라와 헤어지라고 부탁한다. 그게 자신의 유일한 꿈이라고. 그러고는 아침 식사 시간이 되었는데, 분위기가 푸석한 호밀빵 같았다.

◇

3월 14일 오후, 이제 막 의학 공부를 관두고 작가의 길로 들어선 스물네 살의 크리스토퍼 이셔우드가 런던에서 도버행 기차에 오른다.

창밖에는 비가 내리고, 천둥이 치고, 구름이 달아난다. 크리스토퍼 이셔우드는 케임브리지 넥타이를 맸다. 젖은 버버리 코트를 말리려고 옷걸이에 건다. 그리고 짙은 안개가 깔려 있는 도버에서 오스탕드행 증기선으로 갈아탄다. 삼등석에 있는 술집에는 온통 시끄러운 병사들뿐이다. 비스바덴으로 배속되어 가는 병사들이었다. 병사 두 명이 그가 매고 있는 넥타이를 알아보고는 건배를 건넨다. 오스탕드에서 쾰른행 기차를 타야 한다. 승강장 위에서 한 공무원이 나무 표지판을 엄숙하게 들고서 마치 계시를 전하듯 베를린행 기차를 알리고 있었다. 이셔우드는 기차에 올라타 반쯤 졸며 황량한 겨울 풍경이 쏜살같이 지나가는 것을 바라본다. 아무 생각이 없었지만, 이제 막 자신의 미래가 새로 시작되고 있음을 예감한다. 가벼운 짐과 무거운 동경을 안고 여행길에 오른 이셔우드는 베를린을 생각한다. 베를린은 곧 "젊은이들을 뜻한다"고 알고 있기 때문이다.

크리스토퍼 이셔우드는 마그누스 히르쉬펠트의 성과학연구소 바로 옆에서 살게 된다. 그런데 거의 날마다 성과학연구소에서 살다시피 한다. 오후 다섯시에는 이 연구소의 설립자이자 유명하고 악명 높은 "섹스의 아인슈타인" 히르쉬펠트의 반려자 카를 기제와 함께 차를 마신다. 카를 기제는 자기보다 몇십 년이나 더 나이가 많은 털북숭이 학자 히르쉬펠트에 대해서 얘기할 때면 경외심을 가득 담아 "아빠"라고 부른다. 그리고 크리스토퍼 이셔우드는 존경심을 가득 담아 카를 기제를 "소녀의 마음을 지닌 거친 농부 소년"이라고 부른다.

아빠 히르쉬펠트는 1928년에 에세이 「아름다운 문학에 대한 나의 태도」에서 성과학에 몰두하기 전에 시가 자신의 "첫사랑"이었다고 밝혔다. 히르쉬펠트가 쓴 동성애에 관한 글들에서 주요 증인으로 실러와 괴테가 자꾸 소환되는 데는 그럴 만한 이유가 있었던 것이다. 작가입네 하는 크리스토퍼 이셔우드를 이웃으로 둔 것은 히르쉬펠트에게는 특별한 행운이었다. 이셔우드는 자주 영국 친구들을 데리고 와서 히르쉬펠트의 성과학연구소 박물관을 관람시킨다. 동성애 성향 친구라면 모두 "꼭 봐야 할 것"이라면서. 히르쉬펠트가 수십 년 동안 성적 중간지대의 가장 아름다운 유물, 성인용품, 진기한 물건들을 수집했기 때문이다. 1929년에 히르쉬펠트는 새 책『사랑의 필수품. 흥분제에 관하여』를 집필중이었다. 400쪽이나 되는 두께에 상세한 도판 100개를 담은 책이다. 노련한 히르쉬펠트가 학자로서 일을 마치고 이론을 실제에 적용해보기 위해 몸소 베를린에서 가장 유명한 동성애 사원인 술집 '엘도라도'에 들어설 때면 사람들 사이에 감탄하는 속삭임이 퍼져나간다. 크리스토퍼 이셔우드가 알려준 바에 따르면, 이곳에서 히르쉬펠트는 "아빠"가 아니라 "마그네지아 이모"로 불린다.

◇

상대성이론 창시자인 진짜 알베르트 아인슈타인은 사랑에서 시간과 공간이 꽤 중요한 역할을 하며 극복하기 쉽지 않다는 것을 안다. 아인슈타인은 여름날 같은 카푸트의 호숫가에 있는 아내에게 이렇게 전보를 친다. "글로 쓰는 것은 바보 같아, 일요일에 당신에게 키스하러 갈게." 그러니까 일요일 = 키스 × 시간^{2}인 셈이다.

◇

1929년 초여름에 빌리 와일더는 무성영화 〈일요일의 사람들〉 각본을 집필중이다. 이 영화는 마지막 무성영화이기도 하지만 무엇보다 진정한 베를린 영화다. 다시 말해서 뭔가 부족하지만 섹시하다. 해질 무렵 로마니셰스 카페에서 커피를 많이 얻어 마시며 쓴 각본이다. 촬영에 쓰인 아그파 필름들은 UFA 영화사에서 얻은 불량품이었고, 1929년 7월 12일에 영화 촬영이 시작되었지만 자금난 때문에 거듭 중단되었다. 주연 배우 다섯 명 가운데 네 명은 이제까지 카메라 앞에 한 번도 서본 적이 없는 배우들이었고, 대본작가는 댄서이자 리포터이자 사기꾼이고, 조감독들은 달아나고, 배우들은 즉흥 연기를 해야 했다. 첫 촬영은 동물원역에서 기차들이 내뿜는 귀를 먹먹하게 하는 소음 속에서 진행되었고, 그다음에는 반호숫가 작은 빈터에서 야외 촬영이 있었다. 감자 샐러드를 곁들인 소시지가 있고, 키 큰 소나무 아래 연애 행각이 벌어진다. 가벼운 여름옷에 불쑥 햇살이 비추자 카메라가 몇 초 동안 그 햇살을 좇는다. 대사를 까먹을 때마다 담배를 피우는 남자들이 있다. 두 주연배우는 특히 그런 연기를 잘한다. 실생활에서도 할말을 자주 까먹기 때문이다. 심지어 빌리 와일더와 공동 대본작가 쿠르트 지오드맥이 두 배우에게 그냥 있는 그대로 자기 자신을 연기하라고 하지 않았던가. 그래서 택시 운전사, 와인 무역상, 단역 배우, 음반 판매원, 이렇게 네 주연배우는 있는 그대로 자신을 연기하고, 영화는 그렇게 실제 삶처럼, 아니 적어도 베를린의 삶처럼 덧없고 부조리하다.

영화 〈일요일의 사람들〉에서 높은 나무 그늘 아래에서 급히 채운 욕망은 도리어 일요일 저녁 침대 협탁 불빛 속에서 괴로움과 울적함을 자아낸다. 영화 내내 사랑 얘기는 나오지 않는다. 그 영화가 무성영화이기 때문만은 아니다.

◇

영화 〈일요일의 사람들〉에 나오는 두 주연배우처럼 이 무렵 쿠르트 투홀스키와 리자 마티아스는 스웨덴의 커다란 호숫가에 펼쳐진 아늑한 풀밭에 누워 있다. 두 사람은 무성영화를 찍고 있는 것이 아니기 때문에 쉼없이 서로 조잘댈 수 있다. 쿠르트 투홀스키와 리자 마티아스는 한 가장무도회에서 처음 만나자마자 1초도 안 된 그때부터 쭉 그래왔다. 투홀스키는 고인이 된 지크프리트 야콥존의 후임자로서 잡지 『벨트뷔네』*를 운영하기 위해 이제 막 파리에 아내를 놔두고 홀로 베를린으로 돌아온 참인데, 기분좋게 술에 취하자 경험에

---

* Weltbühne. '세계무대'라는 뜻. 정치, 경제, 예술을 아우름. 본래 1905년에 '무대'라는 뜻의 '샤우뷔네Schaubühne'라는 이름으로 창간되었으나 1918년 잡지 이름이 바뀌었다.

목말라 있는 리자에게 자신의 부부 문제를 들려주었다. 그 분야에 경험이 많아 보이는 리자 마티아스가 훗날 말한 것처럼 "성숙한 남자들이 새벽녘이면 으레 그렇듯" 말이다.

두 번 결혼했고 두 아이의 엄마인 리자 마티아스는 단발머리, 카브리올레 자동차, 자유분방한 연애생활, 헤밍웨이와 자동차 운전에 관해 쓴 재치 있는 글을 통해 그 시절 베를린 여자들에게 완벽한 롤 모델이 되었고, 투홀스키뿐만 아니라, 출판사 주어캄프 설립자 페터 주어캄프와 작가 리온 포이히트방거한테도 구애를 받았다.

처음에 리자와 투홀스키는 그렇게 자주 만나지는 않았고 주로 투홀스키의 베를린 거처에서 짧게 밀회를 나눴지만, 투홀스키가 리자를 부르던 애칭 "로트헨"이 투홀스키가 쓰는 문예 기사에 그 무렵부터 '쉴새없이 지껄이는 베를린 토박이'로 거듭 등장한다. 그러나 리자 마티아스는 자기가 투홀스키의 인생보다 신문기사에 더 자주 등장하자 점점 입을 꾹 다물게 된다. 투홀스키가 리자 마티아스를 만날 때는 오로지 빨리 함께 침대 속으로 들어가기 위해서일 뿐이다. 리자는 한 친구에게 이렇게 한탄한다. "진정한 사랑이 없는 사랑을 나눌 때가 많은 것 같아. 진정한 사랑을 하기에는 우리 둘 다 진정한 용기가 없어." 그러나 상관없었다. "어쨌거나 이 연애는 재미있다." 사고력에 도움이 된다. 그리고 감정에 관해서라면 너무 많은 것을 바라면 안 된다. 다시 말해 "쓰지 않은 사랑은 없다고 대디daddy는 말하지. 맞는 말이야".

쿠르트 투홀스키는 리자 마티아스에게 "대디"다. 그렇다면 투홀스키에게 리자는 무엇일까? "나는 투홀스키의 로트헨이었다"고

리자 마티아스는 회고록 제목으로 밝히고 있다. 이 회고록을 통해 우리는 두 사람이 리자의 집에 있는 소파를 “죄악의 들판”이라고 불렀으며, 투홀스키가 코를 심하게 골아서 항상 새벽 두시쯤이면 리자가 짜증을 내며 손님방으로 건너갔다는 사실을 안다. 그러나 리자 마티아스는 여전히 만족하지 못했다. 편집국 동료들도, 커피하우스의 손님들도, 윙윙거리고 쉭쉭거리는 짜증스러운 베를린도 없는 곳에서 이 작가 애인을 독점하고 싶었다. 그래서 투홀스키와 함께 여행을 떠나고 싶어한다. 쿠르트 투홀스키와 함께 휴가를 보낸다는 것이 여자에게 무엇을 의미하는지 아직 모르는 것이다. 투홀스키에게 사랑은 곧 다음 책을 집필하는 데 쓰일 소재라는 사실을. 언젠가 투홀스키가 애인이었던 엘제 바일과 함께 라인스베르크로 사랑여행을 떠났을 때 그로부터 얼마 지나지 않아 “사랑하는 연인을 위한 그림책”이라는 부제가 붙은 매혹적인 작품 『라인스베르크』가 나왔다. 그리고 작품 『피레네』의 핵심 내용은, 당시 아내였던 마리 게롤트와 피레네산맥을 따라 여행한 이야기였다.

투홀스키는 1929년 4월에 리자 마티아스와 함께 스웨덴 “그립스홀름”으로 여행 갈 때 당연히 같은 이름의 책 제목도 염두에 두고 있었다. 두 사람은 IA 47-407 번호판이 달린, 리자 마티아스의 멋진 쉐보레 컨버터블을 타고 북쪽으로 질주한다. 그리고 스웨덴에서 겪은 사랑 모험에다가 몇 가지 기이한 장식을 곁들여 1년 뒤 『그립스홀름성』이라는 책을 펴냈을 때, 투홀스키는 서문에 실제로 “IA 47-407”에게 헌정한다고 쓴다. 멀리 파리에 있는 아내는 그것이 무슨 뜻인지 모르지만, 쿠어퓌르스텐담과 쇠네베르크에 있는 카페 테라스에 앉았던 손님들은 안다. 리자 마티아스가 낮이고 밤이고 그 커다란 자동차를 그곳 인도에 아무렇지 않게 주차하고는 했기 때문이다. 그리고 리자 마티아스는 자기가 위대한 투홀스키의 파트너라는 사실이 그렇게 쉽게 해독 가능하게 밝혀져서 속으로 우쭐해한다. 그러나 서두르지 마시라. 우선 두 사람은 스웨덴으로 출발해야 한다! 그런 다음 스웨덴 레게스타에 있는 멜라렌호숫가 푸른 풀밭에 나란히 누워 카메라를 바라보며 눈을 깜빡인다. 호수 맞은편에는 웅장한 그립스홀름성이 있다. 두 사람의 눈빛은 이렇게 말하는 듯하다. '어떻게 흘러갈지 두고 보자.' 그래도 사진은 예쁘다. 햇살이 환하다. 두 사람은 곧 아주 예쁜 붉은 목조건물로 지은 여름별장을 발견하게 된다. 그리고 서로 사랑하는 연인처럼 행동한다. 비록 리자가 "에로틱한 면에서는 별로 관심 없다"고 거듭 말하기는 하지만.

그러나 투홀스키는 어쨌든 재미있는 사람이라고 말한다. 그래서 리자는 자꾸 유혹당한다. 이튿날 아침 밖에서 새들이 지저귀고, 햇살이 고양이를 간질여 잠에서 깨우고, 먼지송이들이 떠다니고, 부엌에서 기분좋은 커피 냄새가 풍기면, 두 사람은 함께 있어 행복하다는 생각까지 드는 것이다. 그러면 두 사람은 밖으로, 호수로 나가 헤엄을 치고 서로 물을 뿌려대며 깔깔 웃어댄다. 그리고 로테 그뤼체*를 먹는다. 리자는 부엌에 서서 "대디"를 위해 바닐라 소스를 만든

---

* '빨간 알갱이'라는 뜻으로, 주로 딸기류 붉은 과일을 물이나 와인에 졸인 뒤 바닐라 소스를 얹어 먹는 후식.

다. 투홀스키는 리자가 자기한테 "어머니이자, 요람이자, 동료"라고 말한다. 그게 낭만적이라고 생각해서 하는 말이었다. 오후에 두 사람이 사랑을 나누고 난 뒤에 이제 화창한 오후의 시원함이 느껴지는 호수로 리자가 다시 수영하러 가고 나면, 투홀스키는 임시로 마련한 책상에 앉아 파리에 있는 아내에게 편지를 쓴다. "그것만 빼면 그럭저럭 지내고 있소. 나는 이곳에서 은둔자처럼 살고 있소." 음, 글쎄.

◇

피카소는 아직도 가끔 올가를, 자기 아내를 그려야 한다. 지난 몇 년 동안 쉼없이 올가를, 그 가냘픈 발레리나 몸매를 그렸지만 지금은 마리테레즈 발테르가 가장 중요한 모델이 되었다. 피카소는 말한다. "버림받은 여자가, 내 그림을 자세히 볼 수 있다는 것은 얼마나 끔찍한 일인가." 그리고 올가는 이 교체되었다는 느낌을 거의 미친 사람처럼 표현한다. 소리지르고, 펄펄 뛰고, 사납게 날뛰더니 다시 몇 주 동안 우울증에 빠져 저멀리 고요한 호숫가에 있는 병원에 입원하게 된다. 그러나 올가의 분노는 피카소의 창작력에 불을 붙인다. 그리고 그 창작력은 죄책감과 고집으로 유지된다.

피카소는 1929년 5월 5일에 다시 한번 올가를 그린다. 옛날엔 초상화 그리기가 두 사람에게 손가락씨름이나 에로틱한 힘겨루기 같은 유희였다면, 지금은 냉전이 되어버렸다. 그 누구도 단 한마디도 하지 않는다. 피카소는 올가를 바라보며 그리기만 할 뿐이다. 올가는 이제 피카소가 자기에게 감탄하지 않는 것을 느낀다. 그저 알몸으로 까발려진 느낌이다. 올가는 안락의자에서 몸을 떤다. 마음속에 자기 자신에 대한 증오와 그렇게 사랑했건만 자기를 배신한 한 남자에 대한 증오가 부글부글 끓어오른다. 피카소는 금욕주의자처럼 계속 그림을 그린다. 그러다가 어느 순간 그리기를 멈추더니 아직 오일이 채 마르지도 않은 그림에 서명한다. 그림을 보려고 기모노를 걸치고 남편 뒤에 선 올가는 충격에 다리에 힘이 빠져 주저앉고 만다. 그림 속에는 여인이 아니라 괴물이 있었다. 공포로 일그러진 얼굴과 뒤틀린 팔다리가. 올가는 한마디 말도 없이 옷을 입고 가버린다.

피카소는 창가에 서서 담배를 피우며 이따가 오기로 한 마리테레즈를 생각한다. 1929년에 피카소가 올가를 그릴 때는 더이상 초상화 그리기가 아니라 퇴마 의식에 가깝다. 피카소는 올가의 영혼을 그리려고 한다. 그것이 올가에게 무엇을 뜻하든 상관없다. 피카소는 그 그림에 〈붉은 안락의자에 앉은 누드〉라는 제목을 붙인다. 긴 드라마의 대단원이 시작된 것이다.

◇

에리히 뮈잠은 자신이 결혼했다는 사실을 자주 잊는다. 그렇다고 아내 첸츨을 사랑하지 않는다는 뜻은 아니다. 아니다, 그건 아니다. 아내를 사랑한다. 아내의 성격을 특히 사랑한다. 다만 그 밖에도 할일이 너무 많을 뿐이다.

평안을 모르는 위대한 털북숭이 사회혁명가이자, 공산주의자이자, “생명의 야성” 옹호자이자, 더 인간적인 독일을 부르짖는 에리히 뮈잠은 바이에른평의회공화국에서 활동한 일 때문에 5년 동안 요새에서 금고형을 치르고 나온 뒤에도 무정부주의와 자유투쟁을 위해 일할 젊은 활동가를 찾겠다고 거의 매일 저녁 집밖으로 나돌고 있다. 극장에도 아주 자주 가고, 베를린과 뮌헨에 있는 보헤미안 술집에서 술 마시는 것을 목숨보다 좋아하고, 체스를 두고, 여자들과 시시덕거리고, 공산당 기관지 『붉은 깃발』에 실을 글을 쓰고, 이런저런 강연을 하느라 전국을 돌아다닌다. 또 여자든 남자든 몹시 마음에 드는 젊은 혁명가들을 만날 때면 그중 대여섯 명을 베를린-브리츠로, 브루노 타우트가 지은 혁명적인 공공임대주택단지 후프아이젠지들룽*에 있는 자기 집으로 데려와서는 이 사람들이 모두 자기 집으로 이사 올 거라고 아내 첸츨에게 말한다. 무정부의주의가 고작 문지방에 걸려 넘어지면 안 되지 않겠느냐면서. 그러면 첸츨은 투덜대며 부엌으로 가서는 두 사람이 아니라 일고여덟 명이 먹을 요리를 한다. 첸츨은 남편이 으레 그중에 적어도 젊은 여자 혁명가 한 명과 침대에서 뒹굴었다는 사실을 안다. 아내 첸츨이 그 일로 울면, 에리히 뮈잠은 영문을 모르겠다는 표정으로 아내를 바라본다. 자기는 “자유로운 결혼생활”밖에 할 줄 모른다고 늘 말하지 않았느냐면서.

* ‘말발굽’처럼 생겨서 붙은 이름.

그 누구도 상대방을 비난할 수 없다고. 동의했던 거 기억 안 나느냐고. 첸츨은 말한다. 그래, 그랬지만, 지금은 동의하지 않는다고. 그런 다음 화를 내고, 울음을 터뜨리고, 소리를 지른다. 그러면 에리히 뮈잠은 자리를 피해버리고 며칠 동안, 가끔은 심지어 몇 주 동안 나타나지 않는다. 무정부주의자와 결혼하는 것은 재미없는 일이다. 1929년 5월 1일 노동절에 에리히 뮈잠은 거리로 나갔다. 첸츨은 함께 있지 않았다. 첸츨은 남편을 말렸다. 에리히 뮈잠은 공산주의자들과 함께 주거지역을 통과해 트렙토 쪽으로 이동했고, 열띤 연설을 했다. 경찰과 작은 충돌이 일어났고, 이튿날에는 노이쾰른까지 시위가 확대되었고, 그곳에서 노동자들이 바리케이드를 치고 경찰과 시가전을 벌였다. 결국 살육이 일어나고 말았다. 바로 '피의 5월' 사건이었다. 그 일이 일어난 후 공산당 투쟁조직인 '적색전선전사동맹'은 활동이 금지되었다(한편 베르톨트 브레히트는 친구 프리츠 슈테른베르크 집 창가에서 이 시가전을 지켜보고는 더 열광적인 공산주의자가 된다). 그러나 이 사건으로 최소 33명이 죽고 250명이 다쳐 모두들 아직 격앙되어 있던 5월 6일에 영원한 낭만주의자 에리히 뮈잠은 알렉산더광장 근처에 있던 "무정부주의 청년단"에 가서 강연을 한다. 주제는 "사랑의 자유"였다. 강연이 끝나고 나서 에리히 뮈잠이 아내 첸츨이 있는 집으로 갔는지, 아니면 다른 곳에서 자유로운 사랑을 돈독하게 했는지는 전해진 바가 없다.

◇

훗날 그토록 유명해지지만 그때만 해도 무명 작가였던 블라디미르 나보코프가 1929년에 아내 베라에게 쓴 단 한 통의 편지에는 딱 두 단어와 감탄사뿐이었다. "타이스를 잡았어!" 아마도 나보코프는 처음으로 제대로 된 휴가여행을 온, 피레네산맥의 르불루에 있는 작은 호텔의 햇살 가득한 방에서 아직 자고 있는 아내 머리맡에 그 편지를 놓았을 것이다. 나보코프가 잡은 것은 나비였다. 호랑나빗과에 속하는 희귀한 스페인 품종이었다. 그 쪽지를 본 베라는 미소 지었다. 남편이 이른 아침에 하얀 그물을 들고 밤새 내려앉은 이슬에 신발이 젖어가며 나비를 잡겠다고 풀밭을 헤치고 돌아다니기를 그 무엇보다 좋아한다는 사실을 알기 때문이다.

블라디미르 나보코프는 몇 년 전 몇 마디 말로 베라마저 낚아챘다. 러시아 망명자 신문 『룰』에 「만남. 기이한 친밀함의 마법 속에서」라는 시를 기고하여 베라에게 전한 것이다. 그 시에는 오로지 베라만이 해석할 수 있는 시구가 담겨 있었다. "내 심장은 아직도 방황을 원하네 / 그러나 그대가 내 운명이라면……" 그로부터 얼마 뒤, 모험적인 심장의 방황은 끝났고, 나보코프는 베라가 자신의 운명임을 알아보았다. 블라디미르 나보코프는 베라에게 이렇게 편지했다. "당신에게 할말이 있어. 이미 말했을지도 모르지만, 그렇지만 무슨 일이 있어도 또 한번 말해야겠어, 내 사랑, 아주 중요한 얘기야, 부디 집중해줘. 인생에는 중요한 것이 많지. 예를 들어 테니스라든가, 태양, 문학 같은, 그렇지만 이것은 그 어떤 것과도 비교할 수 없이, 더 무겁고, 더 깊고, 더 넓고, 더 높아. 이것은, 그건 그렇고 이렇게 서두가 길 필요가 없었는데 말이야, 하려는 말이 뭔지 아주 간단히 말할게, 그러니까, 당신을 사랑해."

그 순간 베라는, 너무 아름답고 고귀하게 반짝이는 이 나비는 더 이상 날갯짓하며 방황할 필요가 없다는 사실을 깨달았다. 두 사람은 결혼했고, 1920년대 베를린에서 근근이 살아나갔다. 10월혁명 전에 독일로 피난 온 러시아인 대부분은 오래전에 파리로 이주했다. 그러나 베라는 번역 일도 하면서 변호사 사무실에서도 일하고 있고, 블라디미르는 테니스 수업을 하고, UFA 영화사에서 단역배우로도 일하고, 그뤼네발트에서 사는 명민한 소년들에게 체스도 가르치고, 중년 부인들에게 러시아어도 가르친다. 당연한 얘기지만 가장 중요한 일은 글을 쓰는 것이다. 그리고 1929년 봄에 두 사람이 이렇게 남유럽에서 멋진 휴가를 보낼 수 있는 것은 울슈타인출판사 덕분이다. 나보코프의 새 작품 『킹, 퀸, 잭』을 먼저 신문에 내고 나중에 장편소설로 출판하는 조건으로 7500마르크나 되는 거금을 그에게 지불한 것이다. 나보코프는 베라와 함께한 행복한 시간을 이 책에 몰래 집어넣었다. 이 작품에서 춤추는 한 쌍의 연인 모습으로 나온다. 모든 이의 눈길이 이 연인에게 쏠린다. "이 연인은 이미 오래전에 프란츠의 눈에 띄었다. 가끔 남자는 나비 채집용 그물을 들고 있었다. 소녀는 살짝 화장한 입술에 회청색의 다정한 눈을 가졌고, 날씬하고 머리가 멋지게 벗어져가는 그 남자는 소녀의 약혼자인지 남편인지 알 수 없지만, 소녀 말고는 세상 모든 것을 경멸할 것 같은 그가 자랑스럽다는 듯 소녀를 바라보았다. 프란츠는 이 행복한 연인을 질투했다."

베라와 나보코프는 특이한 부부다. 함께 있어 행복하고 앞으로도 그럴 것이기 때문이다.

◇

1929년 7월 8일에 장폴 사르트르는 드디어 그렇게 열렬히 숭배하는 시몬 드 보부아르를 처음으로 소르본대학 담벼락 밖에서 만난다. 사르트르의 기숙사 작은 방에서 친구 르네 마외와 함께였다. 프랑스 전체 대학생 가운데 76명만이 파리 고등사범학교 교수자격시험인 “아그레가시옹”에 응시할 수 있었고, 이 시험에 통과한 사람은 프랑스의 학교에서 평생 동안 교사로서 철학을 가르칠 수 있었다. 필기시험을 치르고 난 뒤였고 모두 구두시험 준비를 하고 있었다. 구두시험은 살인적으로 어렵다고 알려져 있었다. 부담이 어마어마했다. 응시생들은 유럽 철학사 전체를 읽어야 한다. 사르트르의 방에 들어선 시몬 드 보부아르는 더러움, 어수선함, 냄새에 당황했지만 애써 시선을 돌리지 않았다. 그리고 모두 자리를 잡자 사십분 동안 라이프니츠의 형이상학에 대한 자신의 해석을 펼친다. 사르트르와 마외는 덧붙일 말이 별로 없었다. 두 사람은 좀더 편안한 만남을 상상했었다. 특히 시몬에게 몹시 매료되어 있던 마외는 이런 공식적인 방문에 실망한다. 시몬 드 보부아르는 강연중에 딱 한 번, 침대 협탁 위에 놓인 전등갓이 빨간 속옷으로 꿰매 만든 것임을 알아차리고는 잠깐 당혹스러워한다. 보부아르는 알 턱이 없지만, 그 전등갓은 사르트르가 툴루즈에서 지내던 시절 애인이었던 시몬 졸리베한테서 선물로 받은 것이었다. 시몬 졸리베는 문학에 대한 야망이 있는 고급 매춘부였다. 보부아르가 그 사실을 모르는 게 더 나을 수도 있다. 시몬 드 보부아르가 돌아가자, 두 남자는 보부아르에게 어떤 별명을 붙여줄지 고민한다. 사르트르는 "발퀴레"라고 부르자고 한다. 보부아르가 북유럽신화에 등장하는 숫처녀인 전쟁의 여신 같다고 느꼈기 때문이다. 마외는 "아니"라면서, 보부아르는 인식의 나무를 야금야금 갉아먹어 새로운 건물을 짓는 비버 같다고, 그러니 "카스토어"* 라고 부르자고 말한다. 두 사람은 결국 '카스토어'로 뜻을 맞춘다. 다음에 만났을 때 시몬 드 보부아르는 "카스토어"라는 호칭을 받아들인다. 그리고 평생 이 이름에 걸맞게 살아간다. 7월 17일에 필기시험 결과가 발표되었는데 사르트르와 보부아르는 시험에 통과하여 구두시험 응시 자격을 얻었고, 두 사람의 만남을 주선한 르네 마외는 시험에 떨어졌다. 르네 마외는 곧바로 파리를 떠나 여행을 가버린다. 그날 저녁 장폴 사르트르는 시몬 드 보부아르를 처음으로 식사에 초대하여 좋은 와인을 주문하고는 이렇게 말한다. "지금부터는 제가 당신을 모시겠습니다, 카스토어." 두 사람은 일단 이튿날 아침에 철학공부를 계속해야 한다. 그렇게 두 사람은 그후로 열나흘 동안 함께 시간을 보낸다. 칸트, 루소, 라이프니츠, 플라톤도 함께. 그러면서 커피도 마시고, 저녁에는 와인도 한잔하고, 그런 다음 영화관에

* 프랑스어로 '비버'를 뜻함.

서 서부영화도 본다. 그리고 이튿날 여덟시면 다시 공부를 시작한다. 아직 둘 사이에 애무 같은 건 전혀 없다. 그래도 두 사람의 생각은 이미 서로 단단히 얽혀 있다. 7월 30일에 구두시험 결과가 발표된다. 1등은 장폴 사르트르였고, 2등은 시몬 드 보부아르였다. 행운의 2등은 바로 이튿날 가족과 함께 시골에 있는 고모 집으로 가서 긴 여름 내내 리무장의 들판과 언덕에서 시간을 보낸다. 시몬은 풀밭을 산책하면서 사르트르를 생각한다. 그러나 사르트르의 매력적인 친구 마외 생각을 더 많이 한다. 그리고 일기에 이렇게 적는다. "사르트르는 필요하고 마외는 사랑한다. 사르트르는 내게 주는 것 때문에 좋고, 마외는 있는 그대로 좋다." 그러나 보부아르는 마외가 아니라 사르트르를 초대한다. 즉흥적으로 자기를 만나러 이 시골에, 생제르맹레벨에 와달라고. 사르트르는 그 즉시 기차에 올라탄다. 그리고 보부아르가 지내고 있는 곳과 가까운 작은 호텔에 방을 잡는다. 두 사람은 날마다 만나서 근처 밤나무숲에 있는 작은 빈터에 함께 눕고, 시드르를 마시고, 치즈와 바게트를 먹고 철학을 한다. 날은 따뜻하다. 8월이다. 산에서 산들바람이 불어온다. 두 사람은 부드럽게 키스한다. 그리고 날이 어둑해지면 두 사람이 함께하는 미래를 꿈꾼다. 두 사람의 인생에서 가장 아름다운 나날들이었다.

◇

파리에서 나체 무용수 조세핀 베이커와 이탈리아 백작 주세페 페피토 아바티노는 결혼하기로 결정하자 지체 없이 리츠 호텔에서 기자 회견을 한다. 전 세계가 이 일을 기사화하고, 전 세계가 행복해하며 낄낄거리는 이 한 쌍의 사진을 보게 된다. 그리고 그때부터 두 사람은 세상 사람들에게 남편과 아내가 된다. 세인트루이스 빈민가에서 태어나 스마트한 유럽 백작의 마음을 사로잡은 신데렐라 이야기였다. 그리고 그 정도로 끝나야 했다. 예비신랑이 혼인신고는 하지 않으려 했던 것이다. 그렇게 되면 자기가 수백 년 역사를 지닌 유서 깊은 이탈리아 가문의 백작도, 영광스러운 기병대 소위도 아닌 시칠리아 출신의 석공이라는 사실이 들통나기 때문이었다.

그러나 조세핀 베이커는 진짜 조세핀 베이커였다. 스물한 살의 자유분방한 아프리카계 미국인 처녀로, 비록 학교 교육도 제대로 받지 못했고 체면치레도 모르고 시간 감각도 없지만, 정확한 리듬감과 춤에 대해 누구도 흉내낼 수 없는 재능을 가지고 있었다. 그러나 석공 페피토는 조세핀 베이커의 몸을 완벽한 현대 조각품으로 빚어냈다. 그리고 1920년대에 이미 그것은 상품화를 뜻했다. 페피토는 조세핀 베이커를 하나의 브랜드로 만든 것이다. 조세핀 베이커의 능력을 찬미하고 기벽을 북돋았으며, 경쟁자들의 뼈를 발라버렸다. 그렇게 해서 조세핀 베이커는 “조세핀 베이커” 브랜드가 되었다. 조세핀 베이커는 자기 이름뿐만 아니라 따옴표까지도 아주 빠르게 춤추게 할 수 있었다. 그녀의 트레이드마크인 바나나치마처럼 이름 앞과 뒤에서 아주 멋지게 위아래로 흔들렸던 것이다.

저 위대한, 모든 시대를 통틀어 가장 위대한 추리물 작가인 조르주 심농이 조세핀 베이커의 매니저이자 애인이던 시절에는, 쯧, 조세핀 베이커의 서류나 정리하고, 몇 주에 한 번씩 실크 의류 세탁비를 제대로 지불하고, 최소한 일주일에 두 번 조세핀 베이커가 레뷰* 공연에 제때 도착하도록 관리하는 정도였다. 그러나 페피토는 그 정도로 만족하지 않았다. 질서를 만드는 것 말고 돈을 벌기를 원했다. 그리고 조세핀 베이커는 페피토가 하자는 대로 따른다. 처음으로 백인 남자가 함께 침대 속에 들어가려고만 하지 않고 결혼까지 하려는(적어도 그러겠다고 말하는) 사실에 그동안 늘 결여되어 있던 정서적 안정을 느꼈던 것이다. 그리고 페피토는 안정감을 선물해줄 뿐만 아니라, 경력 설계도 해주었다. 카바레 극장† 폴리 베르제르에서 공연되는 조세핀 베이커의 레뷰 광고판에는 이제 "조세핀 베이커Joséphine Baker, 페피토 아바티노 백작 부인 출연"이라고 쓰여 있었다. 페피토는 조세핀 베이커에게 백작 부인 칭호를 붙였을 뿐 아니라 이름에 e 대신에 é를 씀으로써 악센트까지 부여했다.

페피토는 엄마들이 딸에게 작은 조세핀 베이커 바비 인형을 사주고, 자기는 페피토가 "베이커픽스"라고 이름 붙인 피부 관리 제품, 그러니까 선오일, 바디로션, 그리고 그 유명한 포마드를 살 수 있게 해주었다. 바로 이 이름의 주인과 그 매니저가 아주 즐겨 머리에 바르는 기름이었다. 그럼 남자들은? 남자들은 레뷰 공연을 보고 난 뒤

---

* 춤과 노래를 곁들인 풍자적인 연극.

† '카바레'는 보통 무대와 무도장 시설이 있는 술집을 가리키는 말이지만 독일에서 '카바레'는 노래, 춤, 연극이 결합된 하나의 공연 장르로 주로 사회비판적이고 풍자적인 성격을 띠었음.

에도 검은 무용수의 아름다움과 자유로움을 꿈꿀 수 있었다. 페피토는 조세핀 베이커의 쇼를 "광기의 바람"이라고 불렀다. 페피토는 1920년대 후반에 파리 전체가 갈망하던 이 바람을 만들어낼 줄 알았다. 그러나 그 효과가 점점 약해지는 것을 페피토는 느꼈다. 그래서 가장 먼저 한 일이 이제 20대 초반밖에 되지 않은 조세핀 베이커의 자서전을 출판하는 것이었다. 천진하고 순진하고 괴상하며 화장품 이야기, 조세핀 베이커가 키우는 동물들 이야기, 즐겨 입는 분홍빛 실내가운 이야기, 파리 생활 이야기가 담긴 책이다. 그런 다음 두 사람은 위대한 빈 모더니즘 건축가 아돌프 로스에게 시내에 집을 지어달라고 의뢰할 계획이었다. 그 집은 센세이션을 일으킬 것이고 랜드마크가 될 것이다. 밖은 검은색과 하얀색 줄무늬가 있는 대리석으로 하고, 안에는 유럽 최초의 아프리카계 미국인 스타인 조세핀을 위해 단 하나뿐인 무대를 만드는 것이다. 집 한가운데에는 수영장을 만들 계획이었다. 헤엄치는 비너스 조세핀! 그러나 유감스럽게도 그 일은 이루어지지 못한다. 조세핀의 별이 파리에서 이미 지기 시작했기 때문이다. 그래서 페피토는 조세핀 베이커를 위해 대대적으로 유럽순회공연을 계획한다. 이 순회공연은 대성공과 인종차별 사이에서 이상한 여행이 된다.

조세핀 베이커는 파리를 떠나기 전에 키우던 동물들과 작별해야 했다. 앵무새, 토끼, 고양이, 새끼 돼지를 파리에 놔두고 떠나려니 마음이 무거웠다. 페키니즈 품종의 개 두 마리, 그러니까 피피와 베이비 걸만 함께 기차에 올라탈 수 있었다. 그 외에도 옷장형 트렁크 15개를 실었는데, 그 안은 신발 196켤레, 무대의상과 모피를 합쳐 옷 137벌로 가득차 있었다. 페피토의 어머니가 자기 친구에게 쓴 편지에서 조세핀이 옷과 신발을 몇 벌 더 놔두고 가도 될 텐데 하고 말한 것도 그럴 만하다. 또 여행물품 목록에서 눈에 띄는 것은 얼굴에 바르는 파우더가 64킬로그램이나 들어 있었다는 점이다. 영리한 매니저 페피토는 이 파우더를 상품화하기를 포기했는데 현명한 선견지명이었다. 그랬다가는 조세핀 베이커가 무대에 오르기 전에 얼굴을 더 하얗게 보이게 하려고 파우더를 바른다는 사실을 전 세계가 알게 될 테고, 모든 흑인들의 눈 밖에 날 것이기 때문이다. 그런데 동유럽의 백인들한테는 파우더 64킬로그램으로도 부족했다. 조세핀 베이커는 빈과 부다페스트에서 밤마다 무대 위에서 파리에서 온 위대한 무용수라고 박수갈채를 받았지만, 낮이면 포탄 공격을 받았다. 곳곳에서 보수주의자 무리와 교회 단체가 조직되었다. 기차를 타고 빈에 들어서는 조세핀 베이커를 열광적으로 환영하는 무리가 있는가 하면, 그와 동시에 파울라너 교회는 지나친 육욕과 죄악의 춤을 지탄하고 "검은 악마"를 경고하기 위해 종을 울렸다. 목사들이 일요일 아침 예배마다 조세핀 베이커가 밤마다 무대에서 보여주는 혐오스러운 춤의 위험성을 너무나 절절하고 생생하게 경고해서 많은 신도들이 주기도문을 마치자마자 공연 표를 샀다. 조세핀 베이커가 몇 주 동안이나 요한슈트라우스 극장에서 펼친 공연은 전부 매진되었다.

조세핀 베이커는 그렇게 옷장형 트렁크 15개, 개 두 마리, 남편과 함께 전 유럽을 돌며 같은 일을 겪는다. 부다페스트로, 프라하로, 자그레브로, 암스테르담으로. 심지어 바젤에서도 무대에 오르는데,

뮌헨에서만은 허가받지 못한다. 이 바이에른공화국은 이미 1929년부터 나체 문화가 허용되지 않는 곳이다. 그런데 조세핀 베이커가 가장 격렬한 반발에 부딪친 곳은 베를린이다. 1926년에만 해도 조세핀 베이커가 가장 큰 성공을 맛보고, 루트 란츠호프에게 유혹당하고, 하리 그라프 케슬러에게 숭배받았던 그 베를린에서 말이다. 하리 그라프 케슬러는 조세핀을 위해 발레곡까지 쓰지 않았던가. 사실 적어도 반년은 계획하고, 심지어 프랑스에 있는 클럽 '셰 조세핀Chez Joséphine' 지점을 이곳에 내려고 왔는데, 베를린에 대한 추억이 그렇게 좋았는데 말이다. 흔들리는 불빛, 활기, 관용. 바로 베를린 하면 떠오르는 것들이었다. 그러나 광기의 바람은 이제 사라지고 없었다. 조세핀 베이커가 금발의 독일 무용수와 함께 무대 위에 오르자, 한 비평가는 이튿날 이렇게 분노를 쏟아냈다. "어떻게 감히 아름다운 금발의 우리 레아 자이들을 흑인 여자와 함께 무대에 오르게 할 수 있단 말인가?" 국가사회주의독일노동자당 기관지 『푈키셔 베오바흐터』는 조세핀 베이커를 "원원류原猿類"라고 부른다. 그리고 인종차별적인 기사를 쓰지 않은 신문들은 반유대주의적인 기사를 쓴다. 이 레뷰 공연 기획자들이 유대인이기 때문이다. 나체의 흑인 무용수와 유대인 주최자의 결합, 이것은 국가사회주의 언론이 용납할 수 없는 일이었다. 공연중에 나치 돌격대가 무대로 최루탄을 던지자 조세핀 베이커는 공연하다 말고 짐을 챙겨서 사라져버린다. 쇼는 중단될 수밖에 없게 되고, 조세핀 베이커와 페피토는 1929년 초여름 부랴부랴 파리로 돌아간다.

◇

아나이스 닌이 남편 위고 귀에와 함께 1920년대에 파리 몽파르나스 묘지 바로 옆에 있는 쉘세르 11번지로 이사 올 때만 해도, 이 일이 이 사랑의 도시 역사에서 중요한 사건이 되리라는 사실도, 30년 뒤에 시몬 드 보부아르가 하필 바로 이 집으로 이사 올 거라는 사실도 예감하지 못했다. 어쨌든 아나이스 닌은 신혼생활과 파리에 실망하여 일기를 쓴다. "이곳에 오지 않았더라면 좋았을 텐데. 파리는 낭만적으로 볼 수 있어야 한다. 그렇지 않으면 완전히 환멸뿐이다." 은행가인 남편 위고는 께스 서점에 새로운 카마수트라 책이 나오는 대로 사다가 아내에게 선물하지만 아나이스는 일기에 이렇게 적는다. "나는 순수함을 사랑한다." 그것 말고 아나이스가 사랑하는 것은 일기장뿐이다. 그렇다, 아나이스 닌에게 일기장은 생명의 묘약이다. 아나이스는 일기장마다 작은 자물쇠를 채우며 열쇠는 금목걸이에 끼워 목에 걸고 다닌다. 밸리 댄스를 배울 때만 그 열쇠 목걸이를 목에서 뺀다. 밸리 댄스 강사는 아나이스가 재능이 전혀 없다고 생각한다. 그래서 아나이스는 뭔가 새로운 일을 찾아야 한다. 아나이스 닌은 자주 몇날 며칠 침대에서 나오지 않고 자신의 몽롱한 상태에 대해 일기를 쓰고, 어떻게 사랑을 하는 건지 잘 모르겠기에 D. H. 로런스의 『사랑하는 여인들』을 탐독한다. 로런스가 혼돈 속으로 뛰어드는 방식에 매료되어 일기에 이렇게 쓴다. "혼돈에 빠져드는 것이 우리 시대의 특징이기 때문이다." 그리고 그것은 곧 그녀 삶의 특징이 되었다.

◇

바로 그때 미국의 작가 헨리 밀러도 뉴욕 브루클린의 클린턴 애비뉴에 있는 작은 집 침대에 누워 D. H. 로런스의 『사랑하는 여인들』을 읽고 있다. 자기는 이 인류의 절반에게 매우 사랑받지 못하는 기분이다. 헨리 밀러는 아내 준이 연인 마라 앤드루스를 남편도 있는 이 집에 그냥 아무렇지 않게 초대한 것을, 그리고 남편인 자기는 베개를 집어들고 소파로 가야 했던 일을 도저히 이해할 수 없다. 밤이면 밤마다 두 여인은 이 술집 저 술집으로 떠돌며 술을 마셔댄다. 절망에 빠진 헨리 밀러는 어느 날 저녁 혼인 증명서를 복도 거울에 붙여놓았다. 두 사람이 비틀비틀 낄낄거리면서 계단을 올라오자마자 그 혼인 증명서를 보게 하기 위해서였다. 그러나 두 여인은 그 거울을 무심히 지나쳐 부부 침실로 가버린다.

◇

루트 란츠호프는 키스할 때 꼭 눈을 뜬다. 지금 자기 입술이 닿아 있는 사람이 누구인지 아는 게 좋다. 1920년대 후반 루트 란츠호프는 발정기의 새처럼 베를린 여기저기를 날아다닌다. 늘 재잘재잘 지저귀면서 조세핀 베이커, 몹사 슈테른하임, 클라우스 만, 카를 폴묄러 사이를, 카페와 살롱과 버라이어티 극장 사이를, 고급과 저급 사이를, 여성과 남성 사이를, 이리저리 날아다닌다. 루트 란츠호프가 잠깐 조용히 앉아 있거나 침묵하고 있는 모습을 본 사람은 거의 경악할 판이다. 루트 란츠호프가 미소 짓자마자 황금이 흘러내린다. 미소 짓지 않으면 마치 우는 것처럼 보인다.

오늘 루트 란츠호프는 찰리 채플린을 마중하러 공항에 간다. 찰리 채플린에게 베를린을 보여줘야 한다. 하지만 무엇보다도 자기 자신을 보여주게 된다.

◇

1929년 7월 6일에 쉰 살의 알마 말러가 드디어 자기보다 열한 살 어린 작가이자 "꼬마 신랑" 프란츠 베르펠과 결혼하여 알마 말러베르펠이 된다. 두 사람은 이미 십 년 동안 동거중이었고, 베르펠은 결혼식이 끝나고 바로 다시 제머링 브라이텐슈타인에 있는 알마의 집으로 돌아갈 수 있어서 매우 감사한 마음이었다. 두 사람은 사실 헤어지기 직전에 결혼한 셈이었다. 알마는 베르펠이 "세계문학"을 생산해내기를 원하고, 베르펠은 그 핑계로 자주 혼자 있을 수 있어서 기뻤다. 알마는 늘 섹스 얘기만 하려고 해서, 그러니까, 지금 누가 누구와 사귀고 있는지 수다를 떨어대서 피곤하기 때문이다. 알마가 아주 흥분해서는, 게다가 아주 즐겨 마시는 베네딕트 술을 한잔 더 기울여 벌컥벌컥 마셔대면서 "강렬한 감각"을 갈망하면, 기력이 약한 프란츠 베르펠은 여행가방과 모자를 집어들고 급히 산 위 안식처로 자리를 옮긴다. 유대인인 베르펠은 요사이 아내의 인종차별적인 공격에 큰 두려움을 느끼고 있다. 그래서 알마가 혼자 여행을 자주 가는 것이 아주 기쁘다. 결혼식이 끝나고 알마가 베네치아로 휙 떠나기가 무섭게 베르펠은 몰래 다시 유대교에 가입한다. 4주 전에 알마가 결혼하려면 유대교를 탈퇴하라고 요구했던 것이다(그리고 피로연에서 베르펠의 유대인 부모에게 인사하려고도 하지 않았다). 알마는 술에 취해 일기를 썼다. "나는 행복해지기 위해 술을 마신다." 그리고 프란츠는 불행해지지 않기 위해 한 작품이 끝나기 무섭게 다음 작품을 쓴다.

◇

1874년에 세상에 나왔을 때 그는 이미 완전히 지쳐 있었다. "완전히 잊힌 민족들의 피로가 / 내 눈꺼풀에서 떨어지지 않는다." 열여덟 살의 신동 후고 폰 호프만스탈이 지은 시다. 그러나 빈은 이때 비로소 잠에서 깨어났고, 세계정신은 에곤 실레, 게오르크 트라클, 루트비히 비트겐슈타인, 지크문트 프로이트, 아르투어 슈니츨러, 카를 크라우스를 비롯한 모든 이에게 걷잡을 수 없는 창작력을 일깨웠다. 후고 폰 호프만스탈은 근대화 물결에 어쩔 줄 몰라 하며 그저 그 곁에 서 있었다. 스물다섯 살에 이미 전설이었고 쉰다섯 살인 지금은 잘 차려입은 화석이자, 정신의 귀족이자, 참을 수 없는 속물이자, 가끔 리하르트 슈트라우스를 위해 일하는 리브레토 조달자다. 그리고 그 사이사이에 산문을 좀 쓴다. 자신의 콧수염 끝처럼 섬세하게 빙빙 꼬아서. 호프만스탈은 "보수 혁명"이 1920년대의 원대한 비전이라고 천명한 바 있다. 그리고 그 원대한 비전에는 결혼 제도의 영구 수호도 포함된다. 그렇다, 호프만스탈이 쓴 모든 희극과 리브레토는 사실 요란한 결혼 찬미다. 호프만스탈은 결혼에 대한 자신의 모든 생각이 작품들에 숨겨져 있다고 친구 카를 부르크하르트에게 쓴 바 있다. 어찌나 잘 숨겨놓았던지, 호프만스탈의 아내조차도 아주 오랫동안 찾아야 할 정도다. 저 위대한 결혼 이론가는 실천가로서는 그다지 적극적이지 않기 때문이다. 남편으로서 호프만스탈의 기본 미덕은 이해심인 것 같다. 호프만스탈은 자기가 친구들과 토론하는 주제들에 대해 아내가 관심을 보이지 않는 것이 아주 당연하다고 생각했다. 그리고 자기가 뭔가 낭독하려고 할 때 아내가 방에서 나가는 것도. 호프만스탈은 이렇게 말한다. "결혼이 뭐든 함께하는 것은 아니다."

호프만스탈의 작품들에는 더 복잡하게 표현되어 있다. 『나 자신에게』에서는 결혼이 "존재의 두 가지 이율배반, 다시 말해 시간의 흐름과 지속이라는 이율배반과, 고독과 공동체의 이율배반"을 해결해준다고 말한다. 따라서 속박 없는 삶은 목적 없는 삶으로 이어지고, 결혼하지 않은 사람은 "선존재" 상태로 홀로 근근이 살아간다는 것이다. 1920년대 황금기 베를린과 파리에서 후고 폰 호프만스탈이 이 이론을 별로 관철시키지 못한 것은 당연하다. 그러나 호프만스탈이 살고 있는 빈 근교의 로다운에서는, 그리고 잘츠부르크 축제극에서는 호프만스탈이 노래 가사로 표현한 이 주제를 부부들이 감사의 미소로 호응하면서 몇 초나마 서로 굳게 손을 잡는다.

그런데 정작 후고 폰 호프만스탈은 아내 게르티의 손을 얼마나 자주 잡을까? 뭐라 말하기 아주 어려운 문제다. 호프만스탈이 쓴 산문과 편지 어디에서도 전혀 등장하지 않는 인물이 두 명 있는데, 바로 호프만스탈의 아내 게르티와 그 자신이다. 호프만스탈의 친구들조차도 그가 내면생활은 물론 유대인 혈통을 가장 잘 숨긴, 그런 쪽으로는 자기 얘기를 전혀 하지 않는 사람이었다고 생각한다. 계속 그래야 했다. 호프만스탈은 1920년대에 이미 누구든지 자신의 전기를 쓰는 것을 기겁하며 반대한다. "어리석은" 일이라면서, "이런 물타기 소문을 막으라는" 당부를 남겨놓겠다고 했다.

이렇듯 후고 폰 호스만스탈은 자신의 가장 내밀하고, 가장 위험한 구역들을 단단히 잠가놓았다. 그리고 너무나 예민한 그의 영혼은 육체적인 것, 곧 에로틱한 것에 마법을 걸어놓았다. 호프만스탈에게 결혼은 이성의 문제였다. 그냥 더할 나위 없이 그럴듯한 개념이라고 말할 수 있다. 여러 훌륭한 개념들이 그렇듯 이 결혼 개념에도 실천 문제가 있다는 사실을 그는 자각하고 있었을까? 호프만스탈의 아내 게르티는 자식 세 명을 낳았다. 1902년에 크리스티아네를, 1903년에 프란츠를, 1906년에 라이문트를 낳았다. 그러나 호프만스탈은 출산예정일 때마다 장기간의 해외 강연 여행 일정을 짰다. 그리고 서둘러 집에 돌아오지도 않았다. 그렇다, 호프만스탈은 평생 동안 회피 기술의 대가였다. 친구로부터, 의무로부터, 자식으로부터, 일로부터. 그럼 여자들은? 알 수 없다. 호프만스탈은 젊은 시절 슈테판 게오르게를 거부하기는 했지만, 여러 동성애자와 친밀한 우정을 맺어왔다. 레오폴트 폰 안드리안, 루돌프 알렉산더 슈뢰더, 하리 그라프 케슬러. 일찍이 하리 그라프 케슬러는 호프만스탈이 여자들과 얘기 나눌 때 "외교관이, 여든 살 노인네가" 말하는 것 같다고 꿰뚫어 보았다. 그때 호프만스탈의 나이 서른이었다.

호프만스탈은 미래의 아내 게르티 슐레징어를 처음 만났을 때 게르티의 오빠이자 호프만스탈의 친구였던 한스 슐레징어에게 자기가 게르티 슐레징어를 아내로 선택한 이유를 편지로 이렇게 밝혔다. "그녀는 인생에 확신을 가지고 있고 동경이 없네." 그 점이 호프만스탈을 안심시킨 것 같다. 게르티는 "다행스럽게도 진중함이 결여"되어 있다는 것이다. 다르게, 그리고 훨씬 더 아름답지 못하게 표현하자면, "자신의 이성에 한계가 있다는 사실을 온화한 평정심으로 어쩔 수 없는 일로 받아들임으로써, 정신적으로 자기에게 맞지 않는 모든 것을 그냥 막아버리는" 놀라운 태도를 가지고 있다는 것이다. 게다가 그런 상황에 완전히 만족하기 때문에, "그것이 무엇이 되었든 책이나 대화로 그녀를 계몽하는 것"은 아무 의미 없다는 것이다. 이것이 바로 후고 폰 호프만스탈이 생각하는 이상적인 아내였다.

그렇다, 호프만스탈이 "결혼이 빠진 인생은 생각할 수 없다"고 말할 때 그 목소리의 세기와 단호함에는 항상 부적의 기운도 있는 것이다. 그러니까 호프만스탈에게 결혼은 완벽한 형식의 고독을 보여주는 전형이다. 자신의 동성애 성향을 말로 장황하게 서서히 파괴하려는 필생의 시도다. 자기 자신으로부터 스스로 자신을 보호하기 위해서 〈장미의 기사〉 리브레토 작가로서 대중에게 "남편"이라는 장르의 명확한 이미지를 심어주려고 한 것 같다. 흡사, 끊임없이 외관을 장식하고 예술이라는 서정적 갑옷을 입혀 자신의 본성을 자신한테도 완벽하게 숨긴 것 같다. 호프만스탈의 작품 속에는 리도 해변에서 젊은 남자들을 갈망의 눈빛으로 돌아보는 구스타프 폰 아셴바흐*도 없고, 토마스 만의 일기에서 활보하는 말쑥한 종업원도 없다. 후고 폰 호프만스탈의 결혼은 언뜻 영웅의 패기가 떠오르게 한다. 호프만스탈은 제1차세계대전 때 어디서나 군인들의 대담한 필승 의지와 남자다운 희생정신을 찬미했지만 그 자신은 생명을 위협하는 전선에서 벗어나 최대한 빨리 따뜻한 서재로 가기 위해 온갖 수단과 방법을 동원했다.

그러나 가장 끔찍한 전투는 피할 수 없었다. 1929년 여름, 호프만스탈과 그 아들 프란츠 사이의 휴전이 소모적인 진지전으로 바뀐다. 앞날이 창창한 스물여섯 살짜리 아들이 로다운에 있는 부모님 집으로 돌아온다. 프란츠는 막강한 아버지의 그늘에서 벗어나기 위해 씨름하고, 시를 짓고, 불행한 사랑에 빠지고, 자기보다 누나를 더 사랑하는 초월적인 아버지를 비난한다. 그러나 번번이 목소리는 막히고, 분노 속에 침묵한다. 무엇이 자신의 영혼을 괴롭히는지 제대로 말할 수 없는 것처럼. 그러다가 갑자기, 어느 날 밤에, 7월 13일 밤에 아들 프란츠의 방에서 총소리가 울린다. 후고 폰 호프만스탈과 게르티는 각자의 침실에서 깜짝 놀라 벌떡 일어난다. 프란츠가 총으로 자기를 쏜 것이었다. 호프만스탈은 그저 무감각하게 안락의자에 앉아 있을 뿐이었다. 그리고 7월 15일에 아들 장례식에 참석하기 위

* 토마스 만의 『베네치아의 죽음』에 나오는 주인공.

해 자리에서 일어나려는 순간 뇌졸중으로 죽고 만다. 아니다, 가슴이 찢어져 죽은 것이다. “아들이 있는 이에게는 생명이 있고, 하나님의 아들이 없는 이에게는 생명이 없느니라.”(요한일서 5장 12절) 이틀 뒤 후고 폰 호프만스탈은 칼크스부르크 묘지에 있는 프란츠 폰 호프만스탈의 새 묘지 옆에 묻힌다. 프란체스코 수도회를 각별하게 생각했던 호프만스탈의 유언에 따라 프란체스코 수도사 복장으로 묻힌다. 이렇듯 위대한 결혼 이론가의 삶은 금욕적인 수도사로서 끝을 맺는다.

◇

이 절망에 빠진 아들을 이해하는 아들이 또 있다. 바로 클라우스 만이다. 클라우스 만은 후고 폰 호프만스탈을 위한 추도사를 쓰지만 사실은 프란츠 폰 호프만스탈을 위한 추도사다. 충분히 사랑받지 못하면 죽을 수밖에 없다는 것을 너무나 잘 이해하고 있는 글이었다. 그리고 아버지의 명성에 질식당할 때도 마찬가지다. “그는 우리 중 한 사람으로 죽었습니다. 우리 형제로서. 그가 실패한 지점은 우리도 실패할 만한 지점이며, 분명 우리는 그보다 더 강할 수 없을 겁니다. 우리는 계속 살아갈 것이기에 그의 죽음에 공동 책임이 있습니다. 뒤따라간 그의 아버지의 죽음에도 그렇습니다.” 한 아들이 다른 아들에게 건네는 이 말들은 얼마나 엄청난가. 거기에는 역겨운 동성애로 아버지 토마스 만을 날마다 곤혹스럽게 만들고 있다는 사실을 이미 오래전부터 안다는 자기 폭로가 담겨 있다. 토마스 만과 클라우스 만은 함께 사진을 찍은 적이 거의 없다. 그 얼마 안 되는 몇 장의 사진에서 보통 때 같으면 댄디한 포즈를 즐겨하는 클라우스 만은 불안한 미소를 지으며 굳어 있다. 곧이어 1929년에 클라우스 만의 마음을 더욱 짓누르는 일이 생긴다. 아버지가 노벨 문학상을 받게 된 것이다. 노벨 문학상 수상자가 발표되고 얼마 지나지 않은 어느 날, 클라우스 만은 무감각 상태에 빠지려고 코카인도 모자라 모르핀까지 손을 대기 시작한다. 노벨 문학상 수여식에 참석하러 스톡홀름에 가지도 않는다. 아버지가 초대하지 않은 것이다.

◇

믿을 수 없게도 냉정함을 숭배하는 문화가 있다. 눈물을 흘리는 사람에게 심장은 그저 근육에 불과하다는 걸 믿으라 한다. 그리고 낭만주의는 19세기에 있었던 문학사조일 뿐이라고 덧붙인다. 쿠르트 투홀스키의 "로트헨" 리자 마티아스는 시련을 겪고 나서 이렇게 말했다. "우리는 모두 차가운 평화 시대의 아주 평범한 자식들이었다. 우리는 모두 매정하리만치 냉정했다. 우리는 대부분 곧 다시 잘못되리라는 것을 알고 있었다." 전쟁의 트라우마와 얼음과 어둠에 대한 공포는 특히 남자들이 모든 종류의 감정 폭발에 맞서 무장하도록 만든다. 바이마르와 데사우의 바우하우스에 있는 뻣뻣한 양복 차림에 딱딱한 눈빛의 발터 그로피우스, 〈담배를 든 자화상〉 모습의 막스 베크만, 『강철 폭풍 속에서』에서 모피 옷깃을 여민 에른스트 윙거의 자화상. 신즉물주의 예술가들이 극단으로 몰아간, 자기 자신과 다른 모든 이에 대한 냉정한 속물주의. 그들은 과거 표현주의의 이상이었던 "진정성"에 맞서 이제는 인위성이라는 계율을 내세운다. 화가들은 자기가 의사인 양 자기 모델을 쳐다본다. 마치 이렇게 말하는 것 같다. "옷을 벗어주세요. 그렇지만 내게 통찰은 주지 마세요."

니체 독자인 오토 딕스는 자신을 "북극 탐험가"로 묘사하고, 게오르게 그로스는 "거대한 얼음덩어리 같은 성격"을 자랑한다. 빳빳한 가죽재킷을 입은 베르톨트 브레히트는 시집 『도시인을 위한 읽을거리』에서 "냉정함을 찬양하라!"면서 돌이 되자고 선언한다. 에른스트 윙거는 "영하의 문학"을 촉구한다. 그렇다면 가장 좋은 방법은? 쿠르트 모렉은 『방탕한 베를린 여행서』에서 쿠어퓌르스텐담에 있는 새 술집들을 추천하면서 이렇게 말한다. "유리와 니켈로 반짝반짝 빛나는 깨끗함 속에서 환상적으로 혼합한 미국식 아이스드링크로 내면을 식힐 수 있다."

◇

냉정해지는 것이 남자들만의 문제일까? 물론 아니다. 타마라 드 렘피카는 일평생 그것을 연습했는데, 자기만의 양식을 찾을 때까지 그림을 그리고 또 그리면서 재료가 주는 느낌을 실험한다. 광고 포스터의 압도적인 언어가 떠오르게 하는 에나멜처럼 매끈한 차가운 피부와 이탈리아 마니에리스모 양식처럼 깡마르고 뒤틀린 육체. 훗날, 타마라 드 렘피카의 그림들이 그 시절 프랑스 가구의 고상한 우아함에 너무 딱 들어맞는다는 것을 알게 된 사람들은 그 그림들을 아르 데코 양식이라고 부른다. 그리고 더 훗날, 앤디 워홀이 그녀를 숭배하기 시작할 즈음에는 팝 아르 데코가 더 정확한 표현이라는 것을 사람들은 깨닫게 된다. 그러나 지금 현재는 1929년이다. 타마라 드 렘피카가 초상화를 그려준 사람은 누구나 아이콘이 된 기분이 든다. 폴란드에서 태어나 파리로 온 타마라 드 렘피카는 머리를 트로피처럼 자랑스럽게 쳐들고 다니고 몸은 네글리제처럼 유연하며 새로운 시대를 구현하는 여성 댄디다. 그렇기에 타마라 드 렘피카에게 초상화를 의뢰하는 사람들은 터무니없는 사례금도 기꺼이 지불한다. 또 다른 이유도 있는데, 그림 그리는 것만으로 끝나지 않는 경우가 자주 있기 때문이다. "나는 영감을 얻기 위해 애인이 필요하다"고 타마라 드 렘피카는 말한다. 그리고 남자뿐만 아니라 여자한테서도 영감을 얻는다.

이탈리아 시인이자 색광인 가브리엘레 단눈치오만은 실패의 쓴맛을 보게 된다. 초상화를 그려달라고 타마라 드 렘피카를 자기 영지로 불렀는데, 그림을 그리기 전에 먼저 침대로 가려고 했다. 영지로 부른 첫날 저녁 예순세 살의 단눈치오는 렘피카가 있는 방으로 와서는 옷을 벗었다(여러분을 위해서 더 자세한 얘기는 하지 않겠다). 타마라 드 렘피카는 단눈치오에게 옷을 입어달라고 부탁했다. 렘피카에게는 일이 먼저고 쾌락은 그다음이라는 사실을 단눈치오는 이해하지 못했다. 그리고 단눈치오는 자기에게 무조건 감탄하는 사람에게만 초상화를 맡길 수 있다는 사실을 렘피카는 이해하지 못했다. 방에서 쫓겨난 단눈치오는 조금 뒤 문밖에서 하녀한테 쾌락을 채운다. 그런 목적으로 준비해둔 존재였다. 이튿날 타마라 드 렘피카는 떠난다. 그리고 차라리 자기 자신을 그린다. 바로 〈녹색 부가티를 탄 타마라〉다. 베를린 잡지 『다메』*가 의뢰하여 그린 그림이었다. 가로 35센티미터 세로 27센티미터 크기의 잡지 표지만한 작은 그림이지만 그 시대를 대표하는 위대한 그림이다. 그림 속 여성은 연갈색 장갑을 낀 손으로 검은색 핸들을 쥐고 있다. 발은 가속 페달을 밟고 있다. 붉은 입술에, 눈에는 아이라인을 하고, 시선은 거부할 수 없을 만큼 신선하다. "앞을 향하고 있는 시선이 우리에게 아무것도 드러내주지 않기" 때문이다.

그 무렵 타마라 드 렘피카가 가진 자동차는 르노뿐이었지만 연출이 중요하다는 사실을 알고 있었기에 카페 드 플로르 앞 도로에서 특히 멋지게 생긴 부가티 자동차를 그린 다음 아틀리에로 와서 캔버스에 그려진 자동차에 올라탔다. 잡지 『다메』 표지에서 그 그림을 본 루트 란츠호프, 안네마리 슈바르첸바흐, 에리카 만, 모드 튀센, 클레노레 슈티네스는 거울에 비친 자기 모습을 보고 있는 것만 같았다. 그건 그렇고 이 그림에서 타마라 드 렘피카 옆자리는 비어 있다. 신여성은 이제 더이상 동승자가 필요 없었다. 어디로 가야 할지, 그리고 어떻게 제동을 거는지 스스로 잘 알고 있기 때문이다.

---

* '여성'을 높여 부르는 말.

1929년에 오스트리아헝가리제국에서 가장 많은 땅을 소유한 대지주이자 안달루시아 출신의 무용수 나나 데 에레라를 정부로 둔 대부호 라울 쿠프너 남작이 아틀리에에 찾아와 자기 애인의 초상화를 그려달라고 요청하자 타마라 드 렘피카는 수락한다. 그런데 쿠프너 남작의 정부가 입고 있는 옷이 너무 끔찍해서 깜짝 놀란 타마라는 옷을 벗어달라고 부탁한다. 옷을 벗고 나니 이번엔 에로틱한 매력이 너무 적어서 깜짝 놀란다. 그래서 타마라 드 렘피카는 처음으로 자기 앞에 있는 사람을 더 크지도, 더 과장하지도, 더 매끈하지도 않게 보이는 그대로 적확히 그린다. 억만장자에게 들어보지도 못한 큰 대가를 받고서는 악마와 다를 바 없는 즐거움을 느끼면서 그 애인이 못생겨 보이고, 경직되어 있고, 실제보다 훨씬 더 나이들어 보이는 그림을 그려준 것이다. 타마라 드 렘피카의 아틀리에에 온 쿠프너 남작은, 그림 속의 정부는 너무 매력 없어 보이고 그 그림을 그린 초상화가는 훨씬 더 매력적인 것을 보자 타마라 드 렘피카와 연애를 시작한다. 타마라는 청부받은 일을 청부살인의 기회로 이용한 셈이다. 그리고 그때부터 그림으로 모든 것을 이룰 수 있고, 모든 것을 파괴할 수 있다는 사실을 알게 된다. 사랑마저도.

◇

1929년에 구스타프 그륀트겐스와 에리카 만의 결혼생활이 끝이 난다. 이혼 관련 서류와 감정 상태를 살펴보면 몇 년 전의 결혼보다 지금의 이혼이 더 이성적인 결정으로 보인다.

사정은 이랬다. 토마스 만의 공공연한 동성애자 딸이자, 작가이자, 배우인 에리카 만은 함부르크에서 사인극 〈아냐와 에스터〉를 연습하다가 동성애자 배우인 구스타프 그륀트겐스를 알게 되었다. 나머지 두 배우는 클라우스 만과 파멜라 베데킨트였다. 처음에는 그륀트겐스나 에리카 만이나 둘 다 오히려 파멜라를 선택해야 하지 않을까 고민했지만, 어쨌든 두 사람이 만나게 되고, 그로부터 얼마 지나지 않아 두 사람은 약혼했다. 그건 절망 때문이었을 수도 있고, 권태 때문이었을 수도 있고, 아니면 오만 때문이었을지도 모른다. 클라우스와 파멜라도 마찬가지였다.*

사실 그 무렵 그륀트겐스는 화가 얀 쿠르츠케와 정말 행복하게 살고 있었다. 결혼식을 앞두고 그륀트겐스는 걱정하는 부모님에게 이렇게 편지했다. "얀은 이제 저의 또다른 자아입니다. 창조를 위해서는 그와 조화를 이루며 살아야 합니다." 그러고는 함부르크 무대에서 클라우스 만을 이렇게 격하게 맞이한다. "젊은 세대는 자기 세대를 대변하는 클라우스 만이라는 시인을 발견했다…… 클라우스 만은 가차없는 사랑을 통해 주지의 무지와, 억압된 방종과, 순수한 타락 속에 빠진 자기 세대를 보여준다. 당신은 이 세대를, 자기 안에 많은 사랑을 품고 있는 이 인간들을 사랑해야 한다. 그리고 그 고통

* 클라우스 만과 파멜라 베데킨트는 에리카 만과 구스타프 그륀트겐스보다 먼저 약혼했다.

을 알기에 그들의 과오를 사랑해야 한다. 무엇보다 이들을 대변하는 이 시인을 사랑해야 한다." 그러나 이유가 뭐든 그륀트겐스는 자신의 계율을 따르지 않고 이 시인이 아닌 시인의 누나를 사랑한다. 토마스 만의 자택에서 이루어진 두 사람의 결혼식에는 짜릿함이 있었다. 에리카 만의 모친인 카티아 만의 쌍둥이 남매 클라우스 프링스하임이 결혼 증인이었는데, 피로연에서 새 신랑에게 꽤 거리낌없이 추파를 던졌기 때문이다. 한편 새 신부 에리카 만은 신혼여행 장소로 프리드리히스하펜에 있는 쿠어가르텐 호텔 방을 제안했는데, 그 방은 4주 전에 파멜라 베데킨트와 함께 있었던 곳이다. 그리고 곧바로 에리카 만은 그 방에서 "그지없이 사랑하는 파멜라"에게 갈망이 가득 담긴 편지를 쓴다. 그러고 나서 곧 클라우스 만과 파멜라 베데킨트가 이 호텔로 와서, 둘이 함께 뭐부터 해야 할지 몰라 갈팡질팡하는 이 신혼부부를 구원해준다. 게다가 호텔 앞에서 쓸쓸히 달리기 연습을 하던 헤르만 클라인후버라는 이름의 잘생긴 육상 선수를 자기들 쪽으로 부른다. 그리고 그륀트겐스는 이 우연히 만난 육상 선수와 1930년 마조레호숫가에서 단둘이 휴가를 보내게 된다(그 무렵 파멜라는 이미 카를 슈테른하임과 사귀는 중이었고 클라우스와 에리카는 혼자였다).

카티아 만의 모친 헤트비히 프링스하임은 침착하고 지혜롭게, 이 상황을 정확하게 요약했다. "내가 증조모가 되는 기쁨을 맛보려면 성령의 노고가 필요한, 이상한 현대적 결혼이다." 프리드리히스하펜에서 이 4인방이 다시 모이고 나서, 에리카 만과 구스타프 그륀트겐스는 함부르크 오버가 125번지 집으로 이사한다. 그리고 나머지 두 사람을 잊지 않으려고 자신들이 키우는 고양이 두 마리에게 연극작품 제목처럼 “아냐”와 “에스터”라는 이름을 지어준다.

편리하게도 곧 클라우스 만 역시 『4인 레뷰』를 쓰기 위해 신혼부부의 새집으로 이사 온다. 결혼 증인이었던 클라우스 프링스하임이 무대 음악을 작곡하고, 친구 몹사 슈테른하임이 무대 미술을 맡는다. 그리고 진지하게 하는 말이지만 이 연극의 주연은 다시 구스타프 그륀트겐스, 에리카 만, 클라우스 만, 파멜라 베데킨트가 맡는다. 지크문트 프로이트라면 이를 두고 “반복강박”이라고 불렀을 것이다. 이 작품은 완전한 실패작이 된다. 그륀트겐스는 초연이 끝나고 난 뒤 바로 다른 배우로 대체되고, 독일 순회공연은 대참사가 된다. 공동 출연 무대 경력의 끝은 사실 에리카 만과 구스타프 그륀트겐스가 연기하기로 되어 있던 〈결혼〉이라는 연극의 끝을 뜻하기도 했다.

그륀트겐스는 베를린으로 이사해서 계속 배우로 일했는데, 처음에는 함부르크 친구 얀 쿠르츠케의 아틀리에 집에서 지내다가 나중에는 프란체스코 폰 멘델스존의 품에 안긴다. 프란체스코 폰 멘델스존은 1920년대 후반 현란한 극락조들이 적지 않았던 베를린의 인간 동물원에서 누가 봐도 가장 현란한 극락조였다. 위대한 철학자의 후손이자 부유한 은행가의 아들로 축복받은 첼리스트이자 엄청난 괴짜였다. 컨버터블 좌석에는 족제비털을 깔았고, 상류사회 무도회에서 열광하는 군중에게 자신의 알몸을 보여주려고 모피 외투 벗는 것을 좋아한다. 저녁마다 그륀트겐스는 멘델스존과 함께 새로운 환각을 찾아 쇠네베르크에 있는 술집들을 전전했다. 그전에는 무대에서 관객의 환호를 받았다. 그륀트겐스는 점점 더 자주 우아한 퇴폐미를 지닌 영혼 없는 사기꾼을 연기했다. 그런 연기에 특히 뛰어났다.

그륀트겐스는 극장에서 새로 몸단장을 하고 프란체스코 폰 멘델스존과 함께 베를린의 동성애 문화에 몸을 담갔다. 그리고 처음으로 자신의 자아도취와 욕망을 마음껏 펼쳤다. 크리스토퍼 이셔우드도 찬양했듯이, 1929년 무렵 베를린에는 각 취향에 맞는 장소가 있었다. 그중 핵심적인 장소는 정조대를 찬 근육질 댄서들이 있는 '엘도라도'였다. 베를린의 양성애적 보헤미안들도 칵테일 첫 잔이나 마지막 잔을 마시려고 즐겨 모이는 곳이었다. 그리고 결혼한 남자들을 위한 '슈누어바르트템펠'도 있었고, 수병들을 위해 영원히 끝나지 않는 무도회가 열리는 '플로리다'도 있었고, 마지막으로 '미카도'에서는 트라베스티* 예술가들이 탱고 음악에 맞춰 춤을 췄다. 프리드리히대왕† 치세 이후로 프로이센왕국의 도덕 원칙은 이랬다. '누구나 자기 방식대로 축복받아야 한다.' 그륀트겐스와 멘델스존이 가장 즐겨 가는 곳은 루터가에 있는 '조키 바'와 가이스베르크가에 있는 '실루에테'였는데 그 당시 이미 전설인 술집들이다. 비좁고 연기 자욱한 댄스홀이었는데, 바에는 여자 원피스를 입은 10대 소년들이 앉아 있었고 앞이 깊게 파인 원피스의 편편한 가슴팍에는 가짜 진주목걸

---

* 여장 남자 또는 남장 여자들이 공연하는 쇼.
† 프리드리히대왕은 동성애 성향이 있었다.

이가 달랑거렸다.

그륀트겐스는 무대 위 성공이 커져갈수록 점점 더 기이하게 살았다. 헤르만 호프만 의상점에서는 승마복, 버버리 재킷과 야회복을 사고, 빈의 재단사 크니제한테서는 연미복, 실크 양복, 실내 가운을 사고, 자동차 영업소 델로 앤드 컴퍼니에서는 흠집 하나 없는 최신 오펠 자동차를 샀다. 붉은 가죽 쿠션이 깔린, 새빨간 컨버터블이었다. 베를린에서 빨간색 오펠 자동차를 모는 사람은 구스타프 그륀트겐스뿐이었다. 그러나 주문한 물건들을 찾아가면서 돈을 지불하지 않을 때가 많아 판매원들이 불평했고, 그래서 그 청구서들이 법정에까지 제출되어 역사책에도 수록되었다. 우리 후세대에게는 기쁜 일이다.

어쨌든 1929년에 에리카 만과 구스타프 그륀트겐스는 정말 타당한 사유로 이혼하게 된다. 그리고 어쨌거나 누구나 인생에서 전성기가 있기 마련이므로, 그륀트겐스는 이해 봄에 UFA 영화사와 계약을 맺고 뮤지컬 영화 〈다시는 여자를 믿지 않으리〉에서 주연을 맡는다. 영화 개봉 직후 법원에서 드디어 이혼서류가 도착하자, 구스타프 그륀트겐스는 남자친구 프란체스코 폰 멘델스존과 함께 샴페인을 터뜨렸고, 쇠네베르크에 있는 트라베스티 술집에서 저녁을 보내려고 멋지게 옷을 차려입었다.

◇

자궁은 사실 일방통행로다. 그러나 에리히 캐스트너는 일평생 규정

된 진행 방향을 거슬러 간다. 침대에 들이는 여자들은 자주 바뀌지만, 그 소식을 항상 가장 먼저 알게 되는 건 드레스덴에 있는 "사랑하는 엄마" 이다 캐스트너다. 그리고 두번째는 독자들이다. 에리히 캐스트너는 베를린 생활에 지쳐 재충전이 필요할 때면 틈틈이 마조레 호수나 발트해로 어머니와 휴가 여행도 떠난다. 그러나 사실은 베를린에서 보헤미안으로 지내는 생활을 꽤나 즐기고 있다. 쇠네베르크에 있는 '카페 요스티'에 앉아서 연필을 씹어대면서 밀크 커피를 연달아 마신다. 그러던 어느 날, 젊은 여성이 아주 눈에 띄는 모자를 쓰고 자전거를 타고 지나갔다. 이튿날 또 카페 요스티에서 석 잔째 밀크 커피를 마시는데 또 그 여자가 같은 모자를 쓰고 자전거를 타고 지나갔다. 그 순간 에리히 캐스트너는 연필을 집어들고 글을 써내려가기 시작했다. 그 여자에 대해 알기도 전에 이미 수첩에 문학적인 인물을 창조해낸 것이다. 바로 『에밀과 탐정들』에 나오는 전설적인 주인공 에밀의 전설적인 사촌 "포니 휘트헨"이었다(그러나 좋은 아들인 에리히 캐스트너는 이 작품에서도 엄마를 잊지 않고 헌신적인 티쉬바인 부인이라는 인물을 통해 불멸의 존재로 만든다).

어느 순간 캐스트너는 자전거를 타고 카페 요스티를 지나가는 그 여인에게 말을 걸었다. 그 여자의 이름은 마르고트 슌랑크이고, 에리히 캐스트너가 윙크했을 때 광고전문학교에 가는 길이었다. 그리고 얼마 지나지 않아 캐스트너는 드레스덴에 있는 "엄마에게 보내는 편지"에서 벌써 자신의 성취를 알린다. "새로 사귄 어린 여자친구는 아주 사랑스러워요. 전 벌써 또 사랑에 푹 빠졌어요. 물론 길게 보면 모두 의미 없는 일이죠." 왜냐하면 길게 보면 당연히 엄마가 최고니까. 아무튼 캐스트너는 현대 베를린 여성들한테 자기는 왠지 잉여 인간처럼 느껴진다고 한탄한다. 그 여성들은 사무실 업무와 자위와 자립으로 너무 독립적인 존재가 되어서, "이제 더이상 남자들이 필요 없어졌어요"라며.

◇

여자들은 이제 더이상 남자들이 필요 없다. 남자들을 당황스럽게 만든 이 메시지는 1920년대 후반의 사회 분위기를 말해준다. 여자들은 이제 생계를 위해 남자들이 필요 없다. 스스로 해결하기 때문이다. 적어도 베를린을 비롯한 대도시에서는 그랬다. 여성들은 사무실에서 일한다. 마샤 칼레코가 쓴 것처럼 "여자들은 아홉시에서 다섯시까지 성으로만 불린다. 퇴근 후에는 이름으로도 불린다". 여성들은 이제 어딘가 가야 할 때도 남자들이 필요 없다. 직접 자동차를 운전하기 때문이다. 게다가 보닛에 앉아 포즈를 취하기도 하고, 운전할 때 흩날리는 바람을 특히 좋아한다. 옆에는 작은 강아지만 있으면 된다. 그리고 여성들은 섹스할 때도 더이상 남자들이 필요 없다. 여자친구들과 해도 충분하기 때문이다(사실 혼자서도 충분하다). 여자가 남자를 받아들였을 때는 그 남자도 안다. 자기가 그 여자를 선택한 것처럼 그 여자도 자기를 선택했다는 것을, 그리고 자기가 이 관계를 빨리 끝낼 수 있는 만큼 그 여자도 이 관계를 빨리 끝낼 수 있다는 것을. 여자 전문가인 쿠르트 투홀스키가 요약한 것처럼 "그 남자와 잠자는 거야 물론 할 수 있지만 친밀함은 없다". 투홀스키는 자기 애인들에게 주로 남성적인 애칭을 붙였다. 에리히 레마르크도, 에리히 캐스트너도 마찬가지였다. 다시 말해서 남자들은 성적 혼란을 둘러싼 게임을 함께하려고 애쓰지만 당연히 그럴 기회가 없다. 여성 댄디들은 베를린 쿠어퓌르스텐담에 있는 술집들에, '슈반에케'와 '슐리흐터'에 앉아 있고, 담배를 피우고, 춤을 추러 가고, 마를레네 디트리히처럼 남성 양복과 넥타이 차림을 즐겨한다. 그리고 글을 쓴다. 기사와 신문 문예란 읽을거리들을, 깃털처럼 가벼우면서도 신랄한 글을. 『우후』 『다메』 『크베어슈니트』를 비롯해 바이마르공화국의 모든 주요 신문에 그 글들이 실린다. 무엇보다 신세대 여성들은 책도 쓴다. 잡을 수 없이 떨리는 책을 쓴다. 그 책들은 이제 도덕이나 유토피아가 아니라 경험에 대한 갈망을 다룬다. 여성 작가들이 쓴 소설에서 남자들은 이제 여성 주인공들에게 반찬거리도 되지 못한다. 샤를로테 볼프는 발터 벤야민의 첫째 아내인 도라 벤야민과 쇠네베르크에 있는 레즈비언 술집 '베로나 딜레'에 갔던 이야기를 들려준다. "남자들이 레즈비언 여성들이 모이는 곳에 동행하는 것은 흔한 일이었다. 그러나 클럽 안에 들어가기가 무섭게 그 남자들은 작은 탁자에 앉아 그곳에서 일어나는 일을 눈으로만 좇는 그림자 같은 존재가, 그러니까 꿔다놓은 보릿자루가 되었다." 그렇다, 작은 탁자에 앉아 그곳에서 일어나는 일을 눈으로 좇는 것, 이 조연 역할이 근대 남성에게 주어진 새롭고 낯선 역할이었다. 문학에서도 마찬가지였다. 새로운 여성 작가 세대는 새로운 여주인공을 창조했다. 이름가르트 코인의 『인견 소녀』에서든, 마샤 칼레코의 『서정적 속기 노트. 일상에 관한 시』에서든, 비키 바움의 『호텔 사람들』에서든, 루트 란츠호프의 『다수와 한 사람』에서든, 가브리엘레 테르기트의 『캐제비어, 쿠어퓌르스텐담을 정복하다』에서든. 쿠어퓌르스텐담 주변의 사진 작업실에서도 똑같은 일이 벌어진다. 새로운 시각언어가 자리잡는다. 다시 말해, 남성 욕망의 손아귀에서 벗어난 여성들이다. 마리안네 브레슬라우어, 안네마리 슈바르첸바흐, 프리다 리스, 로테 야코비가 찍은 흑백사진들에서 이런 여성들을 발견하게 된다. 그리고 로테 라저슈타인은 자신의 여자친구 트라우테 로제의 육체를 늘 새로운 각도에서, 늘 새롭고 틀에 박히지 않은 시선으로 탐구하며 그린다. 여성에 의해 관찰되고 묘사되는 여성들. 대담성과 여성성을 지닌 하나의 미적 혁명. 루트 란츠호프가 작가로서 불필요한 철자 'h'를 빼버리고 'Rut'로 이름을 줄인 것처럼, 행진을 가볍게 만들기 위해 불필요한 것은 모두 내던져진다. 마를레네 디트리히와 마르고 리옹이 이런 새로운 사고방식의 상징적 인물이 된다. 디트리히와 리옹은 레뷰 〈이런 분위기〉에서 여자의 사랑이 지닌 구원의 힘을 찬미한다. 이 작품에서 두 여인은 함께 란제리를 사면서 이렇게 노래한다. "최고의 여자친구가 최고의 여자친구와 함께라면……" 최고의 여자친구가 최고의 여자친구와 함께라면, 그렇다면 그 여자들은 더 이상 남자들이 필요 없다.

◇

이렇게 시작이 순조로운 경우도 있다. 젊은 리 밀러가 뉴욕에서 길을 건너다가 화물차에 거의 치일 뻔했는데 말쑥한 차림의 한 남자가 마지막 순간 인도에서 그녀를 낚아챈다. 그 남자는 콘드 몬트로즈 네스트로, 잡지 『보그』 발행인이며 패션업계에서 가장 힘있는 남자다. 그로부터 몇 주 뒤 리 밀러는 그의 연인이 된다. 그리고 몇 달 뒤 『보그』 표지에 실린다. 그 사진을 찍은 사람은 위대한 사진작가 에드워드 스타이켄이었다. 그러나 리 밀러는 하루종일 사진 찍히고 싶지는 않았다. 세상에 나왔을 때부터 아버지는 리 밀러의 사진을 찍어왔다. 대부분 벌거벗은 채였는데, 소녀가 된 후에도, 그리고 성인 여자가 된 후에도 아버지는 사진 찍는 것을 멈추지 않았다. 이제 1929년 이 따뜻한 뉴욕의 여름에, 리 밀러는 더는 대상이 되기 싫었다. 이제 주체가 되려고 한다. 다시 말해 사진작가가 되려고 한다. 에드워드 스타이켄이 파리에 있는 스타 사진작가 맨 레이에게 가보라며 추천서를 써준다. 이틀 뒤 리 밀러는 배에 오른다.

리 밀러는 르아브르에서 기차로 갈아타고 파리에 도착하자마자 몽파르나스로 가서 캄파녜프리미에르가 31번지에 있는 맨 레이의 작업실 초인종을 누른다. 그러나 관리인이 아무리 오래 눌러봐야 소용없다고, 맨 레이는 여름휴가 여행을 떠났다고 전한다. 리 밀러는 낙담하여 여행가방을 집어들고 라스파이 대로를 건넌다. 태양이 내리쬐어서 건너편에 있는 작은 카페에 들어간다. 아래층은 너무 시끄럽고 사람들로 꽉 차 있어서 작은 계단을 올라 위층으로 가서 커피를 한 잔 주문하고는 번잡한 여름 거리를 차분히 바라본다. 그때 갑자기 맨 레이가 계단을 올라오더니 다른 탁자에 자리를 잡고 앉는다. 리 밀러는 자기 눈을 믿을 수가 없었다. 맨 레이도 여행가방을 가지고 있었다. 보나마나 여름휴가를 떠나기 전에 마지막으로 커피를 한 잔하는 것이리라. 리 밀러는 맨 레이의 탁자로 걸어가 이렇게 말한다. "전 당신의 새 제자입니다." 맨 레이는 당황하여 풍성한 눈썹을 치켜뜨고 자기 앞에 서 있는 대담하고 키 큰 미인을 올려다본다. 그리고 마치 섬세한 붓으로 그린 것처럼 연분홍빛으로 빛나는 입술을 쳐다본다. 정신을 차린 맨 레이는 이렇게 말한다. "아뇨, 그럴 리 없어요, 나는 제자가 없는데요. 게다가 나는 지금 비아리츠로 여름휴가를 떠나려는 참입니다." 그러자 리 밀러는 눈 하나 깜빡하지 않고 이렇게 대답한다. "네, 저도 알아요. 그리고 저도 함께 갈 거예요."

파리 북역에서 기차에 올라탈 때쯤에 리 밀러는 맨 레이의 제자가 되어 있었고, 기차간에 앉았을 때는 그의 모델이 되었고, 비아리츠에 도착할 때쯤엔 그의 연인이 되어 있었다.

◇

위대한 독일 표현주의 화가 가운데 단 한 사람만이 전쟁에서 살아남았다. 프란츠 마르크와 아우구스트 마케는 전쟁에서 쓰러졌지만 에른스트 루트비히 키르히너는 살아남았다. 비록 저 유명한 여성 인물들을 그렸던 모리츠부르크호수와 포츠담광장에서 평생 멀리 떨어져 지내기는 했지만 말이다. 키르히너는 베를린 빌머스도르프에 있는 표현주의 동굴의 집에서 함께 살았던 동반자 에르나 실링과 함께 스위스 알프스로 기어들어갔다. 참호에서 유탄 사격을 겪은 이후로 소음을 못 견뎌했다. 기껏해야 젖소 목에 달린 방울 소리, 스산하게 집 주위를 스치는 산바람 소리, 저멀리 산 정상을 맴도는 독수리의 울음소리 정도만 참을 수 있을 뿐이다. 키르히너는 슈타펠알프 아래 다보스 위쪽에 있는 한 소박한 농가로 들어갔다. 그리고 무거운 들보에 둘러싸인 이 어두운 공간에서, 전과는 아주 다른 방식으로 그림을 그린다. 형태는 우울하고, 색깔은 이상하다. 금지된 분홍색, 생뚱맞은 녹색, 현란한 보라색의 여자들과 염소들. 주변 농부들이 하루 일과를 보내는 모습을 보면 마음이 진정된다. 풀베기, 망치질, 젖소들의 음매 소리. 가끔 버스를 타고 아래쪽에 있는 다보스로 가서 베를린에서 그랬던 것처럼 카페에 앉아보지만 이제 예전 같지는 않다. 커피를 마시고 신문을 한번 훑어보고는 다시 얼른 알프스로 돌아간다. 에른스트 루트비히 키르히너는 생존자다. 시대에 뒤처져 있다. 키르히너의 판화작품 목록이 나오고, 대규모 전시회에서 그의 표현주의 그림들이 전시되지만 새 작품에는 아무도 주목하지 않는다. 충실한 동반자 에르나만 관심을 보일 뿐이다. 가끔 두 사람이 함께 여행할 때면, 키르히너는 에르나를 "키르히너 부인"이라고 적는다. 그러면 에르나는 가만히 미소 짓는다. 에르나의 병세가 심각하다. 고통에 시달리고 있다. 의사들이 도우려 애써보지만 소용없다. 요양을 다녀와도 조금도 나아지지 않는다.

에른스트 루트비히 키르히너는 인생의 모든 단계에서 자기 주변에 있는 것들을 그렸다. 그래서 지금은 산, 농부, 어디에나 있는 전나무를 그리고, 가끔은 에르나와 자기 자신을 그린다. 마치 음과 양처럼 꼭 껴안고 있는 모습으로. 세상으로부터의 도피는 그를 체념으로 몰아넣었다. 아니 어쩌면 그 반대인지도 모른다. 키르히너는 전통적인 남성상과 여성상을 가지고 있다. “여자의 영혼은 성적으로 그 여자를 소유하고 있는 남자에 의해 만들어진다. 어떤 남자든 그 그림자를 남긴다”고 키르히너는 말한다. 빛에 대한 얘기는 없다.

본질적으로 그가 남긴 기다란 그림자에 의해 만들어진 에르나를 키르히너는 “충실한 동지”라고 부른다. 두 사람의 동거 형태가, 1929년에 독일에서 출간된 미국인 저자 벤 B. 린지의 책 『우정 같은 결혼』에 담겨 있다고 키르히너는 생각한다. 아이 없는 결혼, 상대방에게 지나친 요구는 하지 않되 서로 책임은 지는 합의된 동거를 옹호하는 책이다. 그거라면 에른스트 루트비히 키르히너 자신도 아직 가능성이 있어 보였다. 전쟁으로 내면은 산산조각나고 수년간의 모르핀중독으로 영혼이 피폐해진 자신이라도 이곳 알프스 위에서라면 말이다. 키르히너는 린지의 책에서 두 문장에 굵게 밑줄을 쳤다. “사실 성욕과 결합된 상상은 인류를 동물보다 더 고귀한 존재로 고양시킨 위대한 지렛대 가운데 하나였다. 음악, 그림, 시, 춤 같은 창조적인 예술과 사랑은 물론 심지어 종교까지도 이 성욕과 상상의 결합으로 생겨났다.” 키르히너는 이 책을 다 읽고 나서 다보스 출신의 한 젊은 부부에게 선물한다.

◇

엄밀하고 냉정한 시선으로 1920년대 후반을 흑백으로 양식화하여, 우리의 시각 기억에 저장되어 있는 모습으로 재현한 쾰른의 사진작가 아우구스트 잔더는 1929년 가을 다다이즘 화가 라울 하우스만의 실제 애정생활을 있는 그대로 사진에 담고자 한다. 다시 말해서 부인과 애인과 함께 있는 모습을 찍는다. 하우스만은 셔츠와 신발을 벗어 갈색으로 그을린 윗몸을 자랑스럽게 드러내고, 매끈하게 다림질한 무릎 길이의 치마를 입은 부인 헤트비히에게 오른팔을 걸치고 있다. 헤트비히는 결혼생활의 의무에서 벗어나 기쁜 듯한 얼굴로 카메라를 바라보고 있다. 하우스만의 왼팔은 장난스럽게 애인 베라 브로이도의 어깨에 걸쳐 있다. 베라 브로이도의 치마는 확실히 10센티미터는 더 짧다. 시선도 확실히 10퍼센트는 더 느긋하다. 아우구스트 잔더는 셔터를 누른다. 그리고 이 사진에 "예술가의 결혼"이라는 제목을 붙인다. 이 3인조는 그 무렵 전통적인 2인조보다 만족도가 높았던 것 같다. 어쨌든 이 3인조는 1934년까지 유지된다.

◇

베를린의 로볼트출판사에서 원고 심사원이자 번역가로 일하는 프란츠 헤셀은, 카사노바와 발자크를 번역했으며 발터 벤야민과 함께 『잃어버린 시간을 찾아서』를 번역한 바로 그 프란츠 헤셀은 자신의 상념처럼 그렇게 덧없는 여인을 하나 발견했다. 바로 도리스 폰 슌탄이었다. 베를린 보헤미안 사이에서 반짝이는 중심별이며 베를린 서부 지역의 술집과 카페에서 "도린데"로 불리는 슌탄은, 사실 사람들은 믿지 않겠지만, 태어날 때 성이 '남편'이라는 뜻의 '에만Ehemann' 이었다. 그러니 타고난 '여자 남편'인 셈이다. 그 때문이라도 도리스는 결혼할 수 없을 것이다. 그 점 역시 프란츠 마음의 부담을 덜어주었다. 이미 헬렌 헤셀의 남편이기 때문이다. "도린데"는 저널리스트이고, 『다메』를 통해 최신 모자 유행을 선도하고 있으며, 사진을 찍고, 일평생 날갯짓하며 돌아다닌다. 프란츠 헤셀은 그 뒤를 따라 날아다닌다. 그렇게 해서 도리스 폰 슌탄에 대해 처음 쓴 글에 '가벼운 베를린 봄의 열기'라는 제목을 붙인다. 곧 이어지는 다음 글의 제목은 '빗속의 도리스'다. 헤셀은 방에 있는 도리스에 관해, 호숫가에 있는 도리스에 관해, 길 위에 있는 도리스에 관해 글을 쓴다. 어쩌면 이 글들이 프란츠 헤셀이 쓴 가장 위대한 글들일지도 모른다. 사람들은 이 흠모받는 여인을 통해 불현듯 베를린을 체험할 수 있다. 도리스는 카스파 다비트 프리드리히 이래로 독일 낭만주의 환상에 날개를 달아준 마법과 같은 뒷모습이 된다. 프란츠 헤셀은 주로 도리스의 뒷모습만 본다. 그는 도리스가 산책할 때 아주 빨리 걷는다고 쓴다. 그래서 산책자 프란츠 헤셀도 속도를 낸다. 이렇게 산책하다가 탄생한 책이 바로, 프란츠 헤셀의 가장 중요한 작품으로 꼽히는 『베를린 산책』이다.

◇

8월 2일 디나르의 지방신문 『르 주르날 드 디나르』는 피카소 부부가 다시 브르타뉴를 방문했다고 알린다. 처음에는 르 갈릭 호텔에서, 그다음에는 고품격 빌라 벨이봉에 묵는다고. 피카소가 또 애인 마리테레즈 발테르를 데려왔다는 사실, 마리테레즈가 작은 여인숙 알비옹에 묵는다는 사실은 언급되지 않는다.

피카소는 오후마다 아내 올가와 아들 파올로와 함께 해변 의자에 앉아 있다가 마리테레즈한테 건너가 수건으로 물기를 닦는다. 올가는 고상한 창백함을 유지하기 위해서 파라솔 아래에 몸을 숨긴다. 마리테레즈는 하루종일 태양볕에 몸을 태운다. 피카소가 갈색으로 그을린 피부를 좋아한다는 것, 그리고 소금과 햇빛에 점점 더 황금빛으로 빛나는 자신의 금발을 좋아한다는 것을 알기 때문이다. 피카소와 마리테레즈는 그렇게 비밀 놀이와 숨바꼭질 놀이를 즐긴다. 마리테레즈는 마담 피카소가 될 생각이 전혀 없다. 피카소의 뮤즈로 남고 싶어한다.

◇

1929년 8월에 에리히 캐스트너는 어머니와 함께 발트해에서 휴가를 보낸다. 그리고 휴가에서 돌아와 여자친구 마르고트, 그러니까 『에밀과 탐정들』에 나오는 포니 휘트헨에게 새집을 구해달라고 부탁하고는 "사랑하는 엄마"에게 이렇게 편지한다. "포니는 좀 뛰어다녀야 겠지만 귀여운 마츠는 그걸 좋아하는걸요." 마르고트는 베를린 로셔가 16번지에 있는 방 세 개짜리 예쁜 집을 발견한다. 5층인데, 두꺼운 열매의 초록빛 가시들이 하늘로 뻗어 있는 밤나무가 보이는 마당이 있는 집이다. 10월 1일 이삿날에 캐스트너의 어머니가 드레스덴에서 베를린으로, 새집으로 찾아와 아들에게 베개와 숟가락을 준다. 나중에는 포니가 자기 부모님 집에서 살림살이를 더 가져다준다. 쓰레기통과 쟁반도. 캐스트너는 어머니에게 이렇게 편지한다. "그녀는 자기가 쓸모 있는 사람처럼 느껴진다면서 기뻐했어요." 마르고트는 자꾸 에리히 캐스트너에게 저녁식사도 만들어주고 첫 손님들도 대접한다. 심지어 가끔은 캐스트너 집에서 자고 가는 사이가 된다. 한번은 아침에 아직 잠이 덜 깬 상태에서 캐스트너에게 지난밤 꿈 이야기를 해준다. 그리고 며칠도 안 되어 잡지 『벨트뷔네』에 실린 시 「착한 소녀가 꿈을 꾸네」에서 자기 꿈을 다시 발견하게 된다. 캐스트너는 여자들을 이용해먹는다. 그는 여자들을 사랑하지 않는다. 시 「착한 소녀가 꿈을 꾸네」에 이런 구절이 있다. "그녀는 영원 속을 달리는 것 같았네. 그녀는 울었네. 그리고 그는 웃었네." 착취와 감정에 관한 한 캐스트너와 비슷한 처지였던 쿠르트 투홀스키는 「착한 소녀가 꿈을 꾸네」를 애송시로 꼽는다. 투홀스키는 그 시 뒤에 숨어 있는 뜻도 정확히 알아본다. "꿈꾸는 소녀에 대해 단 한마디도 없는 것은 아주 캐스트너답다. 나는 캐스트너가 감정을 두려워한다고 생각한다. 감정이 없는 것이 아니라 감정에 대한 두려움을 갖고 있는 것이다. 그 이유는 가장 역겨운 감상주의 형태의 감정을 너무 많이 봤기 때문이다."

◇

이제 잠시 숨고르기를 해야 한다. 이제 지중해로, 스페인으로 여행을 떠나야 하는데, 그곳은 곧 아주 복잡하게 얽힐 것이고, 따라서 당연히 아주 뜨거워질 것이기 때문이다. 트라문타나산맥으로부터 엄청난 바람이 불어오기는 하지만 머리와 가슴을 식혀주는 것이 아니라 더 큰 혼란만 일으킬 뿐이다. 바로 폴 엘뤼아르와 아내 갈라, 르네 마그리트와 아내 조제트, 루이스 부뉴엘과 당연히 살바도르 달리의 머리와 가슴에.

폴 엘뤼아르는 아내와 함께 이국땅에 사는, 새롭게 떠오르는 초현실주의 화가를 방문하는 것이 자신의 결혼생활에 이롭지 않으리라는 것을 이때 경고받았어야 했다. 왜냐하면 1920년대 초에 쾰른에 있는 막스 에른스트를 방문하고 나서 얼마 지나지 않아 막스 에른스트가 벌거벗은 가슴을 드러낸 모습으로 갈라를 그렸고 세 사람은 공개적으로 삼각관계를 시작했기 때문이다. 이 관계는 우선 막스 에른스트의 심약한 아내를 지치게 만들었고, 그다음에는 그보다 관대한 편인 폴 엘뤼아르를 지치게 만들었다. 엘뤼아르는 아시아로 도망쳤다. 그런데 그사이 몇 년에 걸친 사랑의 도취에 지쳐버린 막스 에른스트와 갈라가 그 뒤를 쫓아가 폴 엘뤼아르를 고향으로, 결혼생활로 데리고 돌아왔다. 파리의 초현실주의자 무리에서 갈라는 끊임없이 도발을 일으켰다. 프랑스의 시인이자 초현실주의 주창자인 앙드레 브르통은 갈라를 두고 "그 가슴에서는 엄청난 지옥의 꿈도 녹아내리는" 여성으로만 평가한다. 폴 엘뤼아르는 초현실주의 예술가들에게 자기 아내의 에로틱한 매력들을 끊임없이 찬미하여 기이한 숭배대상이 되게 만든다. 그러나 그가 폐병으로 아로사에서 1년 동안 요양한 뒤로는 엘뤼아르뿐만 아니라 갈라도 어찌나 많은 염문을 뿌리고 다니는지 모두가 질려버릴 정도였다. "삶은 없다, 사랑만 있을 뿐이다. 사랑이 없다면 모든 것이 영영 소멸, 소멸, 소멸이다."

한편 두 사람 사이에는 딸 세실이 있지만, 갈라는 이미 일찍부터 딸을 조부모에게 맡겨버렸다. 갈라는 자기에게 자녀 양육은 아무 의미가 없는 일이라고 말해 남편을 놀라게 한다. 그러나 남편은 결국 받아들인다. 이제 폴 엘뤼아르가 건강을 회복한 1929년 여름에, 두 사람은 한번 더 관계회복을 시도한다. 엘뤼아르는 심지어 파리에 두 사람이 함께 지낼 새집을 한 채 사서 비싼 가구와 카펫으로 꾸민다. 그러고는 셀 수 없이 많은 여행가방을 들고 좋은 기분을 안고서 신에게조차 버림받은 외딴 카다케스로 하루 동안 여행을 떠난다. 소문에 따르면 괴짜 살바도르 달리가 그림으로 소동을 일으키고 있는 곳이다. 달리는 루이스 부뉴엘과 함께 영화 〈안달루시아의 개〉를 찍었고, 자화상 〈위대한 자위행위자〉를 선보였으며, 이제 모든 사람이 달리를 알고 싶어하고, 갤러리를 운영하는 괴망스는 달리에게 가을에 파리에서 큰 전시회를 열자고 제안한다. 그러나 지금은 아직 여름이다. 하늘에서는 태양이 불타고 있고, 바람에 해변으로 밀려온 파도가 부서지며 물보라가 1미터나 높게 치솟는다. 동네 어부들이 파리에서 온 세련된 여행객들한테 잠시 한눈을 팔고는 다시 계속 그물을 손질한다. 어부들은 아무것도 듣지 못하고 아무것도 보지 못한다. 깊은 바닷속 시커먼 해초처럼 불가사의한 무지다.

그날 처음 함께한 저녁식사 자리에서 이미 달리는 히스테리 발작 같은 웃음을 자꾸 터뜨린다. 통제 불가능하고, 시끄럽고, 날카로운 웃음이었다. 달리는 비틀거리며 자리에서 일어나 문 쪽으로 가더니 몇 분 뒤에는 아무 일도 없었다는 듯 다시 돌아온다. 달리는 겨드랑이 털을 밀었고, 머리에 제라늄꽃을 꽂았다. 파리에서 온 초현실주의자들과 살바도르 달리의 장래 갤러리 주인은 달리의 특이함에 호의를 가지고는 있지만, 맛좋은 바닷가재를 발라먹는 데 더 집중하면서 은밀하게 서로 눈빛을 주고받는다. 마치 '이 젊은 화가가 좀 미친 게 아닐까?' 하고 말하듯이.

오직 갈라만은 생각이 다르다. 갈라는 갈색으로 그을린 몸통에, 입술 위로 옅게 검은 콧수염이 난 이 별난 남자에게 그 자리에서 완전히 빠져버린다. 첫눈에 이 남자의 본질을 알아본 것이다. 갈라는 달리의 강박증을 간파했고, 괴물처럼 달리를 지배하고 있는 성性에 대한 두려움을 꿰뚫어보았다. 갈라는 달리의 손을 잡는다. 이 무렵에 찍은 사진이 한 장 있다. 초점이 살짝 잘 맞지 않은 사진인데, 달리와 갈라가 돌투성이 바닷가에 나란히 누워 있고, 갈라의 두 손이 달리의 가슴 위에 서로 깊이 맞물려 있다. 두 사람은 눈을 감고 있고 있다. 달리는 행복이 충만한 미소를 짓고 있다. 이 사진을 찍은 사람은 바로 갈라의 남편 폴 엘뤼아르다. 엘뤼아르는 이 미소를 보고는 카메라 셔터를 눌렀다. 그리고 가방을 싼다.

루이스 부뉴엘도 이 새로운 에너지를 느낀다. 어제까지만 해도 함께 새 영화 〈황금시대〉를 찍었는데, 달리는 갑자기 작업 불능 상태가 된다. 달리는 갈라 옆에 가만히 앉아서 홀린 듯 손을 잡고 있다. 어느 순간 자제력을 잃은 부뉴엘이 갈라 위에 올라타 목을 조른다. 달리가 그만하라고 애원할 때까지. 이튿날 루이스 부뉴엘도 카다케스를 떠나버린다.

이제 남은 것은 갈라와 달리뿐이다. "갈라는 내 인생의 소금이 되었고, 내 인격의 경화제가, 내 등대가, 내 도플갱어가, 바로 내가 되었다"고 달리는 환호하며 기뻐한다. 두 사람은 딱 한 번 함께 자는데, 왜냐하면 달리는 여성의 성기에 공포와 같은 두려움을 가지고 있기 때문이다. 갈라와 처음 만났을 때 달리의 나이 스물다섯이었는데 아직 숫총각이었다. 달리가 안전함을 느끼는 것은 오직 엉덩이까지다. 그때 달리는 관찰자이고 그 안에 있는 성이라는 괴물을 일깨우게 될 광경을 두려워할 필요가 없다. 갈라는 이 모든 것을 이해하고 너그럽게 달리의 검은 머리카락을 쓰다듬는다. 달리는 자신의 망상이 갈라의 손안에 있다는 사실을 알게 된 이후로 더는 히스테리 환자처럼 이유 없는 웃음을 터뜨리지 않게 되었다. 갈라의 남편을 비롯해 사람들이 모두 파리로 돌아가고 난 다음 달리와 갈라 두 사람은 서둘러 이웃 만灣의 바닷가에 있는 아주 작은 오두막으로 거처를 옮긴다. 모든 것으로부터 떨어진 곳으로, 근처에는 어부 몇 사람뿐이었는데, 갈라는 성욕이 너무 커지면 가끔 그중 가장 잘생긴 어부와 배를 타고 바다로 나간다. 달리는 갈라가 어부와 함께 배를 타고 바다로 나갈 때마다 마음이 아주 가벼워진다. 달리는 갈라가 잘 지내길 바란다. 달리는 자기만의 환상 속으로 들어가 갈라의 엉덩이를 그리기 위해서 이젤 앞에 앉는다. 태양은 저 높이 떠 있고, 시간은 녹아 흐른다. 갈라가 돌아오면 갓 잡은 바닷가재가 식탁에 놓여 있다. 달리는 이렇게 말한다. "아름다움은 먹을 수 있다. 그렇지 않으면 아름다움이 아니다." 맛있게 드시길.

◇

바우하우스는 이상화된 육체와 정신을 지닌 새로운 인간을 창조하려고 한다. 다만 한 가지 점에서는 여전히 아주 전통적이다. 바로 "마이스터"가 그랬다. 실제 호칭으로도 불리는 마이스터들은 모두 남자들이다. 바실리 칸딘스키, 마르셀 브로이어, 라이오넬 파이닝거, 오스카 슐레머, 요제프 알베르스, 모두 그랬다. 그리고 그들 위에 발터 그로피우스가 가장으로 군림하고 있다. 여성들은 학생만 될 수 있다. 오직 군타 슈퇼츨만 예외였다. 군타 슈퇼츨은 바이마르에서 학생으로 입학한 지 7년 만에 데사우에서 "마이스터"라고 불리게 된다. 직조 공방의 마이스터였는데, 본질적으로는 진정한 변화라고 할 수 없었다. 남성 마이스터들은 길쌈이 전통적으로 여자들의 집안일에 속한다고 생각하기 때문이다.

군타 슈퇼츨은 시작부터 함께했다. 처음에는 색의 마술사 요하네스 이텐의 마법 아래, 그다음에는 파울 클레의 마법 아래, 마지막으로 오스카 슐레머의 마이스터 제자로서. 현재 뉴욕현대미술관에 소장되어 있는 오스카 슐레머의 가장 유명한 그림 〈바우하우스 계단〉에서 슈퇼츨은 추상적인 형태로 다른 여학생들과 함께 계단을 오르고 있다. 그러나 이 길은 돌투성이 길처럼 험난하다. 슈퇼츨은 위대한 화가들에게 배운 모든 것을 직조 작업에 녹여낸다. 흐르는 듯 부드러운 시로 이루어진 추상적인 예술작품들이다. 그러나 이 역시 군타 슈퇼츨이 보기에는 아직 여성적 미학에 대한 클리셰에 갇혀 있는 생각이었을 것이다. 하지만 아니다. 슈퇼츨이 이루어낸 일은 훨씬 더 대담했다. 슈퇼츨의 지도 아래 데사우에 있는 바우하우스의 직조 공방은 전문적인 산업디자인을 개발하는 실험실이 된다. 셀로판을 직조 재료로 쓰고, 강관가구에 사용될 철사를 개발한다. 군타 슈퇼츨은 자신이 이끄는 직조 공방을 싱크탱크로 여긴다. "직조는 건축이다. 무질서한 실들로 질서 있는 형태를 구축하는 것이다." 군타 슈퇼츨은 사랑도 마찬가지라고 생각한다. 그리하여 자신의 무질서한 삶의 실타래로부터 질서 있는 구조물을 만들어, 1929년 8월에 팔레스타인 출신 건축학도 아리에 샤론과 결혼한다. 얼마 지나지 않아 10월 8일에 딸 야엘이 태어난다. 군타 슈퇼츨은 자기가 결혼하면 팔레스타인 국적을 갖게 되는데, 이에 법률적으로 반대 의견을 갖고 있느냐고 오빠 에르빈에게 물었지만 괜찮다는 대답을 들었다.

그러나 새내기 엄마이자 팔레스타인 사람이 된 군타 슈퇼츨은 갑자기 진취적인 바우하우스의 한계를 깨닫게 된다. 바우하우스는 자유연애의 장이었으나 아이들을 위한 곳은 아니었다. 직조 공방의 지도자 역할과 어머니 역할을 조화롭게 해내고자 했던 슈퇼츨이 아주 대담하게도 바우하우스에서 아기에게 젖을 먹이자 남자들은 물론 여자들도 못마땅해하며 숙덕거린다. 꼭 이래야 하나? 그러나 그것은 오히려 군타 슈퇼츨이 자신의 길을 계속 걸어가는 데 자극제가 되었을 뿐이다. 초기 시온주의자로 키부츠에서 바우하우스로 파견된 남편 아리에 샤론도, 바우하우스에서 일하는 어머니의 역할을 새롭게 정립하고자 하는 아내의 소망을 지지한다. 그러나 샤론에게 이 시대는 날이 갈수록 점점 더 살기 불편해진다. 베르나우에 있는 노동조합학교에서 건축 감독을 맡게 되었는데 자신의 국적을 묻는 당황스러운 질문을 자꾸 받게 되는 것이다.

◇

행복한 부부는 모두 서로 비슷하다. 그렇지만 불행한 부부는 모두 저마다의 이유로 불행하다.

◇

1929년, 1920년대도 어쩔 수 없이 끝을 향해 가고 피츠제럴드 부부의 결혼생활도 마찬가지다. 1921년 피츠제럴드 부부가 아퀴타니아호를 타고 미국에서 유럽으로 왔을 때만 해도, 두 사람은 미국의 새로운 분위기를 구현하는 존재들이었다. 희미하게 빛나는 재즈 시대, 의미가 아니라 삶에 대한 갈망, 여름 정장과 칵테일드레스로 세계

정복, 아직 그 누구도 읽어본 적 없는 시대를 초월한 비애와 우아한 문체로 가득한 사랑 이야기를 만들어낸, 완곡하게 몰락을 예언한 금발의 스콧과 자기 남편만큼이나 매혹적인 야성미를 지닌 남부 미인 젤다. 먼저 나온 『아름답고 저주받은 사람들』과 그다음에 나온 『위대한 개츠비』, 이 두 작품은 1920년대판 그림 형제 동화였지만 사실은 잔혹하고 우울한 이야기였다. 옛날 옛적 아메리카에서…… 곧 피츠제럴드 부부는 거트루드 스타인과 제임스 조이스, 실비아 비치와 셰익스피어 앤드 컴퍼니 서점, 콜 포터와 조세핀 베이커, 존 더스 패서스와 이에 빠질 수 없는 헤밍웨이라는 행성들을 둘러싼 파리의 앵글로색슨 창공에서 반짝이는 별이 되었다. 영원할 것처럼 보이는 〈미드나잇 인 파리〉였지만, 달은 기울어가고 있었다. 해를 거듭할수록 피츠제럴드 부부의 상황은 복잡해져갔다. 젤다는 점점 더 자주 혼자 킥킥거리고 스콧은 술을 너무 많이 마시면 거칠어진다. 그리고 사실 항상 술을 너무 많이 마신다.

1929년 봄, 지난날에 품었던 희망과 지난날에 누렸던 영광을 되찾기 위해 파리로 돌아온 피츠제럴드 부부는 길을 잃고 만다. 공중그네를 타는 두 곡예사처럼, 저 위에서, 항상 저 높은 곳에서, 긴장한 채로, 한 사람이 다른 사람에게 매달린 채로, 한 사람이 다른 사람에게 붙들린 채로. 저 아래는 나락의 심연이다. 언젠가 젤다는 스콧에게 처음 보낸 연애편지에 스콧 없이 살 수 없을 거라고, 스콧을 영원히 사랑할 거라고, 언젠가 스콧이 자기를 미워하기 시작하는 때가 오더라도 영원히 스콧을 사랑할 거라고 썼다. 이 봄에, 짙푸른 색 모포처럼 따뜻하게 파리를 감싼 이 봄에 두 사람은 처음으로 그 단계에 이른다. 젤다는 발레 수업을 듣고, 스콧은 몰락 수업을 듣는다. 젤다는 하루종일 춤을 춘다. 스콧은 밤새도록 술을 마신다. 『뉴요커』에서 짧은 자전적인 글을 의뢰받은 스콧은 지난 몇 년간 자기가 마신 알코올음료 목록을 보낸다. 스콧은 자신이 타락했음을 느끼기 위해서, 술에서 깼을 때 느끼는 것처럼 무가치한 존재가 되기 위해서 술을 마신다. 이른 아침에, 파리 좌안에 있는 쇠락한 술집들을 전전하며 술집 투어를 한 뒤 택시를 타고 집에 돌아와 비틀거리며 계단실을 올라가면, 젤다가 막 잠자리에서 일어나 기지개를 켜고는 발레 수업에 갈 준비를 한다. 발레 뤼스에서 니진스키와 함께 춤추었고 지금은 카푸신 거리에 있는 망사르드 드 올랭피아에서 파리 최고의 발레학교를 운영하고 있는 그 유명한 마담 예고로바한테 마침내 수업을 들을 수 있게 된 것이다. 젤다는 이 러시아 여인을 숭배한다. 매일 하얀 치자꽃을 선물하고, 매주 새로운 향수를 선물한다. 마담 예고로바가 다리 자세를 바로잡아주려고 발목을 건드릴 때면 온몸에 소름이 돋는다. 젤다는 사랑이라고 생각하지만, 그것은 다만 집착에 불과하다. 젤다는 오로지 마담 예고로바의 마음에 들고 싶은 생각뿐이고, 집에 돌아오자마자 바로 또 연습을 하고, 물만 마시고, 몸을 더 유연하게 만들기 위해서 밤이면 발을 침대 기둥에 묶어서 발가락이 바깥쪽으로 휜 채로 잠을 잔다. 그러나 이미 스물아홉 살이나 먹은 젤다의 발가락은 더이상 어린 버드나무 가지처럼 휘어지지 않는다. 젤다는 스콧이 술에 취하지 않아 멀쩡하고 두 사람 모두 집에 있는 드문 순간에 스콧에게 싸움을 걸 때조차도 양발을 바깥쪽으로 벌린 채 발레리나처럼 미소 짓는다. 두 사람은 서로 갈기갈기 찢어대고 온갖 수를 써서 서로 괴롭힌다. 지연된 파산 신청과 다를 바 없는 결혼이었다. 젤다는 이제 스콧처럼 단편도 쓴다. 그러나 잡지 『컬리지 유머』는 판매부수를 늘리기 위해 젤다가 쓴 단편의 작가 이름을 "F. Scott&Zelda Fitzgerald"라고 표시한다. 젤다는 화를 내며 난리를 친다. 스콧도 갑자기 젤다한테 자극을 받아 원고료 몇백 달러에 새로운 이야기들을 다시 쓰기 시작하는데, 스콧의 이야기나 젤다의 이야기나 주제는 오직 딱 하나, '결혼생활의 침묵'이다. 이 여름에 스콧이 가장 즐겨 하는 일은 헤밍웨이와 함께 달아나는 것이다. 둘이서 함께 술에 취하고, 술잔을 그윽이 바라보며 인생을 논하는 것이다. 1929년 6월 어느 저녁 날 미쇼즈에서 스콧은 젤다가 자기 성기가 너무 작다고, 다른 모든 남자의 성기보다 작다고 말했다고 잠긴 목소리로 이야기한다. 헤밍웨이는 자기가 눈으로 자세히 봐야겠다며 곧바로 화장실로 가자고 한다. 그리고 이 분야의 전문가인 어니스트 헤밍웨이는 "완전히 정상"이라고 결론을 내린다. 그러나 헤밍웨이가 보기에 피츠제럴드는 이 측정 결과에 전혀 기뻐하지 않았다. "자신의 실패를 확인해주는 구실로 삼으면서 위로받기를 거부했다." 헤밍웨이는 비탄에 빠져 있는 스콧에게 내일 아침 루브르로 가서 고대 조각상의 성기와 비교해보자고 제안하지만 피츠제럴드는 그 제안을 거절하고는 거짓 왜소함의 진창에서 뒹군다. 젤다가 그렇게 말했고, 스콧에게는 젤다가 한 말이 곧 진실이었다. 술을 진탕 마실 새로운 이유가 생긴 것이다.

발레학교는 여름휴가에 들어갔고, 모두 여름휴가를 떠났다. 피츠제럴드 부부는 팔라틴가에 있는 자택에서 서로 갈기갈기 찢지 않기 위해서 자기들도 여름휴가를 떠나야 한다고 느낀다. 두 사람은 리비에라로 간다. 이제 바닷가에서 가라앉고 있는 두 사람은, 스콧이 단편을 써서 받은 원고료로 플뢰르 드 보아 빌라를 빌린다. 두 사람은 "수영하고, 살을 갈색으로 그을리고, 젊어지려고" 한다고 스콧은 쓴다. 무엇보다 피츠제럴드 부부는 자기 자신으로부터 주의를 딴데로 돌리고 싶어한다. 이때 전설적으로 부유한 미국 사교계 명사인 새라 머피와 제럴드 머피 부부도 도움을 준다. 앙티브에 있는 머피 부부의 '빌라 아메리카'에서는 누구나 주변 세계를 잊을 수 있었다. 무성한 야자나무 그늘 아래 짧게 깎은 풍성한 잔디밭에서 벌어지는 칵테일파티들, 뉴욕과 파리에서 온, 갈색으로 그을린 피부에 새하얀 옷을 입은 멋진 사람들, 시원한 샴페인, 작게 울려퍼지는 재즈 음악, 저 아래 반짝이는 지중해와 등을 따뜻하게 비추며 저무는 해. 그러나 이제 이런 것들이 모두 더는 도움이 되지 않는다. 인생은 선다우너*가 아니다. 젤다는 부서지는 파도 위로 솟은 울타리가 아니라 파리 무용학교 발레 바에서 춤을 추는 듯 저녁마다 혼자 의미 없는 미소를 짓는다. 스콧은 리비에라에서 헤밍웨이에게 띄운 편지에 이렇게 쓴다. "요즘 나는 열한시쯤이면 무너지네. 그때쯤이면 눈에 눈물이 흐르거나 술이 눈꺼풀까지 차올라 넘치지."

젤다는 훗날 이렇게 말한다. "이번 여름에 당신은 내 침대에 딱 한 번 왔어." 스콧은 이렇게 대답한다. "이번 여름에 난 당신에 대한

* 해질 무렵 마시는 술.

기억이 없어."

여름이 끝나가는 9월 말 어느 날에, 피츠제럴드 부부는 파리로, 새로운 상처들만 더 많아진 불행 속으로 돌아간다. 저 아래로 파도가 솨솨 소리를 내며 부서지고 오른쪽으로는 태양이 반짝반짝 빛나는 절벽의 도로로 접어들자, 젤다가 마른하늘에 날벼락처럼 갑자기 자동차 핸들을 붙잡더니 미친 사람처럼 웃음을 터뜨리며 온 힘을 다해 핸들을 벼랑 쪽으로 돌린다. 위안을 주는 물보라 속으로 자동차와 함께 추락하려 한다. 그러나 결정적인 순간에 스콧이 핸들을 반대쪽으로 꺾었다. 길가에 있던 돌들만 탁탁 소리를 내며 바닷속으로 굴러떨어졌다.

◇

루트 란츠호프는 계속 다른 지인, 다른 차, 다른 애완견과 함께, 그러나 한결같은 매력으로 마치 취한 사람처럼 1920년대를 질주한다. 위대한 출판업자 자무엘 피셔의 조카로서 토마스 만과 크로케를 연습하고, 연극학교 학생으로서 무르나우의 〈노스페라투〉에 출연하고, 성인이 되어서는 찰리 채플린과 아르투로 토스카니니, 오스카 코코슈카와 그레타 가르보, 조세핀 베이커와 몹사 슈테른하임과 함께 어울린다. 음, 그리고 마를레네 디트리히와 얼마 전에 새로운 수영복 패션을 선보였는데, 그 때문에 1929년의 어느 멋진 여름날에 베네치아에 있는 팔라초 벤드라민에서 한 손에 시원한 마티니를 들고 카날 그랑데 운하를 바라보면서 눈부시게 빛나는 애인 카를 구스타프 폴묄러에게 이렇게 말한다. "디트리히로 해요, 디트리히는 계속 손가락으로 쓰다듬고 싶은 다리를 가졌어요."

폴묄러는 며칠 전부터 카를 추크마이어와 루트 란츠호프와 함께 자신의 저택에 앉아서 영화 〈푸른 천사〉 시나리오와 배역 명단 때문에 골머리를 앓고 있었다. 하인리히 만을 설득해 원작 소설『운라트 교수』에 대한 영화 판권을 따내는 데 수년이 걸렸다. 이제 주연 여배우가 필요하다. 그냥 주연 여배우가 아니라 푸른 천사이자 "롤라 롤라"인 세상에 단 하나뿐인 여배우가 필요하다. "그 디트리히?" 폴묄러는 깜짝 놀라 물었다. 막대한 비용이 들어간 이 UFA 영화의 여주인공 역을 무명의 바리에테 댄서에게 맡기자고 어떻게 영화감독 요제프 폰 슈테른베르크와 주연배우 에밀 야닝스를 설득한단 말인가? "할 수 있어요." 루트 란츠호프는 이렇게 말하며 웃는다. 그리고 물론 해냈다.

◇

1929년 9월, 가족과 함께 툰호수에서 4주 동안 여름휴가를 보내고 나서 정산하려고 청구서를 보면서 콘라트 아데나워가 아주 잠깐 움찔했을 때, 아데나워의 아내 구시는 뭔가 이상하다고 느낀다. 나중에 기차간에서 아이들이 보드게임 '화내지 마'를 지겹도록 열한 판이나 하고 마침내 잠이 들자, 아데나워는 아내에게 걱정거리를 얘기한다. 조금이나마. 쾰른 시장 콘라트 아데나워는 태어날 때부터 아주 부유한 남자였다. 그러나 여기서 중요한 점은 “였다”에 방점이 찍혀 있다는 사실이다. 아데나워는 지난해 미국에 불어닥친 주식 열풍에 휩쓸려 매우 튼실한 독일 주식들을 팔아치웠다. 기계, 건설, 엘버펠트 염료, 라인 가스공장을 비롯해 전 재산을 매각해서는 뱀버그셰어스니 아메리칸 셰어스니 듣기 좋은 이름에 장밋빛 전망이 있다지만 제대로 알지도 못하는 미국 회사들에 쏟아부었다. 그리고 너무나 솔깃해서 빚까지 내어 주식을 계속 사들였다. 그런데 두 회사가 갑자기 파산한 것이다. 콘라트 아데나워는 그 때문에 1929년 여름 도이체 방크에 백만 마르크라는 엄청난 금액의 빚을 지게 된다. 이 사실이 스위스 호텔협회에 알려질까봐 걱정이었다. 그러나 아내 구시에게는 그렇게 자세한 얘기는 하지 않았다. 단기적인 재정 문제가 생겼다고만 말한다. 아내 구시는 남편이 하는 말을 단 한마디도 믿지 않는다.

◇

1929년 10월 14일에 장폴 사르트르와 시몬 드 보부아르는 처음으로 함께 밤을 보낸다. 파리 당페르로슈로가 91번지 6층 오른편에 있는 보부아르의 새집에서였다. 벽지는 처음 보는 오렌지색이었다. 두 사람은 특히 그 오렌지색을 절대 잊지 못하리라.

◇

피츠제럴드 부부가 추락을 피해 9월에 무사히 파리에 도착하자 대신 주식이 폭락한다. 처음에는 주식 시세가 흔들리기 시작했고, 붙들어보려 애써도 소용없더니, 1929년 10월 25일에, 바로 검은 금요일에 주식 시세가 바닥으로 떨어지고 만다.

◇

남작 영애 니나 폰 레르헨펠트는 줄담배를 피운다. 하루에 세 갑까지 피운다. 그게 좀 거슬리지만, 그것 빼고는 흠잡을 데가 전혀 없다. 클라우스 솅크 폰 슈타우펜베르크 백작은 1929년 10월에 프랑켄 귀족 무도회에서 열여섯 살 니나의 눈을 그윽이 바라보며 이렇게 말한다. "당신이, 당신이 내 아이들의 어머니가 되어주면 좋겠습니다." 니나는 잠깐 심호흡을 한다. 니나는 이것이 클라우스가 할 수 있는 가장 진심 어린 사랑 고백일 거라고 예감한다.

◇

그리고 1920년대의 가장 당혹스러운 사랑 이야기가 이렇게 끝을 맺는다. "나를 잊지 마, 그리고 우리 사랑이 내 인생의 축복이었다는 사실을 내가 얼마나 잘, 얼마나 가슴 깊이 알고 있는지 잊지 마. 이 생각은 흔들리지 않아, 오늘도." 오늘은 바로 마르틴 하이데거의 마흔번째 생일인 1929년 9월 26일이다. 바로 이날, 이 말을 한 주인공인 한나 아렌트는 학우 귄터 슈테른과 결혼한다. 하이데거의 유대인 연인 한나 아렌트는 이 결혼을 통해, 그리고 결혼식 날짜를 하이데거의 생일로 잡은 결정을 통해 하이데거 생각에서 벗어날 수 있기를 바란다. 물론 성공하지는 못한다.

◇

평안하고 아무 걱정거리 없는 유년기였다. 니더작센 힐데스하임 근교 어두운 숲으로 뻗어 있는, 마법에 걸린 듯 푸르른 녹음이 우거진 초원에서 말을 타거나, 그 한가운데 있는 요새 같은 성에서 살면서 줄줄이 늘어선 방에서 시간을 보냈다. 마을 연못에는 가재가 있고, 차고에는 자동차들이, 테라스에는 딸기로 만든 술이, 들판에는 곡식이 있다. 1912년 1월에 남작 가문에서 태어난 젊고 야성적인 리자 폰 도베네크는 모든 사람의 사랑을 한몸에 받는다. 이미 열다섯 살의 나이에 잡지 『우아한 세계』 표지에 실린다. 그리고 열일곱 살 때, 그러니까 1929년 여름에 테니스 선수 고트프리트 폰 크람과 테니스를 치다가 포핸드로 그의 심장을 맞춘다. 두 번의 테니스 시합 사이에 고트프리트가 편지로 사랑을 맹세하자 그해 10월에 리자는 이렇게 답한다. "당신의 고백에 기뻤어요. 그래서 당신의 사랑에 응답하려고 해요."

◇

가수이자 카바레 연예인 트루데 헤스터베르크는 자신의 일시적인 동반자 하인리히 만의 소설 『운라트 교수』를 영화화한 〈푸른 천사〉에서 여주인공 역이 자신이 아닌 빌어먹을 마를레네 디트리히에게 갈 것이 분명해지자 하인리히 만을 떠난다.

◇

가끔 인생이 기울어지는 순간이 있다. 그런 순간이 지나고 나면 수십 년 동안 이 기울어진 운동장에서 달리게 되고, 위로 기어올라가려고 해보지만 다시 아래로 미끄러진다. 알프레트 되블린의 아버지 막스 되블린이 사 형제와 어머니와 함께 지독한 가난 속에 알프레트를 홀로 내버려둔 채 가족을 버린 순간, 그의 인생이 기울었다. 아버지와 아버지의 연인은 브레머하펜에서 미국으로 도망쳤다. 그때 알프레트 되블린의 나이 열 살이었고, 아버지는 그렇게 사라지기 바로 전날 자기 배가 너무 나와서 몸을 많이 굽힐 수 없다면서 아들에게 신발끈을 묶게 했다. 알프레트 되블린은 평생 아버지의 발자취를 따르지 않으려고 애쓸 것이다.

알프레트 되블린은 질투심에 자기를 꼼짝 못하게 괴롭히고 하루종일 입을 다문 아내 에르나를 거듭 떠나려고 하지만 결국 남기로 하거나 떠났다가 금방 돌아온다. 네 자녀 가운데 한 명이 이제 막 열

살이 되었기 때문이고, 자기가 열 살의 나이에 겪었던 일을 자식이 겪게 하고 싶지 않기 때문이다(그러나 훗날 알프레트 되블린의 아들들은 가장 끔찍했던 일이 아버지가 어머니와 헤어지지 않은 점이라고 말한다). 1913년 에른스트 루트비히 키르히너와 친교를 맺고, 헤르바르트 발덴 주변의 '슈투름'* 무리와, 베를린에 있는 모든 표현주의 예술가들과 친교를 맺었던 의학박사이자 신경과 의사인 알프레트 되블린은 1920년대인 지금 베를린 동부 프랑크푸르터 알레 340번지에 정착해 살고 있다. 어두운 1층에 있는 진료실에서 의료보험환자를 진찰하는데, 진료시간은 오후 네시부터 여섯시까지였다. 그리고 그곳에서 가족과 함께 살기도 한다. 또한 오래된 타자기가 있었는데, 저녁마다 아내 에르나가 남편이 낮에 그 누구도 읽을 수 없는 손글씨로 써놓은 『베를린 알렉산더광장』 소설 원고를 깔끔하게 옮긴다. 알프레트 되블린은 거의 날마다 집을 나서 마치 마법처럼 자기를 끌어당기는 알렉산더광장으로 산책하면서 자기를 둘러싼 거리와 운명 속으로 침잠한다. 되블린의 표현처럼 "이 강력한 존재의 둘레를 손으로 촉진하려는 듯". 그런 다음 거의 날마다 '운터 덴 린덴' 제과점에서 자기보다 스무 살 어린 여성 사진작가 욜라 니클라스에게 자기가 촉진한 것을 들려준다. 알프레트 되블린처럼 유대인인 욜라 니클라스의 원래 이름은 샤를로테 니클라스인데, 무도회에서 처음 만났을 때 자기가 여태까지 기다려온 사람이라는 것을 알아본 알

* 헤르바르트 발덴이 1910년에 창간한 잡지로 표현주의 예술을 표방함.

프레트 되블린이 욜라라는 새 이름을 지어준 것이었다. 욜라는 되블린의 모든 것을 받아들이듯 그 이름도 기꺼이 받아들였다. 욜라는 되블린을 처음 만난 저녁에 이미 마치 천사가 자기 손을 잡은 것 같았다. 그리고 그렇게 되블린의 등뒤에 숨어서 1920년대를 날아다닌다. 알프레트 되블린이 『베를린 알렉산더광장』 원고를 읽어줄 때마다 욜라 니클라스는 눈물을 흘린다. 그런 다음 다시 78번 전차를 타고 한 시간을 달려서 샤를로텐부르크 슐러가로, 아직 부모님과 함께 살고 있는 집으로 돌아간다. 곧 욜라는 되블린의 집에서 단골손님이 되는데, 되블린의 아들들에게 "욜라 이모"로 소개된다. 안주인 에르나는 의심의 눈초리로 욜라를 빤히 노려본다. 그리고 욜라는 점점 유명해지는 작가 알프레트 되블린의 사진을 찍기 시작한다. 장난스레 두꺼운 안경알 너머로 엿보듯 혼자 있는 모습, 아들들과 함께 놀고 있는 모습을 찍는다. 베를린의 잡지들은 앞다투어 그 사진을 찍어내고, 그렇게 알프레트 되블린의 연인은 자기가 찍은 사진으로 『프랑크푸르터 차이퉁』 『크베어슈니트』 『다메』 『마가진』 『우후』를 통해 되블린의 모습을 대중에게 각인시킨다.

알프레트 되블린은 자기 아버지가 애인을 처음 만났던 바로 그 나이에 욜라 니클라스를 만났다. 그리고 욜라와 함께 결혼이라는 지옥에서 탈출하려고 거듭 시도한다. 보통 중년의 위기에 빠진 이들이 그러듯이 뾰족한 턱수염을 깎고, 심지어 집을 나가서 첼렌도르프에 있는 하숙집에 들어가기도 한다. 그러나 집으로 돌아오지 않으면 자살하겠다고 아내가 편지를 보낸다. 알프레트 되블린은 자기가 그토록 사랑하는 부드러움과 애잔함과 낭만을 모두 갖춘 욜라 니클라스를 만날 때면 안경부터 벗는다. 알프레트 되블린이 그토록 싫어하는 딱딱함, 유용함, 현실성을 다 갖고 있는 그의 아내는 남편이 안경을 벗은 모습을 단 한 번도 본 적이 없다고 한 식사 모임에서 말해서 그 자리에 모인 사람들이 놀라워했다. 욜라는 처음 만난 순간부터 알프레트 되블린이 그토록 동경했던 영적인 존재이자 육체이자 영혼이다. 그럼에도 되블린은 욜라를 위해 모든 것을 내려놓지 못한다. 아니다, 되블린은 욜라와 아내 둘 중 한 사람을 선택하기를 강요해달라고 욜라에게 부탁한다. 유감스럽게도 스스로 그렇게 하지 못하는 것이다. 그러나 그것은 어린 욜라에게 지나친 요구였다. 욜라는 자기가 숭배하는 애인을 압박하고 싶지 않았다. 그러기에는 되블린을 너무 깊이 사랑하는 것이다. "사랑하는 영혼이여, 우리 하늘이 우리에게 정해준 길을 가요." 되블린은 어떻게 했을까? 에르나가 정해준 길을 간다. 또 하숙집에서 나와 자신의 참회를 뒷받침해줄 꽃을 사서는 다시 집으로 기어들어간다. 일주일 동안 소파에서 자야 하지만, 그다음에는 부부 침실로 돌아갈 수 있다. 그리고 에르나는 아들들이 잠든 저녁이면 다시 『베를린 알렉산더광장』의 주인공 프란츠 비버코프 이야기를, 바로 남편이 아침마다 자기 연인에게 읽어준 이야기를, 머물기와 떠나기 사이의 갈등, 떠나감, 희생, 너무 많은 희망을 품다가 지쳐버린 이야기들을 깔끔하게 타자로 옮긴다.

알프레트 되블린은 편지에서 점점 더 자주 자기 연인을 "누이"라고 부른다. 되블린의 연인은 "오라버니"라고 화답한다. 두 사람은 현실에서 도피해 "형제자매"라는 허락된 요새로 도피한다. 그럼 에르나는 어떻게 되었을까? 에르나는 미친듯이 선인장을 모으기 시작한다. 결국 창턱마다 선인장으로 가득차게 된다. 욜라가 진료시간에 알프레트 되블린을 찾아올 때면 에르나는 선인장에 물을 주러 그 방에 들어온다.

1929년에 『베를린 알렉산더광장』이 출간된다. 알프레트 되블린은 세계적인 명성을 얻는다. 그리고 여전히 죽고 싶을 만큼 불행하다. 얼마 후 새로운 희곡을 쓰는데 작품 제목을 '결혼'이라고 짓는다. 잘 알려진 대로 알프레트 되블린은 알렉산더광장만큼이나 결혼에 대해서도 아주 잘 안다. 알프레트 되블린은 그 희곡의 초연에 참석하러 급행열차를 타고 라이프치히로 가는데, 아내 에르나와 연인 욜라와 함께였다. 아내가 잠깐 화장실에 가면 알프레트는 욜라에게 말한다. 자기를 이 결혼에서 해방시켜주지 않아 너무 실망스럽다고.

◇

알프레트 되블린은 1920년대에 수백 번, 아니 수천 번 프랑크푸르터 알레에서 알렉산더광장으로 걸었다. 그런데 이 봄날에 볼프강 쾨펜은 반대 방향으로, 알렉산더광장에서 프랑크푸르터 알레로 걸어간다. 쾨펜은 되블린의 소설에 매료되었고, 이 작가가 의사로 일한다는 사실을 믿을 수 없었다. "의학박사 알프레트 되블린. 진료시간 오후 네시부터 여섯시까지"라고 쓰여 있는 문패 앞에 섰을 때에야 비로소 믿게 되었다. 되블린에게 존경한다고 말하고 싶었다. 그러나 팬으로 나설 용기가 없었다. 그래서 환자인 척하고 만나볼까 생각한다. 그러나 환자로 만날 용기도 없다. 쾨펜은 마지막 환자가 떠날 때까지 아주 오랫동안 그 집 앞에 서 있었다. 그러고는 감탄하고 주저하면서 알렉산더광장 쪽으로 천천히 발걸음을 옮긴다. 결국 베를린 서부로, 샤를로텐부르크로 돌아가고 만다. 쾨펜과 되블린 두 사람은 결국 단 한 번도 만나지 못한다. 따지고 보면 안타까운 일이다.

◇

1929년 가을 베를린 뒤셀도르퍼가 43번지에서 이례적인 멜로드라마가 펼쳐진다. 테아 슈테른하임은 이곳에 집 두 채를 세냈다. 그중 한 집에서 테아 슈테른하임은 아름답고 통제 불가능한, 회오리바람 같은 딸 뭅사와 함께 살고 있다. 뭅사는 자동차주행시험용 도로에서 오토바이 사고를 당해 처방받은 진통제 옥시코돈과, 클라우스 만과 뭅사의 연인 안네마리 슈바르첸바흐를 통해 알게 된 코카인에 완전히 중독되었다. 그사이에 남자들도 있어서 지난여름에 힘들게 임신중절을 하기도 했다. 아이의 아버지는 르네 크레벨로 짐작되는데, 클라우스 만이 절망적으로 사랑하는 동성애 시인이었으며, 뭅사를 자신의 소울메이트라고 여기는 인물이었다. 그전에 뭅사는 고트프리트 벤과 두 번 잠자리를 했는데, 그 때문에 테아 슈테른하임은 딸은 물론 벤도 마음 깊이 용서할 수 없다. 고트프리트 벤이 브뤼셀까지 찾아와 제1차세계대전의 그늘 속에 있던 슈테른하임의 집을 그의 정중한 인사와 시로 밝혀준 뒤로 테아 슈테른하임은 벤에게 그 누구에도 비길 수 없는 깊은 친밀감을 느끼고 있었기 때문이다. 그러나 지금 어머니는 딸을 품어 구하려고 애쓰고 있다. 그 때문에 딸에게 쉼없이 욕을 먹으면서도. 그리고 바로 옆 두번째 집에 있는 전남편 카를 슈테른하임을 구하려고 애쓴다. 크로이츨링겐의 정신병원에 입원했던 남편을 베를린으로 데려온 것이다. 이미 뇌가 마비되어가는 매독 3기였는데, 난동을 부리고 망상을 일으키며 미쳐가고 있다. 그런데 갑자기 전남편의 약혼녀 파멜라 베데킨트가 카를 슈테른하임을 찾아온다. 파멜라 베데킨트는 한때 에리카 만의 여자친구였고 클라우스의 만의 약혼녀이기도 했다. 카를 슈테른하임은 간병인 오스카와 함께 지내고 있었다. 이제 자기가 집세를 내고 있는 두 집에서 딸과 전남편과 전남편의 예비신부한테 쉼없이 욕을 먹게 된 테아 슈테른하임은 이 광란을 견디기 위해 전남편의 간병인한테 모르핀을 투여받는다. 카를 슈테른하임은 이발사가 실수로 콧수염을 밀어버리자 완전히 이성을 잃는다.

시인 아네테 콜프가 테아 슈테른하임을 위로하려고 찾아왔는데, 문패에 "슈테른하임"이라고 쓰여 있는 두 집 중에서 엉뚱한 집의 초인종을 누르고 만다. 파멜라 베데킨트가 문을 열자 아네테 콜프는 깜짝 놀라 물러난다. 문 뒤로 콧수염을 잃은 카를 슈테른하임이 무덤 같은 침대에서 저주를 쏟아붓는다. 아네테 콜프는 급히 사과하고 친구가 있는 옆집으로 건너간다. 혼란에 빠진 두 여인은 커피테이블에 앉는다. 아네테 콜프는 자기 눈으로 본 것을 믿을 수 없었다. 그러자 테아 슈테른하임은 이렇게 말한다. "음, 내 사랑, 이게 바로 신즉물주의야."

두 여인이 이른 저녁 딸과 전남편과 예비신부와 멀리 떨어져 산책하려고 집을 나서는데 계단실에서 고트프리트 벤 박사와 마주친다. 벤은 몸을 깊이 숙이고 모자를 살짝 들어올리며 인사한다. "만나서 영광입니다." 카를 슈테른하임이 자신의 정신착란에 도움을 주기를 기대하며 성병 전문의 벤을 전화로 불렀던 것이다. 두 여인은 짧고 정중한 인사로 답한다. 계단실은 어둡고 춥다. 테아 슈테른하임은 딸 몹사에게 지난 사랑의 광기를 다시 불러일으키지 않기 위해 고트프리트 벤에게 초인종을 잘못 누르지 말아달라고 부탁한다. 벤은 테아 슈테른하임에게 깊은 이해심이 담긴 미소를 살짝 짓는다. 몹사는 지금 새로운 사랑에 불붙어 있다. 이 기폭제가 더 나은 해결책인지 아닌지는 알 수 없는 일이다. 얼마 전 몹사는 눈에 거슬리는 치아와 뒤틀린 얼굴의 특이한 오스트리아 시인 루돌프 폰 리퍼를 알게 되었는데, 사람들한테 그냥 "잭 더 리퍼"로 불리는 남자였다. 클라우스 만을 모르핀중독자로 만들고 짧은 시간에 몹사도 모르핀중독자로 만든 남자였다. 두 사람은 함께 마약을 하는 것이 아주 좋았기에 결혼도 하기로 결정했다.

테아 슈테른하임은 딸이 갑자기 곧 결혼한다고 하자 깜짝 놀랐다. 그러더니 이번에는 아주 튼튼한 간병인 오스카가 일을 그만두겠다고 한다. 더는 못하겠다면서, 카를 슈테른하임의 우울증이 자기에게도 전염되었다는 것이다. 테아 슈테른하임은 잠깐 침을 삼키고는 간병인을 보내준다. 한번은 파멜라가 자리를 비운 사이에 테아 슈테른하임이 전남편을 전도하려 한다. 전남편의 손을 잡고 예수님의 사랑을 이야기한다. 그러자 카를 슈테른하임이 광분하여 발코니에서 뛰어내리는 바람에 갈비뼈가 부러진다. 이번에는 테아 슈테른하임이 의사를 부른다.

이튿날 테아 슈테른하임은 몹사가 가진 주식과 저당증권을 모두 변호사에게 가져가 신탁한다. 딸이 마약을 하고 그 주식과 저당증권을 팔지 못하게 하기 위해서였다. 테아 슈테른하임이 변호사를 만나고 나서 커다란 떡갈나무에서 적갈색 나뭇잎들을 잡아채 떨어뜨리는 거친 가을 태풍을 뚫고 집에 돌아오자 옆집에 사는 이웃 전남편이 초인종을 울린다. 미쳐버린 카를 슈테른하임은 파멜라 베데킨트와 결혼하겠다고 엄숙하게 선언한다. 전남편이 가고 나자 테아 슈테른하임은 진정제도 모자라 술도 필요했다. 베를린의 『여덟시 석간신문』은 이 소식을 노련하게 전한다. "이제 몹사 슈테른하임은 자기 여자친구 파멜라를 '엄마'라고 부르게 된다." 성스러운 진지함을 지닌 휴먼드라마의 진정 유머러스한 결말이었다.

◇

리자 마티아스는 투홀스키가 아내와 헤어질 생각이 없으며 파리에 있는 아내 마리 말고도 베를린에 있는 미망인이나 옛 학교 친구 같은 다른 여자들이 더 있다는 사실을 알아차린다. 그립스홀름성에서 돌아와 1929년 10월에 투홀스키가 리자 마티아스의 집으로 들어와 함께 살게 되자, 리자 마티아스는 투홀스키의 인생에서 자기 존재가 차지하는 공간을 크게 만들어서 다른 여자들이 투홀스키의 침대에 들어올 여지가 없게 만들려고 한다. 투홀스키는 늘 "중요한 모임"이 있다고 말한다. 어느 날 투홀스키가 어리석게도 노트를 펼친 채로 두는 바람에 리자 마티아스는 11월 6일의 "중요한 모임"은 무쉬, 11월 7일은 헤디, 11월 8일은 그레테, 11월 10일은 에미, 11월 11일은 다시 무쉬, 11월 12일은 샤를로트헨이라는 사실을 알게 된다.

리자 마티아스가 투홀스키의 실체를 알게 되고, 자기를 얼마나 많이 속였는지 증거를 들이대자 투홀스키는 빨간 장미 백 송이를 선물하면서 무릎 꿇고 용서를 빈다. 리자 마티아스는 친구에게 쓴 편지에서 투홀스키에 대해 이렇게 말한다. "성욕이 지나쳐 색광이 되기 시작한 불쌍한 미치광이"라고. 리자 마티아스는 이런 남자와 결혼을 꿈꾸는 것은 무의미한 짓임을 깨닫는다. 리자 마티아스가 잠자리에 들자 투홀스키는 파리에 있는 아내에게 다정한 편지를 쓰고는 막대한 액수의 수표를 동봉한다. 그런 다음 타자기 앞에 앉아 시를 짓는다. 제목은 '이상과 현실'. 문어다리 연애로 눈물 쏟는 화해를 하고 난 바로 다음날인 11월 19일에 쓴 시로 『벨트뷔네』에 실린다.

고요한 밤 일부일처제 침대에서
당신은 인생에서 빠진 것을 생각하네.
신경이 삐그덕거리네. 그것이 있다면 좋으련만,
그 부재로 우리를 조용히 괴롭히는 그것이.

◇

조세핀 베이커의 유럽투어가 적대적인 시선 속에 끝나버리자 매니저이자 남편 페피토는 남아메리카에서 도전해보고자 한다. 그러나 이곳에서도 가톨릭 세력이 총집결하여 풍기문란이라며 비난을 퍼붓는다. 인종차별적인 적대를 받은 조세핀 베이커는 유년기에 겪은 온갖 굴욕이 떠올랐지만, 그래도 계속 저녁마다 무대에 오르고, 더 나은 세상을 위해 춤추고, 주변 세상을 잊기 위해 춤춘다. 페피토와는 점점 더 그러기가 어려워진다. 페피토가 매니저 역할에 열을 올릴수록 두 사람의 사랑은 점점 식어간다. 그러던 중 조세핀 베이커는 리우데자네이루에서 프랑스 건축가 르코르뷔지에를 알게 된다. 조세핀은 르코르뷔지에의 이성적인 사명감에 완전히 매료된다. 조세핀은 날아갈 듯 경쾌한 춤으로 르코르뷔지에를 유혹한다. 조세핀은 춤의 경쾌함으로 르코르뷔지에가 건축가로서 이루고자 했던 것처럼 공간을 활짝 열어젖힌다. 조세핀은 르코르뷔지에가 탈 예정인 증기선 '루테치아'를 타고 유럽으로 돌아가기로 결정한다. 두 사람은 낮에는 갑판을 돌며 긴 산책을 한다. 페피토는 속이 계속 메스꺼워 함께하지 않는다. 1929년 12월 9일, 배가 대서양을 건너 적도를 횡단할 때 이를 기념해 저녁에 댄스홀에서 축하파티가 열린다. 조세핀 베이커는 르코르뷔지에로 분장하고 르코르뷔지에는 조세핀 베이커로 분장한다. 별이 총총한 맑은 밤하늘 아래 북반구로 미끄러져 갈 때 아주 잠깐이었지만 두 사람 모두 마치 아래로 끝없이 추락하는 느낌을 받는다. 그 순간 선상 밴드가 휴식에 들어가고 그들이 앉아 있는 탁자는 아주 조용해진다. 두 사람은 잠깐 서로 얼굴을 바라본다. 곧 트럼펫 연주자가 다시 연주를 시작한다. 찰스턴이었다. 두 사람은 뒤바뀐 역할에 조금 어색해하면서 춤추러 나온다. 그러나 웃음이 도움이 된다. 조세핀의 남편 페피토는 속이 좋지 않다면서 자리를 떠 선실로 들어간다. 조세핀 베이커와 르코르뷔지에는 눈앞에 모든 것이 빙빙 돌 때까지 그냥 계속, 계속 춤춘다. 그러고 나서 함께 샤워를 한다. 조세핀 베이커는 환희에 취해 위대한 건축가의 몸을 씻긴다. 새하얀 피부에서 검은 분장을 씻어낸다. 모든 것이 원래대로 돌아온다. 그러고 나서 르코르뷔지에가 발가벗은 조세핀을 스케치한다. 조세핀은 선실에 있는 침대에서 포즈를 취한다. 당신은 나를 더 숭배할 수밖에 없을 거야, 하고 르코르뷔지에는 생각한다. 조세핀이 기타를 집어들더니 놀랍도록 어린아이 같은 목소리로 르코르뷔지에를 위해 노래를 부른다. "나는 하얀 새를 찾는 작고 검은 새라네……"

◇

1920년대에 고트프리트 벤은 자기가 죽은 뒤에도 10년은 더 오래 갈 시구를 짓는다. "인생은 흘러가는 물결 위에 다리를 놓는 것." 어쩌면 1929년 12월 17일에 맥주컵받침에 이 시구를 적었을지도 모른다. 바로 이날 몹사 슈테른하임은 혼란 속에 빠져 있는 모르핀중독자 루돌프 폰 리퍼와 결혼한다. 호적사무소에는 몹사의 부모, 그러니까 매독으로 고생하고 있는 카를 슈테른하임과 테아 슈테른하임이 참석했고, 고트프리트 벤도 있었다. 사실 몹사가 아직도 미쳐버릴 만큼 사랑하고 있고, 3년 전 벤이 떠나서 몹사가 수면제 베로날을 먹고 자살을 시도했을 때 위세척을 했던 바로 그 벤이 이제 증인으로 참석한 것이다. 호적사무소에서 몹사가 약에 완전히 취해 몽롱한 상태로 루돌프 폰 리퍼를 향해 "네"라고 대답할 때 벤은 잠깐 어깨를 움찔한다. 몹사의 모친 테아 슈테른하임의 눈에는 눈물이 고인다. 그로부터 열흘도 안 되어 몹사는 완전히 정신을 잃은 상태로 약물치료 병원으로 실려간다. 1920년대 사람들에게 절실히 필요한 것은 사랑이었다(아니면 적어도 심리 치료사였다). 그러나 그들이 얻은 것은 흥분제였다.

◇

문학적으로 가장 잘 훈련된 상상력으로도 상상할 수 없는 결혼이 있다고 토마스 만은 말한다.

◇

에른스트 윙거는 황량한 베를린 동부의 슈트랄라우어 알레 36번지에 있는 집에 앉아 있다. 이곳에서 거의 매일 저녁 국가 혁명을 외치는 친구들과 논쟁을 벌이고, 추운 겨울에는 가구를 쪼개서 불을 땐다. 에른스트 윙거는 이리저리 헤매는 거의 초현실주의적인 책 『모험심』을 쓰는데, 한 채소장수가 보라색 꽃상추에 잘 어울린다면서 인육을 추천하는 꿈 이야기가 나온다. 윙거는 자기 심장은 0도가 살짝 넘는 정도로 차갑게 유지한다. 아내 그레타는 그에 대해 할말이 많다. 윙거는 아내에게 평생 불성실했다. 저녁마다 아내한테 자신의 연애사를 들려줄 때면, 창작하는 남자로서 이따금 집밖에서 취하지 않을 수 없다는 점을 이해해달라고 말한다. 아내가 충분히 호의를 보이지 않으면 윙거는 카를 슈미트와 함께 사라져버린다. 카를 슈미트는 현란한 공법 전문 교수인데 두쉬카와 재혼한 상태다. 세르비아 사람인 두쉬카는 "참을성이 많은 여인"이다. 카를 슈미트는 결혼생활과 성애를 엄격하게 구분하고 있다. 카를 슈미트가 학생이나 매춘부와 성적인 일탈 행위를 하고서 우울한 상태로 돌아오면 두쉬카가 위로해주어야 한다. 그리고 그레타 윙거와 다르게 두쉬카는 그렇게 한다. 전쟁의 영향을 크게 받은 에른스트 윙거처럼 카를 슈미트도 아늑한 가정의 평온함을 공포스러울 정도로 두려워하기 때문에 사랑이라는 전쟁터에서 영속적인 "비상 상태"를 추구한다. 그렇다, 카를 슈미트는 섹스를 육체적인 흥분제로 이용하며, 공식 행사나 중요한 논문을 앞두고 의도적으로 섹스를 찾는다. 아내한테도 말하듯이, "성적 난교 후에 느끼는 활력"이 필요하다. 침대 협탁에 놓인 온갖 약이랑, 침대 앞에 놓인 실내화, 일상의 근심 걱정들이 있는 부부 침대에서는 그런 활력을 얻을 수 없음을 부디 이해해달라는 것이다. 카를 슈미트가 생각하는 아내의 가장 중요한 의무는 혼외 나들이 전과 후에 남편을 안정시키는 것이다. 두쉬카는 남편 대신 그레타 윙거 앞에서 눈물을 흘린다. 어두운 저녁 남편들이 또 무정한 모험들을 쫓아 사냥중일 때 두 여인은 자주 함께 앉아 있곤 한다.

◇

바벨스베르크 UFA 스튜디오에서 영화 〈푸른 천사〉를 촬영하는 동안 프리드리히 홀랜더는 마를레네 디트리히를 위해 노래 〈나는 머리부터 발끝까지 사랑을 위해 태어난 사람〉을 작곡한다. 작곡가 홀랜더는 "나는 오직 사랑밖에 할 줄 몰라"라는 가사를 통해 이 영화에 나오는 "롤라 롤라"라는 인물을 가장 잘 표현해낸다. 홀랜더는 이 노래를 원래 F 장조로 작곡했지만, 디트리히의 저음 때문에 영화에서는 D 장조로 연주한다. 마를레네 디트리히를 위해 남자들은 한평생 자신의 이상과 음역을 현실에 맞출 준비가 되어 있다.

◇

1929년 크리스마스이브에 부르크도르프성에서 양친이 참석한 가운데 리자와 고트프리트 폰 크람의 약혼이 공표된다. 리자는 열일곱으로 새끼 맹수의 눈과 머리카락을 지니고 있다. 고트프리트는 스무 살인데 이미 시대를 초월한 신사의 우아한 아우라를 풍긴다. 모든 시대를 통틀어 최고의 테니스 선수로 등극하는 날이 바로 코앞에 다가와 있다. 이 두 사람의 때 이른 약혼에 가족보다 더 놀란 사람들이 있었는데, 바로 두 사람의 마음을 노리던 이들이었다. 베른하르트 추어 리페비스터펠트가 리자한테 깊이 빠져 있었는데, 훗날 리자 대신 네덜란드의 여왕이 될 율리아나와 결혼하게 된다. 베른하르트는 처음에 이 소식을 듣고 깜짝 놀랐지만 평정심을 잃지 않은 것으로 보인다. 리자는 약혼자에게 경쟁자의 반응을 이렇게 전한다. "베르닐로가 아주 이성적인 편지를 보내왔어. 편지에 자기는 아무 짓도 하지 않을 거고, 우리는 친구로 남을 거래." 고트프리트의 약혼 때문에 가장 슬퍼한 건 한 남자였는데, 바로 위르겐 에른스트 폰 베델이었다. 리자의 언니한테 시아주버니이기도 했는데, 이 젊은 부부가 가장 가깝게 지내는 이였다. 리자는 베네치아에서 열리는 테니스 시합에 출전중인 고트프리트에게 이렇게 전하기도 한다. "J E W는 더 이상 당신한테 화나 있지 않아. 마음이 약해진 순간 당신을 아직도, 아주, 아주 많이 좋아한다고 고백했어. 베네치아 리도에서 찍은 당신 사진을 보고 뇌졸중을 일으킬 뻔했지. 그 사진을 보려고 오늘 저녁에 따로 찾아왔었어." 이렇듯 신부는 신랑의 가장 친한 친구와 함께 부르크도르프성에서 눈부시게 빛나는 고트프리트 폰 크람의 사진을, 갈색으로 그을린 얼굴에 짙은 색 머리카락을 뒤로 빗어넘긴 모습을, 하얀 리넨 옷을 입은 몸을 뚫어져라 다시 바라본다.

◇

그건 예기치 못한 일이었다. 데사우에 있는 바우하우스의 전직 교장 발터 그로피우스는 사실 일도 사랑도 항상 자기가 결정한다. 오스카 코코슈카한테서 알마 말러를 빼앗아 결혼했다가 이혼하고 이제와 재혼한 뒤로 꽤 잘 지내왔다. 두번째 아내 이제는 바우하우스를 정비하는 데도, 인생을 정비하는 데도 도움을 주었다. 이제가 쾰른 시장 콘라트 아데나워를 설득해 바우하우스를 라인란트로 이전하는 데 성공하자 발터 그로피우스는 부푼 가슴으로 아내에게 편지를 띄웠다. “사랑하는 나의 아내, 바우하우스 부인, 당신은 팔방미인이요. 자부심에 우쭐할 만하오. 이곳의 우리는 모두 당신이 이룬 성과에 깊은 경의를 표하오. 나는 당신에게 깊이 감동했소. 당신은 내게 행운의 별이오. 당신에 대한 나의 사랑은 점점 더 깊어지는구려.”

그러나 그로부터 몇 년 뒤, 바우하우스 안에서 일련의 분쟁이 일어난 뒤에, 이 행운의 별은 갑자기 다른 궤도로 이동한다. 그 무렵 두 사람은 데사우에 새로 지은 교장 관사에서 행복한 시절을 보내고 있었다. 토스터도 있고, 다리미, 헤어드라이어, 진공청소기, 전기 거위털깎기까지, 그야말로 현대적인 물건들이 갖춰져 있었다.

그러나 발터 그로피우스는 이제 질렸다. 그로피우스는 바우하우스를 떠난다. 중년의 위기일지도 모르겠다. 아니면 자아실현이라고 할 수도 있겠다. 그로피우스는 그저 다시 건축가로 일하고 싶다. 그래서 이제와 발터 그로피우스 부부는 베를린 포츠다머가 121a번지에 있는 큰 집으로 이사한다. 잡지 『남과 여』에 “예술가와 결혼한 우리 건축가들"이라는 제목으로 이제 그로피우스에 대한 논평이 실린다. 이제는 "자의식이 강한 젊음을 지닌 새롭고 스포티한 여성상"이었다. 하리 그라프 케슬러는 이제를 "아주 아름다운 젊은 여성"이라고 부른다. 1930년 6월 이제 그로피우스와 발터 그로피우스 부부는 몬테 베리타의 그늘에 자리잡은 아스코나로 휴가여행을 떠난다. 두 사람은 오랜 시절 함께한 바우하우스 동료인 마르셀 브로이어와 헤르베르트 바이어와 함께 카사 하우저를 빌린다. 그리고 몇 시간이고 테라스에 앉아 햇볕을 쬐고, 보치아*를 하며 시간을 보낸다. 발터 그로피우스는 빳빳한 양복 차림이고, 헤르베르트 바이어는 갈색으로 그을린 윗몸을 드러낸 채 하얀색 리넨 바지 차림이었다.

발터 그로피우스가 예정보다 일찍 베를린으로 돌아가게 되면서, 7월에 바우하우스 부인과 바우하우스 마이스터 헤르베르트 바이어 사이에 불륜이 시작된다. 이 역시 중년의 위기라 할 수 있겠다. 아니면 자아실현. 이제 그로피우스는 그저 다시 여자가 되고 싶었다. 발터 그로피우스는 베를린에서 마조레호수에 있는 아내에게 편지를 쓴다. 아내와 멀어진 느낌이 들었기 때문이다. "이제 내 머리도 이렇게 허옇게 새고 늙어빠졌지만 나를 사랑해주오." 그때가 9월이었다. 이제 그로피우스는 답장하지 않는다. 발터는 앞으로는 더 많이 신경 쓰겠다고, 그동안 자기가 좀 소홀했던 것 같다고 또 편지를 쓴다. 그러나 이제 그로피우스는 여전히 답장하지 않는다. 발터는 아내와 통

* 잔디밭에서 하는 이탈리아의 공놀이.

화를 한 뒤 또 편지를 보낸다. "무슨 일 있소? 통화할 때 당신이 너무 차갑고 무뚝뚝하지 않았소? 목소리가 왜 잠겼소?" 그때가 이미 10월이었다. 이제 그로피우스는 아스코나에서 사랑의 도취에 빠져 있었다. 이제는 휴가 별장 임대를 계속 연장한다. 물론 자기 애인도 곧 일상생활의 구름에 따라잡히리라는 것을 알고 있다. 가끔 애인의 이마에 그 구름이 벌써 드리우기도 한다. 결국 유부남이었으니까. 언젠가 헤르베르트 바이어는 이제 그로피우스에게 이렇게 토로한다. 하필 자기 멘토이자 아버지 같은 친구의 아내를 사랑하는 것이 솔직히 힘겹다고.

◇

1920년대에 레니 리펜슈탈이 댄서로 베를린에 등장했을 때, 『베를리너 타게블라트』의 문예부장 프레트 힐덴브란트는 유감스럽게도 레니 리펜슈탈에게는 댄서로서 가장 중요한 능력이 결여되어 있다고 논평했다. 바로 "감정을 표현하는 능력"이었다. 레니 리펜슈탈은 "팔에 피가 흐르지 않는 마네킹일 뿐"이라는 것이다. 그러나 틀렸다, 그 팔에는 오직 아드레날린이 흐른다. 유감스럽게도 꽤 많은 양의 모르핀이 흐른다. 레니 리펜슈탈은 거듭 약물 치료 병원으로 실려간다. 레니 리펜슈탈의 연인이자 약혼자인 영화감독 하리 R. 소칼은 레니가 "성공의 도취 상태"에 중독되어 있는 것 같다고 말한다. 그리고 보아하니 픽션의 힘에도 중독되어 있는 것 같았다. 지금까지도 리펜슈탈의 회고록에 있는 이야기 가운데 어떤 것이 진실이고 어떤 것이 지어낸 것인지 분명하지 않다. 어쨌든 남자들이 많았던 것만은 사실이다.

레니 리펜슈탈은 진정한 사랑을 잃었다. 바로 한스 슈네베르거였는데, 이상적인 파트너였고, 사진 기술을 사랑하고, 산을 사랑하고, 스키를 사랑하는 남자였다. 한스 슈네베르거가 다른 여자 때문에 자기를 떠나자 레니 리펜슈탈은 완전히 미쳐버린다. 휙 방으로 들어가더니 일분 동안 비명을 질러대고, 울면서 집 여기저기를 돌아다니고, 편지 봉투 개봉용 칼로 자기 몸을 여기저기 찔러댄다. 사랑이 끝날 때마다 완전히 끝장을 내고야 만다. 그런 다음 새로운 인생을 시작한다. 새로운 인생은 춤에서 영화라는 꿈의 세계로 이끌었다. 소칼은 레니 리펜슈탈을 등산가이자 영화배우인 루이스 트렌커에게 소개해주고, 루이스 트렌커는 영화감독 아르놀트 팡크에게 소개해준다. 레니 리펜슈탈이 영화 〈성스러운 산〉에서 좋은 역할을 맡기 위해서 트렌커는 물론 팡크와 관계를 맺었다는 사실을 알게 된 소칼은 레니와 파혼한다. 나중에는 촬영기사들이 레니의 연인이 된다. 영화 〈S.O.S. 빙산〉을 함께 촬영한 한스 에르틀, 촬영기사로서 영화 〈푸른 빛〉을 함께 찍었던 발터 리믈이 그랬다. 레니를 먼저 알았던 리믈은 에르틀에게 이렇게 경고한다. “이 요부에게 말려들지 말게, 안 그러면 자네도 나처럼 되네. 우리는 그 여자에게 단물이 빠질 때까지 핥아먹는 사탕에 불과하다는 것을 경고하고 싶군.” 한때 레니 리펜슈탈의 연인이었고, 지금은 빌머스도르프 힌덴부르크스가 97번지에 있는 집의 새로운 이웃이 된 영화감독 소칼은 이렇게 표현한 바 있다. "레니의 파트너들은 늘 자기 분야에서 최고 전문가들이었다. 레니의 색정에는 엘리트주의적인 특징이 있었다." 이 남자들 가운데 레니 리펜슈탈이 순수하게 플라톤적으로 숭배하는 남자가 있었다. 집에 아돌프 히틀러를 위한 작은 제단을 세웠는데, 황금빛 액자에 담긴 히틀러 사진들이 셀 수 없이 많이 놓여 있었다. 그리고 북해의 은밀한 곳에서 처음 히틀러를 직접 만나고는 자연으로 환락의 이미지를 만들어낸다. "내 눈앞에 있는 땅이 마치 반구처럼 펼쳐지는 것 같았다. 그러더니 갑자기 한가운데에서 땅이 쪼개지면서 거대한 물기둥이 솟구쳤다. 그 힘이 어찌나 세던지 하늘에 닿았고 땅이 진동했다."

◇

여기 쓸쓸히 자기 길을 가고 있는 한 남자가 있다. 도른성에 딸린 작은 공원에서 자갈길 위로 몸을 살짝 숙인 채로. 관목 울타리 앞에 지난해 아내가 세운 대리석 흉상이 있다. 물론 아내는 좋은 뜻에서 한 일이었다. 그러나 그 남자는 그 흉상을 보기가 괴롭다. 그 흉상은 바로 자기 자신의 모습이었던 것이다. 재임 때 모습으로, 자랑스럽게 콧수염 끝을 위로 꼬아올리고 휘장을 단 예복 차림이다. 날마다 이 흉상을 볼 때마다 굴욕을 느꼈다. 지금 빌헬름 2세 황제는 평복 차림이기 때문이다. 밝은색 여름양복을 입고서 오후 산책을 하는 중이었다. 멀리서 사이렌 소리, 마차 소리, 자동차 소리가 들리더니, 곧 고요해진다. 은퇴한 군주. 네덜란드에서 망명생활중인 빌헬름 2세는 공원을 거닐면서 그나마 자갈이 사그락거려서 다행이라고 생각한다. 그리고 날마다 오후에 늘 그러듯이 오늘도 속으로 자문한다. 그때, 1918년 흐린 11월 어느 날에 그냥 그렇게 도망치듯 떠나온 것이 과연 옳았는지를. 그때 빌헬름 2세는 전복된 것이 아니었다. 오늘날까지도 황제의 정치적 적수들만 적극적인 전복, 다시 말해 혁명의 경험이 결여되어 있는 것이 아니라, 황제 자신도 그렇다. 빌헬름 2세는 지금도 그저 여행하고 있는 기분이다. 마치 베를린에서 왕좌가 여전히 자신을 기다리고 있는 것만 같다. 그래서 건강한 오른팔로 지치지도 않고 나무를 쪼개면서, 왼팔은 늘 재킷 주머니에 모셔놓는다. 장작 패기는 스스로를 남자답게 느끼게 해준다. 빌헬름 2세는 장작이 도끼에 맞아 쪼개지는 순간을 즐긴다. 쩍. 쩍. 쩍. 그러다보면 어느 순간 차 마실 시간이다.

네덜란드에 도착한 첫날부터 수염을 길렀는데, 처음에는 짧은 털 같던 것이 1918년 크리스마스 무렵에는 허옇게 무성한 턱수염이 되었다. 그 턱수염을 지금도 고집스럽게 기르고 있다. 전설적인 새하얀 콧수염도 네덜란드의 늦여름에 지친 듯 축 처져 있다. 도른성 2층, 베를린 궁전에서 가져온 온갖 가구로 채워진 안방에서 벨뷰성에서 가져와 수선한 커튼을 살짝 옆으로 젖히면서 빌헬름 2세의 두번째 아내 헤르미네가 이쪽을, 쓸쓸히 산책하고 있는 그의 모습을 바라보는 것을 황제는 눈치채지 못한다. 로이스 가문에서, 그 가운데 형계兄系 가문에서 태어난 헤르미네는 프로이센 궁전들에서 가져온 살림살이 한복판에서 아직도 황제가 베를린의 충성파들에게 의기양양하게 복귀하는 꿈을 꾼다. 빌헬름 2세를 열렬히 숭배했던 헤르미네는 숀아이히카롤라트 공과 결혼한 상태였을 때에도 커다란 빌헬름황제 사진을 피아노 위에 세워두었고 남편이 죽자 빌헬름 황제의 사진은 점점 늘어났으며 나중에는 온 집안이 사진으로 가득차게 되었다. 도른에서 아우구스테 빅토리아 황비도 죽자 헤르미네는 자기 우상에게 아주 가슴 찢어질 듯 비통한 조문 편지를 보냈고, 빌헬름황제는 자기보다 서른 살이나 어린 헤르미네와 약혼하지 않을 수 없었다. 결혼 첫날 헤르미네가 한 일은 자기처럼 하인들도 자기 남편을 다시 "황제 폐하"라고 부르게 한 것이다. 헤르미네는 혹여 다시 황후가 될 수 있지 않을까 하여 동맹을 맺으러 계속 독일에 갔다. 괴링에게 묻고, 파펜에게 묻고, 히틀러에게도 물었다. 빌헬름 2세는 아내가 하는 대로 그냥 내버려두었다. 가끔 질릴 때도 있지만 그래도 아내가 자기한테 경의를 표하는 것을 즐겼다. 예를 들어 또 베를린에서 단체여행을 꾸려 와서 낯선 관광객 수백 명이 공원에서 빌헬름 2세를 보고 감탄하며 "폐하"를 외쳐대더라도 말이다. 빌헬름 2세는 이제 자기가 황제가 아님을 안다. 몇 시간 동안이나 장작을 패고, 산책을 하고, 담배를 피우며, 끝이 없는 봉쇄 상태에 있다. 네덜란드 정부와 맺은 협정에 따르면 도른성에서 반경 15킬로미터 안에서만 움직일 수 있다. 훗날 코로나-팬데믹과 싸울 때와 비슷한 방식으로 군주제와 싸우고 있는 셈이다.

◇

안네마리 슈바르첸바흐는 정신 못 차릴 정도로 에리카 만에게 푹 빠진다. 그러나 에리카 만은 안네마리를 그저 안으려고 할 뿐이다. 스위스 견직공장주의 딸로 태어난 안네마리 슈바르첸바흐의 섬세한 영혼은 에리카에게 매혹당했다. 그러나 에리카는 안네마리의 어두운 눈동자 뒤에 숨겨진 심연을 본다. 원초적으로 길을 잃은 사람 같은 느낌. 동생 클라우스와 똑같았다. 에리카는 동생 클라우스한테 그러듯이 안네마리한테도 탄탄한 근육질 팔로 안으면서 기운을 북돋아주고 불쾌한 세상사로부터 조금 보호하기도 한다. 안네마리는 에리카 만을 그렇게 갈망하는 연인으로 만들지는 못하더라도(에리카 만의 마음은 테레제 기제의 것이기에), 어머니 같은 존재로 만들기는 한다. 안네마리는 자기 또래의 에리카에게 보내는 열정적인 편지에 "당신의 아이 A." 아니면 "당신의 형제"라고 서명한다. 겉보기에 두 사람은 정말 형제처럼 보인다. 비율 좋은 얼굴, 소년 같은 몸매, 단발머리, 옷으로 자신의 성정체성을 드러내는 점, 한 사람은 글을 쓰고 다른 한 사람은 사진을 찍으면서, 자가용이라는 독립성의 날개를 달고 휘젓고 다니는 점 등. 두 사람은 앞뒤로 나란히, 또는 옆으로 나란히 엄청난 속도로 슈바빙을 가로질러 달리거나, 쿠어퓌르스텐담을 따라 달리다가 차에서 내려 술집 테라스에서 압생트를 주문하고 무두질된 운전용 장갑을 벗으면서 곁눈질로 뒷자리에서 보내는 시선들을 느끼는 것을 좋아한다.

◇

세계 경제공황에 전 유럽이 휘청인다. 전 유럽이? 아니다! 에리히 마리아 레마르크의 계좌에는 날마다 수천 마르크가 새로 들어온다. 후기 바이마르공화국 시절 레마르크의 반전소설 『서부 전선 이상 없다』가 엄청난 성공을 거두어 1930년 6월에 이미 100만 부가 팔렸다. 레마르크는 제1차세계대전에서 겪은 고통을 말로 풀어낼 수 있게 되기까지 10년이 걸렸다. 그리고 바로 그 긴 침묵으로, 표현 가능성에 대한 탐색으로, 아물지 않는 몸과 마음의 상처로 한 세대 전체의 마음을 표현했다. 아름다운 오스나브뤼크에서 레마르크가 보낸 유년 시절은 결코 아름답지 않았다. 열두 번의 이사에, 형은 일찍이 죽고, 어머니는 암으로 고통스럽게 서서히 죽어갔고, 집에는 불안과 슬픔뿐이었으며, 부엌에서 커피 냄새나 좋은 분위기가 풍긴 적은 한 번도 없었다. 그러더니 열여덟 생일을 맞자마자 딱 맞춰서, 그러니까 1916년 6월에 소집령이 떨어졌다. 2년 동안의 전쟁, 부상, 죽음에 대한 공포, 절망. 그 경험을 소화하는 데 10년이 걸렸고 그러고 나서 타이어 제조사 콘티넨탈의 사보 편집자가 되었으며, 그다음에는 베를린의 『화보 스포츠』 잡지 기자가 된다. 그리고 오직 이곳에서, 미친듯이 앞으로 질주하는 이 도시에서, 6일 동안 릴레이 사이클 경주가 벌어지고, 테니스 경기, 복싱 시합, 자동차 경주가 이어지는 사이, 인생이라 불리는 이 고속열차가 지나가면서 일으킨 바람의 그늘에서야 비로소 마침내 레마르크는 마비시키는 힘을 지닌 전쟁의 중력에 대해 쓸 수 있게 된다. “우리는 우리 자신에게조차 불필요한 존재다.” 이 말로써 레마르크는 한 세대 전체가 느끼지 못하던 것을 표현해낸다. 에리히 레마르크로 태어났지만 그사이에 “마리아”라는 두 번째 이름을 붙인 것은, 1926년에 죽은 라이너 마리아 릴케를, 자기가 겪은 경험의 무게에 직면하여 오직 침묵만이 나머지 세계와 소통할 수 있는 적절한 형식이라고 여긴 세대가 숭배한 이 영웅을 레마르크가 존경했음을 가장 정확하게 보여주는 암시다.

◇

화가 중에도 전쟁의 승리자가 있을까? 없다. 정신적으로 승화된 프란츠 마르크는 하필 자신이 그림을 통해 정신성으로 승화시킨 말 위에서 총에 맞아 죽었다. 그리고 독일 표현주의 화가 가운데 가장 쾌활한 아우구스트 마케 역시 끝이 보이지 않는 플랑드르 전장에서 참혹한 죽음을 맞이했다. 에른스트 루트비히 키르히너는 살아남았지만, 심각한 트라우마를 안고 산속으로 들어가 모르핀에 의존해 살고 있고, 날마다 자기 옆에 폭탄이 떨어질지 모른다는 공포에 떨고 있다. 오토 딕스만이 전쟁 전 자신의 예술 수준에 가까운 그림으로 전쟁의 처참함을 표현해냄으로써 마음이 가벼워진다. 이제 갈기갈기 찢긴 육체를 봤을 때처럼 휘둥그레진 눈으로 베를린의 섹스 전쟁터를, 계속 춤추려 애쓰지만 세 폭 제단화 〈대도시〉에서처럼 이미 데스마스크의 미소가 나타나는 창녀들과 거물들을, 그 공허한 자세와 시체들을 바라본다. 회화에서도 아름다움과 추함의 차이는 단지 이론상의 문제일 뿐이다. 드레스덴 미술 아카데미 교수로서 오토 딕스는 이론 대신 실제를 가르친다. 다시 말해서 현실에 대한 가차없는 시선을, 폭력, 죽음, 에로스의 영원한 혼합을 가르친다. 이것이 바로 새로운 비즉물주의다. 오토 딕스는 이렇게 말한다. "인간에 대해 조금이라도 알려면 전쟁 상황에 처한 인간을 봐야 한다." 모든 전쟁은 근본적으로 여성의 음부 때문에 벌어지는 싸움일 뿐이라고 오토 딕스는 말했다. 그리고 전쟁이 훑고 지나간 육체를 똑같이 냉정하게 바라본다. 초상화가라기보다는 머리사냥꾼의 눈으로. 죽음을 열망하는 1920년대 아이콘으로 그린 베를린 밤 문화의 여왕인 댄서 아니타 베르버가 빨간 원피스를 입은 모습도 눈을 크게 뜨고 응시한다. 오토 딕스는 아니타 베르버를 1928년에 아내 마르타와 함께 실제로 무덤에 묻었다. 아니타 베르버뿐만 아니라 초상화를 그린 모든 사람을 마치 인상착의서를 만들듯 눈을 크게 뜨고 응시한다. 특히 당황스러운 점은, 자기 자식들조차도 그렇게 가차없이 바라본다는 점이다. 오토 딕스는 첫째 딸 넬리와 둘째 아들 우르주스가 갓 태어났을 때 모습을 그렸는데, 이제까지 아이를 그릴 때 아무도 쓰지 않은 방식으로 그렸다. 태어나는 과정에서 구겨진 모습 그대로 온통 주름투성이에, 눈은 세상에 던져진 공포로 인해 크게 벌어진 채로.

◇

요제프 폰 슈테른베르크는 영화 〈푸른 천사〉를 촬영하는 동안 아직 마음을 정하지 못하고 있다. 낮에 마를레네 디트리히와 영화 촬영을 하면서, 가벼운 듯 무겁고, 평범한 듯 고상하고, 관능적인 듯 무심함에 홀딱 반해 정신을 못 차리고 있다. 그러던 중 얼음처럼 차갑고 비밀에 가득찬 레니 리펜슈탈에게 촬영본을 보여준다. 레니 리펜슈탈은 자기가 아니라 마를레네 디트리히를 "롤라 롤라"로 만든 것을 용서할 수 없다. 마를레네 디트리히도 레니 리펜슈탈을 참을 수 없다. 레니 리펜슈탈이 바벨스베르크에 있는 UFA 스튜디오 세트장에 나타날 때면 마치 성난 고양이처럼 쉭쉭거린다. 슈테른베르크는 영화 촬영일이 거듭될수록 주연배우에게 점점 더 빠져든다. 디트리히가 펼치는 유혹의 기술은 더이상 운라트 교수를 연기하는 화려한 에밀 야닝스를 향하고 있지 않다. 카메라 뒤에 있는 감독을 향하고 있는 것이다. 그리고 마를레네 디트리히는 이 엄격한 남자의 "신성하고 악마적인 힘"을 느낀다. 지나칠 정도로 최고 수준의 연기에 집착하고, 천부적인 상상력을 타고난 슈테른베르크의 보호 아래 마를레네 디트리히는 자신이 되고자 했던 바로 그런 여인이 되기 시작한다. 그리고 나중에, 슈테른베르크가 카메라를 통해 비로소 자신을 창조했다면서 이렇게 말한다. "그것은 기술력과 인간의 심리에 대한 지식과, 순수한 사랑의 결합물이다."

슈테른베르크는 베를린 카이저알레에 있는 마를레네 디트리히의 집을 방문한다. 마를레네는 호기심 많은 딸 마리아와 남편이 지켜보는 가운데 유명한 영화감독을 위해 차를 끓인다. 그들은 레니 리펜슈탈이 옥상 테라스에서 마를레네 디트리히 집의 창문을 통해 집안을 들여다볼 수 있다는 사실을 알지 못한다. 1930년 1월에 "슈테른베르크를 따라 할리우드로 가게 될 사람이 마를레네인지 나인지 아직은 확실하지 않았다"고 레니 리펜슈탈이 쓴 말이 사실인지 아닌지 우리는 알 수 없다.

◇

에리카 만은 테레제 기제와 사랑에 빠진다. 이 사랑은 특별히 아름다운 토대를 갖고 있는데, 바로 함께 웃는 것이다. 두 사람은 뮌헨 카바레에서 카를 발렌틴과 리즐 카를슈타트의 소개로 알게 되었는데, 나란히 앉아 키득거리고, 서로 상대방에게 도취되고, 공통의 유머에 심취한다. 그러나 그륀트겐스와의 결혼과는 달리 이 관계는 장난이 아니다. 그렇다, 이것은 파멜라 베데킨트에 이어 에리카 만의 두번째 진정한 사랑이다. 그러나 이번에는 한 자조自助 모임에서, 너무 거물인 아버지 밑에서 고통받는 딸로 만난 것이 아니라, 서로 상대방에게, 나와 다름에 감탄하는 젊고 모난 외톨이로 만난 것이다. 한쪽에는 내향적이고, 진지하고, 침묵에서 말을 조각해내고, 연극 무대에서만 앞으로 나서며, 여전히 엄마와 자매와 함께 살고 있는 테레제가 있다. 그리고 다른 한쪽에는 쾌활하고, 활동적이고, 자가용을 몰고 유럽의 절반을 돌아다니고, 아버지 토마스 만의 고향집 마당에서든, 베를린, 뮌헨, 파리, 뉴욕의 예술가 술집에서든 늘 지칠 줄 모르고 말주변이 좋은 에리카 만이 있다. 그러나 각자 상대방의 터무니없는 행동을 웃음거리로 만들 수도 있기에 바로 이 힘의 불균형이 아주 안정적임이 드러난다.

◇

마르가레테 카르플루스는 베를린에서 화학 박사학위를 성공적으로 따낸 뒤 1930년에 마지막 교육 연수를 위해 프랑크푸르트에 있는 화학공업기업 IG 파르벤으로 간다. 그 이듬해에는 아버지의 피혁공장 카르플루스 & 헤르츠베르거의 지분 절반을 물려받는다. 그리고 프랑크푸르트에서 약혼자 테오도어 비젠그룬트 아도르노와 함께 산다. 두 사람은 어쩌면 정말로 서로 진정한 사랑을 하고 있을지 모른다는 사실을 깨닫는다. 발터 벤야민과는 아주 친밀하고 내밀한 편지 친구 정도로 남는다. 가끔 수표를 보내 금전적인 도움을 주기도 하면서. 이는 기본적으로 벤야민도 환영하는 바였다. 벤야민은 거의 향수로 변하는 동경에 빠지기를 가장 좋아하는 중세의 음유시인 역할을 사랑한다. 그리고 당분간 아도르노는 마르가레테가 그 연애를 유지하는 것을 그냥 내버려둔다. 사랑은 때로 좋은 차와 같아서 시간을 들여 우려야 한다.

◇

요제프 폰 슈테른베르크는 마를레네 디트리히 때문에 아내 리자를 떠난다. 1930년 1월 말에 영화 〈푸른 천사〉 촬영이 끝나자 2월 중순에 혼자서 브레멘호를 타고 할리우드로 돌아간다. 슈테른베르크는 선실에서 음식이 든 바구니를 발견한다. 마를레네 디트리히가 보낸 것이다. 슈테른베르크가 떠나고 이틀 뒤 베를린 신문들은 마를레네 디트리히가 곧 슈테른베르크를 따라 할리우드로 갈 거라는 기사를 낸다.

◇

진정한 사랑에는 황금기가 아닌 시대였다. 에리히 캐스트너가 지은, 이 시대를 대변하는 시의 제목이 말해주듯이 '즉물적 로맨스'의 시대였다. 우선 잠자리를 함께하고, 그러고 나면 "둘 사이에 사랑은 사라진다. 마치 지팡이나 모자가 사라지듯이". 겨울이 깊어가면서 포니 휘트헨이라는 애칭으로 불리던 마르고트 슌랑크에 대한 캐스트너의 사랑은 사라져간다. 마르고트는 서럽게 울고, 에리히 캐스트너는 위로한다. 에리히 캐스트너는 그런 사람이다. 그 누구도 뭘 어찌해줄 수 없다. 에리히 캐스트너는 새로운 연인에게 간다. 편지에서 이 새 연인을 "모리츠"라고 부르지만 오늘날까지도 이 사람이 누구인지 아무도 모른다. 에리히 캐스트너는 새 애인과 함께 자기가 좋아하는 마조레호수로 간다. 그런데 어머니에게 이렇게 털어놓는다. "모리츠는 처음에 함께 가려 하지 않았어요. 자기는 저를 사랑하는데, 저는 자기를 사랑하지 않는다면서요." 그렇지만 결국 함께 가게 되었고,

에리히 캐스트너는 1930년 3월 10일에 "사랑하는 엄마"에게 이렇게 편지한다. "남성과 관련된 건 모두 잘라내야 해요. 그렇지 않으면 이 혼란은 절대 끝나지 않을 거예요." 어머니에게 쓰는 편지에 자기 거세가 천국이라고 말하다니, 프로이트학파가 축제를 벌일 일이다. 그러나 물론 에리히 캐스트너는 거세하지 않는다. 그리고 캐스트너가 점점 더 냉정해지는 사이(그 주변에 있으면 정말로 한기가 느껴진다), 여자들은 계속 불행 속으로 빠져든다. 캐스트너는 「한 남자가 전하네」라는 시를 쓰는데, 당황스럽게도 이렇게 솔직하게 고백한다.

나는 가끔 그대에게 충고했네, 나와 헤어지라고
그리고 그대에게 감사하네, 지금까지 내 곁에 있어주어서.
그대는 나를 알면서도 알지 못했네.
나는 그대가 무서웠네, 그대가 나를 사랑하기에.

이것이 바로 1930년 무렵 사랑의 모습이었다.

◇

1930년 3월 7일 오후, 파리 주재 미국 대사관에서 파티가 열린다. 아주 작게 따뜻한 음악이 흐르고, 낮게 뜬 태양이 창문으로 비스듬히 햇살을 비추며 분위기를 띄우고, 유리잔들이 덜그럭거리고, 아주 교양 있는 자리였다. 그러나 위대한 사진작가 자크앙리 라르티그는 지루해하고 있다. 바에서 다음 술잔을 받으려고 끝도 없이 기다리면서 금발로 염색한 한 미국 여성과 서툰 영어로 띄엄띄엄 몇 마디 주고받았을 뿐이었다. 벌써 해가 지고 있었고, 이제 그만 옷 보관소로 가려는데 갑자기 눈에서 번개가 번쩍한다. 끝없는 동경에 가득찬 듯 흐린 갈색 눈에서 나온 것이었다. "안녕하십니까, 부인." 라르티그는 말을 더듬는다. 갈색 눈의 여인은 막 무도회장으로 가려던 참인 듯했다. 라르티그는 당장 가던 방향을 바꾸어 그 여인에게 이름을 묻고는 춤을 청한다. 자기 이름은 르네 페를이라고 그 여인은 말한다. 유서 깊은 루마니아 귀족 가문 출신이라면서. 라르티그에게는 이 모든 것이 한 편의 시처럼 들린다. 느릿느릿 춤을 추면서 르네의 입술이 자기 입술에 거의 닿을 듯하고, 등이 파인 곳에 살며시 손을 올려도 르네가 거부하지 않고 가만히 있자 라르티그는 사랑에 빠지고 만다. 두 사람은 춤이 끝나자 연회를 빠져나와 이후 2년 동안 거의 떨어지지 않고 함께 지낸다.

1930년 무렵에는 왕관을 쓰지 않은 여왕들이 많았다. 대부분 영화배우였는데, 라르티그의 사진들을 통해 오늘날까지도 그 관능적인 나른함으로 우리를 사로잡는 아우라를 지닌 한 사람을 꼽으라면 바로 르네 페를이다. 비아리츠의 르네, 주앙레팡의 르네, 앙티브곶의 르네, 생트로페의 르네. 올리브색 피부, 통이 넓은 하얀색 바지에, 밝은 색 민소매 티, 금목걸이나 수수한 팔찌를 찬 모습은, 고요한 기품과 부글부글 끓는 열정이 가득한 우아함 그 자체다. 거기다가 정말 믿을 수 없는 이 입술, 살짝 웨이브가 있는 짧은 파마머리, 그리고 빠질 수 없는 것이 바로 이 깊이를 헤아릴 수 없는 동유럽의 멜랑콜리 가득한 갈색 눈. 르네 페를이 사진 속에서 입술을 벌려 살짝 치아가 보일 때만이 갑자기 아이콘에서 인간이 된다. 그러나 라르티그는 르네가 아이콘이기를 원한다. 그래서 르네에게 최대한 살짝 미소 지어 달라고 부탁한다. 화장한 닫힌 입술을 찍고 싶어한다. 바다, 야자수, 낙원의 약속 앞에서 환한 여름옷을 입고 있는 여성의 육체를. 바로 이 1930년 3월 7일부터 두 사람은 2년 동안 공생관계 속에서 매일 함께 시간을 보내며, 라르티그는 단 하루도 빠짐없이 르네의 사진을 찍는다. 두 사람은 서로에게 사로잡혀 있다. 1930년대 초반 모습 가운데 이 흑백사진들보다 더 관능적이면서 고귀한 것은 없다. 이 사진들은 신격화를 보여준다.

얼마 지나지 않아 르네 페를은 자기 자신을 숭배하기 시작한다. 파리에서 아틀리에를 빌려 자기 자신을 그린다. 날마다. 그 그림들은 지독하게 통속적인 키치다. 늘 입술을 다문 모습인데, 마치 달빛이 비치는 호수 위에 떠 있는 두 척의 거룻배처럼 환한 얼굴에 입술이 얹혀 있는 모습이다. 조금 뒤 라르티그가 와서 자신의 아틀리에에서 르네 페를의 초상화를 그리는 르네 페를의 사진을 찍는다. 처음에는 라르티그만 주변을 빙빙 맴돌았는데, 이제 르네 페를도 자기 자신의 주변만 빙빙 맴돈다. 물론 그것이 잘될 리가 없다.

◇

하인리히 만은 트루데 헤스터베르크와의 불륜이 절박함에서 비롯된 것임을 알고 있다. 어떻게 해서든 아내 미미와의 지긋지긋한 결혼생활에서 벗어나고 싶다. 미미는 1920년대 후반 내내 이 결혼생활을 지키기 위해 싸워왔다. 그리고 마리엔바트와 프란첸스바트 온천에서 요양하면서 살을 빼기 위해 싸워왔다. 하리 그라프 케슬러는 예술적인 시각으로 미미의 몸을 아주 호의적으로 본다. 미미 만은 "식욕을 돋우며, 살짝 더 풍만한 르누아르풍"이라면서. 그러나 트루데 헤스터베르크와의 불륜으로 미미와 하인리히 만의 결혼은 완전히 끝장난다. 두 사람은 1930년 봄 법적으로 이혼하게 된다. 흔히 그렇듯이, 공식적인 이혼 사유였던 트루데 헤스터베르크와의 관계는 이미 끝난 상태였다. 하인리히 만은 베를린으로 이사하고, 미미 만은 딸 레오니와 함께 뮌헨에 남는다. 그리고 이혼 전쟁의 여파로 생긴 자욱한 연기가 걷히고 나자 전남편에게 이런 편지를 쓴다. "오직 당신만이 내가 고통받을 만한 가치가 있는 유일한 사람이야." 그러나 그때 쉰아홉 살의 하인리히 만은 이미 니스에서 넬리 크뢰거로부터 위안을 얻고 있었다. 서른두 살의 넬리 크뢰거는 베를린 클라이스트가에 있는 술집 바야데레의 호스티스였다. 하인리히 만은 1930년 봄에 이미 넬리 크뢰거와 함께 남프랑스 니스로 갔다(하인리히 만은 1913년부터 항상 봄마다 그 무렵 교제중인 여성과 니스로 가서, 늘 똑같은 호텔, 똑같은 방에 묵는다. 반복강박이라 할 만했다).

하인리히 만은 오래전부터 수평적인 직업관을 옹호하는 감상적인 성향이 있었다. 그 때문에 도덕적으로 엄격한 동생 토마스 만한테서 항상 의심의 소리를 듣는다. 하인리히 만은 이혼의 혼란 속에 있던 겨울 저녁, 유난히 슬픔에 젖어 짙은 금발의 뾰족한 턱수염 끝이 몹시 지친 듯 아래로 축 처져 있었을 때 술집 바야데레에서 넬리 크뢰거를 알게 되었다. 그리고 두 여인이 자기 인생에서 떨어져나간 바로 그 순간에 이 관계를, 하인리히 만의 표현대로 "강화"했다. 다시 말해서, 넬리 크뢰거에게 예쁜 속옷을 사주고 넬리의 알몸을 스케치했다. 늘 좋아하던 일이다. 그러나 이번에는 뭔가 달랐다. 넬리 크뢰거는 처음으로 정말 함께 살고 싶은 마음이 든 화류계 여자였다.

1930년 3월 23일 하인리히 만은 넬리 크뢰거와 함께 니스의 영국인 산책로 프롬나드 데 장글레에 있는 영화관에서 영화 〈푸른 천사〉를 관람한다. 공식적인 개봉 일주일 전 그를 위해 야자수 아래 특별상영을 열어주기 위해서 UFA 영화제작자 에리히 포머가 유명한 작가 하인리히 만에게 특별히 찾아갔다. 하인리히 만은 자기 때문에 이런 수고를 벌이는 것을 즐긴다. 하인리히 만은 이 영화의 탁월함도 즐긴다. 자기도 이제 그 악명 높은 "롤라 롤라"를 발견했기 때문이다. 그러나 자기가 찾은 "롤라 롤라"는 자기를 광기로 몰아갈 여인이 아니라 손을 잡아주고 찬미하는 여인이다. 그게 너무 좋았다.

◇

1930년 3월 31일 저녁, 베를린에 있는 글로리아필름팔라스트 영화관에서 영화 〈푸른 천사〉가 개봉한다. 이 영화는 마지막 남은 남자의 품위에 대한 타락의 승리를 보여준다. 마를레네 디트리히는 관능적인 롤라가 되어 성실한 남자를 파멸시킨다. 관객은 미친듯이 환호한다. 마지막 남은 무성영화에 대한 마를레네 디트리히의 승리이기도 한 것이다. 미래가 시작되었고 디트리히는 첫번째로 그 미래를 찬미한 사람이었다. 바로 그날 밤 마를레네 디트리히는 영화관으로부터 200미터도 안 되는 동물원역에서 해안으로 가는 밤기차에 올라탄다. 브레머하펜에서 미국행 배를 탈 것이다. 할리우드로 가는 것이다. 폐기 처분된 전 애인 빌리 포르스트만이 기차역까지 배웅해준다. 성실한 남편은 직장 때문에 뮌헨에 있다. 그리고 남편은 딸과 딸의 보모와 함께 있다. 작별인사를 위해 역내 식당에서 한번 더 남편에게 전화를 걸었지만 남편이 하는 말을 거의 알아들을 수 없었다. 기차역으로 들어서는 기차들이 끼익거리는 소리가 너무 시끄러웠다. 마를레네 디트리히는 "아듀" 하고 내뱉고는 서둘러 기차 쪽으로 간다. 빌리 포르스트가 짐들을 들고 있었고, 마를레네는 승리한 여인의 미소를 띠고 있었다. 베를린에서 온 가정부가 승강장에서 기다리고 있었다. 이 머나먼 여정을 함께할 이다. 차창 밖으로 수줍게 손을 흔드는 마를레네 디트리히의 손에 글로리아팔라스트 극장 무대에서 건네받은 장미꽃다발이 아직도 들려 있었다. 이튿날 아침 브레머하펜의 승객 명단에는 이렇게 쓰여 있었다. "마리 (마를레네) 지베르트디트리히, 기혼, 베를린 출신 배우." 선실에서 눈을 감자, 그리고 파도가 뱃머리를 때리자 마를레네 디트리히의 마음속에서 〈푸른 천사〉에 열광하는 사람들의 환호가 들린다. 그리고 꿈속에서 하늘로 날아오른다. 요제프 폰 슈테른베르크한테로.

◇

라틴어 문학자 빅토르 클렘퍼러는 영화관에서 〈푸른 천사〉를 보고 매료된다. "내용은 멜로드라마 같은 키치다. 맞다. 그러나 호소력 있다. 마를레네 디트리히가 야닝스보다 더 나은 것 같다. 상스럽지도 저속하지도 감상적이지도 않은 이 자연스러운 어조는 무의식적으로 인간적이면서 퇴폐적이다. '사람들이 나를 두고 싸운 지도 오래됐지.' 이 한 문장은 아주 무미건조하지만 조금 고마운 말이다. 이에 대해서라면 몇 쪽도 쓸 수 있을 것 같다." 마를레네 디트리히가 이 영화에서 한 이 대사가 앞으로 그녀의 인생이 어떻게 펼쳐질지 말해준다는 것을 클렘퍼러는 예감한 듯하다. 다시 말해서 남자들이 마를레네 디트리히를 두고 치고받고 싸우게 되리라는 것을. 이와 반대로 클렘퍼러한테는 아주 가끔 아내 에바와 함께 영화관에 가는 것이 탈출구이자 유일한 피난처이다. 밖으로는 이제 막 시작된 반유대주의 선동으로, 안으로는 아내의 우울증으로 위협받고 있다. "하루하루 느릿느릿 흘러가고, 이따금 무척 슬프고, 늘 압박감을 느낀다. 나는 두렵다." 클렘퍼러는 일기에 유일무이한 방식으로 유대인 기독교도로서의 삶을, 그 때문에 라틴어 문학자로서 드레스덴대학에서 점점 더 심한 압박을 받고 있는 자신의 삶을 기록한다. 그뿐만 아니라, 매일, 매주, 아내 에바를 향한 자신의 진정한 사랑에 대해서도, 에바를 덮치는 악령들에 대해서도 기록한다. 그리고 자신의 무력감에 대해서도. "가장 끔찍한 것은 짧은 산책들이다. 완전히 침울하고, 모든 대화가 끊기거나 암담한 방향으로 흐른다. 난 더이상 에바에게 가까이

다가가지 못하고 있다. 그리고 위로하려고 던지는 모든 말이 에바에게는 신랄한 말로 받아들여지고 논리적으로 조목조목 깨진다."

◇

스물네 살의 장폴 사르트르는 스물한 살의 시몬 드 보부아르에게 둘이 처음 함께 밤을 보내고 나서 완전히 새로운 형태의 결혼을 요구한다. 그 전제조건은 양쪽에게 모두 자유를 보장하는 것이라면서, 동의하겠느냐고 사르트르는 묻는다. 그러지 않으면 아무리 사랑하더라도 자기는 떠나야 한다고. 시몬은 어쩔 수 없이 받아들인다. 소녀 시절의 꿈과 그렇게 빨리 이별하기 싫지만, 두 달 전 리모주의 풀밭에서 얘기 나눌 때만 해도 그렇게 현대적으로 들리지 않았지만 뭐 좋다. 이 남자를 사랑하니까, 그리고 이 조건을 받아들여야만 이 남자를 얻을 수 있어 보이니까. 자기는 천재라고 사르트르는 태연하게 말한다. 그리고 이 천재성을 온전히 펼치려면 자유로운 성생활의 기회가 보장된 삶이 필요하다고. 창작력을 북돋우기 위해 말이다. 스물네 살에 벌써 평생 연애를 포기하고 싶지 않다고. 사르트르가 자신의 자유를 옹호하는 사이, 제대로 된 사랑의 밤을 처음 나눈 지 얼마 안 된 보부아르는 자신의 자유가 어떤 모습일지 아직 전혀 상상이 되지 않는다. 그러나 사르트르는 이렇게 말한다. "당신에게 평생의 자유를 선물하겠소, 시몬. 그것이 내가 당신에게 줄 수 있는 가장 멋진 선물이오." 존경받는 숙녀라면 선물의 값어치를 따지지 않는

법이다. 그래서 보부아르는 사르트르가 내건 또다른 조건들도 받아들인다. 완전한 투명성, 다시 말해서 감정이든, 연애든, 갈망이든 모든 것을 솔직하게 털어놓기. 그리고 아이는 낳지 않기. 아이들이란 주의를 산만하게 하고 시간과 에너지가 소모된다는 것이다. 그것 빼면 아무 걱정할 필요 없다면서, 당연히 자기가 사랑하는 것은 오직 보부아르뿐이고, 둘의 사랑이 "일 순위"라고. 둘의 사랑이 이 계약의 기본조건이라면서. 다만 자기가 다른 여자와 동침해도, "우연적인" 연애를 해도 사과하지 않는 것을 부디 받아들여주겠느냐고 사르트르는 묻는다. "그래주겠소?" 시몬 드 보부아르는 짧게 고개를 끄덕인다. 그러자 장폴 사르트르는 서둘러 출발한다. 기차를 타야 한다. 생시르쉬르메르에 있는 병영의 기상관측소에서 2년 동안 군복무를 해야 한다. 사르트르는 자기가 제안한 조건을 보부아르가 받아들여서 무척 당황스럽다. 그리고 나중에 고백하듯이, "일종의 멜랑콜리"에 빠져든다.

◇

발터 벤야민은 여자친구 아샤 라치스와 결혼하기 위해서 아내 도라와 이혼을 서두른다. 벤야민은 아샤 라치스를 통해 느꼈던, 사람을 변화시키는 사랑의 힘을 그 누구에게도 느껴본 적이 없다고, "내 안에서 많은 것을 처음으로 새롭게 발견하게 된다고" 친구 게르숌 숄렘에게 고백한다. 1930년 3월 27일 고통스러운 이혼 분쟁 끝에 도라와의 결혼생활이 공식적으로 끝났을 때, 안타깝게도 발터 벤야민은 아샤 라치스가 이미 모스크바로 돌아갔다는 사실을 알게 된다. 아샤 라치스는 벤야민과의 관계를 그렇게까지 진지하게 생각하지 않았다. 그리고 이혼으로 가진 재산도 모두 잃은 남자와 헤어진 것이다. 아내는 결혼 지참금으로 가지고 온 것을 모두 도로 가져갔다. 그래서 발터 벤야민은 자기 안에서 새로운 남자를 재발견하게 된다. 바로 버림받은 남자를.

◇

1930년 봄에 젤다 피츠제럴드는 완전히 무너지고 만다. 4월 23일 아침, F. 스콧 피츠제럴드는 파리에 있는 '나쁜 집'을 뜻하는 슬픈 이름의 "말메종" 정신병원에 가서, 자기는 정신병원에 갈 수 없다고, 그럼 발레수업을 빠지게 된다고 소리지르고 발버둥치며 히스테리를 부리는 젤다를 의사들에게 넘기고는 심란하면서도 가벼워진 마음으로 차를 타고 돌아온다. 페르골가 10번지에 있는 집에 도착하자 오스발트 슈펭글러의 『서구의 몰락』 2권을 이어 읽는다. 그리고 헤밍웨이에게 이렇게 편지를 쓴다. "이 책을 따라올 것은 없네." 그런 다음 부엌을 뒤져 브랜디 한 병을 찾아낸다. 술을 들이켤 때마다 얼굴이 변하고, 피부가 팽팽해지더니, 두번째 잔부터는 데스마스크와 똑같아진다. 그리고 두 병을 마시고 나니 미라가 된다.

◊

리자 마티아스는 다시 한번 쿠르트 투홀스키와 스웨덴에 간다. 그러나 1년 전 북유럽으로 이끌었던 모든 마법은 이제 공중으로 사라지고 없었다. 투홀스키가 끊임없이 바람을 피워대는 바람에 환상이 깨졌고, 파리에 있는 마리와 이혼할 생각이 없는 것에 지쳤다. 그러나 다시 한번 집을 꾸며주기로 약속했다. 두 사람은 힌도스에 집을 세낸다. 예쁜 파란색 집이었는데, 소나무 아홉 그루가 아늑하게 감싸고 있어서 집을 보호하고 있는 것처럼 보인다. 리자 마티아스는 예테보리에서 가구를 사다가 좀 꾸며보긴 하지만 투홀스키를 위해 최선을 다해 이 집을 제집처럼 아늑하게 만들 생각은 없다. 두 사람 사이의 공기는 스웨덴의 3월 날씨처럼 싸늘하다. 아주 가끔 갤 뿐이다. 어느 날 투홀스키가 예테보리에서 사온 새 탁자에 리자를 위해 새로 나온 에리히 캐스트너의 시 한 편을 올려놓는다. 제목은 '가정적 스탠자'다. 아주 신선하다.

> 서로 사랑하는 이들이 서로 미워하게 되면,
> 전대미문의 방법으로 미워하네.
> 하지 않은 모든 일에
> 증오가 치밀하게 남아 있네.
> (……)
>
> 그리고 결투하듯 서로 바라보네.

두 사람은 알고 있네
심장의 해부도와 약한 부위를.
(……)

그러나 갑자기 증오가 사라지네.
병들고 지친 채 서로 바라보네.
(……)
그리고 다시 여자와 남자를 연기하네.
사랑은 그런 시간을 보낸 뒤
마침내 다시 편해지기 때문이네.

그러나 리자 마티아스는 그런 시간을 보내고 난 뒤 사랑을 편하게 느낄 만큼 마음이 누그러지지 않는다. 결국 남유럽으로, 사랑하는 루가노로 돌아가 친구 케테에게 이렇게 편지한다. "투호와의 관계는 별로 가망이 없어 보여. 나는 더는 참을 수 없어. 선원 아내 노릇은 나랑 맞지 않아." 리자 마티아스가 떠나자 투홀스키는 이웃 마을에 사는 스웨덴 여인의 딸인 게르트루데 마이어한테 스웨덴어를 배우기 시작한다. 그리고 이제 5월밖에 안 되었는데 리자 마티아스가 아니라 게르트루데 마이어와 함께 영국으로 휴가여행을 떠난다.

◇

루트비히 비트겐슈타인에게 어려운 것은 오직 사랑뿐이다. 다른 것은 모두 이해한다. 그런데 젊고 활달한, 빈 예술 아카데미 학생이자 누이 마르가레테의 친구인 마르그리트 레스핑거가 비트겐슈타인의 이성을 무너뜨린다. 사랑에 빠진 비트겐슈타인은 마르그리트에게 키스하고 싶지만, 점점 고조되는 흥분으로 내적으로 더럽혀질까봐 공포스러운 두려움을 느낀다. 비트겐슈타인은 마르그리트의 흉상을 만들어 누이에게 선물한다. 그리고 거의 날마다 마르그리트에게 편지를 쓴다. 마르그리트에게 생일선물로 손수건을 받고 나서 비트겐슈타인은 1930년 4월 26일에 케임브리지에서 일기에 이렇게 적는다. "지금 살아 있는 모든 인간 가운데 그녀를 잃는 것이 가장 힘든 일이 될 것이다. 가볍게 하는 말이 아니다. 나는 그녀를 사랑하기 때문이다. 아니면 사랑하기를 바라기 때문이다." 안타깝게도 비트겐슈타인은 순결이라는 이상을 지켜야 한다는 강박관념을 가지고 있다. 비트겐슈타인은 결혼은 성스러운 것이기 때문에 결혼생활에 성생활이 있어서는 안 된다고, 어쨌든 아이는 없어야 한다고 생각한다고 마르그리트에게 말한다. 마르그리트는 당황한 얼굴로 비트겐슈타인을 쳐다본다. 비트겐슈타인 본인도 자신의 위대한 이상과 씨름한다. 5월 2일 일기를 보면 그의 고민이 드러난다. "내가 좀더 품위 있는 사람이라면, 그녀를 향한 내 사랑도 좀더 품위 있어질 텐데." 5월 9일에는, 비록 유감스럽게도 상황이 "절망적이지만" 사랑에 빠진 것은 분명하다고 적는다. 비트겐슈타인은 키스하고 싶은 갈망과, 주체

할 수 없이 솟구치는 성적인 욕구에 대한 두려움 사이에서 갈팡질팡한다. 그러면서 어떻게 하면 금욕의 계율을 지키면서 결혼생활을 유지할 수 있을지 고민한다. 그러나 그것은 비트겐슈타인조차도 풀 수 없는 논리적 문제로 남는다.

◇

사랑은, 모든 유토피아가 그렇듯이 오래 기다리면 기다릴수록 점점 더 커진다.

◇

출생시 성이 아우스랜더라서 "이방인"*이라고 불리는 니논 돌빈은 헤르만 헤세의 마음속으로 들어갈 수 있는 입국 허가를 계속 기다린다. 그런데 두 가지 문제가 있다. 하나는 무대미술가이자 삽화가인 전남편 알프레트 돌빈과 여전히 사이가 좋다는 것이다. 엄밀히 말해서 두 사람은 아직 정식으로 이혼한 상태도 아니고, 여전히 베를린과 남프랑스에서 함께 즐거운 시간을 보내고는 한다(물론 헤세의

---

* '아우스랜더'는 '외국인'이라는 뜻.

변덕과 신세한탄에 지친 마음을 재충전하기 위해서이기도 하다). 또하나는 헤르만 헤세가 가까워질 여지를 잘 주지 않는다는 점이다. 간절한 갈망으로 가득차 있는 니논은 합스부르크 왕가의 끝자락에 있던 체르노비츠 출신의 유대인으로 20년 넘게 헤세를 사모하고 있고 1914년부터 헤세에게 편지를 써왔다. 그때 나이 열네 살로, 최고의 헤세 독자 나이였다. 니논은 헤세를 숭배한다. 니논에게 헤세는 제우스도 되고 프란체스코 성인이기도 하며, 어쨌든 주인님이자 주군이다. 처음 사랑의 밤을 보내고 나서 니논은 엄숙하게 이렇게 선언한다. "유대인들이 여호와의 이름을 부르면 안 되듯이, 이제 나는 당신의 이름을 부를 수 없어요." 그리고 두번째 사랑의 밤을 보내고 나서는 "당신이 내 무릎을 베고 누웠을 때, 마치 십자가에 못 박힌 그리스도를 안고 있는 것 같았어요." 그 이하로는 하지 않는다.

헤세는 이런 신격화가 부담스럽다. 고통 속에 있는 자신을 품에 안아 구원해주는 것이 좋기는 해도 말이다. 니논을 향한 헤세의 사랑은 헤세의 작품 『나르치스와 골드문트』에 나오는 문장들만큼이나 혼란스럽다. 문장들이 대부분 너무 엄숙하고 차분한 면이 있는데, 나르치스가 사랑에 대해 이야기할 때는 모호하면서도 너무나 순수해서 누군가의 마음속으로 불쑥 파고드는 감정들을 표현해내기도 한다. 분명 헤세는 그런 솔직한 모호함으로 결국 니논이 티치노 몬타놀라에 있는 석조주택 카사 카무치에 들어오게 만들었을 것이다. 그러나 저 아래, 벽에 곰팡이가 피는 어두운 1층에서만 지내도록. 그러면서 자기는 햇빛이 쏟아지고 저멀리 루가노호수와 산들이 내려다보이는 탁 트인 전망의 위층에서 지내면서 창작력이 터져나오는 차가운 도취 상태에 빠지기를 늘 바라고 있다. 최근에 헤세는 영혼을 뒤흔드는 가차없는 고백서인 『황야의 이리』를 펴냈다. 자기 자신의 몸과 마음까지도 너무 뒤흔들어놔서 끊임없이 아프고, 통증에 너무 예민하고, 이제 처음으로 나이를 실감하게 된 헤세는 몬타뇰라로 완전히 물러났다. 그리고 불쌍한 니논에게 눅눅한 1층에서 지내게 하면서 가끔씩만 자기 가까이에 올 수 있게 한다. 뭔가 원하는 것이 있을 때는(사실 원하는 것이 꽤 많은데), 계단참에 있는 작은 탁자에 "가내편지"를 놓는다. 대부분은 거리두기나 식사 주문에 대한 바람을 담은 모욕적인 지시와 요구사항들이다. 헤세가 생각하기에 니논이 너무 간섭한다 싶으면 니논은 그저 "손님"일 뿐이고 그 이상은 아니라는 편지를 받게 되는 것이다. 그러니까 이 집에서는 무언 수행을 하는 트라피스트 수도원에서처럼 서로 의사소통하는 셈이다. 그렇다, 겉으로는 햇볕에 그을린 피부에 밀짚모자를 쓴, 평화를 사랑하고 온화한 작가로 보이지만 실제로는, 압박감을 느낄 때면(사실 늘 압박감을 느낀다) 심각한 노이로제 환자가 되는 것이다. 드문 일이지만 기분이 좋을 때면(사실 그런 적은 단 한 번도 없다), 그 가내편지에 작은 새를 그려넣거나 특유의 동화 같은 따뜻한 수채화로 나무를 그려넣기도 한다. 헤세가 아름답고 온화한 니논을 자기 침실로 부르는 일은 더욱 드물다. 또 아이가 생길까봐 공포와 같은 두려움을 갖고 있기 때문이다. 니논이 아이를 얼마나 간절히 원하는지 헤세는 알고 있다. 그래서 니논이 자기 집으로 들어오기 전에 베를린에서 피임시술을 받았다. 그러나 니논에게는 그 사실을 말하지 않는다. 두번째 예방책도. 가장 절친한 친구인 정신분석가 요제프 랑 박사에게 니논의 별점을 부탁한 것이다.

◇

1930년 5월 11일에 젤다 피츠제럴드가 말메종 정신병원에서 나올 수 있게 된다. 발레 선생이 자기를 너무 그리워해서 자기 없이는 살 수 없다고 의사들이 믿게 만들었기 때문이다. 젤다는 실제로 곧장 그 발레 선생인 마담 예고로바에게 가는데, 횡설수설을 늘어놓고 다른 무용 교사들 앞에서 껴안아서 마담 예고로바가 젤다를 바로 집으로 보내버린다. 완전히 정신이 나간 젤다는 처음으로 자살을 시도한다. 공포에 질린 스콧 피츠제럴드는 완전히 미쳐버린 아내를 위해 해결책을 모색한다. 그가 찾아낸 해결책은 스위스 제네바 근교 니옹에 있는 프랑장 정신병원이었다. 마치 베르사유궁전의 공원처럼 멋들어지게 다듬어진 회양목이 있는 고급 병원이었다. 젤다는 병실의 침대 옆 협탁에 자기 남편이나 딸의 사진이 아닌, 무용 교사의 사진을 올려놓는다. 담당 의사 오스카 포렐이 아주 신속하게 진단을 내렸는데, 병명은 바로 정신분열증이었다.

젤다를 치료하는 데 시간이 오래 걸릴 거라면서, 그사이에 알코올중독 치료를 시작해보지 않겠느냐고 포렐 박사가 권하자 스콧 피츠제럴드는 무슨 소리를 하는 건지 모르겠다며 버럭 화를 내고는 호텔방으로 가서 위스키를 더블로 마신다.

처음에 스콧 피츠제럴드는 아내를 2주에 한 번씩만 볼 수 있었다. 그래서 글리옹, 베베, 코, 로잔, 제네바의 고급 호텔들을 전전한다. 젤다 피츠제럴드는 병상에서 남편에게 이런 편지를 쓴다. “당신도 알게 되겠지만 우리는 서로 너무 달라. 우리는 전혀 가망이 없어. 그러니까 당장 이혼소송을 준비해도 좋아.” 때는 아직 봄이었다. 그리고 여름이 되고, 제비들이 낮게 날더니 가을이 되고, 플라타너스들이 노란 잎을 떨구고, 겨울이 되고, 산에서 바람이 불어온다. 스콧 피츠제럴드는 이혼 청구는 하지 않고 호텔방에서 아내에게 이틀마다 장미꽃다발을 보낸다. 이곳에서, 재앙으로 가득한 상태에서, 발걸음과 눈물을 삼켜버리는 카펫이 깔려 있는 이 답답한 호텔방에서, 이곳에서, 아주 비싸면서 질 나쁜 진을 마시면서, 호텔 숙박비와 병원비 때문에 재정적으로 막다른 곳에서, 낮 한시부터 들이붓는 막대한 양의 알코올 때문에 육체적으로도 한계에 다다른 이곳에서, 두려움에 잠긴 채, 제네바호숫가에 발목이 붙잡힌 채, 1930년 여름과 가을에 스콧 피츠제럴드는 최고의 단편이라 할 만한 「두 가지 과오」「어느 해외여행」「다시 찾아온 바빌론」을 쓴다. 바로 이곳에서 스콧 피츠제럴드는 30대 특유의 달콤하면서도 고통스러운 자기만의 어조를 발견한다. 그리고 젤다는 이 병원에서 그 당시에 생각해낼 수 있었던 모든 약물을 처방받는다. 다시 말해서 모르핀, 벨라도나, 바르비투르산 수면제를. 습진 치료를 위해 몸이 칭칭 감기기도 한다. 젤다는 사람들이 뭘 하든 내버려두면서 마치 다른 별에서 온 사람처럼 미소 짓는다. 그러다가 젤다가 거부하고 이성을 잃으면 의사들이 며칠씩 주사를 놓아 진정시킨다.

젤다는 남편에게 편지를 쓴다. “당신이 와서 혼돈과 공허 말고는 남은 것이 아무것도 없음을 깨닫고 깜짝 놀랄까봐 너무 두려워." 젤다는 스콧 피츠제럴드가 곧 이 혼돈과 공허를 세계문학으로 변모시키리라는 사실을 아직 알지 못한다.

◇

그러면 바람난 갈라의 남편 폴 엘뤼아르는 살바도르 달리를 향한 아내의 집착에 어떻게 반응했을까? 완전히 특이한 반응이었다. 심지어 자기 아내와 아내의 동반자를 몽마르트르에 있는 자기 집에 살게 하기까지 한다. 자기가 갈라와 함께 살기 위해 사서 꾸민 집에 말이다. 게다가 갈라는 달리의 특이한 성정체성 때문에 욕구불만에 굶주려 죽지 않기 위해 가끔 폴 엘뤼아르와 동침하기도 한다. 폴 엘뤼아르는 카다케스 바닷가의 작은 돌집에 있는 갈라에게 이런 편지를 띄운다. "원하면 나랑 사랑을 나눠, 당신의 자유를 누려." 그리고 자기가 사랑하는 여인을 정말로 달리한테 빼앗겼다는 사실을 깨달아가자, 자기가 밤마다 외로울 때면 강한 욕망에 사로잡혀 갈라의 누드 사진을 바라본다고 편지한다. 이제 자기는 "패배자의 인생"을 살아야 한다면서.

◇

4월 17일에 파멜라 베데킨트가 카를 슈테른하임과 결혼한다. 카를 슈테른하임은 기분이 좋다. 콧수염이 다시 온전하게 자라나 진한 갈색으로 화려하게 빛나기 때문이다. 눈빛이 좀 정신 나가 보이긴 하지만 그래도 카를 슈테른하임은 제때 "네"라고 대답한다. 결혼식은 무조건 베를린모아비트 호적사무소에서 해야 한다는 것이 파멜라의 바람이었다. 바로 이곳에서 1906년에 사랑하는 아버지 프랑크 베데킨트와 어머니가 결혼했다. 결혼식이 끝나고 에덴 호텔 레스토랑에서, 그러니까 빌리 와일더가 댄서로 일했던 곳이자, 옥상 테라스에서 마를레네 디트리히가 골프를 치고 바에서는 조세핀 베이커가 무대에 오르기 전 감자 샐러드를 먹는 이곳에서 피로연이 열린다. 정신 나간 극작가(이 얼마나 어울리는 직업인가!)와 젊은 아가씨의 기이한 결혼식 축하연에 모인 이들은 얼마 되지 않는다. 고트프리트 벤은 그사이 카를 슈테른하임의 주치의 일을 그만두었다. 카를 슈테른하임도 파멜라 베데킨트도 "정신이 완전히 온전하지 않다. 두 사람의 운명에 맡기는 것 말고는 다른 이가 해줄 수 있는 일은 아무것도 없다"면서. 파멜라의 전 약혼자 클라우스 만의 생각도 비슷했다. 클라우스 만은 결혼식에 참석하지 않고, 잡지 『문학 세계』를 통해 '한 친구의 결혼 축하연에서 하지 못한 말'이라는 제목의 글로 인사를 대신한다. 파멜라에게 거부당한 상처를 아직 극복하지 못했다. 클라우스 만이 『문학 세계』를 통해 전한 '하지 못한 말'은 1930년 무렵의 사랑을 언어로 표현하고자 한 아주 특별한 시도다. "이 결혼은 우리

사이에 퍼져 있는 전염병과 같아. 결혼은 고독을 극복하기 위한 비장한 시도야. 우리는 이 고독이 어쩔 수 없는 것이라는 사실을 알고 있어. 이 결혼들은 모두 돈이나 섹스와 상관이 없어. 모두 사랑 때문에 하는 결혼이라는 점을 분명히 말해두겠어. 사랑은 극복 불가능한 고독을 극복하고자 하는 인간의 시도야. 네가 하려는 시도는 진지하고 아름다워. 이보다 더 나은 축하의 말은 못 찾겠어. 그렇지만 너의 시도가 좋은 결과를 낳으리라고 예언하지는 못 하겠어. 너의 다음 결혼식 때도 오늘과 다른 말은 하지 못할 거야. 설사 그것이 우리의 결혼식이라도." 클라우스 만과 파멜라 베데킨트가 결혼하게 될 일은 결코 없을 뿐만 아니라, 이 축하인사 이후로 둘이 다시 얼굴을 보게 되는 일은 없다.

신부의 어머니 틸리 베데킨트는 딸의 결혼 준비로 괴로워하는 동안 고트프리트 벤에게 전화를 걸기 시작한다. 벤이 예비사위를 진료한 사실을 알고 있었기 때문이다. 벤의 목소리를 처음 들은 순간 틸리 베데킨트는 "애무받고 최면에 걸린" 듯한 기분이 든다. 그리고 결혼식이 끝나고 며칠 지나지 않아 실행으로 옮겨진다. 둘 다 1886년 따뜻한 봄에 태어난 틸리 베데킨트와 고트프리트 벤이 처음으로 단둘이 만나게 된 것이다. 틸리 베데킨트는 코트 안에 검은색 애프터눈 드레스를 입는다. 이 드레스 이름이 "유쾌한 미망인"이라는 사실을 재미있어한다. 정각 여덟시에 벨이 울리고 꽃다발을 감싼 종이가 바스락거리는 소리가 들린다. 고트프리트 벤이 수고스럽게 따로 포장한 것이었다. 벤이 카네이션 꽃다발을 손에 들고 문 앞에 서 있었다. 사위 카를 슈테른하임의 진료를 그만둔 벤은 이제 신부

어머니의 몸을 돌보려고 한다.

문을 연 틸리 베데킨트의 눈에 비친 벤은 이랬다. “말랑해 보이는 입과 슬픈 눈. 눈빛이 특이하다. 아주 아득하고, 아주 깊고, 아주 슬프다.” 두 사람은 자리에 앉는다. 벤이 자살한 여자친구 릴리 브레다 얘기를 꺼낸다. 이게 자신을 갈망하는 여인과 처음 보내는 저녁에 어울리는 첫마디란 말인가. 부적이 아닐 수 없다. 그런데 틸리 베데킨트는 실제로 릴리 브레다를 알고 있었다. 그것도 아주 낱낱이. 남편 프랑크 베데킨트의 연극 〈프란치스카〉가 뮌헨에서 초연될 때 발가벗은 몸으로 샘에서 솟아오른 배우였다. 이렇게 다시 원점으로 돌아오다니. 이때 파멜라가 전화를 걸어 카를이 좀 제정신이 아니라면서 오늘 저녁에 엄마 집에서 자도 되느냐고 묻는다. 틸리가 대답한다. “당연하지, 얘야.” 벤은 얼른 짐을 싸서 나간다.

그러나 1930년 4월 24일에 벤이 틸리 베데킨트를 극장에 초대하고, 벨알리앙스가에 있는 진료실이 딸린 집으로 데려간다. 그리고 옷을 벗는 대신에 의사 가운을 입으며 말한다. 자기가 의사 가운을 입는 것을 반대하지 않으리라 믿는다고. 그게 자기 버릇이고 의사 가운을 입으면 마음이 더 편안하다고. 그에 대한 틸리 베데킨트의 반응은 이랬다. “나는 그 사람이 나를 죽이려는 줄 알았다.” 예전에, 세계대전이 일어나기 전, 고트프리트 벤은 자신이 겪은 질병과 관련된 경험들을 즐기듯 시집 『시체 공시소』에서 시로 노래했고, 파멜라 베데킨트는 기분좋은 전율을 느끼며 그 시들을 읽었다. 그러나 벤은 이제 살아 있는 육체를 갈망한다. 의학박사 고트프리트 벤은 의사 가운이 주는 안전함 속에 몸을 숨긴 채, 샌드위치가 담긴 접시와 샴페인 두 잔을 갖고 들어오면서 목덜미에 있는 머리카락을 면도한 거냐고 묻고는 손으로 부드럽게 쓰다듬는다.

이로써 벤의 기이한 연극작품 속 등장인물이 모두 모였다. 벤 감독은 견고한 삼각관계를 연출한다. 틸리 베데킨트와 더불어 전 애인 릴리 브레다의 가장 가까운 친구인 엘리노어 뷜러와 폭넓은 관계를 유지해오고 있기 때문이다. 이렇게 9년에 걸친 벤의 이중생활이 시작된다. 두 여인은 서로 아무것도 모른 채. “천상의” 엘리노어와 “세속적인 사랑” 틸리는 모두 한때 배우였고, 나이는 엇비슷하며, 늘 격식에 맞게 차려입고, 벤의 손에서 섬세한 시들이 새로 창조될 때마다 쉽게 열광한다. 어쩌다가 두 여인이 동시에 찾아오려고 하면 벤은 둘 중 한 사람에게, 시인으로서 가끔 고독이 절실하게 필요하다고, 안 그러면 창작력이 고갈된다고 말하기만 하면 된다. 그러면 틀림없이 이해해준다.

◇

이즈음 노년의 프로이트는 이런 말을 쓴다. “성생활은 개인에게 가장 위험한 활동이다.”

◇

그사이 헨리 밀러는 뉴욕을 떠나 파리에 도착한다. 아내 준은 뉴욕에 남는다. 헨리 밀러는 완전히 무일푼이다. 낮에 몇 프랑이라도 벌려고 애쓰지만, 밤마다 잠자리를 구걸해야 하고, 아침에는 커피를 구걸해야 한다. 헨리 밀러는 이곳에서, 바로 이 장소에서, 유명한 작가가 되기로 결심하고 타자기에 끊임없이 새로운 철자를 두들기지만 만족스러운 글은 전혀 나오지 않는다. 헨리 밀러가 쓰고 있는 책, 그러니까 아내가 다른 여자와 바람을 피우는 작가에 관한 책이 진정한 문학이 되기에는 아직 아픔이 너무 크다. 아직은 트라우마 극복 수준일 뿐이다. 이 도시, 이 더위, 자기 자신의 기대, 이 모든 것에 짓눌리는 느낌이다. 헨리 밀러는 이렇게 쓴다. "몽파르나스는 슬픈 곳이다. 이곳 사람들은 성적 흥분과 술기운에도 불구하고 실제로는 불행하다." 헨리 밀러는 정처 없이 떠돌고, 운좋게 얻은 프랑을 들고 곧바로 매춘부에게 달려가고, 아는 미국인이 와서 술값을 내주길 기다리며 셀렉트나 로통드에 죽치고 앉아 있는다. 그렇게 닥치는 대로 아무 여자나, 아무 술이나, 아무 침대나 받아들인다. 헨리 밀러는 이제 마흔 살인데 사실상 지칠 대로 지쳐 있다. 결국 소설이 완성되는 때가 온다. 1931년 8월 24일의 일이었다. 뉴욕에서 온 아내 준이 그 원고를 읽더니 깜짝 놀란다. "당신은 모든 것을 자기만의 편협한 남성적 관점으로만 보고 있어. 당신은 모든 것을 섹스 문제로 만들어. 그런데 그런 문제가 전혀 아니야. 중요한 건 희귀하고 아름다운 거라고."

몇 달 동안 피폐해진 헨리 밀러 자신도 준의 눈에는 아름답지 못해 보인다. 여위고, 거의 대머리에, 열정도 전혀 없다. 준은 자기 남편이 "더 활기차고, 더 젊고, 더 낭만적"이었으면 좋겠다고 말한다.

그래서 헨리 밀러는 1931년 8월 25일에 활기차고, 젊고, 낭만적인 책을 새로 쓰기 시작한다. 첫 종이를 타자기에 끼운 다음 담배를 한 대 물고 타자기를 두드린다. "북회귀선. 헨리 밀러 지음." 이번엔 뭐냐고 아내 준이 묻는다. 그러자 헨리 밀러는 이렇게 대답한다. "파리에 관한 책이야. 일인칭이고, 무삭제, 무형식의 책. 젠장, 뭐든 될 대로 되라지!"

◇

아래로는 부드러운 모래가 밟히고, 위로는 높다란 소나무 면류관이 보이고, 코로는 잘 익은 블루베리 냄새가 풍겨오고, 귀로는 해변을 때리는 파도 소리가, 철썩, 철썩, 철썩, 철썩 계속 울린다. 서쪽에서 따뜻한 바람이 불어온다. 언젠가 먼 훗날 이 기이한 대가족 만 일가의 사람들 모두, 저 위 메멜란트의 북동쪽 끄트머리, 쿠로니아 사주에 있는 니다 마을에서 보낸 1930년 여름을 행복한 시절이었다고 말하게 된다. 토마스 만이 최근에 받은 노벨문학상 상금으로 여기 빛나는 모래사장에 집을 지은 것이었다. 그 집은 프러시안블루 빛깔의 석호와 차가운 초록 빛깔의 발트해 사이에 있는 높다란 모래언덕 위에 마치 왕좌처럼 자리잡고 있다. 위로는 구름이 산맥처럼 펼쳐진 광활한 하늘이 뻗어 있고, 육지와 부서지는 파도 사이에 있는 물길에서, 문명과 자연 사이에서 빛이 뿜어져나온다.

저녁이면 온 가족이 모래언덕에서 가장 높은 곳으로 올라가 해가 지는 모습을 바라본다. "그때는 호산나를 외칠 수밖에 없다"고 카티아 만은 말한다. 그녀 역시 만 일가의 어엿한 일원으로서 반어 뒤에 자신의 감정을 숨기는 법을 배웠다.

그리고 휴가에도 단서가 붙는다. 토마스 만은 일찌감치 아내에게 "무위의 휴양을 할 줄 모른다"고 선언했고 토마스 만의 아내는 그것을 받아들였다. 토마스 만은 자기는 야외에서 일할 수 없다고, "생각이 꿈처럼 증발해버리지 않기 위해" 머리 위에 지붕이 필요하다고 말한다. 그렇다, 토마스 만은 정말로 그렇게 말한다. 30도 기온에 그늘 속에 있으면서도. 니다를 선택한 이유를 토마스 만은 이렇게 말한다. "남부 독일 거주에 대한 균형"으로서 그곳에서 "학령기 우리 아이들이 여름방학"을 보내야 한다고. 남부 독일 거주라니! 태풍조차도 토마스 만의 머릿속에서 명사형 구문을 몰아내지 못할 것이다.

만 가족은 지난해 처음 이곳에서 휴가를 보냈는데, 높다란 북유럽 소나무 아래 석호가 내려다보이는 언덕에 있는 이 땅을 발견했다. 건축 기간 1년 만에 건축 설계도에 쓰여 있는 대로 "토마스 만의 여름 별장"이 식구를 맞이할 준비를 하고 서 있었다. 물론 니다 마을은 남독일에 거주하는 이에게 편한 곳은 아니었다. 1000킬로미터나 떨어져 있고 오는 데 이틀이나 걸리는 곳이었다. 우선 밤기차를 타고 베를린까지 끝없이 달려야 했고, 이튿날 밤에는 다시 쾨니히스베르크까지 더 가야 했으며, 그런 다음 철도로 갈아타고, 마지막으로 증기선을 타고 석호를 지나와야 했다. 아이들을 데리고 짐까지 들고서 사실상 미친 여정이었다. 7월 16일에 도착했는데, 가장 어린 두 아이, 그러니까 열한 살짜리 미하엘과 열두 살짜리 엘리자베트의 방학이 시작하자마자 기차역으로 간 것이었다. 저명한 새 주민을 맞이하기 위해 온 마을 사람이 선착장에 모여 있었다. 스리피스 양복 위에 밝은 베이지색 외투 차림의 토마스 만은 번잡스럽다고 생각했고, 그와 반대로 아내 카티아는 당연한 일이라고 생각했다. 토마스 만 부부는 여섯 아이를 낳은 것을 빼고는 성관계가 없었기 때문에 카티아는 집밖에서 관심받는 것이 특히 더 기뻤다. 손을 흔드는 이들이니다 마을의 어부 아낙네들이라도. 그러나 카티아 만 역시 배에서 내리면서 전혀 흥분을 드러내지 않았다. 물론 입 밖으로 낸 적은 없지만, 만 일가의 사람들은 누구나 감정은 최대한 적게 표현하는 것이 최선이라는 데 한마음이었다.

◇

에리히 마리아 레마르크는 눈부시게 아름다운 일제 유타 잠보나와 결혼할 때 먼저 좀 따져봐야 했다. 결과는 이랬다. 일제 유타 잠보나는 4분의 1은 독일인이고, 4분의 1은 이탈리아인이며, 4분의 1은 별나고, 4분의 1은 우울하다. 레마르크 때문에 담배 제조업자와 헤어졌다. 두 사람은 베를린 호엔촐레른담에 있는 집에서 신혼생활을 시작한다. 레마르크는 누이에게 결혼을 알리는 편지에서 사랑 얘기는 하지 않는다. 대신 이렇게 말한다. "나는 한 사람을 행복하게 만들어보려고 해. 다른 사람을. 나 자신은 그렇게 될 수 없으니까." 그럴 수 있는 사람은 아무도 없다는 사실을 심리학 교육을 받은 우리 현대인들로서는 늦어도 이 시점에서는 알 것이다. 이 부부는 자녀는 원하지 않는다. 개만 원한다. 두 사람은 아이리시 세터 종 사냥개를 한 마리 산다. 이름은 빌리. 그러나 이 개는 사냥개는커녕 양들을 한데 모아두는 감시견으로서도 쓸모가 없었다. 곧 에리히 마리아 레마르크와 유타 잠보나가 각자 새로운 정복 대상을 찾아 이 도시의 카페와 나이트클럽을 떠돌기 때문이다. 레마르크는 모자를 쓰고 우아한 산책용 지팡이를 들고서, 잠보나는 굽 높은 신발을 신고 스핑크스 복장 차림으로. 유타 잠보나는 시나리오 작가 프란츠 슐츠와 불륜을 시작한다. 프란츠 슐츠는 〈주유소의 세 친구〉의 시나리오 작업 중이었다. 그러나 이 세 친구의 삼각관계는 유타 잠보나, 레마르크, 프란츠 슐츠의 삼각관계보다 본질적으로 더 성공적이다. 빌리 와일더가 아주 자세하게 전해준 바에 따르면, 한번은 어느 날 밤에 레마르크가 유타 잠보나와 프란츠 슐츠가 함께 있는 침실 창문으로 들어가 연적을 끔찍하게 패주는 바람에 프란츠 슐츠가 일주일 동안 시퍼런 눈에 어깨가 탈구된 상태로 UFA 스튜디오에 가야 할 정도였다고 한다.

그러나 유타의 불륜에 자존심 상하고, 『서부 전선 이상 없다』의 엄청난 성공에 오히려 대외활동을 꺼리게 된 레마르크도 에이전트이자 매니저인 브리기테 노이너와 불륜을 시작한다. 브리기테 노이너는 대중이 레마르크에게 접근하는 것도, 자기가 레마르크의 침실에 들어가는 것도 조정한다. 그 자신의 결혼생활도 끝이 보이는 상황이었고, 이 힘의 균형 덕분에 레마르크와 노이너의 간헐적인 연애는 잘 돌아간다. 다시 말해서 혈액순환을 좋게 하고, 위장을 보호하며, 지나침이 없다. 그러다가 1930년 1월 4일에 에리히 마리아 레마르크와 유타 잠보나가 합의 이혼에 이른다. 그러나 오히려 그후로 둘의 관계가 아주 좋아진다. 두 사람은 이혼하고 나서 처음으로 함께 스키를 타러 다보스에 가기도 한다. 그에 이어 레마르크는 명성과 자기 자신으로부터 도망치기 위해 홀로 유럽을 여행하면서 『돌아가는 길』이라는 딱 어울리는 제목의 원고를 계속 써나간다. 곧 헤링스도르프의 해변 휴양지에서 에이전트 브리기테 노이너에게 새 책 원고가 80쪽 완성되었다고 전한다. "당신이 그리워. 웃긴 게 뭔 줄 알아? 심지어 꽤 많이 그립다는 거야." 이렇듯 자신의 감정이 너무 낯설고, 자신이 그리움을 느끼는 것을 믿을 수 없는 레마르크는, 그 감정들이 불러일으킨 우스꽝스러움을 말해야만 그리움을 말로 표현할 수 있다. 브리기테 노이너는 곧 그것이 덜 웃기다고 생각하게 된다. 에리히 마리아 레마르크의 궁정에서 쫓겨나 그저 레마르크의 첫 번째 정부로 남게 되기 때문이다. 여행에서 돌아오는 길에 레마르크는 베티 슈테른의 살롱에서 루트 알부라는 새로운 여인에게 마음을 빼앗겼다. 게다가 이혼한 아내 유타 잠보나도 레마르크를 놔주지 않았다. 유타 잠보나는 돌아가는 길이 항상 있을 거라고 희망한다. 그렇다, 유타 잠보나는 에리히 마리아 레마르크와 이혼하고 나서야 비로소 그를 정말로 사랑하기 시작했다.

◇

할리우드에 도착하자마 마를레네 디트리히는 패러마운트사에서 첫 영화를 찍는다. 베를린에서 디트리히를 〈푸른 천사〉로 만들어준 요제프 폰 슈테른베르크는 오래전부터 마를레네에게 홀딱 반했다. 마를레네 디트리히에게 딱 맞는 배역의 영화 〈모로코〉 시나리오를 쓰면서 질투심에 가득차 마를레네의 성생활을 감시한다. 두 사람은 함께 행복한 시간을 보내지만, 마를레네 디트리히는 베를린과 딸이 그립다. 마를레네는 유럽으로 돌아간다. 그리고 옛 애인 빌리 프로스트를 다시 만난다. 그리고 남편과 보모와 딸 마리아와 함께 동물원에 간다. 저녁이면 양복에 넥타이를 매고 레즈비언 바에 간다. 그리고 로마니셰스 카페에 간다. 향수병 치유 관광이다. 마를레네 디트리히는 불레테*와 베를린 사투리와 더불어 보헤미안 문화에 젖어본다. 주요 신문에 마를레네 디트리히에 대한 인물평을 실으려는 프란츠 헤셀을 만나고, 음반을 내고, 그렇게 베를린을 다시 흠뻑 빨아들였다 싶자 할리우드와 요제프 폰 슈테른베르크가 그리워져서 다시 기차를 타고, 배를 타고, 미국으로 돌아간다. 쇼는 계속되어야 한다.

* 동독 지방의 미트볼.

◇

브란덴부르크의 아름다운 그륀하이데*는 테슬라가 자리잡기 훨씬 이전부터 이미 배기가스 없는 이동으로 인기 있는 장소였다. 게르하르트 하우프트만은 이곳에 『선로지기 틸』을 정착시켰다. 출판인 에른스트 로볼트는 작가들 때문에 또 골치 아파지면 자전거를 타고 이곳 호수 둘레를 돌았다. 그리고 위대한 작곡가 쿠르트 바일과 위대한 가수이자 배우 로테 레냐가 이 호수에서 배를 타다가 만났다. 빈에서 아주 혼란스러운 유년기를 보낸 로테 레냐는 아버지의 알코올 중독과 학대를 피해 취리히를 거쳐 베를린으로 도망쳐 극작가 게오르크 카이저의 집에서 지내고 있었다. 어느 화창한 날 게오르크 카이저가 로테 레냐에게 기차역으로 작곡가 쿠르트 바일을 마중 나가 달라고 부탁했다. 햇살이 너무 눈부시게 화창한 날이었기에, 돌아오는 길에는 쿠르트 바일이 노를 저으리라 기대하며 로테 레냐는 배를 타고 페츠호수를 건너 작은 팡슐로이제역으로 갔다. 로테 레냐는 쿠르트 바일을 단박에 알아보았다. 교수처럼 보였는데, 금속테 안경에, 약간 헝클어진 머리카락, 숱은 적고, 배가 좀 나오고, 아주 상냥하며, 방향감각이 좀 없어 보였다. 빠릿빠릿한 로테 레냐가 쿠르트 바일을 데려다가 배에 태웠다. 그런데 어두워지기 전에 호수 건너편에 도착하려면 자기가 직접 노를 저어야 한다는 것을 곧 깨달았다.

* 베를린 남동쪽에 있는 지역 이름으로 '푸른 숲'이라는 뜻.

자기 작곡 얘기며, 자연의 아름다움이 어떻고, 고요함의 매력이 어떻고 하면서, 쿠르트 바일이 끊임없이 떠들어댔기 때문이다. 그사이 로테 레냐는 줄곧 쿠르트 바일을 바라보았다. 그리고 호수 건너편에 도착했을 때 두 사람은 이미 서로에게 반한 상태였다. 사실은 기차역 승강장에서 이미 빤했다. 둘이 처음 눈이 마주치고 100분의 1초 동안 잠시 시간이 멈추었을 때. 그리고 두 사람의 눈빛에서 순간 불꽃이 튀었을 때. 로테 레냐에게 마음을 빼앗기는 것은 전혀 놀라운 일이 아니었다. 약간 틈이 벌어진 새하얀 이와 순수한 관능미, 무엇보다 후두염을 앓는 듯한 옥타브의 처음 들어보는 목소리에 작곡가 쿠르트 바일은 바로 녹아버리고 말았다. 곧 쿠르트 바일은 로테 레냐에게 이런 편지까지 했다. "당신이 그리울 때면 당신 목소리의 울림을 생각하곤 해. 그 울림을 마치 자연의 힘처럼 사랑하지." 쿠르트 바일은 당장 로테 레냐를 위한 노래들을 작곡하기 시작한다. 그리고 얼마 지나지 않아 두 사람은 베를린으로 가서 결혼식을 올리고, 〈서푼짜리 오페라〉로 승리의 개가를 울린다. 그 작품이 영화로 만들어진 1930년에는 로테 레냐도 사람들의 환호를 받는 스타가 된다. 극장 초연 때에는 안내판에 로테 레냐의 이름이 빠져서 쿠르트 바일이 크게 화를 낼 정도였는데 말이다. 그러나 곧 〈서푼짜리 오페라〉는 로테 레냐와, "해적 제니"와 떼려야 뗄 수 없는 관계가 되었다. 저녁마다 로테 레냐는 무대 위에서 그 사악한 노래들을 불렀고, 공연이 끝나면 바이에른알레에 있는 새집에서 작곡가 남편 곁에 꼭 붙어 몸을 비비며 마침내 난롯가에 자리를 잡은 새끼고양이처럼 가르랑거렸다. 그러나 곧 그곳을 떠나 다시 밤거리를 헤매고 다닌다. 쿠르트 바일은 로테 레냐가 다시 자기 곁으로 돌아올 수 있도록 그냥 놓아 주어야 한다는 것을 일찍부터 깨달았다.

◇

고트프리트 벤은 무거운 발걸음으로 거리를 헤맨다. 자신에게 닥칠 최악의 재앙은 아직 오지도 않았는데 마치 그 재앙을 어깨에 지고 있는 것처럼 벌써부터 발걸음이 무겁다. "슬픔에 짓눌리고, 몰락이 확실한" 상태라고 스스로 말한다. 벤의 표현을 빌자면 그 누구도 "도달할 수 없는 독일 최고의 대가" 릴케가 자기 세대가 결코 잊을 수 없는 시구절을 지었다고 벤은 말한다. "누가 승리를 말하는가. 오직 버틸 뿐이다."

◇

1930년 10월 초, 루트비히 비트겐슈타인과 마르그리트 레스핑거가 스위스에서 만난다. 두 사람은 결혼 얘기를 하고 키스한다. 그런데 키스가 끝나자 마르그리트는 몸을 빼면서 어두운 얼굴로 눈길을 돌린다. 나중에 마르그리트는 또 눈물을 흘리며 "나와 그녀의 관계를 전혀 이해 못 하겠다"고 말했다고 비트겐슈타인은 일기에 적는다. 두 사람은 바젤 근처에서 배를 타 라인강을 건너 갈대숲으로 둘러싸인 섬으로 가서는 배 안에서 계속 이야기를 나눈다. 사실 목가적인 풍경이다. 그러나 한 번, 또 한번 점점 더 긴 키스를 하다가 비트겐슈타인이 벌떡 일어선다. 호르몬이 분비되자 땀이 솟는다. 두 사람은 노를 저어 바젤로 돌아간다. 비트겐슈타인이 손을 잡았지만 마르그리트는 몸을 꼿꼿이 세운 채 눈길조차 주지 않는다. 세상에서 가장 똑똑한 남자로 꼽히는 루트비히 비트겐슈타인은 자기 세계를 더이상 이해할 수 없었다.

◇

샤를로테 볼프는 어린 나이에 사랑에 빠졌다. '거인의 성'이라는 시적인 이름을 가진 소도시 리젠부르크 성벽 앞에 흐르는 강물은 차가웠고 수영복은 불편했지만 여름이 짧은 이곳 대제국 변두리에서 햇살이 비칠 때마다 샤를로테 볼프는 친구들과 함께 물속에 뛰어들었다. 20세기에 접어든 지 얼마 안 된 무렵이던 어린 시절에 근처에 있는 핑크 폰 핑켄슈타인 백작 가문의 영지에서 사냥하기 위해 황제가 이곳을 지날 때면, 예복을 갖춰 입은 빌헬름 2세를 잠시라도 볼 수 있는 귀한 기회를 잡으려고 온 가족이 따뜻한 담요에 몸을 감싼 채 란다우식 사륜마차를 타고서 안개 낀 아침 퀴퀴한 냄새를 들이마시며 끝도 없는 숲을 달렸다. 사냥용 별장의 창살 틈으로 들여다보며 황제를 부르는 신민들의 호기심과 외침에 황제는 자비롭게 손을 들어 화답했다. 그때만 해도 황제의 콧수염이 아직 까맸다. 그리고 열세 살이 되었을 때 샤를로테 볼프는 단치히에서 비밀로 가득한 열여섯 살의 러시아 출신 유대인이었던 이다와 사랑에 빠졌다. 이다의 가족과 함께 발트해에 있는 해변 휴양지 소포트에 갔는데, 부모님이 잠든 밤에 둘은 처음으로 사랑을 나누었다. 발에는 아직 모래가 잔뜩 묻어 있었고, 열려 있는 창문으로 파도 소리가 들렸다. 두 사람은 아직 동성애라는 말을 들어본 적도 없었고 롤 모델도 없었으며 그냥 그렇게 시작된 것이다. 현명해서 그랬는지 순진해서 그랬는지 이다의 부모님은 아무 말 하지 않고 아침에 커피를 마시며 미소 지었다. 하루는 이다가 자기와 가장 친한 친구 리자의 사진을 보여주었는데 샤를로테는 그 사진을 보고 사랑에 빠졌다. 사진 속 리자가 도스토옙스키의 『백치』에 나오는 나스타샤 필리포브나의 살아 있는 화신이라고 믿었기 때문이다. 리자는 오데사 출신으로 지금은 베를린에서 살고 있었다. 샤를로테는 날마다 오후에 숙제를 마치면 단치히에 있는 방에서 빠져나와 베를린에 있는 미지의 리자 마음속으로 들어가는 꿈을 꾸었다. 그러던 어느 날, 광란의 제1차세계대전이 한창일 때, 샤를로테는 의사를 만나러 간다는 핑계로 끔찍하게 긴 기차 여행을 해서 실제로 리자를 찾아갔다. 샤를로텐부르크에 있는 여관에서 두 사람은 서로 사랑에 빠졌다. 생각이 현실을 만들어낸 것이다. 그로부터 몇 년 후 샤를로테가 프라이부르크대학교에서 하이데거 밑에서 몇 년 배우고 나서 베를린대학교로 와 있을 때였는데, 저멀리 러시아에서 불행한 결혼생활을 하던 비밀로 가득한 리자가 샤를로텐부르크에 있는 샤를로테를 찾아왔다. 서로 역할은 바뀌었지만 사랑은 그대로였다. 샤를로테는 리자의 손을 잡았다. 작은 행복. 많은 눈물. 도스토옙스키.

그러나 도스토옙스키는 가도 삶은 계속되는 법. 리자는 가도 삶은 계속된다. 샤를로테 볼프는 의대 공부를 마치고 일반 의료보험 의사가 되어 베를린 북부에 있는 빈민지역에서 여성들을 돌본다. 다시 말해서 임산부를 보살피고, 피임 문제를 살피고, 무엇보다 곧 심리 치료도 하게 된다. 그리고 빌머스도르프 쥐트베스트코르조 거리에 새로 지어진 쾌적한 시민 아파트에서 키가 크고 아름다운 금발의 물리 치료사 카테리네와 함께 살고 있다. 오후에 퇴근해서 집에 돌아오면 신화 속 인물 같은 리자를 여전히 그리워하는 갈망을 주로 담은 전복적인 깊이로 가득한 시들을 짓는다. 옆방에서 카테리네는 캔버스 앞에 서서 자신의 영혼이 갈망하는 것을 그린다. 그리고 저녁에는, 저녁마다 두 사람은 함께 외출한다. 샤를로테 볼프는 이렇게 쓰고 있다. "베를린의 에로틱한 분위기가 나를 흥분시켰다. 내 몸의 세포 하나하나가 살아 있는 느낌이 들게 했다." 그러나 1930년 무렵 베를린에서 인생이 오로지 성적인 것으로만 여겨지는 세태가 샤를로테 볼프는 오히려 못마땅하다. 레즈비언 바를 사랑하고 여자들을 사랑하지만, 육체적인 것이 "관능적인 감정의 척도 안에서 적절한 위상을" 되찾기를 바란다. 베르톨트 브레히트나 게오르크 트라클이나 알프레트 리히텐슈타인의 시를 생각하면, "섹스 그 자체는 상상력과 감정에 사형선고를 뜻하는 반면에 에로티시즘은 거듭 새로운 상상력과 감정을 만들어낸다"는 사실을 깨닫게 된다는 것이다.

그렇다, 뇌가 에로틱한 이미지로 넘쳐나서 시의 참된 본질이기도 한 사랑과 갈망과 동경을 자극하게 되는 것이라고 샤를로테 볼프는 말한다.

◇

젊은 여의사이자 노련하고 현명한 영혼의 소유자인 샤를로테 볼프에 대해 한마디 더. 샤를로테 볼프는 사랑에 대해, 그리고 사랑에 실패한 사람들에게 일어나는 일에 대해 섬세하면서도 진실이 담긴 말을 남겼다. "실망은 밤이 특정 식물에게 미치는 영향 같은 취약성을 불러일으킨다. 바로 꽃봉오리가 닫히는 것이다."

◇

디트리히 본회퍼는 자기가 살고 있는 시대의 그 어떤 인간보다 아우구스티누스를 더 사랑한다. 아우구스티누스는 4세기에 쓴 『고백록』에서 이런 말을 했다. "당신 안에서 안식을 찾기 전까지 우리 마음은 불안하다." 디트리히 본회퍼는 아우구스티누스가 한 이 말로 현대에 맞는 이론을 만들어낸다. 본회퍼는 바르셀로나 교구 신도들에게 이렇게 설파한다. "불안은 중요한 것입니다. 불안은 인간과 다른 동물을 구별 짓는 특징입니다. 불안은 역사와 문화를 창조하는 힘이고, 모든 정신의 뿌리입니다." 그리고 불안은 영원을 추구할 때 생긴다고 말한다. 그러나 독신을 추구할 때도 약간의 불안이 생긴다는 것을 사람들은 느낀다. 이때 본회퍼의 나이 스물셋. 이제까지 신 말고는 그 누구도 진심으로 사랑해본 적이 없었다. 그러나 바르셀로나에 있는 독일학교에서 일하는 젊은 교사 헤르만 툼이 몹시 마음에 들었다. 두 사람은 함께 투우 경기를 보러 가고, 기회가 될 때마다 함께 오페라를 보러 가고, 공연이 끝나면 술집에 갔다가 새벽 세시 반쯤에야 잠자리에 든다. 디트리히 본회퍼는 고백의 압박을 느끼며 뜨거운 바르셀로나에서 그늘진 그루네발트에 있는 부모님에게 이 소식을 전한다. 그러나 본회퍼가 독일로 돌아가 바람 같은 속도로 교수 자격을 취득할 무렵, 헤르만 툼이 이상할 정도로 빨리 약혼한다. 1930년 4월에 본회퍼는 헤르만 툼의 결혼식에 맞춰 바르셀로나로 돌아간다. 그때 본회퍼가 어떤 기분이었는지는 알려져 있지 않다. 그러나 곧 바르셀로나의 라일락 향기와, 길모퉁이마다 열려 있는 신선한 딸기 향에 다시 매료되었고, 베를린에서 맞춘 새 여름양복을 입어보는 기쁨에 취한다. 헤르만 툼이 다른 여자에게 "네"라고 서약하고 결혼식이 끝나자, 본회퍼는 일주일 동안 홀로 카탈루냐 해안도시 토사 데 마르로 도망치듯 떠난다. 부모님에게는 "결혼식 사건"으로 휴식이 필요하다고 편지에 쓴다. 침울한 마음으로 일등석을 타고 해안을 따라 여행하고, 해수욕을 하고, 굴을 먹고, 와인을 마시고, 하늘에 구름이 휘몰아쳐도 산책을 하고, 피부는 점점 더 갈색으로 변하고, 점점 더 불안해진다. 어느 방향으로 가야 하는가? 아직 모르겠다. 바닷가의 수도사 디트리히 본회퍼.

◇

전설적인 테니스 선수 고트프리트 폰 크람은 훗날, 1930년 무렵 베를린에서 보낸 시절이 인생에서 가장 멋진 시절이었다고 말한다. 1930년 말에 고트프리트 폰 크람은 어린 신부 리자와 함께 베를린 서부 데른부르크가 35번지에 있는 집에서 신혼생활을 시작한다. 낮에는 로트바이스 테니스코트에서 맹훈련을 하고, 훈련이 끝나면 리자와 함께 베를린 서부에 있는 호수에서 수영하고, 그러고 나면 쇠네베르크와 샤를로텐부르크에 있는 술집들에 틀어박혀 밤새 즐긴다. 그러나 항상 최고의 기품을 유지하면서. 두 사람은 일찍부터 혼외 연애를 시작하는데, 리자는 자기 남편의 복식 파트너인 구스타프 예네케와, 고트프리트는 여러 명이 있었는데 그중에 마나세 헤릅스트가 있었다. 이 테니스 남작은 가문의 영지인 니더작센에서보다 베를린에서 자신의 양성애를 훨씬 더 자유롭게 즐길 수 있었다. 고트프리트 폰 크람은 마나세 헤릅스트와 게이 바에서 시간을 보냈는데, 특히 크리스토퍼 이셔우드와 마그누스 히르쉬펠트도 좋아했던 가이스베르크가에 있는 질루에테를 즐겨 다녔다. 고트프리트 폰 크람은 마나세 말고도 죽마고우 위르겐 에른스트 폰 베델도 만났는데, 언젠가 신부 리자를 찾아가 운동으로 단련된 고트프리트의 몸을 찍은 사진들을 함께 열심히 봤던 그 친구다. 리자 폰 크람은 남편의 연애들을 사랑과 관용으로 지켜보면서 그 자신도 똑같이 자유를 누렸는데, 그 대상은 남자들만이 아니라 여자들도 있었다. 그중에는 루트 폰 모르겐과 마리안네 브레슬라우어도 있었다. 그러나 그 시절 이 부부가 쓴 편지들을 읽은 사람은 누구나 크람 부부의 결혼생활이 행복했다고 말할 수밖에 없을 것이다. 아직 나치는 이 우아한 독일 테니스 남작의 생활방식과 연애생활에 관심이 없었다.

◇

시몬 드 보부아르는 장폴 사르트르의 계속되는 부재에 사르트르보다 더 괴로워한다. 사랑받고 있다고 느끼는 한 사르트르는 잘 지낸다. 낮에는 병영에서 단조로운 임무를 수행하면서, 일을 마치고 나서 파이프에 불을 붙이고 위대한 철학 문제들에 대해 사색할 생각에 기뻐한다. 저녁이면 종종 시몬 드 보부아르를 만난다. 두 사람은 파리와 생시르쉬르메르 사이를, 나중에는 투르에 있는 병영 사이를 서로 오가지만 대부분 시간이 빠듯해서 늘 승강장에서 시간을 보내며, 그곳에서 만나거나 헤어진다. 영원한 과도기다. 두 사람은 자주 식사를 같이하지만 잠자리를 같이하는 일은 거의 없다. 보부아르가 같이 막사에 들어갈 수도 없고, 그렇다고 낮에 사르트르와 함께 호텔방을 빌리기에는 겁이 너무 많기 때문이다. 바로 이 문제 때문에 특히 괴로워한다는 사실을 깨닫고 시몬 드 보부아르는 깜짝 놀란다. "어린 소녀 시절부터 숨기고자 했던 진실을 고백할 수밖에 없었다. 내 욕망이 내 의지보다 더 강했다는 점이다." 보부아르는 사르트르와 계약결혼을 할 때, 자기 마음을 짓누르는 모든 것을 털어놓겠다고 약속했었다. 그러나 보부아르는 채워지지 않는 욕망을 사르트르에게 숨긴다. 보부아르는 자기가 사르트르 생각만 하고, 사르트르가 곧 세상 전부이고, 사르트르가 읽는 것만 읽으려 하고, 사르트르가 싫어하는 것은 자기도 싫어하고, 사르트르가 좋아하는 것은 자기도 좋아하는 지금 상황이 위험해지리라는 사실을 점점 깨달아간다. 이 때문에 자기에게 가장 중요한 존재여야 될 사람, 바로 자기 자신을 잃어간다고 느낀다.

◇

알마 말러베르펠은 결혼한 지 17개월 된 1930년 11월 28일에 빈에 있는 집에 앉아 남편 프란츠 베르펠에 대해 이렇게 쓴다. "오물은 자기 혼자 뒤집어써야 하지 않나? 내가 왜 결혼을 했을까? 미친 짓이다." 그런 다음 부엌으로 내려가서 두 병째 약초주를 집어온다. 첫번째 병은 이미 오래전에 비웠다. 그리고 오스카 코코슈카가 자기한테 한창 미쳐 있었던 1913년에 그려준 아름다운 초상화를 바라본다. 알마는 남자들이 자기한테 미쳐 있는 상태를 사랑한다. 알마에게는 그것이 곧 마약이다. 그런데 코코슈카가 실제로 얼마 전에 자기에게 카드를 써 보냈다. 다시 한번 만나봐야 하지 않을까?

알마는 한때 코코슈카에게 그랬듯 지금은 베르펠한테 "걸작"을 만들어내라고 몰아세우고 있다. 알마는 알코올에 의한 환상과 반유대주의가 넘쳐나기 시작한 일기에 베르펠이 자기한테 영원히 감사해야 한다고 쓴다. "그리고 나의 대담하고 건전한 아리안주의는 그의 창작에 자극제가 된다. 암울한 유대인 여자였다면 이미 오래전에 그에게서 추상성을 만들어냈을 것이다. 그는 자신 안에 그런 위험성을 지니고 있다." 알마가 베르펠에게서 구체성을 만든 것이 베르펠의 영혼에 도움이 되었을지는 아직도 의문이다.

◇

1930년 12월에 리자 마티아스는 마지막으로 스웨덴 힌도스에 있는 쿠르트 투홀스키를 찾아간다. 투홀스키는 스웨덴에서 지낸 시간을 이용해 "로트헨"과 보낸 황홀한 첫 여름을 문학으로 형상화했다. 첫 머리에 출판업자 에른스트 로볼트와의 장난스런 편지 왕래를 끼워 넣었는데, 출판업자 로볼트가 『라인스베르크』 같은 "짤막한 여름 사랑 이야기"를 또 써보라고 권하지만, 작가 투홀스키는 이렇게 대답한다. "요즘 시대에 사랑이요? 당신은 사랑하고 있습니까? 요즘 누가 아직도 사랑이라는 걸 합니까?"

리자 마티아스는 1년 전 인생 최고의 사랑을 찾았다고 믿었던 스웨덴의 힌도스에 있는 파란 집 붉은색 소파에 앉아 이 부분을 읽었을 때 힘들게 삼켜야 했다. 그렇지 않아도 기분이 좋지 않은 상태였다. 마침 베를린에서 페터 주어캄프에 대한 사랑을 가슴에 묻은 참이었다. 페터 주어캄프가 다른 여자랑 결혼한 것이다. 게다가 투홀스키에게 스웨덴어를 가르치는 게르트루데 마이어의 머리핀을 집안 곳곳에서 발견했다. 그래서 자기 이야기인 이 소설에 집중하기가 어려웠다. 그러나 방금 읽은 대목은 충격적이었다. "그러니까 우리 사랑 이야기를 담은 책이었다. 얼음처럼 차가운 냉기가 일었다. 진정한 감정이란 눈곱만큼도 없고, 다정함의 기미도 사랑도 없었다. 마치 나락으로 떨어지는 기분이었다." 이틀 뒤 리자 마티아스는 떠나버린다. 그녀의 사랑도 문학보다 수명이 짧았던 것이다. "요즘 시대에 사랑이요? 요즘 누가 아직도 사랑이라는 걸 합니까?" 책에서 투홀스키가 한 이 말이 힌도스에서 베를린으로 가는 끝도 없이 긴 여행길 내내 계속 머릿속을 맴돌았다. 자작나무를 지나, 끝없이 펼쳐진 들판을 지나, 호수를 지나, 작고 빨간 집들을 지나, 바다를 지나, 전나무를 지나, 리자 마티아스는 달리고 또 달리고 달렸고, 그다음에는 배를 타고 트라베뮌데로 가 또 달리고 달려서, 메클렌부르크의 완만한 언덕들을 지나 베를린으로 돌아갔다. 소리 죽여 울면서.

◇

"변태 속물." 명철한 하리 그라프 케슬러가 아르놀트 브로넨을 처음 만나고서 일기에 적은 말이다. 아르놀트 브로넨은 1920년대 후반 바이마르공화국 시절에 작품 공연이 가장 많이 된 극작가로, 베르톨트 브레히트, 에른스트 윙거의 절친한 친구이며, 라디오방송국 풍크슈툰데의 연극 고문이었다. 억눌린 분노로 가득차 있고 목소리가 거칠었으며 숱이 적은 금발에 머리가 큰 아주 비호감의 인물이었다. 어느 날 실크 파자마 차림에 맹견 도게를 데리고서 베를린 서부에 있는 테니스클럽 블라우바이스의 주차장에서 잡지 『다메』에 실릴 사진을 촬영하게 되는데, 10월 1일에 클럽테라스에서 요제프 괴벨스가 아르놀트 브로넨에게 스물한 살의 올가 슈카리나푀르스터프라우를 소개해준다. 보아하니 폭동이나 선동만큼이나 섹스가 절실히 필요한, 늘 도취 상태에 빠져 있는 러시아 여인이었다. 이렇게 해서 삼각관계가 시작되는데, 절뚝거리는 광신자 괴벨스와, 둔중한 거구의 브로넨과, 조울증이 있는 젊은 팜 파탈 올가는 셋이서 거의 매일 만났다. 브로넨은 올가에 대해 이렇게 말한다. "올가는 사랑을 비웃었다. 올가가 에로틱한 유희를 최대한 자주 최대한 가볍게 시도하도록 부추기는 특정한 신체적 이점이 있었다. 불임이었기 때문에 위험부담이 없었던 것이다."

브로넨과 올가는 약혼한다. 브로넨을 만나기 전에 겨우 스물여덟 명의 남자와 동침했다고 올가가 고백하는데, 브로넨은 그 말을 믿는다고 말한다. 브로넨의 집에서 열린 약혼식에 그레타 윙거와 에른스트 윙거 부부도 참석했는데, 정작 예비신부는 자정쯤 되어서야 나타났고, 그것도 요제프 괴벨스의 손을 잡고 나타났다. 박사학위가 있는 괴벨스를 올가는 "박사님"이라고 불렀는데, "박사님"의 바지를 다려야 했다는 것이다. 그 말을 하면서 전혀 곤란해하는 기색이 없었고 아주 기분좋아 보였다. 얼마 후 1930년 10월 17일에 올가와 아르놀트는 에른스트 윙거, 프리드리히 게오르크 윙거 형제와 서른 명의 나치 돌격대와 함께, 국가사회주의의 부상을 경고하고자 베를린에 찾아온 토마스 만의 연설을 공격한다. 그리고 12월 1일에 놀렌도르프 극장에서 에리히 마리아 레마르크의 작품을 토대로 한 반전영화 〈서부 전선 이상 없다〉가 개봉할 때 찍찍 울어대는 하얀 생쥐들을 풀어놓는다. 구류되어 있다가 풀려났을 때 올가는 약혼자와 함께 가지 않고 괴벨스를 따라간다. 올가는 괴벨스에게 이 모든 게 "그를 사랑해서 한 일"이었다고 말한다. 그리고 12월 17일에 올가와 아르놀트 브로넨은 결혼식을 올린다. 다만 그전에 브로넨은 이 결혼이 올가가 나치를 위해 일하는 데 아무 영향도 미치지 않으리라 약속해야 했고, 그러자 괴벨스는 결혼을 승낙했다.

피로연은 블라우바이스 클럽 레스토랑에서 열렸다. 10주 전에 괴벨스가 두 사람을 소개해준 곳이다. 자정이 지나서야 피로연에 나타난 괴벨스는 올가에게 거대한 빨간 장미 꽃다발을 선물했다. 그런데 신랑 신부가 첫날밤을 치르러 물러나려 할 때 전화벨이 울렸다. 괴벨스가 멀쩡한 목소리로 올가를 당장 자기한테 보내라고 명령한다. 그럼 브로넨은 어떻게 되었을까? 남편으로서 거부당한 브로넨은 돌아온 탕아로서 죽은 아버지의 역할을 하게 된다. "나는 불쌍한 늙은 어머니에게 헌신했고, 어머니는 나를 독차지해서 기뻐하셨다." 올가는 이튿날 밤이 되어서야 집에 돌아왔다.

그사이 브로넨이 어머니를 보살핀 데는 정말 실존적인 의미에서 어머니에게 감사해야 할 사정이 있었다. 결혼식 이틀 전에 어머니가 법정에서 아르놀트의 생부가 유대인 남편이 아니라 결혼을 주재한 목사라고 증언했던 것이다. 어머니는 아들에게 이렇게 편지했다. "아들아, 너는 스스로 기독교인으로 믿을 이유가 충분하단다." 이에 딱 어울리게도 브로넨의 희곡 가운데 가장 유명한 작품 제목이 『친부 살해』다.

한편, 올가 푀르스터가 에이전트 229라는 암호명으로 1929년부터 러시아 비밀 정보기관 NKWD를 위해 일해왔다는 사실은 괴벨스도 브로넨도 알지 못한다. 진실은 없다. 여러 해석들만 있을 뿐이다.

◇

"나는 사물을 있는 그대로의 모습으로 투명하게 보고 싶다"고 오토 딕스는 말한다. 그리고 아주 자주 낮에 드레스덴에 있는 아틀리에에서 모델 케테 쾨니히의 알몸을 보고 곧 불륜을 시작한다. 드레스덴 남쪽 외곽에 있는 바이로이터가 32번지에 자리한 유복한 집에서는 퉁명스러운 아내 마르타가 고급 음식을 내놓는다. 아내의 친정집에서는 쇼팽이 연주된다. 그러나 프롤레타리아계급 출신인 오토 딕스는 상스러운 것도 아주 좋아한다. 아내 마르타조차도 그를 신사로 개조하지 못한다. 착실한 교수로도. 그리고 일찍부터 오토 딕스는 두 영역 사이를 왔다갔다하기 시작한다. 성적으로 절도 있는 가정의 안락한 행복과, 상스러운 작센 사투리를 쓰는 케테와 함께하는 아틀리에의 뜨거운 열정 사이를. 후속편은 나중에.

◇

보부아르는 사르트르가 시몬 졸리베와, 예전에 빨간 속옷으로 만든 침대 협탁용 전등갓을 사르트르에게 선물했던 창녀와 다시 만났다는 사실을 알고 격렬한 질투심에 사로잡힌다. 그러나 사르트르는 두 사람 사이에 그 어떤 형태의 질투도 금지하기로 합의하지 않았느냐고 짤막한 답장을 보낸다. 사르트르는 의지력으로 모든 감정을 통제할 수 있다고 믿는다. 그 누구도 "단 한 시간이라도 슬픔에 시간을 내

줄" 필요가 없다면서 그것은 뇌의 태만일 뿐이라는 것이다.

◇

발터 벤야민은 여러 시간을 슬퍼하며 보낸 뒤 1931년 4월 7일 저녁 아홉시에 대마초 한 캡슐을 피운다. 그리고 의사인 사촌 에곤 비싱에게 자신의 환각 상태를 기록해달라고 부탁한다. 그 덕분에 우리는 마약을 하고 나서 벤야민에게 어떤 일이 벌어졌는지 알고 있다. "통제 가능한 맥락 없이 떠오르는 하나의 형상. 어망. 세상의 종말을 앞두고 그물이 온 땅을 덮고 있다." 몇 주 뒤 제정신을 차리자 벤야민은 임박한 세상의 종말에 대비해 자신의 삶을 결산해본다. 율라 콘, 아내 도라, 아샤 라치스의 남자로 살아온 인생을. "전체적으로 볼 때 과정과 시기 측면에서뿐만 아니라 체험자 면에서도 내 인생을 결정한 건 세 번의 진정한 사랑 경험이다. 이제까지 살아오면서 세 명의 여자를 만났고 내 안에 세 명의 다른 남자가 있음을 알게 되었다. 내 인생사를 쓴다는 것은 이 세 남자의 흥망성쇠를 기술하는 것을 뜻하리라." 벤야민의 친구 샤를로테 볼프는 다르게 표현한 적이 있는데, 물론 애정을 담아 한 말이긴 하지만 아주 명쾌한 말이었다. "발터는 연인이 곁에 있는 것보다 연인을 그리워하는 것을 더 좋아했던 라이너 마리아 릴케를 떠오르게 했다."

◇

1931년에 엘리자베트 폰 헤닝스가 마침내 보기슬라프 폰 슐라이허와 헤어진다. 남편의 사촌과 결혼하기 위해서였다. 엘리자베트 폰 헤닝스는 1931년 5월 4일에 보기슬라프 폰 슐라이허와 이혼하고, 1931년 7월 28일에 전남편의 사촌 쿠르트 폰 슐라이허와 결혼한다. 이 이혼은 나중에 치명적인 결과를 가져온다. 바이마르공화국의 파울 폰 힌덴부르크 대통령은 나치에게 권력 장악의 문을 열어주면 안 된다고 날마다 경고한 쿠르트 폰 슐라이허의 조언을 오랫동안 믿어왔다. 그런데 나치가 샤를로텐부르크의 변호사 사무실에 침입해 슐라이허 부인의 이혼 관련 서류를 훔쳐서는 힌덴부르크에게 넘긴다. 거기에는 자극적인 세부 사항들이 고스란히 담겨 있었다. 힌덴부르크는 결혼의 신성함을 믿는 사람이었고, 엘리자베트 폰 슐라이허의 충실성을 의심하게 되자 새 남편인 쿠르트 폰 슐라이허까지도 덜 호의적인 시선으로 보게 된다.

◇

1931년 봄, 쿠르초 말라파르테는 파리에서 『쿠데타의 기술』 출간을 기다리고 있다. 1898년에 이탈리아에서 태어났지만 사실 절반은 독일인으로 원래 이름은 쿠르트 에리히 주케르트인데, 제1차세계대전 때 독일군이 쓴 독가스 때문에 폐가 완전히 망가질 뻔한 이후로 자신이 태어난 나라가 동경한 나라 편에 서기로 하고 이름을 바꾸었다. 말라파르테는 전쟁이라는 대재앙을 겪고도 미래주의자로 남았는데, 다만 "보나파르테"였던 나폴레옹과는 반대로 항상 더 나쁜 가능성을 믿는 미래주의자였다. 다시 말해 "말라파르테"*였다. 그래서 토리노 출신 기업인 조반니 아넬리가 마련해준, 토리노 일간지 『스탐파』의 편집장 자리도 오래 지키지 못했다. 여러 날 밤을 지새며 집필한 『쿠데타의 기술』 원고를 말라파르테는 파리로 들고 갔다. 무솔리니와 그 앞잡이들에게 화를 입을까 두려웠던 것이다.

그래서 서른한 살의 말라파르테는 직장도 잃고 무국적자와 다름없는 신세로 카르티에라탱에 있는 노상 카페에 앉아서 조세핀 베이커가 춤추는 것을 보고, 제임스 조이스는 침묵하고 피카소는 군림하는 것을 보고, 작가, 저널리스트, 한량 등 온갖 독일인들이 이주해오는 것을 지켜본다. 이들은 파리에서 첫 와인 한 잔을 마시자마자, 위안을 주는 부드러운 전등빛 아래 센강을 따라 거닐자마자 자기 자신을 훨씬 더 좋아하게 되기 때문에 파리를 무척 사랑한다. 그는 무자비한 정확성으로 이 사람들을 모두 연구한다. 말라파르테는 여자들에게 엄청 인기가 좋고, 게다가 인내심이 아주 많은 사람이다. 마치 사자처럼 르 셀렉트 카페 정면의 그늘 속에서 몇 시간이고 잠복한다. 왼편 아름드리 플라타너스 기둥에 바로 붙어 있는 가장 바깥쪽 탁자에 앉아서. 그리고 속을 알 수 없는 이탈리아 귀족처럼 보이

* '말라파르테'는 '나쁜 쪽'이라는 뜻이고, '보나파르테'는 반대로 '좋은 쪽'이라는 뜻.

려고 애쓰면서 블랙커피와 압생트만 주문하고, 집요한 눈으로는 테라스에 있는 사람들의 옷을 벗기고 귀로는 그들의 대화를 들이켠다. 이곳 파리에서, 세계 역사에서 잠시 숨고르기하면서 독일인은 물론 미국인들까지도 마법처럼 끌어당기던 1930년대 초 파리에서, 우아한 독일계 이탈리아인 쿠르초 말라파르테가 카페 테라스와 도서관에 앉아 신문을 읽으며 파시즘을 이해해보려 한다. 그리고 쿠데타가 형식의 문제인 양 쿠데타의 미학에 관해 글을 쓰려는 것이다. 『쿠데타의 기술』은 1931년 봄에 출간되는데, 프랑스어판으로만 나온다. 이 책에서 말라파르테는 히틀러가 쿠데타의 형식이 아니라 의회의 타협을 통해 권력을 장악하게 되리라는 것을, 말라파르테의 표현을 빌리자면 "실수로 생긴 독재자"가 되리라는 것을 예언한다. 파리의 따뜻한 카페 테라스에서 말라파르테와 이 주제로 이야기를 나눈 독일인들은 말라파르테가 미쳤다고 생각한다. 이 독일인들은 이 책이 자유 수호에 관한 책이라는 사실을 이해하지 못한다. 그리고 히틀러와 독일인들의 관계가 성도착의 문제라는 사실을 말라파르테가 꿰뚫어보았다는 점도. "히틀러는 사실 아주 여성적인 특성을 가지고 있다. 히틀러의 지성, 히틀러의 야망, 히틀러의 의지마저도 본질적으로는 남성적인 특성이 전혀 없다. (……) 모든 독재자가 그렇듯 히틀러는 자기가 얕잡아볼 수 있는 사람만을 사랑한다. (……) 히틀러는 독재자이며, 독일에 어울리는 여자다." 독일인이고 프랑스인이고 할 것 없이 파리에서 이 구절을 읽은 이들은 그저 고개를 절레절레 흔들 뿐이었다. 그들은 모두 이 별난 이탈리아인이 악몽에서 묘사한 여자와는 다른 여자를 독일이 얻을 자격이 있다고 느낀다.

◇

쉬프바우어담에 문을 연 남성 술집 판팔레(탁상전화기 50대가 구비되어 있고 댄스 오케스트라가 있으며 엄격한 가격 정책을 지키는 술집)의 개업식에 구스타프 그륀트겐스가 새로운 남자친구 카를 포르흐트를 데리고 나타난다. 카를 포르흐트는 한때 클라우스 만의 애인이었다. 이날 저녁 그륀트겐스는 연미복 차림이었고, 포르흐트는 이브닝드레스 차림이었다. 두 사람은 브레트슈나이더가 12번지에 있는 그륀트겐스의 집에서 함께 살고 있었다. 그륀트겐스의 셰퍼드와 하인 빌리도 함께. 빌리는 포르흐트가 샤워중이거나 늦게까지 잠자고 있을 때면 진득하게 그륀트겐스와 대사를 맞춰주었다.

◇

판팔레가 문을 열고 나서, 베를린에 있는 성과학 연구소 소장 마그누스 히르쉬펠트는 전 세계를 돌며 강연을 시작한다. 사람들에게 동성애와, 자기가 만든 용어인 “성적인 중간단계”에 대해서 알리고 계몽하려는 것이다. 마그누스 히르쉬펠트는 러시아, 미국, 아시아에서 강연하고 연구를 수행한다. 그러다가 1931년에 상하이에서 스물세 살의 의대생 리 시우 탕을 알게 되고, 눈부신 외모와 훌륭한 매너를 지닌 이 중국 청년과 사랑에 빠지게 된다. 이때부터 리 시우 탕은 단 하루도 히르쉬펠트의 곁을 떠나지 않는다. 1920년대부터 이미 나치가 증오하는 대상이었던 히르쉬펠트는 이 강연 여행이 끝나고 다시는 독일로 돌아가지 않는다.

◇

1931년에 에리히 마리아 레마르크는 그림처럼 아름답고, 책을 많이 읽으며, 스물세 살이라는 젊은 나이의 배우이자 아르투어 슈니츨러 아들의 아내인 루트 알부를 그 누구보다 사랑한다. 결혼한 몸이었음에도 루트 알부는 깃발을 휘날리며 레마르크 품으로 달려갔다. 훗날 루트 알부는 레마르크가 "내 인생의 사랑이었다"고, "다시는 다른 사람을 사랑할 수 없으리라 생각했다"고 말한다. 레마르크에게 이 사랑은 아주 광범위한 결과를 낳는다. 그를 예술로 이끈 것이다. 그리고 아스코나로 이끈다. 이 두 가지는 레마르크가 루트 알부 다음으로 가장 큰 열정을 쏟은 것들이었다. 루트 알부는 레마르크에게 미술상 발터 파일헨펠트를 소개해준다. 이 파일헨펠트를 통해 레마르크는 아주 짧은 시간에 드가, 세잔, 툴루즈로트레크, 르누아르 등 주요한 프랑스 미술품들을 사모은다. 숙적 프랑스의 위대한 예술가들의 작품들을 하필 프랑스와의 파괴적인 전쟁을 묘사한 소설의 수익으로 산 것이다. 이 책의 막대한 성공으로 레마르크가 수줍은 은둔자가 되었기 때문에 루트 알부는 처음에 레마르크에게 접근하기가 쉽지 않았다. 레마르크는 1930년에 유타 잠보나와 이혼하고 나서 둘이 같이 살던 집에서 나와 마제스틱 호텔 스위트룸으로 들어갔는데, 루트 알부의 표현대로 "우아한 캐시미어 스웨터 속으로 들어가듯이 자신의 고독 속으로" 숨어들었다. 그리고 안타깝게도 술을 점점 더 많이 마셨다. 글을 쓰기 위해서 애완견 빌리만 데리고 고향 오스나브뤼크에 갔을 때조차도. 그러나 루트 알부는 레마르크를 우울증과 속물근성에서 벗어나게 만드는 데 성공한다. 루트 알부의 걱정 근심 없는 태도 덕분이었다. 그리고 따뜻하고 화창한 1931년 8월 말에 티치노로 여행을 떠난 것도 한몫했다. 『서부 전선 이상 없다』 판매 금지 처분과 나치 돌격대가 영화관에서 행패를 부린 일로 충격받은 레마르크는 우아한 방법으로 독일에서 철수할 기회를 모색했다. 레마르크와 알부는 티치노의 마조레호숫가에 있는 아스코나에서 불과 몇 킬로미터밖에 떨어지지 않은 포르토 롱코에서, 바로 스위스 최남단에서 단번에 꿈의 빌라 카사 몬테 타보르를 발견한다. 어느 화창한 여름날 란치아 차를 타고 이탈리아로 이어지는 주요 도로에서 빠져나와 호수 쪽으로 내려갔는데 자유로운 춤과 자유로운 생각을 가능하게 해주는 전설의 산 몬테 베리타가 두 사람의 눈에 들어왔다. 그리고 그다음에 두 사람의 눈에 들어온 것이 바로 이 집이었다. 호숫가에 있는 집이었는데 창문에는 빗장이 채워진 채 마치 마법에 걸린 듯한 집이었다. 두 사람은 광장에 가서 사람들에게 물어보고, 한 이발사에게 물어 그 집을 파는 사람을 알아낸다. 두 사람은 차를 몰고 그 사람에게 달려갔고, 바로 그날 저녁 레마르크와 스위스인 부동산 중개인은 계약을 맺고 악수를 한다. 하늘의 뜻 같았다. 이 빌라는 한때 스위스 화가 아르놀트 뵈클린의 집이었는데, 이 집에서 내려다보이는 두 개의 섬, 바로 브리사고섬은 뵈클린의 전설적인 그림 〈죽음의 섬〉에 영감을 주었다. 그리고 에리히 마리아 레마르크는 8만 프랑을 주고 바로 이곳에서 바로 지금부터 인생을 즐기려고 한다. 레마르크는 이혼한 전처 유타 잠보나와 새로운 애인 루트 알부에게 이 집에 빨리 이사 들어갈 수 있게 준비해달라고 부탁한다. 그래서 두 여인은 레마르크가 은행에 가기 위해 베를린에 다녀오는 동안 이불보와 가구를 산다. 1931년 가을만 해도 아직은 별문제 없이 독일 은행 계좌에서 스위스 은행 계좌로 전 재산을 송금할 수 있었다. 그리고 제3의 공모자, 바로 레마르크의 매니저이자 전 애인 브리기테 노이너가 이 일을 도왔다. 세 여성 모두 꽤 오랫동안 이 남자와 사이가 좋았던 걸로 보여 기쁘다.

◇

피카소의 이중생활이 절정에 달한다. 그림을 많이 판데다 그 돈을 모두 현금으로 집 뒷구석에 모아놓았기 때문에 주식 폭락으로 걱정할 필요가 없었다. 아니 심지어 주식 폭락으로 이득을 봤다. 주식 폭락으로 파산하게 된 사람한테서 노르망디 부아젤루에 있는 아주 거대한 성을 사들인 것이다. 초록색 덧창이 달린 2층짜리 건물이었는데, 방들이 끝없이 이어져 있었다. 게다가 웅장하고 화려한 공원이 딸려 있어서 그곳에서 조각에 대한 새로운 열정을 맘껏 펼칠 수 있었다. 그리고 무엇보다, 이제 더이상 여름마다 캔버스며, 물감이며, 스케치북이며, 풍성한 수확물을 힘들게 파리로 실어나를 필요가 없게 되었다. 모두 이 성에 그냥 두면 된다. 그리고 새로운 성주 피카소는 이제 그저 가끔 아내와 자식을 보러 파리에 간다. 주중에는 피카소의 연인 마리테레즈 발테르가 성의 안주인이 된다. 2주마다 아내 올가와 아들 파올로가 아빠를 만나러 성에 와서 손님들을 초대해 과일주와 캠프파이어가 있는 주말을 보낼 때만, 피카소의 뮤즈 마리테레즈는 며칠 동안 어머니와 자매들이 있는 파리에서 지낸다. 충실함보다는 좋은 관리가 더 낫다. 부아젤루에서 만들어진 모든 조소와 조각은 기본적으로 마리테레즈의 모습이다. 마리테레즈의 조각상 같은 날씬한 육체와 로마인 같은 옆얼굴을 피카소는 수많은 추상적인 육체와 구체적인 육체로 변형시켜 공원 곳곳에 흩어놓는다. 그렇다, 피카소가 언젠가 디나흐해변에서 보았던 그 그림자가 피카소로 하여금 이 모든 조각을 창작할 수 있도록 영감을 준 것이다. 이 무렵 피카소는 이 그림자 없이는 살지 못한다. 1930년과 1931년에 아내 올가와 아들과 함께 주앙레팡의 리비에라로 여름휴가를 떠날 때도 그랬다. 그때도 마리테레즈는 피카소가 아내랑 아들과 묵고 있는 숙소에서 몇 거리 떨어진 여관에서 지내면서 자신의 주인이자 지배자가 부를 때까지 일광욕을 하며 시간을 보냈다. 마리테레즈는 기다리는 일을 아주 잘한다. 마리테레즈는 자기 시대가 오리라는 것을 알고 있다. 바로 이날 아침 피카소는 마리테레즈에게 이렇게 편지한다. "나의 아름다운 풍경화여, 눈앞에 네가 보여. 모래 속에 몸을 쭉 뻗고 누운 너의 모습은 아무리 봐도 결코 질리지 않을 거야, 내 사랑, 너를 사랑해."

◇

1931년에 에리히 캐스트너는 새로운 소설을 집필하는 중이다. 제목은 '몰락'으로 할 생각이다. 베를린 풍속화라고 할 수 있는데 제목이랑 소설에 묘사되는 여러 풍기 문란 때문에 출판사에서 까다롭게 군다. 결국엔 『파비안』이라는 제목으로 출판된다. '어느 도덕주의자의 이야기'라는 부제를 달고서. 사실은 캐스트너 자신의 이야기다. 그 안에 모든 것이 담겨 있다. 첫사랑을 극복하지 못했으며 엄마에게 병적으로 매여 있고 아버지는 잊었고 정처 없이 이 침대 저 침대를, 숨가쁘게 앞으로 내달리는 익명의 베를린을, 바로 현대판 "소돔과 고모라"를 떠도는 주인공 이야기다. 깊은 절망과 최후의 유머로 채워진 감정 목록이다. 언론은 환호하고, 헤르만 케스텐, 알프레트 칸토로비츠, 한스 팔라다, 헤르만 헤세 등 위대한 서평가들도 찬양한다. (그건 그렇고 그 시절 헤세만큼 엄밀한 문학비평가는 없다. 게다가 역시 괄호 속에 하는 말인데, 이들의 비평 수준에 감탄밖에 나오지 않는다. 파비안을 통해 바이마르공화국의 유한성을 아주 고통스럽게 일깨우는 것이 너무 놀랍다. 이렇듯 훌륭한 문체의 비평을 쓴 이 작가들은 몇 달 뒤에 유대인이라는 이유로 독일에서 영원히 추방된다.) 그러나 캐스트너는 자기 책이 베스트셀러가 된 성공의 기쁨을 제대로 누리지 못한다. 무절제한 성생활로 임질에 걸렸기 때문이다. 그래서 1931년 7월부터 12월까지 성생활을 잠시 쉬어야 한다. 그리고 매주 성병 전문 의사 에른스트 콘에게 진료받는다. 의사는 은 혼합물과 술폰아미드를 처방하고, 나중에는 심지어 전기 치료까지 시도한다. 모두 끔찍하다. "도끼로 서랍장이라도 부술 것 같아요"라고 어머니에게 편지한다. 어머니는 캐스트너가 자기 병 이야기를 들려주는 유일한 여성이다. 게다가 해부학적으로 아주 세세한 것까지 이야기한다. 그러나 다른 사람들에게는 아무 말도 하지 않는다. 이 작품을 쓴 작가가 임질에 걸렸다는 사실이 세상에 알려지면, 독일 수도의 도덕적 타락을 장황하게 비난한 "도덕주의자" 파비안의 분노 폭발이 머쓱해졌을 것이다.

◇

1931년에 에리히 마리아 레마르크의 『서부 전선 이상 없다』 속편이 나온다. 전쟁이 끝나고 난 뒤 귀향의 쓰라림에 관한 이야기다. 독일 고향 땅은 아무것도 파괴되지 않고 온전해 보이지만, 모든 것이 달라졌다. 여성들만이 남성들의 정신 건강을 다시 원상 복구할 수 있었지만 그러기를 원하지 않았다고 레마르크는 주장한다. 역사가 여성들에게 다른 과제를 마련해놓았다고 느꼈기 때문이다. 그리고 남자들을 나르시시스트나 겁쟁이로 여기면서도 남자들을 위해 희생하거나 남자들을 "영웅"으로 숭배해야 하는 데 신물이 났기 때문이다. 그리고 여자 혼자서도 아주 잘할 수 있다는 것을 깨달았기 때문이다. 그래서 레마르크는 『돌아가는 길』에서 전쟁 같은 일이 터지고 나면 돌아가는 길은 더이상 없다고 말한다.

많은 사람들이 이런 혼란에서 벗어나기 위해 결혼이라는 탈출구를 찾았다. 결혼반지가 구명튜브가 되는 것이다. 1931년에 마거릿 골드스미스는 『인내가 다하다』라는 소설에서 전쟁으로 내면이 피폐해진 남자들 이야기를 들려준다. 굶주리고 신물이 난 남자들. 1920년대 베를린의 무도장에서 첫 춤을 추고 나서 아직 음악이 끝나지도 않았는데, 이제 막 서로 이름만 주고받았을 뿐인데 여자에게 결혼하겠느냐고 묻는 남자들 이야기를. 상실감은 엄청난 절박감을 낳았고, 하나의 전쟁이 끝나기는 했지만 곧바로 다음 전쟁이 올 수 있다는 예감은 더이상 잃어버릴 시간이 없다는 감정을 모든 이에게 불러일으켰다. 에리히 마리아 레마르크는 『돌아가는 길』에서 이런 상황을 그린다. "전쟁이 끝나고 제자리를 찾지 못하고 있기 때문에, 자기 자신과 자신의 기억이 두려워졌기 때문에, 안정을 원하기 때문에 그는 결혼하려고 했다."

◇

그렇다, 에리히 마리아 레마르크는 그때 이미 마를레네 디트리히에게 딱 어울리는 짝이었겠지만 마를레네 디트리히는 아직 할리우드에 있다. 그리고 자신의 복잡하게 얽히고설킨 관계 때문에 고군분투하고 있다. 1931년 5월에 다시 미국에 왔는데, 이번에는 딸 마리아와 함께였다. 이 일이 할리우드 영화사들이 마를레네 디트리히가 연기해주기를 바라는 팜 파탈 역할에 다소 걸림돌이 되리라는 사실을 전혀 개의치 않는다. 심지어 패러마운트 영화사와 계약할 때 공개석상에서 절대로 엄마로서의 모습을 보이지 않겠다는 조건에 사인해야 한다.

어쩌면 마를레네 디트리히는, 사악한 "롤라 롤라"가 갑자기 딸을 데리고 스튜디오를 돌아다니면, 아직도 남편의 사랑을 얻기 위해 싸우는 자신의 경쟁자 리자 폰 슈테른베르크가 조금은 마음의 평화를 얻으리라 생각한 것인지도 모른다. 요제프 폰 슈테른베르크는 사랑하는 여인을 깜짝선물로 맞이한다. 베벌리힐스에서 가장 좋은 동네인 노스록스베리 드라이브 882번지에 마를레네 디트리히에게 딱 맞는 집을 발견한 것이다. 집안은 화려하고 집밖에는 높은 담벼락이 있어서 외부의 시선을 차단해주는 집이었다. 1931년 5월부터 마를레네 디트리히는 여섯 살짜리 딸 마리아와 가정부와 함께 그 집에서 살게 된다. 그리고 요제프 폰 슈테른베르크도 함께일 때가 대부분이었다. 롤스로이스 자동차 두 대가, 요제프 폰 슈테른베르크의 짙은 흑청색 롤스로이스와, 마를레네 디트리히의 회색 롤스로이스가 밤마다 저택 앞 진입로에 다정하게 나란히 세워져 있었다. 5월에 마를레네 디트리히는 〈푸른 천사〉에 나오는 모습을 찍은 사진 한 장을 요제픈 폰 슈테른베르크에게 선물한다. 그리고 사진 뒤에 초록색 잉크로 "창조자에게 피조물로부터"라고 쓴다. 요제프 폰 슈테른베르크는 자기 사진으로 보답한다. 낙타털 코트를 입고 각반을 차고 산책용 지팡이를 들고 서 있는 모습이었는데, 말려올라간 콧수염에 찌르는 듯 날카로운 눈빛을 하고 있는 사진이었다. "마를레네에게, 당신이 없다면 내가 뭐가 되겠소?"

1931년 5월과 6월은 두 사람에게 오롯이 행복의 시간들이었다.

낮에는 함께 영화를 찍고, 저녁이면 창조주와 피조물과 그 피조물의 딸이 함께 요리를 했다.

그 딸의 아버지 루디는 아내가 가고 나서 애인 타마라와 파리로 이사했다. 슈테른베르크가 그곳 패러마운트 유럽 지사에 자리를 하나 마련해준 것이다. 심지어 루디는 카이저알레(지금은 분데스알레) 54번지에 있는 가족의 보금자리도 포기하려고 하지만 마를레네 디트리히가 반대한다. 다른 사람이 자신의 생활방식을 결정하는 것을 전혀 좋아하지 않기 때문이다. 게다가 더 중요한 사실은, 루디가 지금 할리우드로 꼭 와줄 필요가 있었다. 선전수단으로. 리자 폰 슈테른베르크가 자기 남편이 디트리히와 결혼 비슷한 관계를 맺고 있는 것을 용납할 수 없어 고소했기 때문이다. 그리고 디트리히도 명예훼손죄로 고소한다. 패러마운트 영화사는 깜짝 놀란다. 나쁜 일로 언론에 오르내리는 것은 원하지 않기 때문이다. 그들에게 필요한 것은 오점 없는 스타와 작품에 집중할 수 있는 감독이었다.

공포에 질린 마를레네 디트리히는 파리에 있는 남편에게 전보를 쳤다. "슈테른베르크의 아내 소송 관련 언론 문제 때문에 당신이 이곳에 와주면 내게 큰 도움이 되겠어. 엄마의 키스를 담아." 루디 지버는 미국에서 이상적인 가정을 연기할 마음이 전혀 없지만 세 번의 전보를 더 받고 나서 결국 셰르부르에서 배에 올랐다. 그리고 배로 나흘 동안 대서양을 건넌 다음, 뉴욕에서 기차를 타고 할리우드까지 끝이 없을 것처럼 긴 2500마일을 달려왔다.

1931년 7월 19일 루디 지버는 여행에 지친 몸과 완전히 혼란스러운 마음을 안고 아내의 새로운 삶 속에 떨어진다. 베벌리힐스의 웅장한 저택, 눈부시게 파란 하늘, 야자수, 롤스로이스 차문을 잡아 주는 운전사, 수탉을 안듯 자기를 안는 아내, 아직 아버지의 사랑이 더 필요한 딸. 이튿날 정신을 차리자마자 온 가족이 외출 준비를 했다. 마를레네 디트리히는 트레이드마크인 양복과 넥타이 차림이고, 그 옆에는 밝은색 양복 차림의 남편이 서 있었고, 행복해하는 딸이 두 사람의 손을 잡고 있었다. 그리고 관습에 맞게 적당한 거리를 두고서 요제프 폰 슈테른베르크가 옆에 서 있었다. 마를레네 가족은 그렇게 문을 열고 나가 언론 앞에 섰다. 미국 대중의 거짓 마음을 얻기 위해 수십 개의 촬영이 이루어진다. 루디 지버는 리포터의 마이크에 대고 거듭 같은 말을 반복한다. "마를레네와 저는 둘 다 폰 슈테른베르크 씨의 선량하고 충실한 친구이고 전 부인의 공격에 대해 그분을 지지합니다."

이로써 루디 지버는 자신의 의무를 다했다. 루디 지버는 8월에 유럽으로 돌아간다.

마를레네 디트리히의 이상적인 가족사진들이 원했던 효과를 발휘해서 요제프 폰 슈테른베르크는 별 손해 없이 아내와의 이혼소송을 마친다. 슈테른베르크의 아내는 디트리히를 상대로 한 고소도 취하한다. 이런 걸 두고 성공적인 피알이라고 할 것이다.

그러면 루디 지버는 어떻게 되었을까? 루디 지버는 파리에서 지내면서 디트리히가 "수백만 번의 키스"를 담아 새로운 전보를 계속 보내도 더이상 답장하지 않는다. 마를레네 디트리히는 새로운 쇼핑목록을 적어 파리로 보낸다. 딸에게 줄 그림책들과 자기가 입을 속옷이었다. "내가 항상 사는 그 속옷들 알지, 예쁘지만 실용적인 속옷 말이야. 천 번의 키스를 담아 엄마가." 그러니까 마를레네 디트리히의 남편은 멋진 홍보용 사진을 위해서만 좋은 것이 아니라, 정확한 브래지어 컵 사이즈도 아는 노련한 전문가이기 때문에도 좋은 것이다. 그리고 루디 지버는 아내가 시키는 대로 파리에서 할리우드에 있는 아이 엄마에게 보낼 소포를 포장한다. 그리고 이렇게 덧붙인다. "두 사람 모두 아주 외로운 불쌍한 아빠도 생각해줘. 수십억 번의 키스를 담아 아빠가." 8주 만에 수백만 번의 키스가 수십억 번의 키스가 된다면 인플레이션이라고 부를 만하다. 구유럽에 있는 루디 지버는 돈이 점점 바닥나고 있기 때문이다. 루디 지버는 이렇게 편지한다. "제발 돈 좀 보내줘 엄마 돈이 필요해."

◇

제1차세계대전이 일어나기 전에 카프카와 트라클의 작품을 펴냈고, 1931년인 지금도 여전히 그걸로 먹고살아가는 출판인 쿠르트 볼프도 얽매이지 않는 것을 중요하게 여긴다. 세월이 흐르면서 직업적인 야망은 줄어들었고, 출판사는 서류상으로나 존재할 뿐이었으며, 호사스러운 뮌헨 사교생활은 주로 아내의 유산으로 충당한다. 다시 말해, 전형적인 향락주의자였다. 그러나 몸매가 망가진 남자이기도 했는데, 양복은 꽉 죄고, 조끼는 이제 닫히지 않는다. 작가들이 자기를 더이상 찾지 않게 된 이후로 흥청망청 놀면서 술에 빠져 살았다. 그런데 1906년 마케도니아 스코페에서 사자자리로 태어난 정열적이고 도전적인 헬레네 모젤이 1929년에 수습사원으로 출판사에 입사하자 쿠르트 볼프는 크게 흥분했다. 헬레네 모젤은 쿠르트 볼프보다 책을 더 사랑했고, 그것이 그를 자극했다(그러나 바로 이 점 때문에 훗날 헬레네 모젤은 쿠르트 볼프만큼이나 위대한 출판인이 된다). 뮌헨의 작은 다락방에서 어머니와 자매들과 함께 궁핍하게 살고 있는 헬레네는 호락호락 넘어갈 것 같지 않은, 샴페인 대접에는 더더군다나 넘어갈 것 같지 않은 당당함과 기품이 있었다. 그래도 쿠르트 볼프는 시도해본다. 1930년부터 헬레네와 쿠르트는 긍정과 부정, 파리와 뮌헨을 오락가락하며 끊임없이 갈팡질팡하는 사이가 되었고, 그사이 출판 사업은 폐업 상태가 되고, 결혼은 파경을 맞이했다. 쿠르트 볼프의 아내 엘리자베트가 자기를 진료해주던 산부인과 의사와 사랑에 빠져서 합의이혼을 준비한다. 그러니까 스무 살이나 어린 헬레네 모젤은 유리한 시점에 쿠르트 볼프의 인생에 등장한 것이다. 처음에는 비서이자 지칠 줄 모르는 번역가로, 나중에는 쿠르트 볼프의 범유럽 출판사 프로젝트였던 파리의 판테온출판사에서 온갖 일을 도맡아 하는 사람으로. 물론 두 사람은 경제적 측면에서는 난처한 시점에 만났다. 쿠르트 볼프 출판사가 극적으로 내리막길을 걷고 있었기 때문이다. 주식시장이 붕괴한 후에 쿠르트 볼프는 어떻게든 새로운 출판 기획에 필요한 자금을 구하기 위해 날마다 이리저리 뛰어다녔다. 그리고 파리에 있는 헬레네 모젤에게 이런 편지를 띄웠다. "당신이 인내심이 있다는 것을 알아, 그것을 잃지 마." 1930년 4월에 쿠르트 볼프는 앞으로 술도 덜 마시고, 먹는 것도 줄이겠다고 약속했다. 그러면 마침내 "더 잘, 더 많이, 더 제대로 사랑할 수" 있을

지 모른다면서. 우리는 이런 말을 얼마나 자주 들었던가(그리고 했던가). 그리고 이런 말을 얼마나 안 믿던가. 그러나 믿을 수 없는 일이 일어난다. 쿠르트 볼프가 정말로 헬레네 모젤을 만났을 때 몸무게인 83킬로그램에서 68킬로그램으로 살을 뺐고, 죽을 때까지 이 몸무게를 유지했던 것이다. 쿠르트 볼프는 술을 줄였고, 헬레네 모젤에게 점점 더 다정한 편지를 썼다. 헬레네는 감동받았고, 쿠르트 볼프의 사랑에 점점 더 확신을 느끼기 시작했다. 쿠르트 볼프가 진정한 변화를 이룰 준비가 되어 있다고 생각했다. 헬레네 모젤은 한껏 고무되어 오빠 게오르크에게 편지를 썼다. "연인을 소유하려고 하면 안 돼. 서로 알아가기 위해, 감정의 힘에 파괴되지 않고 결합되어 있게 진정한 사랑을 해야 해."

그러나 1931년 4월에 이 감정이 정말로 파괴될 수 없는 것인지 시험해보기 위해 리비에라에 있는 쿠르트에게 가서 두 달 동안 함께 지내기로 결정했을 때, 헬레네 모젤은 쓰디쓴 실망을 맛보게 된다. 비록 쿠르트가 날씬해지고 술에 취해 있지 않을 때가 더 많아지긴 했지만, 다른 옛날 버릇에 빠져 있었다. 여름을 지내기 위해, 그리고 라방두와 주앙레팡 사이에서 맞이해줄 사람으로 헬레네 말고 두번째 애인을 얻은 것이다. 바로 키가 아주 크고 아주 우아하고 아주 금발인 마농 네벤 두몽이었다. 쿠르트는 헬레네에게 당분간 마농과 그와 함께 삼각관계로 지내보자고 제안한다. 헬레네는 차마 반대하지 못한다. 쿠르트는 곧 생트로페 바닷가에 세 사람이 지낼 멋진 빌라를 찾아낸다. 매미는 울어대고, 바다는 철썩거리고, 무화과는 점점 보랏빛으로 물들어가고, 그림책에서 볼 법한 남프랑스 모습이었지만 헬레네 모젤에게는 생지옥이었다. 헬레네는 많이 울었다. 그리고 자기가 일과 사랑을 위해 태어나기는 했지만 보헤미안 생활방식에 맞는 사람은 아니라는 사실을 깨닫고는 도발적인 희곡을 쓰기 시작한다. 작품 제목은 '트리오'로 짓는다. 주인공은 마흔네 살의 '사내'와, 서른네 살의 '여인'과, 스물네 살의 '말괄량이 아가씨'였다. 이것은 연극이 아니라 현실이었다. 헬레네 모젤은 둘 다 견디기 힘들었다. 그래서 어느 날 마농과 쿠르트가 외출한 사이에 쪽지를 남기고 집을 나가버린다. 쪽지에는 이렇게 적혀 있었다. "사랑하는 그대, 당신과 나는 사는 세상이 다르군요." 헬레네 모젤은 화려함과 안락함, 서로 가까워지지 못하는 트리오 악기의 불협화음을 떠난다. 거친 미스트랄 바람이 커튼을 잡아 흔들고 신경을 팽팽히 곤두서게 한다. 헬레네 모젤은 몇백 미터 떨어진 곳에서, 바다가 내려다보이는 포도밭 끝자락에 소박하고 단순하면서 멋진 자기만의 오두막을 발견한다.

비바람에 낡은 붉은 기와지붕에, 하얀 회칠을 한 담벼락은 덩굴장미로 뒤덮여 있고, 창문에는 초록색 덧문이 달린 이 오두막에서 헬레네 모젤은 1931년 여름에 새로운 인생을 시작한다. 첫 일인극이었다. 헬레네 모젤이 이사 와서 보니, 바람은 잔잔했고, 하늘에는 구름 한 점 없고, 기온은 24도에, 창문 앞 커다란 나무에서는 레몬이 익어가고, 저멀리서 생트로페교회 종소리가 나지막이 울려퍼지고, 산맥은 손에 잡힐 듯 가까웠다. 헬레네는 금방 희곡 『트리오』를 완성했다. 글을 쓰면서 이미 절반은 치유가 되어 오빠 게오르크에게 이런 멋진 말을 띄운다. "나는 쿠르트를 너무 사랑하기에 떠날 수 있었어." 그다음 한 일은 생트로페 시장에서 쇼핑할 목록을 작성하는 것이다. 헬레네는 지난겨울 내내 일만 했다. 밤마다, 일요일마다 번역하면서 이 순간을 위해, 이 쇼핑목록을 위해 1프랑도 아껴가며 모았다. 줄무늬가 있는 침대의자도 급히 필요하고, 정원에서 쓸 초록색 원목 탁자와 알코올버너도 필요하고, 파엔차 도자기 그릇도 필요하고, 커튼도 필요하고, 한마디로 지구상에서 가장 아름다운 이 땅에서 조금이나마 평범하게 사는 데 필요한 것은 전부 다 사야 했다. 이 쇼핑목록은 곧 독립선언서였다. 저녁에 포도 농장을 하는 주름이 자글자글한 집주인 부부가 '동거인'으로 삼으라며 어린 암고양이를 데려왔다. 따뜻한 회색 뭉치를. 헬레네는 곧바로 이 고양이를 자기 블라우스에 넣고 싶을 정도로 이 고양이에게 마음을 빼앗겼다.

헬레네 모젤은 아주 태평하게 오빠에게 아무 걱정하지 말라고 편지한다. 쿠르트는 곧 자기한테 돌아올 거라면서. "마농은 결혼하는 여자에 속하고, 쿠르트는 결혼하지 않는 남자에 속하기 때문에 마농은 오래 견디지 못할 테니" 쿠르트와 그 우아한 마농의 관계는 "서로 지쳐" 파멸에 이를 것이라면서. 헬레네 모젤은 정말로 그렇게 확신했을까? 어쨌든 이 작은 집에서 매일 아침 행복이 넘치는 마음으로 덧창을 열고 막혔던 물결처럼 빛이 안으로 쏟아질 때마다 헬레네 모젤의 독립심이 자라난다. 그러던 어느 날 글을 쓰기 시작하는데, 책의 제목을 '사랑을 위한 배경'이라고 짓는다. 남프랑스의 묘사가 담긴 책 가운데 가장 매혹적인 소설이 될 책이다. 어떻게 한 가장으로부터 벗어나는지에 관한 책이다. 그리고 독립을 통해 어떻게 그 가장을 다시 유혹하는지 보여주는 책이다.

생트로페에서 열린 어부무도회에서 두 사람이 다시 만났을 때,

바로 그 이튿날 쿠르트가 마농과 헬레네와 함께 지내려고 빌린 별장에서 짐을 싸서는 헬레네의 작은 오두막으로 이사한다. 처음에 헬레네는 남자랑 다시 침대를 함께 쓰는 것이 좀 불편했다. 고양이랑 함께 쓰는 것이 더 편했다. 그러나 누군가와 함께 나눌 정도로 자신이 충분히 성숙했다는 것을, 한 쌍의 반쪽이, 딱 절반이 되었다는 것을 헬레네 모젤은 곧 깨닫는다. 그래서 쿠르트 볼프와 헬레네 모젤은 1931년 8월에 마침내 서로 어울리는 한 쌍이 된다.

쿠르트 볼프도 이 검소한 생활에 완전히 젖어든다. 나중에 돌이켜보면 두 사람이 무의식적으로 훗날의 고통스러운 망명생활을 미리 연습해본 것 같다.

저녁에 쿠르트와 헬레네가 단둘이 초록색 탁자 위에 다리를 올려놓은 채 테라스에 앉아 있을 때, 천천히 어둠 속으로 사라지는 자연과 더불어 고요해지자, 헬레네가 쿠르트에게 말한다. 이 모든 것이, 그러니까 저멀리 반짝이는 바다와, 성서의 향기를 내뿜는 무화과나무와, 산봉우리가 서늘한 산들과, 눈이 부신 열매들이 달려 있는 레몬나무와, 부드러운 저녁 바람에 살랑이는 풀, 이 모든 것이 단지 "배경"일 뿐이라고. 쿠르트는 무엇을 위한 배경이냐고 묻는다. 그러자 헬레네는 이렇게 대답한다. "사랑을 위한."

◇

1931년 9월 19일, 젤다와 스콧 피츠제럴드 부부가 구유럽을 떠난다.

두 사람은 사우샘프턴에서 뉴욕행 아퀴타니아호에 올라탄다. 1921년에 처음 유럽에 왔을 때 탔던 바로 그 배다.

희망에 부풀어 있던 9월 어느 날에 찍은 젤다 사진에다 스콧 피츠제럴드는 자랑스럽게 이렇게 적어넣는다. "recovered", 다시 말해 회복했다고. 두 사람은 희망을 품었다. 그것도 큰 희망을. 니옹의 정신병원에서 받은 치료가 효과가 있어 보였다. 젤다한테 정신분열적인 미소가 사라지고 삶의 의욕이 다시 돌아왔다. 그리고 젤다는 자기만의 스타일을 되찾았다. "당신을 무척 사랑해. 당신은 내게 전화를 걸었지. 나는 당신의 사랑을 양산처럼 손에 쥐고서 균형을 유지하기 위해 두 시간 동안 이 전화선 위에서 줄타기를 했지." 그렇게 젤다는 천천히 삶의 균형을 되찾아갔다. 스콧은 일기에 이렇게 적었다. "1년의 기다림. 어둠에서 희망으로."

두 사람은 뉴욕에 도착하자마자 젤다의 고향인 몽고메리로 간다. 집을 한 채 세내고, 반려동물로 "쇼팽"이라 이름 지은 페르시아 고양이 한 마리와 닥스훈트 한 마리를 산다. 아주 진지하게 이 닥스훈트에게는 "트러블"이라는 이름을 지어준다.

◇

1931년 9월, 루트비히 비트겐슈타인은 자기가 마르그리트 레스핑거를 정말 사랑하는지 알아보기 위해 노르웨이 숄덴 근처에 있는 외딴 오두막으로 도망친다. 그리고 자기가 있는 곳으로 마르그리트를 초대한다. 마르그리트는 유럽의 절반을 가로질러 비트겐슈타인을 찾아온다. 비트겐슈타인은 마르그리트를 근처에 있는 농가에 묵게 한다. 마르그리트는 비트겐슈타인과 이야기를 나누고 싶지만 찾을 수가 없다. 농가의 방에서 비트겐슈타인이 놓고 간 성경을 발견할 뿐이다. 사랑의 찬가인 고린도전서 13장에 편지를 숨겨놓았다. "사랑은 오래 참고, 사랑은 온유합니다. 사랑은 모든 것을 참으며, 모든 것을 믿으며, 모든 것을 바라며, 모든 것을 견딥니다." 그러나 아직 제대로 시작도 안 된 관계인 마르그리트한테 너무 지나친 요구였다. 게다가 숨어서 나타나지 않는 파트너와의 관계에서는 더더욱 그랬다. 마르그리트는 성경을 내려놓고 나가서 산책도 하고 피오르에서 수영도 한다. 그리고 긴긴 백야에 뜬눈으로 침대에 누워 있다. 비트겐슈타인이 오두막에서 나와 자기한테 올라오기를 기다리지만 그는 오지 않는다. 비트겐슈타인의 일기를 보면, 마르그리트의 벌거벗은 몸을 생각할 뿐이라는 이유로 이미 자신을 "돼지"로 여기고 있다. 마르그리트는 아무것도 이루지 못한 채 떠난다. 사랑도 시들 수 있다.

◇

그사이 티치노에서는 니논 돌빈이 헤르만 헤세한테 결혼 약속을 받아내려고 고군분투하고 있다. 그리고 취리히에 사는 헤세의 후원자 한스 콘라트 보트머가 헤세를 위해 루가노호숫가에 멋진 새집을 지어주기로 했을 때 기회를 간파한다. 이탈리아 쪽으로 끝없이 시야가

확 트여 있고 햇살이 가득하며 둘레에 남쪽 식물들이 무성하게 우거져 있는 거대한 땅이었다. 니논 돌빈은 이 새집에 고작 "비서"가 아니라(사실 그렇지만), 아내로서 입성하고 싶다. 니논은 중년의 위기로부터 헤세를 구하려고 하지만, 헤세에게는 고통이 창작의 원동력이기에 정작 본인은 그런 도움을 원하지 않는다는 것을 깨닫지 못한다.

니논은 카사 카무치에서 헤세에게 "가내편지"를 써서 이제 서둘러 결혼해달라고 부탁한다. 그러나 "우리 사이에 결혼은 아무 의미도 없으며 아무것도 달라지지 않아요. 공식적인 입장을 위한 것뿐이에요"라고 밝힌다. 헤세는 이 편지를 읽고 인생의 동반자에게 헤르만 헤세와 함께 산다는 것이 무엇을 뜻하는지 이제 한번쯤 분명히 해줘야 했다. "나는 내 안에 온전히 나 혼자 있을 수 있고, 그 누구도 그 무엇도 들어올 수 없는 공간이 필요하오. 당신의 요구는 이 공간을 위협하고 있소. 최근에 당신은 내 영혼의 속도를 여러 번 망쳐놓았소."

그럼에도 왜 헤세는 결국 자신의 속도와 평화를 깨뜨리는 이 방해꾼과 결혼할까? 우리는 알 수 없다. 그런데 이 결혼은 계획된 분리선으로 가득하다. 니논과 헤세는 건축가에게 새집에 두 개의 거주 공간이 있어야 한다고, 다시 말해서 헤세를 위한 공간과 니논을 위한 공간이 따로 있어야 한다고 요구한다. 두 개의 출입구가 따로 있고, 위층에 있는 두 개의 욕실 사이에 있는 단 하나의 문만이 두 반쪽을 연결해주고 있다. 헤세는 침실과 서재와 따뜻하게 샤워를 할 수 있는 샤워실이 있는 수도사의 방 같은 공간을 갖게 된다. 이와 같은 독립 확보에 대한 전망이 헤세의 마음을 누그러뜨렸을지도 모른다. 어쩌면 니논뿐만 아니라, 이 집의 건축주이자 다정한 후원자인 보트머와, 카티아 만과 특히 점성술사까지 모두 헤세가 결혼하도록 압박한 것일 수도 있다. 1931년 6월 니논은 마침내 전남편 프레트 돌빈에게 이혼을 요구할 수 있게 된다. 프레트 돌빈은 선뜻 동의한다(그 자신도 이듬해에 오랜 연인이었던 엘렌 헤르츠와 결혼한다).

이혼 절차가 끝나자 1931년 11월 14일에 헤르만 헤세는 카스타뇰라에서 혼인신고를 한다. 11월 중순에 결혼식을 하는 것이다. 기온은 2도에, 북서쪽으로부터 불쾌한 바람이 불고, 살짝 가랑비가 내렸다. 말할 필요 없이 즐거운 분위기는 아니었다. 헤르만 헤세는 결혼식 전날 친구 하인리히 비간트에게 이런 편지를 쓴다. "내일 오후에 호적사무소에 간다네. 코뚜레를 꿰러 가는 거지. 니논이 오래전부터 바라던 일이고, 집을 짓고 꾸미고, 온갖 궂은일을 했으니, 간단히 말해서, 이제 때가 된 거지." 결혼식이 끝나고 "니논은 신혼여행을" 갈 거라면서. 그러니까 니논이 꼭 필요하기 때문에, 또 이런저런 이유 때문에 결혼하는 셈이다. 몽상으로 가득한 『싯다르타』와, 햇볕에 그을린 『황야의 이리』를 만들어낸 헤르만 헤세가 이렇게 우울한 이유로 결혼하리라 누가 생각이나 했을까? 어쨌든 니논은 결혼식 전날 저녁에 헤세 대신 우체국에 가서 이 편지를 부친다. 물론, 그러면서 울었다고 한다. 결혼식에 대해서는 알려진 바가 없다. 다만 우리가 아는 것은 헤르만 헤세가 결혼식을 올리고 바로, 그러니까 11월 15일에 류머티즘 치료를 위해 홀로 바덴으로 떠났다는 것이다. 그리고 결혼 전 성은 아우스랜더이고, 이혼 전 성은 돌빈인 니논 헤세는 11월

16일에 정말로 혼자서 "신혼여행"을 떠난다. 침대칸이 있는 밤기차를 타고 로마로, 고대 신들에게로 가는 것이다. 이 무슨 비극이란 말인가.

◇

군타 슈퇼츨은 데사우에 있는 바우하우스에서 직조 공방을 이끌 뿐만 아니라, 쉬는 시간에는 공방 앞 작은 공원에서 유아차도 끈다. 군타 슈퇼츨의 남편 아리에 샤론은 계속 베르나우의 새로운 노동조합 학교 건축 현장에 있다. 1930년 봄에 군타 슈퇼츨은 처음으로 오빠 에르빈에게 침울한 분위기를 비친다. "샤론은 아직 베르나우에 있어. 우리는 여전히 주말부부야. 일하는 데는 그게 나쁘지 않겠지만, 그밖에는 그저 그래." 그 와중에 공방 분위기는 더 불편해진다. 군타 슈퇼츨을 향한 음모가 꾸며진다. 군타 슈퇼츨을 괴롭혀서 마이스터직에서 물러나게 하려는 것이다. 새로운 바우하우스 책임자 미스 판데어 로에는 우익 경향의 데사우시 정부로부터 압력을 받고 있다. 군타 슈퇼츨과 갈등을 빚고 있는 직조공방의 한 여학생이 데사우시에 민원을 제기하는데, "성적인 영역"을 공격한다. 그 공격이 동성애 연애나 혼외정사에 대한 것이었는지, 아니면 팔레스타인 사람과 결혼한 것이 문제였는지 확실하지 않지만 슈퇼츨은 격분하여 일을 그만두고 바우하우스를 떠난다. 군타 슈퇼츨이 불안과 분노를 잊게 해주는 것은 오로지 딸뿐이었다. 남편은 여권이 만료되었는데 비자를 새로 발급받지 못해서 비자 갱신을 위해 팔레스타인으로 간다. 바이에른 출신의 가톨릭 신자인 군타 슈퇼츨은 샤론과 결혼해서 독일 국적을 잃었다. 군타 슈퇼츨은 이것이 문제가 될 수 있다는 것을 예감한다. 나치가 점점 더 데사우 시의회를 장악하고 있고, 바우하우스를 눈엣가시로 여기고 있다. 1931년 여름에 슈퇼츨은 데사우에서 독일 국적을 회복하려고 시도하지만 실패한다. 그리고 1931년 11월에 두 살배기 딸과 함께 스위스로 망명한다. 남편 아리에 샤론이 긴 편지를 보내왔는데, 팔레스타인으로 가는 길에 누군가를 만났다는 소식이었다. 그리고 언제 돌아올지 모르겠다면서.

◇

리 밀러는 파리에서 맨 레이의 손에 의해 "가르송"*의 화신이 된다. 짧은 금발에 베레모를 쓰고 탄탄한 몸매 위에 단순하면서 몸에 딱 붙는 옷을 입은 리 밀러는 현대적인 여성이다. 유명한 연인 맨 레이와 나란히 서면 머리통 두 개 높이만큼 더 솟아오르는 것도 우연은 아니다. 처음에 리 밀러는 실제로 맨 레이의 뛰어난 제자였지만, 금방 직접 사진을 찍으면서 독립하기 시작한다. 뮤즈이자 모델에서, 대가의 기술에 정통한 예술가가 된다. 사진에 유일무이한 후광을 만

* 남자 같은 여자를 뜻함.

들어낼 줄도, 빛을 붓처럼 다룰 줄도 안다. 그렇다, 1930년 무렵에 찍은 사진 가운데 누가 카메라 셔터를 눌렀는지, 대가였는지 아니면 대가의 학생이었는지, 그것도 아니면 이 학생이 이미 오래전에 대가가 된 것은 아닌지 알 수 없는 사진이 여럿이다. 그런데 맨 레이는 사실 리 밀러만 찍으려고 한다. 맨 레이는 끝이 없어 보이는 리 밀러의 목을, 나른한 우아함을 지닌 눈꺼풀을, 작지만 대리석으로 만들어진 것 같은 모양의 가슴을 찍었고, 그러고는 리 밀러의 입술을 찍고 또 찍고 끝없이 찍는다. 리 밀러의 입술은 맨 레이를 미치게 만든다. 화장하지 않았을 때조차도. 그러나 맨 레이가 입술을 살짝 빨갛게 칠하면 그때는 맨 레이뿐만 아니라 그녀와 마주치는 모든 이를 미치게 만든다. 맨 레이는 과거에 몽파르나스의 키키처럼 리 밀러를 아이콘으로 만든다. 이번에도 딱 맞는 이름을 생각해낸다. 바로 1930년에 찍은 리 밀러 사진에 붙인 제목으로 "La femme surrealiste", 다시 말해 "초현실적인 여인"이다.

맨 레이와 리 밀러는 낮에는 일하고 저녁마다 거리를 쏘다닌다. 조키바에서 술을 한잔하고, 제임스 조이스와 헤밍웨이를 향해 다정하게 인사하고, 포부르 생 오노레가 근처에 있는 장 콕토의 재즈클럽이나 전설적인 미국식 나이트클럽인 브릭탑스로 자리를 옮겨 레미 마르탱 두세 잔을 마시고 콜 포터 노래에 맞춰 함께 춤을 춘다. 살짝 술에 취해 리 밀러를 팔에 안고 춤을 출 때면 맨 레이는 자신의 행운을 믿기 어려웠다. 리 밀러는 맨 레이가 첫번째 위대한 뮤즈 키키를 완전히 잊게 만들었다.

그러나 리 밀러는 서서히 맨 레이한테서 독립한다. 그 시작은 리 밀러의 아버지 시어도어가 딸을 만나러 파리에 왔을 때였다. 리 밀러의 아버지는 하루종일 자기 딸의 알몸을, 그것도 가장 파격적인 포즈로 사진 찍었고 맨 레이는 고개를 절레절레 저으며 그 모습을 지켜봐야 했다. 아버지가 미국으로 돌아가고 나자 리 밀러는 파리에 있는 스튜디오에서 찰리 채플린을 찍기 시작한다. 그리고 찰리 채플린과 연애를 시작한다. 여자가 그렇게 재미있기도 드물다고, 훗날 찰리 채플린은 말했다. 이 말은 진정한 찬사였다. 찰리 채플린은 1931년 12월에 리 밀러를 데리고 생모리츠로 가는데, 그곳에서 리 밀러는 그 유명한 이집트 모델 니메트 엘루이 베이를 찍게 된다. 니메트 엘루이 베이는 라이너 마리아 릴케가 1926년에 두이노 정원에서 그녀를 위해 장미꽃을 꺾다가 가시에 찔려 패혈증으로 죽은 일 때문에 거부할 수 없는 명성을 누리고 있었다. 니메트 엘루이 베이는 생모리츠에서 리 밀러의 카메라 앞에서 포즈를 취하면서, 이 카메라 렌즈를 통해 최고의 라이벌이 자기를 보고 있다는 사실을 짐작도 하지 못했다. 이집트의 유명한 사업가였던 남편 아지즈 엘루이 베이가 리 밀러에게 홀딱 반하게 되기 때문이다. 엘렉트라콤플렉스가 있는 리 밀러는 매너 좋고, 스리피스 양복을 입은 나이든 남자들에게 호의적이었다.

◇

1931년에 에리히 마리아 레마르크의 반전 영화 〈서부 전선 이상 없다〉만 상영 금지된 것이 아니라 알프레트 되블린의 반애反愛 희곡 『결혼』도 상연이 금지된다. 공교롭게도 되블린의 아내도 되블린의 연인 욜라가 자기 살아생전에 베를린 카이저담의 새집을 방문하는 것을 금지한다. 그 때문에 알프레트 되블린은 신경쇠약에 걸려 요양을 떠난다.

◇

12월에 리처드 오즈번이 파리 외곽 루브시엔느에 있는 아나이스 닌의 집에서 열리는 점심식사 모임에 친구를 데려오는데, 그 친구의 이름은 바로 헨리 밀러다. 그전에 오즈번이 헨리 밀러의 『북회귀선』 원고 몇 챕터를 보내왔기 때문에 아나이스 닌은 자기 변호사가 데려온 이가 누구인지 알고 있었다. 두 사람이 돌아가고 나서 아나이스 닌은 일기에 첫번째 비밀선언을 쓴다. "그 사람은 인생에 취한 남자다. 나 같은 사람이다." 이 일기장은 아나이스 닌의 일기 전집 가운데 마흔한번째 권으로, 이 마흔한번째 권 전체가 마흔한 살의 헨리 밀러에게 헌정된다. 1931년 12월 29일에 헨리 밀러는 저녁식사에 초대되어 다시 한번 루브시엔느에 가게 되는데 이번에는 아내 준을 데리고 간다. 아나이스 닌은 위층 창가에 서 있었는데 안마당에 들어서는 이 젊은 미국 여성을 보고는 너무 놀라 말문이 막힌다. 아나이스 닌은 준에게 홀딱 반했지만 물론 그것을 드러낼 수는 없었다. 아나이스 닌의 개 차우차우 루비가 대신 해주는데, 저녁식사 내내 폴짝폴짝 뛰어올라 준의 다리에 얼굴을 비벼댄다.

1932년 1월 6일에 아나이스 닌은 처음으로 준 밀러와 단둘이 만난다. 헨리를 통해 준의 동성연애를 알고 있었기에 아나이스 닌은 제정신이 아니었다. 두 사람은 1월 11일에도, 12일, 14일, 18일에도 또 만난다. 아나이스 닌은 파리에서 준에게 옷을 사주고, 둘이 함께 카페에 가고, 아무도 보지 않을 때 살짝 키스도 한다. 아나이스 닌은 준에게 여자들끼리 어떻게 섹스를 하는지 알려달라고 부탁한다. 그 무렵 준도 헨리와 마찬가지로 거의 파산 상태였기 때문에 자기를 숭배하는 아나이스가 속옷을 사주기 시작하자 고마웠다. 1월 19일에 준은 새 란제리가 한가득 든 여행가방을 들고 황급히 파리를 떠난다. 자기 아내를 다른 여자에게 빼앗겼다고 믿고 있는 아나이스의 남편 위고 귀에는 잠시나마 안도하지만 1월 20일에 그의 세상이 완전히 무너져내리고 만다. 아나이스가 헨리 밀러를 집에 초대해서 하룻밤 자고 가게 하기 때문이다. 그날 저녁 위고 귀에는 이렇게 일기를 쓴다(오로지 아나이스가 쓰라고 강요해서 쓰게 된 일기였다). “내게 이번 생은 지옥인 것 같다.” 반대로 아내 아나이스 닌에게는 천국이 열린다. 준이 떠난 뒤 아나이스 닌은 그해 봄 오로지 헨리에 빠져 지낸다. 그리고 헨리는 아나이스 닌에게.

◇

기독교로 개종한 유대인 빅토르 클렘퍼러는 드레스덴에서 아내와 함께 대학과 사회로부터 점점 더 배제되고 있다. 1932년 4월 5일에 클렘퍼러는 일기에 이렇게 적는다. "에바와 나는 두려움뿐이다. 나는 이제 아무것도 느낄 수 없다." "아내와 함께 포로 같은" 삶을 살고 있다는 것이다. 두 사람의 바람은 하나뿐이다. 집이 필요하다. 두 사람은 산책하다가 습지 위 언덕에 대지를 발견한다. 키르쉬베르크 19번지에. 그곳을 지나갈 때 정말로 키르쉬 벚꽃이 피어 있었다. 이곳에서라면 모두 다 괜찮아질 것 같았다.

◇

이 얼마나 멋진 봄의 꿈인가. 저 위로는 눈 덮인 산들이 늘어서 있고, 저 아래로는 새파란 호수가 있고, 그 호수를 따라 야자수가 늘어선 산책로가 있고, 그 야자수 잎들이 바람에 흔들리며 남쪽에서 전해오는 노래를 끝없이 부르고 있다. 1932년 4월에 에리히 마리아 레마르크는 마침내 포르토 롱코로 이사했다. 이곳에서 봄은 더 일찍 시작하고 가을은 더 늦게 끝난다. 저멀리 북쪽 베를린보다 모든 것이 더 부드럽다. 공기마저도. 좁은 도로와 광장에서도 사람들이 모두 좀더 우아하게 행동한다. 바이마르공화국의 위대한 작가들 가운데 멋쟁이로 꼽히는 에리히 마리아 레마르크는 그래서 더 이곳이 마음에 든다. 이곳 아스코나 사람들이 술집 바에 서 있을 때 보이는 위엄 있는 태도와 호수 위로 날아가는 구름을 사랑한다. 에리히 마리아 레마르크는 이곳에 머무르려 한다. 이곳에서 처음으로 아주 조금이나마 안전한 느낌이 든다. 에리히 마리아 레마르크는 책상에 앉아 창밖으로 내려다보이는 호수를, 진한 터키옥색에서 갑자기 몇 초 만에 파란색으로 변하는 호수를 바라보고, 야자수와 무성한 진달래를 바라본다. 이 진달래 뿌리는 가을에 몇 주 동안 이어지는 긴 우기 동안 물을 흠뻑 빨아들여 힘을 모았다가 이듬해 봄에 분홍빛 꽃의 바다를 이룬다. 레마르크는 날마다 두 번 산책한다. 아침에 카페 베르바노에서 에스프레소 한 잔을 마시고 이발소에 가서 면도하기 위해, 두번째는 저녁에 쉬프 호텔 바에서 마지막으로 한잔하기 위해서. 그러고 나면 산 사이에 가로막혀 남아 있는 온기를 헤치고 집으로 돌아간다.

◇

〈서푼짜리 오페라〉와 〈마하고니시의 흥망성쇠〉가 경이로운 성공을 거두는 바람에 쿠르트 바일은 부자가 되었다. 사실 더 부자가 될 수도 있었는데 열렬한 반자본주의자이자 냉정한 협상가인 베르톨트 브레히트가 가장 큰 몫을 차지했다. 그래도 『서푼짜리 오페라』의 적은 인세율만으로도 베를린 외곽 클라인마흐노프에 예쁜 집을 사기에는 충분했다. 쿠르트 바일은 로테 레냐와 결혼한 몸이었다. 쉰 목소리와 결코 천박함으로 기울지 않는 경박함을 지닌 로테 레냐는 쿠르트 바일이 작곡한 노래들을 불러 빛나는 스타가 되었다. 그러나 쿠르트 바일은 자기 아내를 잡아놓을 수 없다는 것을 알았다. 아내가 자기를 존경한다는 것은 확신할 수 있어도 아내가 자기에게 충실한 것은 결코 확신할 수 없었다.

아내의 사랑을 얻는 것만큼 어려운 일은 없는 법이다.

그러나 사실 쿠르트 바일이 솔직해지는 순간이자, 힘은 훨씬 덜 들면서 더 충만한 순간은 무대미술가 카스파 네어의 아내인 에리카 네어와 함께 있을 때다. 카스파 네어는 마침내 자신이 동성연애자임을 공개적으로 밝혀 아내에게 자유를 주었다. 이제 카스파 네어의 아내 에리카 네어는 쿠르트 바일의 소파 위에서 그 자유를 맘껏 누리고 있다. 그래서 로테 레냐는 클라인마흐노프에 아예 함께 들어가지 않았다. 그보다 더 나은 일이 있었다. 쿠르트 바일에게 가장 중요한 일은 사랑하는 사냥개 하라스가 그 집에서 편안해하는 것이다.

1932년 4월에 로테 레냐는 남편과 빈으로 출장을 가게 된다. 빈에서 〈마하고니〉 초연을 위해 리허설이 열린다. 그런데 리허설 중에 젊은 테너 가수 오토 폰 파세티가 노래 부르는 소리를 처음 들었을 때 로테 레냐는 홀딱 반하고 말았다. 아래 오케스트라석 앞에 남편이 앉아 있다는 사실조차 까맣게 잊는다. 무대 위에서 사랑의 파도가 로테 레냐를 덮친다. 오토 폰 파세티는 키가 큰 미남으로, 허영심 강하고 자신감이 넘치는 세련된 사람이었다. 빈 공연 때 연출을 맡았던 한스 하인스하이머는 오토를 두고 이렇게 총평했다. "그 잘생긴 외모에 이르기까지 특별히 언급할 만한 것이 별로 없다." 그러나 로테 레냐는 아주 열심히 그것을 찾는다. 불과 며칠 뒤에 두 사람은 벌써 한 쌍의 연인이 되었고, 단 일분이라도 짬이 날 때마다 함께 시간을 보냈다. 쿠르트 바일은 더욱 의기소침해져 베를린으로 돌아갔다. 그리고 파세티는 베를린에서 자기를 만나기 위해 이곳까지 항해해온 해적 제니*를 위해 당장 아내와 자식과 헤어진다. 로테 레냐와 오토 폰 파세티는 곧 섹스 말고 두번째 공동의 취미를 발견한다. 바로 행운게임, 다시 말해 도박이었다. 여섯 번에 걸쳐 〈마하고니〉 오페라 공연을 성황리에 마치고 로테 레냐는 오토 폰 파세티와 함께 리비에라로 가서 그곳 카지노에서 두 사람의 행운을 시험해본다. 결혼 후 성이 바일이 된 로테 레냐는 몬테카를로에 있는 호텔 숙박부에 자기 이름을 카롤리네 파세티로 적는다.

1932년에 독일에서 가장 성공을 거둔 처세서가 모세출판사에서 나오는데 제목이 '당장 이혼해야 할까?'였다. 로테 레냐는 리비에라에서 이 책을 아주 재미있게 읽고는 클라인마흐노프에 있는 남편에게 읽어보라며 추천한다.

◇

할리우드에서는 요제프 폰 슈테른베르크와 마를레네 디트리히의 동

* 〈서푼짜리 오페라〉에서 가장 잘 알려진 노래 제목.

거가 점점 더 힘들어진다. 두 사람 모두 서서히 서로 알아가고 있기 때문이다. 슈테른베르크는 디트리히가 너무 변덕스럽다고 생각하고, 디트리히는 슈테른베르크가 너무 까다롭다고 생각한다. 슈테른베르크는 저녁마다 마를레네 디트리히가 양치하는 모습을 너무 자주 봐서 낮에 카메라 앞에서 그녀를 다시 위대하게 만들려면 자신의 환상 속으로 돌아가야 했다. 디트리히의 마지막 무성영화 제목에 걸맞게 그녀를 만들기 위해서 씨름해야 한다. 영화 제목은 바로 '남자들이 갈망하는 여자'였다.

◇

1932년에도 시몬 드 보부아르와 장폴 사르트르는 주로 떨어져 지낸다. 사르트르는 르아브르에서 교사 자리를 얻었고, 보부아르는 마르세유에 있다. 그러니 두 사람은 800킬로미터나 떨어져 있다. 프랑스는 크다. 보부아르는 몇 달 동안 아주 불행한 나날을 보낸다. 바닷가에 있는 산들을 계속 걸으면서 이 좌절감을 몰아내려고 애쓴다. 사르트르와 열정이 아닌 솔직함을 바탕으로 계약결혼했다는 사실을 알고는 있지만 받아들이기 쉽지 않다. 보부아르만 사르트르를 필요로 하는 것이 아니라 자기도 보부아르가 필요하다는 사실을 사르트르도 깨닫기 시작한다. 사르트르는 수요일마다 학교 수업이 끝나는 대로 옷 보관소로 달려가 외투와 가방을 집어들고 마르세유로 가는 가장 빠른 기차를 잡아탄다. 목요일에는 수업이 없다. 그리고 지중해 위로 햇살이 비치고 저녁 내내 항구에 있는 술집에 앉아 와인을 마시고 굴을 먹으면서 철학을 논할 때면 두 사람 모두 이 특별한 계약으로 뭔가가 이루어질지 모른다는 느낌을 받는다. 다만 사르트르가 지금 사귀는 사람 이야기를 시작할 때면 보부아르는 아무렇지 않은 척 침착하게 굴어야 한다. 무엇보다 이제까지 자기는 얘기할 만한 연애를 해본 적이 없기 때문이다.

◇

1932년, 베를린 서부 말러가에 있는 리온 포이히트방거와 마르타 포이히트방거 부부의 새집에 초대되어 방명록을 작성한 이들을 보면 결혼생활에 문제가 있는 부부들뿐이다. 바로 프란츠 헤셀과 헬렌 헤셀 부부, 베르톨트 브레히트와 헬레네 바이겔 부부, 발터 그로피우스와 이제 그로피우스 부부, 알프레트 되블린과 에르나 되블린 부부다. 모두 포이히트방거 부부의 집에서 화목하다는 인상을 받는다. 포이히트방거 부부가 "개방적인 결혼"이라 불리는 것을 아주 열심히 지키고 있었기 때문이다. 두 사람은 사랑 얘기는 결코 하지 않지만, 이혼 얘기도 하지 않는다. 두 사람은 두 개의 침실을 가지고 있고, 또 그것을 잘 활용한다.

◇

우리가 안고 있는 문제들은 우리가 어디를 가든 함께 따라다닌다. 설사 옛 고향으로 돌아가더라도. 젤다 피츠제럴드는 고향 몽고메리에서, 부모님이 가까이 있는 곳에서 정신분열증이 재발한다. 그사이 남편 스콧 피츠제럴드는 할리우드에서 시나리오 작가로 돈을 벌어보려고 애쓰고 있었다. 젤다는 다시 정신병원에 들어가고 다시 그 무의미한 미소를 짓고 소리를 지르고 미친듯이 날뛰고 자살을 시도하더니 스스로 자신을 진정시키기 위해 책을 한 권 쓰기 시작한다. 『왈츠는 나와 함께』라는 거의 감동적인 제목의 책인데, 파리와 스위스의 정신병원에서 보낸 고통의 시간을 기록한 책이었다. 그러나 스콧 피츠제럴드는 그 책을 읽고서 평정심을 잃는다. 감히 젤다가 이 기억들을 문학으로 형상화하고자 한 것을 믿을 수가 없었다. 그것은 자기만 할 수 있는 일이라고, 자기가 "전문적인 소설가"라고, 당신이 부당한 일을 저지른 거라고 스콧은 젤다에게 편지한다. 그리고 그 이유를 이렇게 덧붙인다. "당신은 내가 점심식사 때 식탁 밑으로 떨어뜨린 빵부스러기를 모아서 책을 만들었어…… 그렇지만 우리가 했던 일은 모두 내 거야." 잔인한 편지들이었고, 광란의 분노였다. 스콧 피츠제럴드는 자기 밥그릇을 지키겠다고 아내에게 치명적인 상처를 입힌다. 병, 요양원, 코트다쥐르, 스위스, 정신병원 등 특정 주제들은 젤다가 절대로 글로 써서는 안 되는 금기였다. 스콧 피츠제럴드의 표현은 이랬다. "이 소재들은 모두 내 거야. 그중에 당신 것은 단 하나도 없어." 이해할 수 없는 일이다. 환자한테 자기 자신의 질병에 대한 해석의 권리를 빼앗다니. 더욱 이해할 수 없는 일은, 이렇게 빼앗은 "소재"로, 다시 말해 요양원, 코트다쥐르, 스위스, 정신병원을 소재로 하여 스콧 피츠제럴드가 마법처럼 『밤은 부드러워라』라는 세기의 소설을 만들어낸다는 사실이다.

◇

그러나 반대 경우도 있다. "강함을 자극하지 않으면서 약함을 보여줄 때만이 당신은 사랑받게 된다." 테오도어 아도르노는 이것을 몸소 체험한다. 너무나 아름답고 너무나 자부심 강한 그레텔 카르플루스의 진정한 사랑 안에서. 이때 우리가 할 수 있는 말은 이것뿐이다. "축하합니다."

◇

1932년 여름 아나이스 닌은 헨리 밀러와 그의 친구 알프레트 페를레스를 위해 클리시의 노동자 거주지구에 아파트를 한 채 세낸다. 그리고 헨리 밀러를 위해 접시, 수저, 가구를 사고 요한 제바스티안 바흐 음반도 산다. 헨리 밀러가 바흐를 너무나 사랑하기 때문이다. 밀러에게 "낙원에 있는 것 같은" 시간이 시작된다. 거의 날마다 이브가 와서 사과를 건네고, 둘은 죄악을 즐긴다. 훗날 헨리 밀러는 이 낙원에서 쫓겨나기 전까지 이곳에서 지낸 시간을 소설로 그린 책 제목을 '클리시의 평온한 나날'이라고 짓는다.

◇

도시 지식인이자, 정신의 인간인 유대인이요, 『독일 비애극의 원천』과 아방가르드 대도시를 다룬 텍스트 『일방통행로』를 쓴 저자이자, 1센티미터는 되는 두꺼운 안경알 뒤로 갈색 눈을 빛내는 발터 벤야민이 있으리라고 가장 상상하기 어려운 장소는 어디일까? 그리고 약물중독에서 벗어나고자 하고, 아주 조금의 햇빛조차 피해 서재의 안전한 서늘함으로 도망치고자 할 때 가장 가지 말아야 할 곳은 어디일까? 그렇다, 바로 이비사섬이다. 그러나 발터 벤야민은 1932년 4월에 바로 그곳으로 여행을 떠난다. 한편으로는 물론 『독일 비애극의 원천』의 속편이자 『일방통행로』의 속편이다. 그러나 다른 한편으로는 그것이 바로 인생이다. 우리도 알다시피 인생은 반드시 논리적이지만은 않다. 발터 벤야민은 그렇게 가난에 빠지고, 절망에 빠지고, 혼란에 빠진 채로, 자기가 사랑하는 베를린에서 수천 킬로미터 떨어진 곳에서, 그 시절에만 해도 완전히 잊혔고 원초적이고 홀로 저물어가는 지중해 섬 한가운데에서 대작 『1900년경 베를린의 유년 시절』을 쓰기 시작한다. 베를린 친구 펠릭스 뇌게라트가 이비사섬에 있는 자기 집 얘기를 하자 벤야민은 짐을 싸서는 친구들에게 여비를 빌려 무작정 떠났다. 여행가방에는 『베를린 연대기』 원고와, 조르주 심농의 범죄소설 몇 권을 빼고는 별 게 없었다. 4월 7일 함부르크에서 발렌시아행 화물선 카타니아호에 올라탄 벤야민은 갑판에서 심농의 범죄소설을 읽는다. 그로부터 12일 뒤 1932년 4월 19일 어느 화창한 화요일에 이비사섬 항구에서 섬에 발을 내디뎠을 때 벤야민은 자기가 어디로 도망친 것인지 전혀 알지 못했다. 다만 자기가 무엇으로부터 도망쳤는지 알 뿐이다. 자살로 유혹하는 내면의 악마, 불확실한 직업 전망, 실패한 연애, 폭풍 직전의 첫 돌풍처럼 베를린 거리를 휩쓸고 있는 반유대주의로부터 도망친 것이었다. 벤야민은 뇌게라트의 도움으로 산안토니오에서 세스 카세테스라는 소박한 집을 하나 구한다. 서재에서 파랗게 빛나는 바다가 보이는 멋진 전망의 집이다. 벤야민은 고풍스러운 건축물과, 수백 년 동안 전혀 변하지 않은 듯 보이는 농부들의 여유로운 삶에 마음을 빼앗기고, 이 섬과 이 섬 주민들의 "느긋함과 아름다움"에 감탄한다. 베를린과 파리에서는 우울증 때문에 한 번도 침대 밖으로 나와본 적 없는 벤야민은 갑자기 날마다 일곱시에 일어나 몇 걸음 안 되는 바닷가로 가서 해수욕을 하고, 그러고 나면 손에 책을 한 권 들고서 바닷가 소나무에 기대 선다. 그리고 오전이 끝나갈 무렵 날이 너무 더워지면 집안으로 들어가 책을 읽고 글을 쓴다고 마음의 벗 마르가레테 카르플루스에게 편지로 전한다. 유감스럽게도 마르가레테는 최근에 벤야민의 친구 테오도어 아도르노와 결혼하기로 했다. 이비사섬에는 전깃불도 없고, 신문도 없지만 그 대신에 갑자기 시간과 자유과 생겼고, 벤야민은 그것을 즐기는 법을 배웠다. 특히 한 젊은 독일계 러시아 여성 덕분이었는데, 1년 전 친구 프란츠 헤셀의 집에서 알게 된 올가 파렘이 산안토니오에 온 것이다. 올가 파렘은 사람들이 벤야민과 연결지어 생각하지 못하는 것을 우리에게 전해준다. 그것은 곧 사랑의 힘을 보여주는 것이었다. 바로, 벤야민이 웃는다는 것이다. 게다가 벤야민은 두 사람이 함께 있는 내내 웃었다. 올가 파렘은 이렇게 전한다. "그의 웃음은 마법 같았다. 그가 웃을 때면 온 세상이 열렸다." 벤야민도 자기 자신의 웃음에, 이비사섬의 바닷가에서 기대하지 않았던 행운에 크게 압도되었음에 틀림없다. 미친듯이 사랑에 빠진 것이다. 두 사람은 키스하고, 한 어부를 구워삶아 배를 타고 거친 바다로 나간다. 그렇게 저녁마다 작은 돛배를 타고 해안을 따라 달린다. 끝없는 일몰 속으로. 발터 벤야민은 자신을 구원해줄 이를 찾았다고 믿는다. 그러나 올가는 자기 팔에 안긴 사람이 추락하는 남자라는 사실을 점점 자각해갈수록 점점 멀리하게 되고, 곧 벤야민한테서 웃음이 사라진다. 4주 뒤에 벤야민은 올가 파렘에게 제정신이 아닌 질문을 던진다. 이비사섬에서 자기와 결혼하지 않겠느냐고 물은 것이다. 그러나 올가 파렘은 거절한다. 처음에는 애매하게, 나중에는 단호하게.

그리고 사람들에게 잊힌 지중해의 작은 섬에서 태양이 점점 더 높이 떠오를수록, 벤야민의 영혼은 점점 더 어두운 심연으로 가라앉는다. 청혼을 거절당한 뒤로 벤야민은 다가오는 7월 15일을, 바로 자신의 마흔번째 생일을 점점 더 공포스럽게 바라본다. 대변란에 기입할 것이 별로 없기에 대차대조표를 작성하기가 너무 두렵다. 벤야민은 요트 위에서 자신의 영원한 사랑을 올가가 믿게 해보려고 다시 한번 애써보지만 소용없었다. 벤야민은 절망에 빠져 친구 게르숌 숄렘에게 마흔번째 생일파티를 니스에서 "별난 친구"와 함께하고 싶다고 편지한다. 죽음의 사신을 말한 게 틀림없다. 그러나 올가가 벤야민의 생일파티에 오겠다고 한다. 그래서 가볍게 알고 지내는 장 셀즈와 7월 13일, 14일, 15일에 엄청난 양의 대마초를 피워서 기쁨의 날을 완전히 몽롱한 상태로 보낸다. 그렇게 죽음을 피하기도 한 셈이다. 벤야민은 7월 17일 자정에 마요르카행 여객선에 올라탄다. 그리고 마요르카에서 니스로 간다. 밤은 뜨겁고 바다에서는 미풍조차 불어오지 않고 하늘은 구름으로 덮여 있었다. 구름은 꼼짝하지 않았고, 앞이 보이지 않았다. 발터 벤야민은 삶을 끝낼 작정으로 이비사섬을 떠난 것이었다. 그리고 니스에서, 프티파크 호텔에서 정말로 유언장을 작성한다. 발터 벤야민은 허름한 호텔방에 앉아 있다. 방안이 너무 더워 잠을 잘 수 없었다. 밤이 더러운 벽을 핥고 있었다. 날이 어두워지면 정신이 더 맑아지는 것을 벤야민은 알고 있었다. 그러나 정신이 더 흐려지기도 한다. 결국 모든 것이 똑같아진다. 어둠만 깊어질 뿐이다. 벤야민은 다시 책상에 앉아 유언장을 마무리한다. 브레히트의 동료이자 연인 엘리자베트 하우프트만에게 은으로 된 단도를 남긴다. 그것 빼면 유산으로 남길 것이 별로 없다. 훗날 "역사의 천사"로 재해석한 파울 클레의 수채화 〈새로운 천사〉는 친구 게르숌 숄렘에게 유산으로 남긴다. 그런 다음 작별 편지들을 쓰는데, 그 가운데에는 첫사랑 율라 콘에게 보내는 편지도 있다. "내가 한때 당신을 많이 사랑했다는 것을 알 거야. 죽음을 눈앞에 둔 순간에도 내 인생에서 가장 큰 선물은 당신으로 비롯된 고통의 순간들이야." 숨막힐 정도로 후덥지근하고 흐린 1932년 7월 27일, 니스의 침울하고 낡아빠진 호텔방에서 유언장을 쓰고 작별 편지들을 쓰면서 고통의 순간들을 보내고 나서 벤야민이 어떻게 다시 삶의 의욕을 되찾았는지는 알 수 없다. 그러나 어쨌든 그는 삶의 의욕을 되찾았다. 〈새로운 천사〉가 다시 한번 수호천사로서 벤야민을 그 자신으로부터 구해낸 것이다.

◇

1932년 폭풍우가 몰아치는 무더운 여름날에 헤르만 헤세는 무엇을 하고 있을까? 호수 저편 몬테 베리타에 사는 아무 걱정 없는 주민처럼 리넨바지에 얇은 셔츠 차림으로 몇 시간째 잡초를 뽑고 있다. 그렇다, 1932년 7월에 헤세는 이렇게 쓴다. “이 잡초 뽑기가 나의 하루하루를 채우고 있다. 이 일을 하면 물질적인 충동과 사변으로부터 완전히 자유로워진다. 정원 일을 다 해봐야 야채 서너 바구니도 안 되기 때문이다. 대신 이 일엔 종교적인 면이 있다. 땅바닥에 무릎을 꿇고서 잡초를 뽑는 것이 마치 제식을 행하는 것 같다. 다만 이 제식은 끝없이 새롭게 반복된다. 서너 이랑이 깨끗해지면 벌써 첫번째 이랑에 파릇파릇 잡초가 올라오기 때문이다.” 이렇듯 세상으로부터 도망친 헤세는 그저 계절의 순환에 몸을 맡기고 있다.

◇

1932년 여름에 쿠르트 투홀스키가 『벨트뷔네』에 다음 시를 발표한다. "그녀와 함께 산다면 당신은 정말 외로울 것이다. 그러나 홀로 산다면, 당신은 다리가 얼어버릴 것이다." 이 무렵 투홀스키는 다시 티치노에 있었다. 알프스 그늘 아래 새파란 마조레호숫가에 있는 아주 아늑한 곳으로, 리자 마티아스 "로트헨"에게 사랑하는 법을 배운 곳이었다. 이 장소는 그대로였지만 그 여인은 이미 지나간 역사가 되어버렸다. 지금은 취리히 출신의 의사 헤트비히 뮐러가 투홀스키의 육체적, 정신적 안녕을 헌신적으로 돌보고 있다. 너무 잘 돌봐줘서 투홀스키가 아예 스위스로 이주할까 생각할 정도다. 나치 언론들의 공격이 시작된 이래로, 반항적인 글을 쓰는 유대인 작가인 그에게 베를린이 점점 살기 어려운 곳으로 느껴지기 때문이다. 그런데 "헤트비히"라는 이름이 발음하기 조금 까다로워서 투홀스키는 "누나"라고 부른다. 투홀스키는 자기가 선택한 여인들에게 늘 애칭을 지어준다. 그런 다음에야 그 여인들은 그의 고유한 창조물이 되는 것이다.

◇

1932년 초 독일 영화관에서 멜로 영화 〈열정의 폭풍〉이 개봉된다. 프리드리히 홀랜더가 이 영화를 위해 노래 〈내가 누구 것인지 나는 모르겠어요〉를 썼는데, 영화를 보고 나온 사람들이 거리에서 이 노래를 휘파람으로 불렀다. 이 노래는 결단력을 촉구하는 외부의 압력이 날로 커져가는 데 맞서 내면의 우유부단함을 예찬하는 찬가다. 홀랜더 자신은 1932년에 마침내 결단을 내린다. 베를린에 문을 연 자신의 극장 팅겔탕겔극장에서 가수이자 댄서로 일하는 헤디 숍을 아내로 선택한 것이다. 홀랜더와 숍이 팅겔탕겔극장에서 마지막으로 무대에 올린 레뷰 두 편의 제목은 의미심장하다. 바로 '고비'와 '옛날 옛적에'였다. 〈옛날 옛적에〉는 극장 문을 닫기 바로 직전에 공연한 작품이다.

◇

1932년 7월에 찰리 채플린은 자기가 누구 거냐는 물음에 답하는데, 놀랍게도 폴레트 고다드였다. 여러 번 결혼하고, 자식도 있고, 할리우드와 세계 곳곳에서 수많은 염문을 뿌리고 다닌 끝에 친구의 요트에서 스물두 살의 여배우 폴레트 고다드를 만나게 된 것이다. 폴레트는 찰리 채플린의 농담에 잘 웃었다. 익숙한 일이다. 그런데 폴레트는 찰리 채플린의 마음에도 관심을 보였다. 그것은 처음 겪는 일이었다. 다만 한 가지, 폴레트의 머리카락이 거슬렸다. 당시 유행하던 밝은 금발이었는데 할리우드에서 동경의 색이던 이 연한 금발을 찰리 채플린은 싫어했다. 폴레트가 다시 갈색 머리가 되자 찰리 채플린은 심지어 공개적인 자리에서 키스하기까지 한다. 9월 19일 로스앤젤레스 공항에서 뉴욕으로 출국하기 전의 일이다. 이튿날 그 사진이 전 세계 신문에 실렸다. 훗날 폴레트 고다드는 에리히 마리아 레마르크와 결혼하게 된다. 그러나 아직은 멀었다.

◇

그건 에리히 마리아 레마르크도 마찬가지였다. 1932년 여름, 에리히 마리아 레마르크는 자기 내면의 커다란 갈등이, 자신의 어중간한 상태가 스위스로 함께 망명 왔다는 사실을 처음으로 깨닫는다. 그렇다, 유럽에서 가장 아름다운 곳으로 꼽히는 이곳 따뜻한 아스코나 만에서도, 햇빛이 쏟아지는 마지아강 삼각주에서도, 은행 계좌에 수천 프랑이 있어도, 벽에 반 고흐, 르누아르, 모네 작품이 그렇게 많이 걸려 있어도 행복하지 않다. 남쪽에도 새로운 것은 없다. 이혼한 아내 유타한테서도 완전히 벗어나지 못한다. 유타가 특히 레마르크한테서 벗어나지를 못한다. 그리고 레마르크는 새로운 애인 루트 알부와 진정으로 가까워지지 못한다. 루트 알부는 겨울과 봄 내내 레마르크의 사랑을 얻으려고 고군분투했는데, 레마르크가 이혼한 아내와 관계를 완전히 끊지 못해 화가 난다. 루트 알부는 레마르크에게 이렇게 편지를 쓴다. "당신은 두 사람을 소유할 권리가 없어. 나는 반쪽의 인간조차 갖지 못했다고."

루트 알부가 구해준 포르토 롱코의 집에서 레마르크는 회한으로 가득한 답장을 쓴다. 2년 전 자기를 위해 이혼한 루트 알부가 원하는 말을 해줄 수 없다는 사실을 잘 알고 있다. 레마르크는 고백한다. "나는 서서히 녹고 있는 유빙 위에 떠 있는 기분이 들어. 내가 말할 수 있는 것은 이거야. 그래, 나는 어쩌면 사랑이라는 걸 할 수 없을지 몰라. 그러나 사랑할 수 있기를 나보다 더 바라는 사람은 없을 거야. 그래, 나는 당신이 원하고 필요한 만큼 당신을 사랑할 수 없어." 이 얼마나 슬픈 말인가. 1932년 8월에 에리히 마리아 레마르크와 루트 알부의 풋사랑이 깨진다. 레마르크는 술을 더 많이 마시기 시작한다. 루트 알부는 새로운 인생을 시작한다. 그리고 레마르크에게 이렇게 작별의 편지를 쓴다. "당신은 사랑하고 싶다고 했지, 그러나 당신은 절대로 사랑을 알지 못할 거야."

◇

이 여름 리비에라에서는 아주 특이한 연애가 펼쳐진다. 저녁마다 로테 레냐와 새로운 애인인 금발의 테너 가수 오토 폰 파세티는 카지노에 간다. 그리고 아침마다 오토 폰 파세티는 룰렛 게임에서 이길 "아주 확실한" 방법을 새로 찾았다고 로테 레냐에게 말한다. 그러나 유감스럽게도 매번 새로운 방법으로 돈을 잃고 만다. 그래도 로테 레냐는 날마다 오토 폰 파세티의 말을 믿는다. 감동적이지 않은가? 그런데 매일 저녁 두 사람이 흥청망청 유흥으로 탕진하는 이 돈은 어디에서 나올까? 바로 베를린 근교에 있는 클라인마흐노프에서, 로테 레냐의 남편 쿠르트 바일한테서 나온다.

◇

1932년 여름에 토마스 만 가족은 새로 지은 여름 별장을 즐기기 위해 다시 한번 쿠로니아 사주에 있는 니다 마을로 간다. 토마스 만은 서재에서 저멀리 석호를 내다본다. 바람에 잔물결이 일고, 저 아래 물가에서는 뿔논병아리들이 물속으로 들어갔다 물위로 나왔다를 끊임없이 반복한다. 토마스 만은 뿔논병아리들을 바라보며 혹시 다시 떠오르지 않고 그대로 가라앉아버릴 수도 있을까 생각한다. 토마스 만은 현 정치 상황에 관한 에세이를 쓰고 있다. 제국의 북동쪽 끄트머리인 이 위에서조차 분위기가 급변했다. 쾨니히스베르크에서 열린 국회의원 선거에서 나치 돌격대 폭도가 정치적 적수들을 추적해 살해했다. 토마스 만은 고발장에 "우리가 요구해야 하는 것"을 쓴다. 이곳 바닷마을 니다에 도착하고 얼마 지나지 않아 우편함에서 기이한 소포를 발견한 이후로 무엇을 요구해야 하는지 더 분명해졌다. 그 소포는 불에 탄 『부덴브로크가의 사람들』 책이었는데, 토마스 만이 나치 정부의 부상을 공개적으로 경고한 것에 대한 "처벌"로 누군가 익명으로 보낸 것이었다.

리온 포이흐트방거와 마르타 포이흐트방거 부부도 이해 8월에 이곳 동프로이센으로, 끝없이 펼쳐진 사구의 모험적인 모래언덕으로 온다. 한번은 바닷가에서 두 부부가 마주쳤는데 카티아 만이 일부러 시선을 돌려버렸다. 기분이 상한 리온 포이흐트방거는 저녁에 그 일을 일기에 적었다. 만 일가의 궁정에서 두 사람은 달갑지 않은 사람들이었던 것이다(그러나 1년 뒤 두 부부는 다른 바닷가에서 피할 수 없는 재회를 하게 된다). 포이흐트방거 부부는 이튿날 베를린으로 돌아간다. 게으른 남편 리온 포이흐트방거는 고난도의 기술로 여정 내내 쉬지 않고 질주한 아내를 칭찬했다. 리온 포이흐트방거는 아내 옆에서 졸 수 있었다. 그런 일에 리온 포이흐트방거는 감탄했다.

9월 초가 되자 토마스 만 가족도 뮌헨으로 돌아가야 했다. 두 막내의 학교가 개학하기 때문이다. 떠나기 전 마지막날 저녁에, 거품이 일며 녹는 황금색 두통약처럼 물거품이 이는 바다 밑으로 가라앉는 태양을 모두 감탄하며 바라볼 때에는 다들 다시 목도리를 하고 있었다. 이튿날 아침 토마스 만 가족은 크란츠행 여객선에 올라타면서 다시 한번 뒤돌아 모래언덕 위에 있는 파란 집을 바라보고, 부두에 있는 승무원들에게, 그리고 이제까지 만나본 이 중에 가장 유명한 손님과 그 가족에게 작별인사를 하는 마을 주민들에게 손을 흔들었다. 이번에는 심지어 토마스 만도 살짝 손을 들어 인사했다. 쿠로니아 사주 니다 마을의 별장을 살아생전 다시 보지 못하리라는 것을 예감한 듯 불안해 보이는 얼굴로.

◇

이오시프 스탈린을 쫓아낼 수 있는 사람은 오직 단 한 사람뿐이다. 바로 스탈린의 아내 나데즈다였다. 불륜 때문이든, 행태 때문이든, 아니면 우크라이나인 수백만 명을 굶어죽게 한 것 때문이든 나데즈다가 격분하면 스탈린은 소치에 있는 여름별장의 욕실로 들어가 처박힌다. 그리고 욕조 가장자리에 걸터앉아 밖에서 나데즈다가 고래고래 소리지르도록 놔둔다. “당신은 아내랑, 아들이랑 전 러시아 민족을 괴롭히고 있다고.” 스탈린은 차라리 문을 잠근다. 인류사에서 최악의 집단학살자로 꼽히는 사람이 화를 내는 아내가 무서워 욕실에서 바리케이드를 치고 있는 것이다.

나데즈다가 세 살 때 흑해에 빠진 것을 스탈린이 구해주었다. 그리고 열여섯 살이 되었을 때 나데즈다는 수척해진 몸으로 시베리아 추방에서 막 돌아온 자신의 구원자에게 마음을 빼앗겼다. 한때 성가대 소년이었던 스탈린이 〈리골레토〉에 나오는 아리아를 불러주었고 나데즈다는 그것에 매료되고 말았다. 나중에도 스탈린은 가끔 나데즈다에게 이런 편지를 보냈다. “사랑하는 타트카, 당신이 아주 몹시 그리워. 타토츠카, 너무 외로워, 너무 오랫동안 떠나 있지 말아줘.” 그러나 그 마음은 희미해진다. 1920년에 아들 바실리가 태어났고, 1926년에는 딸 스베틀라나가 태어났으며, 스탈린이 원하는 바람에 나데즈다는 열 번이나 임신중절수술을 받아야 했다. 황금기라고 하는 1920년대를 지나면서 나데즈다의 진료기록은 점점 두꺼워졌다. 끊임없는 하복부 통증에, 극심한 편두통에, 심각한 우울증과 불안 상태. 의사들은 카페인이 함유된 알약으로 진정시키려고 해봤지만 정반대 결과를 낳는다. 1932년에 나데즈다가 겪고 있는 상태를 지금 현재 원격진단해본다면 조울증이라고 진단할 것이다. 내면에 있는 흑해라 하겠다.

스탈린이 천성적으로 아내와 똑같이 충동적이고, 예민하고, 자존심 강한 성격인 것도 틀림없이 도움이 안 되었을 것이다. 그러나 그렇게 온갖 분노의 폭발과 드라마 같은 일을 겪으면서도 두 사람은 거듭 영원한 사랑을 맹세했다. 둘 다 자기중심적이고, 거만한 냉정함을 지녔고, 마음속에 격정이 넘치는 두 사람이 부부로 산다는 것은 불가능한 일이었다. 오랫동안 함께 행복하게 지내기에는 두 사람이 서로 너무 비슷했던 것인지도 모르겠다. 그러나 스탈린이 잔혹해질 수 있고 또 실제로 잔혹해지는 곳에서 나데즈다는 우울증의 암흑 속에 빠진다.

◇

"당신에게 지옥은 어떤 건가요?" 양치질을 한 시몬 드 보부아르가 잠들기 직전 사르트르에게 물었다. 그러자 사르트르는 침대에서 다시 몸을 일으키더니 이렇게 대답했다. "첫 커피를 마시기 전에 지옥은 타인이지." 보부아르가 약간 불쾌한 듯 쳐다보자 사르트르는 이렇게 덧붙였다. "당신 말고 다른 타인을 말한 거요, 시몬. 잘 자요."

◇

프랑스 문학에서 가장 차가운 심장을 가진 이이자 최고의 반유대주의자인 셀린조차도 하루종일 미워만 할 수는 없다. 그사이 잠깐 사랑도 하고, 아니면 적어도 사랑하는 척이라도 한다. 셀린의 본명은 사실 음악처럼 아주 듣기 좋은 루이페르디낭 데투슈로, 잘 때리고 집에 잘 붙어 있지 않던 재무회계사 아버지와, 냉담하고 불안정하고 강박적으로 청결에 집착하는 잡화상 어머니 사이에서 태어났다. 다시 말해서 마치 드라마처럼 가장 위태로운 환경 속에서 무자비한 유년기를 보낸 결과물이다. 트라우마로 마음의 문을 닫았을 때, 어머니는 아들에게 이렇게 말했다. "넌 심장이라는 게 없구나." 그때 셀린은 깨달았다. "진정한 증오는 저 깊은 심연에서 나온다. 속수무책으로 악당에게 패배한 유년기로부터. 그러나 그 증오로 죽을 수도 있다." 그러니까 제1차세계대전 때 길 잃은 총알 두 개가 셀린의 영혼과 머리에 평생 피와 고름이 흐르게 만들 상처를 남기기 전에 이미 그 안에 있던 다정함과 온화함은 죽었던 것이다. 그리고 참호 안 바로 옆에서 수류탄이 터진 이후로 평생 귀에 이명도 생겼다. 어린 시절에 이미 너무 많은 것을 본 눈은 셀린이 의사가 되도록 이끌었고, 이른바 황금기라 불리는 1920년대에 훗날 셀린을 유명하게 만들어줄 『밤 끝으로의 여행』을 보게 해주었다. 이 소설은 비속어와 전염병과 썩어가는 상처로 가득한 유일무이한 세계 종말 예언서로, 분노가 흘러넘치고 빗발치듯 퍼붓는 포화 속으로 던져진 듯 때로 산산이 해체되는 문장들로 이루어진 아찔한 산문으로 가득하다.

이 작품에서 영웅주의는 적나라한 폭력으로, 비겁함은 인간성의 마지막 보루로 묘사된다. 클리시에서 무료진료소 의사로 일하면서 1932년 여름에 이 위대한 반전소설을 막 탈고했을 때, 셀린은 이 책을 쓰면서 뒤집어쓴 오물과 허섭스레기를 연애로 정화하려고 한다. 원래는 이 책을 얼마 전부터 연애중인 미국인 무용수 엘리자베스 크레이그에게 헌정하려고 했으나 교정쇄를 확인할 때가 되자 앞으로 만나게 될 여인들에게 헌정하는 것이 오히려 더 낫지 않을까 생각한다. 셀린은 "귀엽다"고 생각되는 여자라면 누구하고나 자고 싶어하는, 사냥감을 노리는 야수 같은 사내다.

이 소설의 주제는 두려움이다. 적나라하고, 공포스럽고, 심장이 마구 뛰는 두려움. 소설을 집필할 무렵 쓴 연애편지에서 셀린은 두려움을 모르는 사람인 척 연기한다. 적어도 애는 쓴다. 말투는 언제나 똑같다. 그때그때의 "엉덩이"에 대한 열광, 유대인과 공산주의자에 대한 험한 욕설, 권위적인 명령들, 아양 떠는 칭찬들, 그 사이사이 위생에 대한 조언들. 셀린은 손에 넣을 수 있는 남자는 무조건 붙잡아서 "육체적으로나 금전적으로나" 남김없이 모조리 뽑아먹으라고 자기 애인들에게 충고한다. 그리고 늘 "당신을 정말 사랑해"라는 말로 편지를 끝맺는데, 셀린에게는 그저 형식적인 끝인사에 불과했다. 1932년 봄에 레픽가 92번지에 있는 집에서 몇 주 동안 동거했던 젊은 독일인 여자친구 에리카가 지금 살고 있는 브레슬라우로 편지를 띄울 때면, 가끔 끝인사로 "히틀러 만세"나 "괴링 만세"를 덧붙인다. 그것이 재미있다고 생각한다.

1932년 9월에는 상황이 좀 복잡해진다. 엘리자베스 크레이그는 아직 여행중이고, 그토록 괴롭혔던 대작도 완성되었으니 셀린은 이제 지루해진다. 그래서 지난봄 열정적인 사랑을 나누었던 에리카 이르강을 파리로 초대한다. 심지어 여행 경비에 쓰라고 250프랑을 우편환으로 보낸다. 그리고 더는 에리카의 엉덩이 없이 살 수 없다고 편지에 쓴다. "파리에서 아주 조금이나마 즐거운 시간을 만들어

보자"면서. 그런데 에리카가 파리로 막 출발하려는데 전보가 도착한다. 급히 제네바에 가야 하니 오지 말라는 내용이었다. 그러나 사실 제네바에 갈 일 같은 건 없었다. 급히 침대로 뛰어들어야 할 뿐이었다. 다만 다른 여자랑. 에리카가 파리로 출발하기 닷새 전인 1932년 9월 4일 늦은 오후에 셀린은 카페 드 라 페*에서 빈에서 온 스물일곱 살의 체조교사 실리 팜을 만나게 된다. 셀린은 실리 팜을 카페에서 데리고 나와 산책한다. 두 사람은 프랑스어와 독일어와 영어를 섞어가며 이야기를 나눈다. 이튿날 저녁 두 사람은 함께 몽파르나스에 있는 식당 라 쿠폴에 간다. 이 순간부터 두 사람은 2주 동안 함께 저녁과 밤을 보내고, 산책을 하고, 영화관에 가고, 물랭루주에 가고, 침대 속으로 들어간다. 실리 팜은 셀린에게 자기가 유부녀이고, 유대인이며, 아들이 하나 있다고 고백한다. 그럼 자기 자유가 구속될 위험이 없으니 셀린은 오히려 쾌재를 부른다. 그리고 실리 팜에게 면 요리를 해준다. 1932년에는 셀린의 반유대주의도 침실 문 앞에서 멈추었던 것이다. 그러다가 실리 팜이 빈으로 돌아가야 할 때가 왔다. 기차역에서 작별인사를 하면서 실리는 눈물을 짓는다. 그러나 셀린은 울지 않는다.

실리는 기차에 타자마자 셀린에게 열렬한 편지를 쓴다. 셀린은 이렇게 답장한다. "당신은 절대 잊을 수 없는 훌륭한 엉덩이를 가졌소." 훗날 실리 팜은 이렇게 말한다. 셀린은 자기와 섹스할 때나 식

* '평화의 카페'라는 뜻.

당에서 식사할 때 모든 것을 아주 한참 동안 연구했다고. 자기 허벅지만큼이나 소고기 등심도 오랫동안 연구했다고. 그러나 실제로 먹거나 사랑을 나누는 행위 자체에서는 거의 기쁨을 느끼지 못했다고.

◇

리 밀러는 사진작가로서 점점 더 유명해진다. 모델 시절은 지나갔고 맨 레이의 뮤즈 시절도 지나갔다. 리 밀러는 찰리 채플린의 유혹에 넘어갔다가 이집트의 백만장자 아지즈 엘루이 베이를 유혹했고 1932년 여름에는 뉴욕의 갤러리 소유주 줄리앙 레비도 유혹했다. 줄리앙 레비는 리 밀러의 고향 뉴욕에서 전시회를 열어 리 밀러를 위대하게 만들기 시작한다. 그래서 리 밀러는 1932년 10월 11일에 파리를 떠난다. 리 밀러는 생라자르역에서 셰르부르행 기차에 올라탄다. 그러나 무엇보다 리 밀러는 이날 위대한 사진작가이자, 스승이자, 이제는 경쟁자가 된 맨 레이를 떠난 것이다. 맨 레이는 리 밀러가 자기 인생의 사랑이라면서 편지에 이렇게 쓴다. "영원히 당신을 기다릴 거야." 맨 레이는 목에는 밧줄을 걸고 머리에는 권총을 겨눈 모습으로 자화상을 찍는다. 바로 그때 리 밀러는 막 셰르부르에서 배에 올라타 뉴욕으로 떠난다. 다음으로 리 밀러가 찍힌 사진은 〈추수감사절의 밀러 가족〉으로 아버지가 셀프타이머로 찍은 사진이었다. 리 밀러가 여러 유명한 연인과 함께 보내면서 그 자신도 꽤 유명해진 혼란스러웠던 한 해가 그렇게 저물어간다. 사랑하는 아버지와 함께 나란히 고향집에서 칠면조를 먹으면서.

◇

버림받은 맨 레이는 어떻게 되었을까? 맨 레이는 가장 유명한 그림 〈연인들〉 작업을 시작한다. 맨 레이는 하늘에 떠다니는 거대한 입술을 그리려고 한다. 그리고 리 밀러를 잊기 위해서 전 애인이었던 몽파르나스의 키키의 붉은 입술을 떠올린다. 언젠가 초현실주의 예술가들이 연 파티에서 키키가 맨 레이의 하얀 셔츠 옷깃에 방금 칠한 립스틱을 묻혀 자국을 남긴 적이 있다. 늦은 저녁 셔츠를 벗다가 그 립스틱 자국을 발견한 맨 레이는 그 자국을 사진에 담았다. 리 밀러가 떠나고 나서 맨 레이는 서랍에서 그 사진들을 꺼냈다. "이 한 쌍의 입술이 확대된 거대한 모습이 마치 기억 속에 남아 있는 꿈처럼 나를 쫓아왔다"고 맨 레이는 말했다. 맨 레이는 바로 침대 머리맡에 2.5미터 너비의 거대한 캔버스를 설치한다. 그리고 매일 아침 아틀리에로 가기 전에 파자마 차림으로 침대 위에 서서 몽파르나스의 키키 입술을 그린다. 일종의 퇴마술인 셈이다. 그러나 그 그림은 성공하지 못한다.

◇

베를린에 있는 로마니셰스 카페는 날마다 낮이고 저녁이고 진동한다. 이곳은 암흑이 시작되기 전 저 빛나는 시절에 세계정신이 모이던 집이다. 이곳에서 매일 저녁 세계가 파괴되고, 구원되고, 새롭게 만들어진다. 이곳에서 쿠르트 투홀스키와 요제프 로트, 에리히 캐스트너와 막스 베크만, 고트프리트 벤과 알프레트 되블린, 루트 란츠호프와 클레르 발도프, 비키 바움과 마를레네 디트리히, 로테 라저슈타인과 마리안네 브레슬라우어, 구스타프 그륀트겐스와 브리기테 헬름을 볼 수 있다. 그리고 다른 마흔여섯 개의 탁자에 자리잡은 남녀도 다 알 만한 사람들이다. 하늘에 파시즘 구름이 점점 더 짙게 모여들고, 거리에 땅거미가 지는 모습이 평소와 달라 보이던 어느 날 저녁, 마샤 칼레코가 홀로 로마니셰스 카페에 앉아 생각에 잠겨 있다. 손으로 작은 빨간 모자를 만지작거리고 있었는데, 모자를 잃은 머리카락이 마샤 칼레코의 생각처럼 엉클어져 있었다. 자기 자신과, 머릿속을 맴도는 시구들을 어떻게 해야 할지 전혀 알 수가 없었다. 벌써 꽤 늦은 시간이다. 남편은 늘 그렇듯 일찍 가버렸다. 마샤 칼레코는 그저 가만히 앉아 눈과 귀를 쫑긋 세우고는 소음과 드문드문 들리는 사람들의 대화 소리와 여름이 자기 자신을 통과해 흘러가도록 놔두면서 그 가운데 몇 단어라도 내면의 그물에 붙잡혀 불안하게 버둥거리다가 시구가 되기를 기다렸다. 마샤 칼레코는 자기가 쓴 「이튿날 아침」이라는 시에서처럼 그뒤에 환멸이 따를 뿐이라는 사실을 알면서도 도취를 사랑했다. "옷을 입었다. 당신은 내 다리를 검사했다./오래전에 비운 커피 냄새가 났다./나는 문 쪽으로 갔다. 아홉시에 근무 시작이었다." 그렇다, 마샤 칼레코는 아직 유대인 노동자 복지국에서 일하고 있었고, 여전히 결혼한 몸이지만, 이따금 밤에 한눈을 판다. 그리고 이렇게 친숙한 집에서 동경하기와 탈출해서 실망하기 사이를 왔다갔다하는 덕분에 마샤 칼레코의 문학적 목소리가 그렇게 인기를 얻은 것이었다. 이제 모든 신문이 「대도시의 사랑」이나 「일요일 아침」 같은 마샤 칼레코의 매혹적인 시들을 찍어낸다. 이 시들이 일상의 소소한 슬픔을 너무나 가볍게 이야기해서 도시 전체가 중독되기 시작한다. 마샤 칼레코는 레드와인 한 잔을 홀짝거리면서 동경과 실망이 이 세상 그 어떤 것보다도 서로 일치하는 게 아닐까 생각한다. 그때 갑자기 프란츠 헤셀이 마샤 칼레코가 앉아 있는 탁자로 다가온다. 그 유명한 위대한 "산책자"는 키가 작고, 대머리에, 부처처럼 생겼다. 갈색 눈과 쾌활한 얼굴과 두툼한 입술에는 극동 아시아의 명상과 프랑스 미식가의 향락이 결합되어 있다. 그리고 프란츠 헤셀은 잘 지은 시에 대한 절대감각을 지닌 남자다. 프란츠 헤셀은 로볼트출판사의 편집인이라고 자기를 소개한다. 몇 달 전부터 『포시셰 차이퉁』 『크베어슈니트』 『우후』에 발표된 시를 스크랩해왔다면서. 그리고 아주 구식에다가 장황한 스타일로 이야기를 꺼낸다. "친애하는 칼레코 부인, 한번 상상해봐주실 수 있겠습니까? 혹시……" 그러면서 몸을 굽혀 절한다. "부인의 시를 우리 출판사에서 출간하는 것을 상상해봐주실 수 있겠습니까?" 당황한 마샤 칼레코는 행운을 붙잡기 위해 이렇게 말한다. "우선 앉으시죠." 그리고 프란츠 헤셀이 따뜻하고 친절한 눈으로 바라보자 마샤 칼레코는 그저 이렇게 대답한다. “그보다 더 멋진 일은 상상할 수 없겠는데요.” 두 사람은 페르노 술을 주문하고는 곧장 시집 제목을 생각해 보기 시작한다. 마샤 칼레코는 늦은 밤 집으로 돌아가면서 곧 자신의 첫 시집이 출판될 거고 제목은 『서정적 속기 노트. 일상에 관한 시』가 될 거라고 확신한다. 이 행운이 자신을 어디로 이끌지는 전혀 알지 못한 채. 마샤 칼레코는 다가올 미래에 취해 춤추는 듯한 발걸음으로 집을 향해 걷다가 인도에서 지빠귀 한 마리가 잃어버리고 간 작은 회색 깃털을 집어들더니 빨간 모자에 꽂는다.

◇

1932년 가을에 베르톨트 브레히트와 헬레네 바이겔의 결혼이 최고의 위기를 맞는다. 브레히트가 또 불장난을 했다. 신작 〈어머니〉 초연에서 어머니 역은 아내 헬레네 바이겔에게 맡기고는, 하녀 역은 브란덴부르크 지방 출신의 스물네 살짜리 공산주의자인 마르가레테 슈테핀이 연기하게 한 것이다. 마르가레테 슈테핀은 브레히트가 좋아하는 특성을 아주 잘 갖추고 있었다. 계급투쟁을 위해 사는 노동자 계급 출신이고, 근면하고, 집념 있고, 충실하고, 겸손한 품성을 지녔고, 머리는 두 갈래로 땋았지만 단 하나의 사명을 따른다. 게다가 결핵을 앓고 있음에도 언제든 임무를 수행할 준비가 되어 있다. 그리고 리허설이든, 무대 공연이든, 만남이든 모든 것은 입원과 요양 스케줄에 맞춰 짜야 한다. 그럼에도 마르가레테 슈테핀이 첫 연극 공연에서 빛나게 하기 위해 사디스트 브레히트는 아내 헬레네 바이겔에게 조언 좀 해주라고 지시한다. 그래서 두 여인은 먼저 대화를 통해 서로 알게 된다. 그러나 1932년 내내 둘 사이에는 침묵 속의 전쟁이 벌어진다. 물론 그와 더불어 브레히트와 가장 가까운 동료이자, 비서이자, 영감을 주는 존재인 엘리자베트 하우프트만도 잊어서는 안 된다. 엘리자베트 하우프트만은 지금까지 주인님이 가족 곁에 있어야 한다고 말할 때마다 그저 포기했는데 이제 자기보다 어린 경쟁자가 자기를 제치고 브레히트의 침대로 들어가는 꼴을 봐야 했다. 그러나 브레히트는 자기가 만든 이 복잡한 여성 시스템에 신경쓸 시간이 없다. 그리고 늘 그렇듯 엘리자베트 하우프트만은 복종한다. 브레히트는 끊임없이 기침하는 슈테핀을 자기 집에서 지내게 하고 싶기 때문에 헬레네 바이겔에게 아이들과 함께 다시 이사하라고 할 수밖에 없었다. 그리고 헬레네 바이겔은 자기 자식들을 감염으로부터 보호하기 위해 브레히트의 말에 따른다. 헬레네 바이겔도 슈테핀의 등장이 남편의 심장부를 차지할 절대적인 위협이 되리라는 것을 안다. 그렇다, 5월에 자신이 동경하던 러시아에서 요양중이던 열렬한 공산주의자 마르가레테 슈테핀을 처음 유혹한 이래로 브레히트는 자제력을 잃었다. 라일락이 너무 예쁘게 핀데다, 어린 마르가레테의 갈망하는 눈빛에 브레히트는 이성을 빼앗겼다. 그때부터 브레히트는 어디를 가나 슈테핀을 데리고 다녔고, 아머호숫가에 있는 우팅에도 데리고 갔다. 그곳에서 늦여름에 태어나서 처음으로 마당이 딸린 집을 사서는 가족과 병든 애인으로 이루어진 복잡한 관계를 지속 가능한 관계로 정착시키려고 해보지만 실패로 끝나고 만다. 헬레네 바이겔이 아이들을 데리고 일찍 떠나버린다. 브레히트와 슈테핀은 작고 예쁜 오두막에서 처음으로 그 누구의 방해도 받지 않고 사랑의 도취를 맘껏 누린다. 밖에는 잔잔한 호수가 있고, 집 주변에는 배가 천천히 익어가고, 하늘에는 구름이 엄청 높게 떠 있었다. 5월에 러시아에서, 8월에는 오버바이에른에서 브레히트가 마르가레테 슈테핀과 함께한 연애는 브레히트 평생 가장 육체적인 관계인 듯하다. 브레히트는 테스토스테론이 넘치고 다소 녹초가 된 상태로 시를 짓는다. "우리가 이미 종종 했던 일을, 다시 또 하는 것, 그것이 우리를 하나로 묶어주네." 그리고 작곡가 한스 아이슬러에게 짤막한 안부편지를 쓰면서 이곳에 한번 오라고 초대한다. "그레테의 푸른 눈을 한번 보시지 않겠습니까?" 그러나 한스 아이슬러는 오지 않는다. 얼마 후 마르가레테 슈테핀이 임신을 한다. 브레히트는 마르가레테의 병과 개인적인 사정을 핑계로 임신중절을 권한다. 게다가 아이를 키울 돈도 없지 않느냐면서. 물론 이것은 모두 거짓말이다. 브레히트는 그저 헬레네 바이겔이 이혼하자고 할까봐 두려운 것뿐이다. 그러면 오직 자기에게만 헌신하는, 자신의 쾌락과 정치 투쟁에 헌신하는 "군인다운 동반자"를 잃게 될 거라면서, 아이는 모든 것을 너무 복잡하게 만들 뿐이라는 것이다. 브레히트는 몇 시간이나 슈테핀을 설득한다. 마르가레테는 눈물을 흘린다. 브레히트는 냉혹했다.

슈테핀은 1928년과 1930년에 이미 임신중절을 한 적이 있기 때문에 트라우마가 있었다. 첫번째는 심지어 쌍둥이였다. 당시에는 좋은 아빠들이 아니라는 느낌 때문에 한 것이지만 이번에는 확신이 있었다. 브레히트는 그렇게 하는 것이 두 사람의 사랑을 위해 더 낫다고 설득한다. 마르가레테 슈테핀은 눈물을 흘리며 이 남자들의 논리를 따른다. 이 무렵 마르가레테가 쓴 시를 통해 우리는 그때 일을 짐작할 수 있다. "아무리 위대한 사랑이라도/끼니 걱정 앞에서는 아무 소용 없네./일자리가 없는 이는 신경써야 하지/아이가 생기지 않도록."

브레히트는 자기 방식대로 일을 처리한다. 아내 헬레네 바이겔에게는 일을 너무 복잡하게 만들지 말라는 둥, 자기는 영원히 당신을 사랑할 거라는 둥 아주 긴 편지를 쓴다. 게다가 마침 해야 할 일이 아주 많다고, 그래서 "개인적인 갈등은 두렵다"면서. 한마디로 브레히트는 자기 아내에게 남자들이 쓰는 고전적인 갈등 회피전략을 쓴 것이다. 그리고 애인에게는 임신중절수술에 대한 보상으로 베를린 샤리테의과대학의 유명한 자우어브루흐 교수에게 결핵에 침식된 폐 수술 날짜를 잡아준다. 그렇게 마르가레테 슈테핀은 아이 없이 그리고 조금은 새로운 숨결로 암흑의 시대로 걸어들어간다. 그리고 브레히트는 자신의 모토를 충실히 지킨다. "폭풍에는 잠수를."

◇

샤를로테 볼프는 나치가 볼 때 악의 삼위일체를 구현하는 인물이다. 유대인일 뿐만 아니라 사회주의자요 레즈비언인 샤를로테 볼프는 베를린에서 피임을 담당하는 일반 의료보험 의사직을 그만두게 된다. 부서장은 깊은 유감을 표하면서 정치 상황 때문에 보직을 그만두어야 한다는 사실을 전한다. 그래서 샤를로테 볼프는 노이쾰른에 있는 전기물리학 연구소에서 생계를 꾸려가려고 해본다. 그런데 곧 창가에서 충격적인 장면을 보게 된다. 1932년 가을에 나치 제복을 입은 젊은이 무리가 “유대인에게 죽음을”이라는 명확한 메시지를 담은 문구가 쓰여 있는 1미터짜리 현수막을 들고서 연구소 앞 도로를 행진했다. “누가 봐도 유대인 같은 외모”를 지니고 있다는 사실을 스스로 잘 알고 있는 샤를로테 볼프는 이때부터 밀폐된 공간에 있을 때에만, 그리고 키 크고 금발에 독일인인 반려자 카테리네와 함께 있을 때만 안전하다고 느낀다. 그러나 두 사람은 절대로 손을 잡고 걷지 않는다. 1920년대 후반에만 해도 베를린 사람들에게 그런 것을 허용해줄 관용이 있었을지 모르지만, 1932년에는 결과를 예측할 수 없는 도발일 터였다. 두 사람은 함께 손금 보는 법을 가르쳐주는 수상술 강좌를 듣는다. 문밖에서 고향이 점점 변해가는 동안 누구나 자기 손에 절대로 변하지 않는 선들의 풍경을 지니고 다닌다는 사실을 두 사람은 알게 된다. 샤를로테는 카테리네의 손에 이별의 징표가 있음을 읽을 수 있을까? 카테리네는 아버지한테서 자기 자신을 지키기 위해 유대인 애인을 빨리 버리라는 압박을 받는다. 그리고 아빠 말을 따른다. 그뒤로 샤를로테 볼프는 1932년의 마지막 몇 주를 마취된 사람처럼 비틀거리며 보낸다.

◇

로베르트 무질이 일기에 이렇게 적는다. “나는 특성 없는 남자다. 사람들이 알아보지 못할 뿐이다. 나는 좋은 인습적인 감정을 갖고 있고, 물론 적절하게 처신할 줄도 알지만, 내면의 정체성이 부족하다.” 무질의 아내 마르타는 긍정의 심리학으로 그것을 극복하려고 하는데, 무질이 식탁에 앉아 뚱한 얼굴을 짓자마자 “입꼬리 올려요” 하고 소리친다. 그러나 로베르트 무질은 훌륭한 반어를 구사하면서도 웃는 근육을 한 번도 단련해본 적이 없었다. 그렇지만 삶의 의욕도 전혀 없고, 글도 안 써지고, 절망에 가득차 있고, 살아 있다는 느낌도 없으면서도 로베르트 무질은 1930년 가을에 『특성 없는 남자』 1권 가운데 앞부분 600쪽짜리 원고를 베를린에 있는 로볼트출판사로 보낸다. 무질이 우체국에서 돌아왔을 때 마르타는 무질의 얼굴에서 미소 같은 것을 보았다.

1년 뒤 무질 부부는 빈을 떠나 베를린으로 이주했다. 현명한 무질은 『특성 없는 남자』에서 묘사한 1913년의 혼란이 1932년 베를린에서 다시 벌어질 수 있다는 것을 예감한다. 로베르트 무질은 마르타와 함께 쿠어퓌르스텐담에 있는 슈테른 여인숙에서 살아간다. 그걸 산다고 말할 수 있을까. 그들은 무일푼이다. 마르타는 뭔가 요리를 좀 해보려고 하고 로베르트는 책상에 앉아 니코틴도 다 날아간 담배를 피우고 있다. 마르타는 빈에서도 그랬듯 여전히 가정적이고, 따뜻하고, 조용하다. 그리고 로베르트는 빈에서도 그랬듯 여전히 우울하고, 차갑고, 화가 나 있다. 마르타는 로베르트를 쩔쩔매게 하고 속박한다. 그러면서 동시에 세상의 부당함으로부터 무질의 예민한 신경을 보호한다. 로베르트는 마르타를 사랑한다. 로베르트 무질은 황혼이 비치는 베를린의 여인숙에서 마르타가 잠들었을 때 주인공

울리히에게 새로운 형태의 사랑을 선사한다. 누이 아가테가 등장하는 것이다. 이 무렵 무질은 심리학자 르네 슈피츠에게 마르타를 향한 사랑이 가끔 남매간의 사랑 같은 면이 있다고 고백한다. 1932년 12월에 『특성 없는 남자』 2권, 더 정확하게 말하자면 2권 가운데 1부가 출간된다. 출판사에서는 소설의 주인공 울리히를 이렇게 소개한다. "옳은 길에 대한 의문이 주인공을 천년 사랑의 제국으로 이끈다. 이 작품에서 작가는 울리히와 아가테 남매의 경험을 통해 모든 신비주의의 원형인 금지된 사랑의 신화를 새롭게 창조한다." 무질이 이 신화를 어떻게 창조했는지 보라! 울리히는 누이에게 세계의 역사는 "적어도 그 절반은 사랑의 역사"라고 말한다. 그에 대한 아가테의 생각은 이렇다. 우리의 사랑 이야기는 "이 세상에 존재할 수 있는 마지막 사랑 이야기다. 우리는 일종의 마지막 사랑의 모히칸족이 될 것이다."

◇

1932년 11월의 베를린. 진눈깨비가 날리고, 바람이 불고, 날은 춥다. 정치 뉴스는 점점 더 위태로워지고, 나치 돌격대가 거리를 휩쓸고 다니고, 유대인 지식인들은 공공연하게 망명을 이야기한다. 11월 7일에 샤를로텐부르크에 있는 파자넨에크 여인숙의 퀴퀴하고 음침한 방에서 클라우스 만은 이렇게 적는다. "역겨울 정도로 혼란스러운 상황. 히틀러는 여전히 큰소리쳐댐." 클라우스 만은 비참한 기분에 젖어 술집과 유곽을 전전하고, 병에 든 차가운 소시지로 연명하고, 옛 애인들을 만나고, 미친듯이 새로운 코카인을 찾아다닌다. 어느 날 밤, 6일 동안 펼쳐지는 릴레이 사이클 경기를 보러 갔다가 그곳에서 한때 열렬히 숭배했던 우상 구스타프 그륀트겐스를 보게 되지만 자기를 알아보기 전에 시선을 돌려버린다. 그러나 소용없었다. 그날 밤 진정한 메피스토인 구스타프 그륀트겐스가 나오는 "달콤한" 꿈을 꾼다. 이튿날 누이 에리카와 에리카에게 희망도 가망도 없는 사랑에 빠진 안네마리 슈바르첸바흐가 와서 함께 켐핀스키 식당에 간다. 그곳에서 굴도 먹고 보헤미안처럼 굴면서 시커먼 먹구름처럼 서서히 베를린 하늘을 휩싸는 미래라는 악몽을 떨치려 해본다. 세 사람은 지난여름에 함께 베네치아에서 고급 호텔 데 뱅에 묵으면서 사랑하는 친구 리키 할가르텐이 자살한 충격을 이겨내려 애썼다. 함께 대마초를 피우고, 술을 마시고, 수영도 했지만, 클라우스와 안네마리는 베를린에서도 그렇듯 서서히 가라앉고 있는 도시 베네치아에서도 그 슬픔을 제대로 이겨내지 못했다. 그곳에서 클라우스 만은 1932년 7월 11일에 리키 할가르텐에 관한 감동적인 글을 썼다. 제목은 '급진적인 심장'. 이 글은 사실 자화상이었다. "그는 삶 자체가 도저히 더이상은 견딜 수 없는 저주라고 생각했다. 그러나 그러면서도 여전히 삶을 사랑했다. 어둠 대신 사랑이 승리하도록 온 힘을 다해 노력했다."

하필 이 어두운 11월에 클라우스 만과 안네마리 슈바르첸바흐는 베를린에서 삶과 사랑이 승리하도록 노력하고 있다. 그러나 쉽지가 않다. 그리고 불쌍한 천사 안네마리 슈바르첸바흐는 클라우스와 에리카 만 남매 덕분에 코카인을 알게 되더니 이 살을 에는 듯 추운 베를린의 겨울날에 모르핀도 알게 된다. 클라우스 만은 에리카 집을 다녀올 때마다 "E 집에서 크게 함"이라고 적는다. 마약은 세 사람을 더 가깝게 이어준다. 강한 자인 에리카는 항상 가운데, 그 양옆에는 추락하는 자인 클라우스와 안네마리가, 그렇게 세 사람은 저녁에 함께 마약을 한다. 겉보기에는 가볍게 하는 것처럼 보이지만, 이튿날 아침에 각자 느끼는 삶의 무게는 서로 많이 다르다.

◇

알마 말러베르펠은 위대한 독일 작가들의 자녀들이 처한 일반적인 상황을 이렇게 요약한다. "토마스 만의 자식들은 게이거나 레즈비언이고, 프랑크 베데킨트의 딸은 타락한 잡년이고, 야콥 바서만의 자식들은 놈팡이와 창녀들이다."

◇

1932년 11월 8일 모스크바. 밖에는 가볍게 눈발이 날린다. 크렘린궁에서는 나데즈다와 이오시프 스탈린이 각자 자기 방식대로 러시아 혁명 15주년 기념 저녁 만찬을 준비한다. 스탈린은 몰로토프와 함께 이튿날 처형할 폭도, 배신자, 용의자 목록에 서명한다. 나데즈다는 목욕을 한다. 심지어 평소에 하지 않던 화장까지 하고 언니 안나가 베를린에서 사다준 빨간 장미가 수놓인 검은색 원피스를 입는다. 나데즈다가 거울 앞에서 한 바퀴 돌자 안나가 박수를 치고는 빨간 장미를 검은 머리에 꽂아준다.

스탈린이 최측근들과 함께 일을 마치고서 식사하러 왔다. 낡아빠진 제복 재킷 차림에 백발이 산처럼 꼿꼿이 서 있었다. 스탈린은 무뚝뚝한 표정으로 음식이 차려진 식탁에 앉았다. 스탈린에게 경의를 표하는 뜻으로 조지아식 음식이 차려져 있다. 양고기, 소금에 절인 생선, 약간의 샐러드. 스탈린은 식탁에 앉아 있는 아내를 보고도 알은체하지 않았다. 나데즈다는 옆에 앉은 남자랑 시시닥거리기 시작했다. 그러더니 굶어 죽어가는 우크라이나 농부들 때문에 얼마나 마음이 아픈지 모르겠다고 소리치기 시작했다.

건너편에 앉은 스탈린은 보드카만 연거푸 마셔댔다. 그러더니 자기도 갈리아 예고로바와 시시닥거리기 시작했다. 갈리아 예고로바가 그것을 즐기는 것이 눈에 보였다. 스탈린이 빵 반죽으로 작은 공을 만들어 자기에게 튕기기 시작했을 때도 가만히 있었다. 나데즈다는 탁자 반대편에서 깜짝 놀란 채 이 모든 것을 지켜보았다. 그러고는 스탈린이 농부들에게 저지른 잔인한 처사에 더욱더 목소리를 높였다. 스탈린이 나데즈다의 말을 중단시키려고 잔을 들어 외쳤다. “모든 반역자에게 죽음을! 건배!” 그 즉시 식탁에 앉아 있던 모든 사람이 잔을 들었는데 나데즈다만 가만히 있었다. 스탈린은 나데즈다에게 소리쳤다. “어이, 술 한잔해!” 그러자 나데즈다는 대꾸했다. “내 이름은 어이가 아니야.” 싸늘한 침묵이 흘렀다. 모두 얼어붙었다. 나데즈다는 자리에서 일어나더니 그대로 만찬회장에서 나가버렸다. 몰로토프의 아내가 쫓아 나가 나데즈다를 진정시키려고 애썼고, 그 사이 안에서는 남자들이 히스테릭한 여자의 변덕에 대해 큰 소리로 헐뜯었다.

그날 밤이 아주 늦어서야 이오시프 스탈린이 집으로 돌아왔다. 그때까지 식탁에서 옆자리에 앉았던 여인과 있었는지 아니면 사람들이 계속 축제를 벌이고 있는 별장에 있었는지는 정확히 알 수 없다. 우리가 아는 것은 스탈린이 술에 몹시 취했고 어느 순간 거대한 제국을 지배하는 지배자로서 즐겨 자던 야전침대에 쓰러져 잤다는 것이다. 그곳은 아내가 있는 침실과 멀리 떨어져 있었다. 그리고 이튿날 열한시에 뒤숭숭한 꿈에서 깨어났을 때, 하녀가 와서 나데즈다가 지난밤 권총으로 자살했다는 소식을 전했다.

스탈린은 비틀거렸다. 그리고 복도 반대편 끝에 있는 아내의 침실로 달려갔다. 그곳에 나데즈다가 죽은 채로 침대에 누워 있었다. 여전히 빨간 장미가 수놓인 검은색 원피스를 입은 채였다. 입에서 피가 흘러나왔다. 옆에는 오빠가 베를린에서 사다준 소형 모제르 권총이 놓여 있었다. 나데즈다가 잡아뗐는지 방바닥에 시든 장미 꽃잎이 떨어져 있었다.

"당신을 구하지 못했어." 스탈린은 아내의 관 앞에서 흐느끼며 이렇게 말했다고 한다. 죄책감은 느끼지 않았다. 대신 배신감을 느꼈다. 스탈린은 또 이렇게 말했다. "아내는 나를 적으로 남긴 채 떠나갔다. 며칠이 지나자 아이들은 엄마를 잊었지만, 나는 평생 잊지 않았다." 이오시프 스탈린이 아내의 자살로 느낀 굴욕감은 그에게 남아 있던 인류에 대한 마지막 믿음을 파괴했다. 1932년 11월 9일부터 스탈린은 제거해야 할 반역자를 찾아내는 데만 열을 올린다.

◇

알마 말러베르펠은 전국 낭독회를 떠나는 남편 프란츠 베르펠과 동행한다. 알마 말러베르펠은 남편이 유대인이라서, 남편의 가냘픈 몸매와 굼뜬 행동 때문에 점점 더 남편이 싫어진다. 그런데 1932년 12월 10일 브레슬라우에 도착했을 때 자기 취향에 더 맞는 남자를 만나게 된다. 바로 아돌프 히틀러였다. 같은 날 저녁 대규모 집회가 있었다. 알마는 남편에게 낭독회에 혼자 가라고 부탁한다. 그리고 호텔 식당에 앉아 샴페인 한 병을 비우고는 히틀러가 있는 집회에 간다. "그 사람의 얼굴을 보기 위해 몇 시간을 기다렸다. 그리고 내 생각이 맞았다. 그것은 총통의 얼굴이 아니었다! 소년의 얼굴이었다." 알마 말러베르펠은 히틀러의 연설에 열광했다. 늦은 저녁 남편이 낭독을 마치고 돌아왔을 때에도 아직 호텔 응접실에 앉아 도취에 빠져 있었다. 두 사람은 같은 호텔에 묵고 있는 히틀러와 마주쳤다. 알마는 눈을 빛내면서 프란츠 베르펠에게 물었다. "저기, 저 남자 어떻게 생각해요?" 그러자 베르펠이 대답했다. "별로 호감이 가지 않는군."

◇

하인리히 만은 마침내 편안한 삶을 영위한다. 그는 1932년 12월에 애인 넬리 크뢰거와 함께 베를린 파자넨가 61번지로 이사했다. 소설 『운라트 교수』를 영화로 만든 〈푸른 천사〉가 새로운 명성과 약간의 새로운 돈을 안겨주었다. 지금은 술집 여종업원의 인생 이야기를 쓰고 있다. 넬리 크뢰거의 인생이 빤히 보인다. 하인리히 만은 이 소설의 제목을 '어느 진지한 삶'이라고 붙이려고 한다. 넬리는 하인리히를 위해 양복과 셔츠를 다려주지만 하인리히가 이 양복과 셔츠를 입을 때면 넬리 크뢰거를 곁에 두는 것을 좋아하지 않는다. 너무 창피하기 때문이다. 그러면 넬리 크뢰거는 자주 베딩에 사는 스물다섯 살짜리 공산주의자 루디 카리우스한테 간다. 하인리히 만도 그 사실을 알지만 오히려 자기 혼자 넬리를 보살피지 않아도 되어서 기뻐하는 것처럼 보인다. 이제 예순 살이 되니 좀 피곤하다.

◇

1932년 12월에 마르그리트 레스핑거가 결혼한다. 상대는 루트비히 비트겐슈타인이 아니라 탈레 셰그렌이었다. 1930년 9월 28일에 콘스탄츠에서 마르그리트와 함께 바로 그 탈레에게 줄 스웨터 두 벌이 들어 있는 소포를 부치러 우체국에 갔을 때 비트겐슈타인은 처음으로 질투 같은 것을 느꼈는데 이제 보니 당연한 일이었다. 결혼식 한 시간 전에 루트비히 비트겐슈타인은 빈에 있는 마르그리트를 찾아 간다. 훗날 마르그리트 레스핑거는 이렇게 회고했다. “루트비히가 나를 찾아와 이렇게 말했을 때 내 절망은 극에 달했다. ‘당신은 배를 타고 여행을 떠나려고 하는데 바다가 거칠어질 거야. 나와의 인연의 끈을 영원히 놓지 말아줘, 그러면 당신은 가라앉지 않을 거야’라고 루트비히는 내게 간청했다. 수년 동안 나는 그 사람이 자기 이상대로 주물러 빚어내고자 하는 부드러운 밀랍처럼 그 손안에 있었다.” 이제 촛불은 꺼졌다.

◇

1932년 여름에 이제 그로피우스가 애인 헤르베르트 바이어와 함께 남편 발터 그로피우스에게 불륜 사실을 고백한다. 그러면서 이 불륜을 계속 이어가겠다는 바람을 분명히 했다. 그리고 이제 연륜이 생긴 바우하우스 마이스터 발터 그로피우스는 이 불륜을 중재하면서 감정의 걸작을 보여준다. 모든 이에게 커다란 관용과 완벽한 이해심을 보여준 것이다. 자기 아내에게. 자신의 연적이자 친한 친구에게. 분노 때문에 남편한테서 세 살짜리 자식을 떼어놓으려는 친구 아내에게. 발터 그로피우스는 부정한 아내에게 한없는 연민을 표현한다. 그녀의 애인이 자기 아내는 물론 자기 멘토까지 배반한 것 때문에 얼마나 힘들겠느냐면서. 1932년 12월에 발터 그로피우스는 이제 그로피우스와 함께 눈 덮인 아로자에 간다. 그곳이 너무 마음에 든 이제는 헤르베르트 바이어와 함께 4주 더 있으면 안 되냐고 남편에게 묻는다. 그러자 발터 그로피우스는 이렇게 대답한다. "얼마든지, 그런데 혹시 14일만 있으면 안 될까?" 결혼생활이란 적당한 타협의 문제이다. 그리고 한때 알마 말러와 결혼한 적이 있는 발터 그로피우스 같은 사람은 전투로 단련이 된 사람이다.

◇

1932년 말에 준 밀러가 다시 파리에 온다. 결혼생활을 유지하기 위해서인지 완전히 끝내기 위해서인지는 정확하게 말할 수 없다. 준은 헨리 밀러를 찾아 클리시로 간다. 헨리 밀러는 그전에 모든 일기장과 원고를 여자친구 아나이스 닌에게 보낸다. 아내가 읽지 못하게 하기 위해서였다. 헨리와 준은 새벽 여섯시까지 꼬박 스물네 시간을 싸운다. 한번은 아나이스 닌이 찾아와 옷을 입은 채로 침대에 누워서는 이 부부가 계속 술을 마셔대며 서로 욕하는 모습을 지켜본다. 마침내 준 밀러가 종지부를 찍는다. 헨리 밀러가 술에 취해 한숨 자는 동안 휴지에다가 이렇게 적는다. "최대한 빨리 이혼서류 보내줘." 헨리 밀러는 그 휴지를 노트에 붙인다. 애인 아나이스에게 받은 799프랑을 주고 산 뉴욕행 배편 항로가 적힌 영수증 옆에. 준이 그 노트에 있는 작별의 콜라주를 보고는 여행가방을 집어들고 문으로 가면서 조롱하듯 이렇게 말한다. "이제 마침내 당신 새 책의 마지막 장을 쓰게 됐군."

1933

◇

1933년 1월 1일, 샤리테 병원 병실에서 마르가레테 슈테핀이 뒤숭숭한 꿈에서 깨었을 때, 간호사가 드립 커피 한 잔을 주면서 힘찬 목소리로 "새해를 위해 건배" 하고 인사한다. 마르가레테는 펜과 종이를 집어 사랑하는 베르톨트 브레히트를 위해 소네트를 짓는다. "오늘 난 꿈을 꾸었네, 당신 곁에 누워 있는 꿈을." 그것은 좋은 꿈이 아니었다. 자기를 유혹해놓고는 달아나버린 것이다.

◇

이 새해 첫날에 우리는 두번째 병문안을 가야 한다. 바로 스위스에 있는 요양원에 누워 분노에 떨며 짜증을 부리고 있는 루트 란츠호프를 찾아가야 한다.

루트 란츠호프는 1920년대 베를린을 가장 잘 구현하는 여성이다. 1904년에 루트 레비라는 이름으로 유대인 상류층 가정에 태어난 그녀는 불안한 듯 깜빡이는 독특한 눈빛으로 그 시절의 모든 것이 되었다. 먼저 화가 오스카 코코슈카의 모델이었고, 나중에는 아방가르드 사진작가 움보의 모델이었고, 댄서였고, 로마니셰스 카페와 쇠네베르크에 있는 여러 동성애 술집에서 단골손님이었고, 자동차 경주 선수였고, 영화 〈노스페라투〉에 출연한 배우였고, 저널리스트였고, 『다수와 한 사람』이라는 제목으로 "광란의 1920년대"의 속도와 도취와 불안하게 흔들리는 정신에 대하여 깃털처럼 가벼운 소설을 쓴 작가였다. 사실 이 소설의 진정한 주인공은 그 자신이었다. 그리고 토마스 만과 크로케를 쳤고 게르하르트 하우프트만과 스카트를 쳤고, 찰리 채플린, 몹사 슈테른하임, 오스카 코코슈카, 안네마리 슈바르첸바흐, 에리카 만, 조세핀 베이커와 사귀었다. 특히 카를 구스타프 폴묄러와 오래 사귀었는데, 그는 막스 라인하르트와 요제프 폰 슈테른베르크의 비밀 매니저였으며, 베를린 파리광장에 있는 그의 집은 카페와 술집이 너무 지겨워진 사람들이 모이던 문화도시 베를린의 중심지였다. 루트 란츠호프는 1920년대 후반 유럽에서 가장 괴짜인 세 귀족 여성과 가장 가까운 친구이기도 했는데, 바로 베네치아의 루이자 카사티 후작부인, 루가노의 모드 튀센 남작부인, 파리의 폴리냐크 공작부인이 그들이었다. 사진작가 마리안네 브레슬라우어는 물론 눈부시게 매혹적인 부부인 리자 폰 크람과 고트프리트 폰 크람과도 친구였고, 출판인 사무엘 피셔의 조카였다. 루트 란츠호프는 영국 귀족과의 약혼을 파혼한 뒤에 아들론 호텔에서 제국신용조합에 다니는 저명한 은행가를 알게 된다. 바로 이름도 긴 한스 루트비히 다비트 빌헬름 프리드리히 하인리히 요르크 폰 바르텐부르크 백작이었다. 루트 란츠호프는 둘째 날 저녁부터 그를 "조니"라는 애칭으로 불렀고 1930년에 벌써 결혼까지 한다. 증인은 스위스의 미술상인 크리스토프 베르누이와 루트의 오랜 친구 프란체스코 폰 멘델스존이었다. 이 무렵 프란체스코 폰 멘델스존은 구스타프 그륀트겐스와 연인관계였다. 그런데 1932년 가을에 루트 란츠호프의 파란만장한 인생에 제동이 걸린다(루트 란츠호프는 1920년대에 그 시대의 상태를 알려주는 완벽한 지진계였다). 결핵성 골수염에 걸려 끔찍한 척추 통증에 시달렸다. 루트 란츠호프는 처음에 생모리츠 근교에 있는 병원에 입원했다가 나중에 제네바호수에서 남동쪽에 위치한 레장에 있는 전문병원으로 옮겨졌다. 그곳에서 몇 주 동안 누워 있고, 누워 있고, 누워 있어야 했다. 유일한 기분전환거리는 환자 합창단에서 노래 부르는 것과 식당에서 수프를 떠먹는 것뿐이었다. 가끔, 특히 크리스마스 때면, 친구 안네마리 슈바르첸바흐가 초콜릿이 들어 있는 소포를 보내왔다. 그러니까 그곳 스위스 끄트머리에서 고통과 작은 희망을 안고 이제 루트 요르크 폰 바르텐부르크 백작부인이 된 루트 란츠호프가 1933년 1월 1일에 침대에 누워 미래가 다시 시작되기를 손꼽아 기다리고 있었다.

◇

1월 1일 저녁에 에리카 만의 카바레가 "페퍼뮐레"라는 이름으로 뮌헨에 있는 호프브로이하우스 근처 봉보니에르에서 문을 연다. 모든 초연 프로그램이 나치와 나치의 소시민성에 대한 조롱이었다. 관객으로 부모님 토마스 만과 카티아 만, 오빠 클라우스가 자리했다. 무대 위에서 에리카와 에리카의 여자친구 테레제 기제는 빛났다. 그러나 클라우스 만은 이렇게 적고 있다. "구석에 빌어먹을 나치 세 놈." 그들은 모든 것을 받아적었다.

◇

헬레네 바이겔은 이 1월에 바이마르공화국의 종말보다 천 일 넘게 이어온 결혼생활의 종말이 더 두렵다. 남편 베르톨트 브레히트와 마르가레테 슈테핀의 관계가 심각한 것 같다. 그런데 남편은 편지에 대고 뻔뻔스레 거짓말을 한다. 그리고 왜 하필 자기 애인을 하르덴베르크가에 있는 집 바로 가까이 지내게 했느냐는 질문에 이렇게 대답한다. "이미 말했듯이, 그리고 진심으로 하는 말인데, 그레테를 거기서 지내게 한 것은 순전히 실용적인 이유 때문이오. 단 한순간이라도 내 가까이 두기 위해서가 아니오." 그러나 그 말에 헬레네 바이겔이 정말 설득된 것 같아 보이지는 않는다. 이튿날 브레히트가 말을 덧붙인다. 마르가레테 슈테핀과 베르톨트 브레히트 사이에 오가는 음탕한 소네트에 대해, 그리고 슈테핀의 임신에 대해 벌써부터 연극계 전체가 수군댔을 게 뻔하다. “사랑하는 헬리, 그런 일로 괜히 일을 크게 만들지 마시오. 나는 속물들이 떠들어대는 소문과 그들의 상상에 휘둘리는 것을 아주 싫어하오, 당신도 알잖소.” 브레히트와 4년째 결혼생활을 하고 있는 헬레네 바이겔은 자기 남편이 자기 자신 빼고는 그 누구한테라도 휘둘리는 것을 아주 싫어한다는 사실을 특히 잘 알고 있다.

◇

1933년에 게오르게 그로스가 첫 망명자가 된다. 그는 스케치와 채색화를 통해 바이마르공화국을 불멸로 남긴 화가였다. 뚱뚱한 배, 실크해트, 발가벗은 여자 무용수, 광기, 가난을. 그러나 그렇게 치밀하게 들여다보는 사람은 무엇이 언제 끝나는지도 아는 법이다. 뉴욕의 ‘아트 스튜던츠 리그’에서 강사로 일하다가 작년 크리스마스 직전에 독일로 돌아왔을 때 게오르게 그로스는 브레머하펜 선착장에서 아내 에바에게 자기는 곧 독일을 영영 떠나기 위해 왔을 뿐이라고 말한다. 도착한 지 오분밖에 안 되었을 때였다. 미술대학에서 정규직을 제안했다는 것이다. 한 달에 150달러로! 에바 그로스는 지난 몇 달 동안 분위기가 가족에게 불리해지고 있음을 느낀 터였다. 기차에 자리를 잡고 나서 게오르게 그로스가 눈을 빛내며 아내에게 뉴욕에서 펼쳐질 미래를 얘기해주자 에바는 남편을 껴안으며 말했다.

"그래, 가자 우리." 베를린에 도착하자마자 두 사람은 트라우테나우가에 있는 큰 집과 나사우이셴가에 있는 아틀리에를 정리하기 시작했다. 그로스 부부는 선박으로 보낼 중요한 물건들은 모조리 컨테이너에 넣고, 나머지는 사람들에게 나누어주었다. 시곗바늘이 째깍째깍 흘러갔다. 게오르게 그로스는 이렇게 회고한다. "대규모 연극의 초연 직전이나 전투가 시작되기 직전 같았다. 어디서나 사람들은 헛기침을 하고 초조해하며 끊임없이 시계를 쳐다봤다. 날마다 신문에 이제 곧 자정이라고 쓰여 있었기 때문이다. 자정이 지나면 무슨 일이 벌어질지는 그저 암시만 되었을 뿐이지만, 나와 내 친구들에게 희망적이거나 우호적인 것이 전혀 아니었다." 에바와 게오르게 그로스는 열에 들떠 베를린 생활을 끝낸다. 1월 11일에 두 사람은 세 살배기 마르틴과 다섯 살배기 페터를 에바의 이모한테 맡긴다. 여름에 데려올 생각이었다. 그런 다음 1월 12일에 브레머하펜에서 북독일로이드 기선인 "슈투트가르트"호를 타고 미국으로 떠난다. 영원히 안녕이었다. 엔진이 움직이기 시작하고 배 뒤로 물보라가 산처럼 솟아오르고 평평한 북독일 땅이 저멀리 하나의 선으로 사라져갈 때 두 사람은 이것이 마지막이라는 사실을 예감한다.

◇

1월 14일에 드레스덴에서 빅토르 클렘퍼러는 절망적인 일기를 쓴다. "새해에도 고통은 지난해와 똑같다. 집 문제, 추위, 시간 손실, 금전

손실, 신용 불량, 집 건축에 대한 에바의 집착과 점점 더 커지는 그녀의 절망. 우리는 이 일로 정말 망할 것이다. 몰락이 다가오는 것이 보이며 무력감을 느낀다." 가장 슬픈 일은, 사랑하는 아내이자 위대한 가수인 에바가 노래 부를 때 쓰기 위해 특별히 큰돈을 주고 산 하모늄을 한 번도, 정말 단 한 번도 열지 않는다는 점이다. 하모늄은 닫혀 있고 에바는 침묵한다.

◇

요제프 폰 슈테른베르크가 유럽여행을 떠나고 할리우드에서 홀대당하는 기분이 든 마를레네 디트리히는 겨울에 성공한 댄서이자 그다지 성공하지 못한 시나리오 작가인 메르세데스 드 아코스타와 연애를 시작한다. 할리우드에서 그레타 가르보의 레즈비언 연인으로 유명한 인물이었다. 바로 그 때문에 디트리히가 끌렸을 것이 뻔하다. 자칭 자기보다 더 유명하다는 그레타 가르보에게 한번쯤 확실하게 훼방을 놓는 것이다. 마를레네 디트리히는 남성 정장과 남성 속옷을 입어 자신의 성정체성과 성적 취향을 아주 의식적으로 표현했는데 그레타 가르보가 고향 스웨덴으로 긴 여행을 떠난 뒤로 메르세데스 드 아코스타는 이런 자극에 아주 약했다. 마를레네 디트리히는 메르세데스를 위해 요리하고(새로운 연애를 시작할 때면 늘 감자볶음을 즐겨 요리하는데, 다만 자기 딸 마리아를 위해서는 단 한 번도 요리해준 적이 없다), 거의 날마다 메르세데스의 집으로 하얀 꽃을 배달

시킨다. 튤립은 너무 남근 같아 보인다고 메르세데스가 말하자 마를레네는 장미로 바꾼다. 거기에 더해 실내가운, 란제리, 머릿기름, 비누, 케이크도 보낸다. 딜리버리 히어로*역의 마를레네 디트리히. 메르세데스 드 아코스타가 마를레네 디트리히에게 보내는 편지에 썼듯이, 1월 16일에 "당신이 내게 몸을 내주었던 성스럽고 열정적인 밤 이후로" 벌써 3개월이 지났다.

그러나 그레타 가르보가 스웨덴에서 돌아오면서 그 성스러운 시간들은 끝이 난다. 다시 그레타 가르보에게 끌린 메르세데스 드 아코스타는 마를레네 디트리히에게 자기 상황을 이렇게 설명한다. 가르보는 "신의 광채가 스친 얼굴을 하고 있을 뿐. 오로지 돈과, 건강과, 섹스와, 먹는 것과 자는 것에만 관심이 있는 스웨덴 하녀"라고. 그런데 자기가 이 여자를 성스러운 이미지로 만들었고, "나는 진짜 현실의 사람이 아니라 내가 창조한 사람을 사랑할 뿐"이라는 것이다. 마를레네 디트리히에게 익숙한 말이었다. 자기를 향한 요제프 폰 슈테른베르크의 감정도 그런 것 같아 꺼림칙했다. 마침 요제프 폰 슈테른베르크도 유럽에서 돌아와 더욱 열심히 구애하고 있었다.

그런데 밤에 마를레네 디트리히가 슈테른베르크와 영화 촬영 작업을 하면서 있었던 일들을 털어놓았던 것을 메르세데스 드 아코스타가 여기저기 얘기하고 다닌 사실을 알게 된 마를레네 디트리히는 인내심이 바닥난다. 결국 웃음기 하나 없는 카드를 보내 할리우

---

* 독일의 음식 배달 서비스 회사.

드에서 자신의 레즈비언 단편영화를 끝낸다.

그러나 그레타 가르보는 물론 마를레네 디트리히도 유혹한 여자인 메르세데스 드 아코스타는 이때부터 남녀 팬들을 피할 수 없게 된다. (전쟁 후에는 특히 트루먼 커포티가 메르세데스 드 아코스타의 무절제한 성생활에 매혹된다. 직접 "국제적인 윤무"라고 이름 붙인 게임을 하나 고안하는데, 최대한 적은 침대를 사용해서 특정 사람들을 서로 관계 맺게 하는 게임이었다. 그 게임에서 메르세데스 드 아코스타는 "교황 요한 23세부터 존 F. 케네디에 이르기까지 누구하고나 결합이 가능한 으뜸 패"가 된다.)

◇

1월 21일에 잔다르멘마르크트에 있는 샤우슈필하우스 극장에서 초연되는 〈파우스트〉 2부 공연장에 막스 리버만이 베르톨트 브레히트가 앉아 있는 좌석에서 옆으로 두 좌석 떨어진 곳에 앉아 있다. 구스타프 그륀트겐스가 최고의 역할, 그러니까 악마 같은 교사자 메피스토를 연기하는 모습을 보기 위해서 베를린의 문화계 인사들이 모두 마지막으로 한자리에 모인 것 같다. 관객들은 아우성친다. 괴테가 묘사한 새로운 인간형, 곧 "인조인간"을 꺼림칙할 정도로 현실감 느껴지게 재현한 것에 열광하는 한편 내적 혼란을 느낀 탓이었다. 그리고 관객들은 위선적인 악마의 화신이자 "지옥의 중재자" 메피스토를 찬미한다. 비평가 알프레트 케어는 『베를리너 탁블라트』에 기고한 비평에서, 그륀트겐스의 메피스토는 “영혼과 정신의 가장 강력한 힘”을 보여준다고 쓴다. “그륀트겐스는 점점 더 타락한 천사에 가까워진다”는 것이다. 사람들은 그렇게 착각할 수 있다. 1930년대 연극계에서 정점을 향한 그륀트겐스의 비상은 이제 비로소 시작되었을 뿐이다. 그리고 독일에서 가장 독보적인 비평가로 꼽히는 알프레트 케어는 그로부터 3주 뒤에 독일을 영영 떠나게 된다, 날개가 꺾인 채로.

◇

1월 25일에 요제프 로트가 파리행 밤기차를 타고 베를린을 떠났을 때, 그것은 영원한 작별이었다. 그러나 곧 프랑스에 도착하는 다른 사람들과 달리, 요제프 로트는 의자들과 민족들 사이의 삶을 안다. 요제프 로트는 파리의 값싼 여인숙 방에서 하루종일 바게트와 값싼 레드와인만으로 끼니를 때우는 삶이 어떤 것인지 안다. 기고문이나 책으로 푼돈이라도 벌면, 술 마시는 데 탕진하지 않고 남긴 돈을 아내 프리들이 ‘암 슈타인호프’ 정신병원에 입원해 있는 빈으로 보내거나, 애인 안드레아 망가 벨이 두 아이와 함께 살고 있는 베를린으로 보낸다. 안드레아는 유대인은 아니지만 아버지가 쿠바인으로 베를린에서 흑인으로 살아간다는 것은 안드레아 자신이나 아이들에게 모두 견디기 힘든 일이었다. 안드레아는 요제프 로트를 따라 처음에는 프랑스로 그다음에는 스위스로 이주했는데 두 사람은 취리히에서 편력중인 클라우스 만과 마주친다. 클라우스 만은 일기에 이렇게 적는다. "사랑스러운 흑인 여자와 함께 있는 요제프 로트(술에 몹시 취했고, 군주정치를 찬미, 미친 사람 같았음)."

◇

에리히 마리아 레마르크르의 반전소설 『서부 전선 이상 없다』는 나치에게 눈엣가시다. 그 소설을 쓴 작가는 특히 더 그렇다. 히틀러가 집권하기 정확히 하루 전날, 그러니까 1933년 1월 29일에 레마르크는 여행가방을 꾸려 란치아 자동차에 올라탄 다음 베를린을 출발해 1년 전 집을 사둔 티치노를 향해 스위스 국경까지 쉬지 않고 내달린다. 눈이 내리고 있었다. 레마르크는 국경 근무요원에게 여권을 보여준다. 요원은 의심스러운 눈초리로 바라보더니(어쩌면 레마르크의 눈에 그렇게 보였을 뿐인지도 모른다) 통과시킨다. 눈발이 점점 거세진다. 그러나 레마르크는 어깨에서 큰 짐을 내려놓은 느낌이다. 스위스로 넘어와 처음 나타난 주차장에서 차를 오른쪽으로 세우고 담배를 한 대 입에 문다. 담배 연기가 눈송이와 뒤섞인다. 앞으로 어떤 일이 닥칠지 정확히 알 길은 없었다. 다만 마침내 새로운 일이 닥치리라는 것만은 알 수 있었다.

◇

1933년 1월 30일 몰락이 시작되던 날, 젊은 대학 강사 디트리히 본회퍼 박사가 베를린 운터덴린덴가에 있는 프리드리히 빌헬름대학교 강의실에서 태초에 대해서, 다시 말해 천지창조에 대해서 설명하고 있었다. 믿기 어렵겠지만, 바로 운명의 장소인 내각 사무처와 제국의회 사이 딱 중간지점에서 본회퍼는 창조와 타락에 대해 이야기한다. 자기 형제를 돌로 쳐죽이는 카인 얘기에 이르렀을 때(본회퍼는 카인을 "최초의 파괴자"라 일컫는다), 힌덴부르크 대통령이 아돌프 히틀러가 새로운 제국 수상이 되었음을 선포한다.

본회퍼는 넌지시 천년제국의 시작에 대해 이야기한다. "우리가 새로운 시작의 주인이라는 허풍은 거짓일 수밖에 없습니다." 인간은 자신이 모든 것을 새롭게 시작할 수는 없다는, 새롭게 창조할 수 없다는 굴욕을 견뎌야 한다는 것이다. 이 또한 우리가 아담과 이브의 원죄설에서 얻어야 할 교훈이라는 것이다. 본회퍼는 재앙으로 이르는 문턱에 서 있는 민족에게 호소하면서 강단에 서서 인간이 새로운 인간을 창조할 수 있다는 믿음을 꾸짖는다. 강의시간이 끝난 것을 알리는 종이 울리고 본회퍼와 학생들이 문을 나섰을 때 횃불을 든 나치 돌격대의 행진과 마주친다. 새로운 인간을 창조할 수 있다고 믿게 된 이날을 축하하기 위해서 승리의 개가를 울리며 의기양양하게 브란덴부르크 개선문을 향해 행진하는 중이었다. 본회퍼는 공포에 질린 채 두 눈을 휘둥그레 뜨고서, 제복 입은 군중이 도취된 얼굴로 손에 횃불을 들고서 용암처럼 거리를 휩쓸고 가는 모습을 바라본다.

◇

원죄설의 주인공이 잠깐 지상에 돌아온다. 그것도 우연히. 아니면 취향에 따라서는 신의 섭리에 의한 것이라고 할 수도 있겠다. 파리에 있는 타마라 드 렘피카의 아틀리에에서 굉장히 아름다운 여성 모델이 타마라 앞에 서 있다. 오랜 시간이 지나 너무 지친 모델은 타마라에게 부엌에 있는 과일 그릇에서 사과 한 개를 가져다 먹어도 되느냐고 묻는다. 그 모델이 실오라기 하나 걸치지 않은 채 달려가 사과를 집어들고 한입 베어먹으려는 순간, 타마라 드 렘피카가 "잠깐!"하고 소리친다. "더이상 움직이지 마세요. 지금 딱 이브랑 똑같아 보여요. 이제 아담만 있으면 되겠어요." 타마라 드 렘피카는 아틀리에 앞에 있는 사거리에서 교통정리를 하고 있는 잘생긴 프랑스인 경찰이 떠올라 화가 작업복 차림으로 거리로 달려간다. 그리고 너무나 아름다운 이브를 팔에 안아볼 수 있다면서 그 경찰을 설득해 데리고 온다. 그 경찰은 옷을 벗은 다음, 벗어놓은 유니폼 위에 리볼버 권총을 내려놓고 이브를 팔에 안은 채 두 시간 동안 모델을 선다. 타마라 드 렘피카의 그림 가운데 가장 아름답다고 꼽히는 이 그림의 제목은 '아담과 이브'가 된다. 차가우면서도 동시에 따뜻한 그림이다. 우리는 이 한 쌍의 남녀 옆에 장전된 리볼버가 있다는 사실을 알고 있다. 그러니 아주 현대적인 원죄설이다. 발가벗은 두 남녀 뒤로, 세계 최초의 연인 뒤로 현대적인 마천루가 하늘을 향해 뻗어 있고, 화가의 말대로 이 마천루는 "신성한 낙원의 순간에 불운한 그림자를 던지고 이 순간을 완전히 파괴하지 못한 채 집어삼켜버리려고 위협한다".

◇

요제프 괴벨스는 1월 30일 늦은 저녁 일기에 이렇게 적는다. “히틀러가 제국 수상이 되었다. 동화 같은 일이다.”

◇

클라우스 만은 1월 30일 늦은 저녁에 일기에 이렇게 적는다. “히틀러가 수상이 됨. 충격적. 한 번도 가능한 일이라고 생각해본 적 없음. 무한한 가능성의 나라.”

◇

1월 말 작가이자 저널리스트 볼프강 쾨펜이 뮌헨에 머물며 에리카 만과 테레제 기제의 카바레극장 페퍼밀레를 위해 작품을 쓰고 있다. 이유는 간단하다. 쾨펜이 사랑하는 스물세 살의 배우 쥐빌레 슐로스가 이 극단의 단원이 되었는데, 쾨펜에게 카바레 노래 가사를 써달라고 부탁했기 때문이다. 부질없이 쥐빌레 슐로스를 오래 갈망만 해오던 쾨펜은 마침내 쥐빌레가 자기에게 성적인 관심을 표시하는 것으로 여겨 당장 노래 가사를 썼고 딱 맞는 제목을 붙였다. 바로 ‘콤플렉스’였다. 꽤 재치 있는 가사였다. 주제는 정신분석과, 프로이트와, "성적 매력"이었다. 초연 전날 저녁, 쥐빌레 슐로스가 여전히 자기 마음을 받아주지 않았으며 다른 사람들을 위해 성적 매력을 아껴둔다는 것을 깨달은 쾨펜은 목적을 이루지 못하고 베를린으로 돌아간다. 쾨펜은 쥐빌레 슐로스에게 편지를 쓰지만 결코 부치지는 않는다. "당신을 떠나 국립극장 앞에서 기차역으로 가는 전차를 기다렸을 때 기회는 사라졌지. 나는 텅 빈 마음으로 가슴에 구멍이 뚫린 채 죽은 사람처럼 서 있었어. 사실상 고통에 마비되어 무감각한 상태로 돌처럼 굳어 있었지." 베를린으로 돌아가는 기차 안에서 쓴 그 편지는 이렇게 끝난다. "나는 내일 책을 쓰기 시작할 거야." 그리고 전후 시대에 쾨펜이 쓰겠다고 예고한 다른 책들과는 달리 이 책은 정말로 쓰게 된다. "내일" 시작하지 않고 1년 뒤에 시작하기는 하지만. 그 책은 쥐빌레 슐로스와 자기 자신과 놓쳐버린 기회에 대해 쓴 절망적인 작품으로 아주 딱 맞는 제목이 붙여진다. 바로 『불행한 사랑』이다.

◇

아내 에바와 함께 망명한 화가 게오르게 그로스는 뉴욕에서 케임브리지라는 작은 호텔에 묵게 된다. 저녁이 되면 이따금 두 사람은 그렇게 서둘러 독일을 떠나 미지의 나라로 온 것이 정말 잘한 일이었는지, 필요한 일이었는지 자문한다. 강사 월급은 호텔 숙박비를 내는 데도 빠듯하고, 두 아들도 그립고, 미국 신문사에서 삽화를 그려달라는 의뢰도 아직은 전혀 들어오지 않는다. 그러나 1월 말에 베를린 시절 이웃들에게 경찰과 나치 돌격대가 빈집에 찾아와 게오르게 그로스를 찾았고 아틀리에를 들쑤셔놓았다는 소식을 전하는 편지를 받았을 때, 이 모든 일이 얼마나 옳았는지 알게 된다. "나를 그렇게 살뜰히 지켜주고 이끌어주신 신에게 마음속으로 감사드렸다." 불과 몇 주 뒤에 조지 그로스는 공식적으로 독일 시민권을 박탈당한다. 역시 첫 대상자였다. 곧 그 뒤를 이어 공인 553명이 독일 시민권을 박탈당한다.

◇

영화 〈푸른 천사〉에서 마를레네 디트리히를 유명하게 만들어준 노래를 썼고 지금은 팅겔탕겔극장을 경영하고 있는 유대인 작곡가 프리드리히 홀랜더가 아내 헤디와 함께 런던에서 돌아와 베를린 안할터역에 도착한다. 모든 것이 아주 평화로워 보였다. 홀랜더는 평소대로 택시 기사에게 치체로가 4번지로 가달라고 말했다. 집에 도착하니 장모님이 벌써 저 위 창가에 서서 손을 흔들고 있었다. 그런데 이상했다. 장모님이 고개를 저으면서 저리 가라는 손짓을 하고는 창문을 닫았다. 홀랜더 부부가 어리둥절하여 길 위에 서 있는데 장모님이 아래로 내려왔다. 세 사람은 모퉁이에 있는 카페로 갔다. "그들이 위에 있네. 게슈타포가 모조리 뒤지고, 책들을 찢고, 그림을 잘라버리고 있어. 처음에는 리버만을 자르더니 지금은 콜비츠도. 자네 빰에 다윗의 별이 그려진 엘제 라스커쉴러가 보낸 엽서들도." "그럼 우린 이제 어쩌죠?" 프리드리히 홀랜더가 물었다. "달아나게! 당장!" 장모가 대답했다. 홀랜더 부부는 택시를 불러서 프리드리히가 기차역으로 간다. 그쪽이 더 나아 보였다. 그러나 절반 정도 갔을 때 차가 멈췄다. 젊은 나치 돌격대 무리가 길을 막아선 것이다. 홀랜더는 가슴이 철렁 내려앉았다. 아내 헤디가 남편을 뒷좌석으로 떠밀더니 넓은 겨울코트를 덮어 안 보이게 하고는 차창을 내린다. 그리고 금발의 곱슬머리를 흔들면서 소리쳤다. "하일, 젊은이들!" 그러자 나치 돌격대가 차를 보내준다. 기차역에 도착하니 팔 분 뒤에 출발하는 파리행 밤기차가 있었다. 두 사람은 일등석 침대차 기차표를 두 장 산다. 기차에 올라타니 검표원이 두 사람을 빤히 쳐다보았다. 처음에는 얼굴을, 다음에는 기차표를, 그다음에는 여권을. 검표원이 두 사람의 좌석을 가리켰다. 그러나 여권은 가지고 가버렸다. 검표원이 왜 여권을 가져갔는지 알 수 없었다. 두 사람은 느긋한 척하려고 모젤 리슬링 와인 한 병과 잔 두 개를 주문했다. 와인을 마신 다음 어떤 일이 닥쳐도 대처할 수 있도록 외투를 입은 채 침대에 누웠다. 공포스럽고 심란한 마음으로. 그러나 먹먹한 어둠 속에서 똑같이 반복되는 덜그럭거리는 소리에 어느 순간 잠이 들고 말았다. 일찍 떠오른 해가 두 사람을 깨웠다. 조심조심 커튼을 활짝 걷어보자 갑자기 "담Dames" "리에주Liège"라고 프랑스어로 된 표지판이 보였다. 두 사람은 행운을 믿을 수 없었다. 국경을 넘은 것이다. 기차가 파리로 들어설 때 검표원이 여권을 돌려주었다. 승객을 위한 순전한 호의였다면서. 밤에 국경을 통과할 때 굳이 깨우지 않기 위해서였다는 것이다. "아, 그렇네요." 프리드리히 홀랜더가 무심한 척 안도감을 숨기려 애쓰며 말했다. 두 사람은 파리 북역에서 내렸다. 프랑스어로 말하는 목소리와 기차들이 역에 도착하는 소리가 들렸다. 정말 해낸 것이다. 두 사람은 안소니아 호텔로 갔다. "샹들리에가 달려 있고 복도에는 닳아빠진 양탄자가 깔려 있는 호화로운 무료 숙박소, 추방자들을 위한 보금자리"로. 계단실에서 헬라 하르퉁과 함께 있는 빌리 와일더와 마주쳤다. 4층에서 묵고 있다고 했다. 양복 안쪽에 돈을 꿰매놓았는데 이제 그 돈을 파리 최고의 레스토랑에서 쓰려고 한다면서. "헌 돈이 사라져야 새 돈이 들어올 수 있다고 철석같이 믿고 있는 것처럼." 6층에서는 아내 실리와 함께 있는 배우 페터 로르와 마주쳤다. 대각선 맞은편에는 작곡가 프란츠 바흐스만이 여자친구 알리스와 함께 살고 있었다. 물론 분위기는 무거웠다. "그래도 망명자 전체의 분위기는 이쪽으로 구출된 유머와 새로 획득된 짜증 사이에서 늘 기이한 평형 상태 속에 있었다"고 프리드리히 홀랜더는 회고한다. 그리고 파리에 있는 난민들의 분위기가 특히 침체되어 마지막 남은 유머조차 단조로움과 절망 속에 사라진 것처럼 보이면 몽파르나스 바그람 거리에 있는 빨간 머리 매춘부를 찾아가면 된다면서, 홀랜더는 이렇게 전한다. "그 여자는 망명자들에게 특가로 서비스한다. 그 여자 곁에서 밤새도록 누워 있을 수도 있고, 바이로이터가와 작은 그루네발트호수에 대해 이야기를 들려줄 수도 있다."

◇

바이마르공화국에서 가장 중요한 연극평론가 알프레트 케어는 자신의 연극에서 마지막 막이 언제 시작되었는지 정확히 기억한다. 2월 15일 이가 덜덜 떨릴 정도로 추운 오후에 전화벨이 울렸을 때였다. 딸 유디트 케어는 훗날 이렇게 회상했다. "1933년 2월에 경고가 울렸다. 아버지의 여권을 압수하려고 한 것이다. 그 당시 아버지한테 전화해준 사람이 누구였는지는 모르겠다. 경찰에서 일하는 사람이었다. 아버지는 그때 독감으로 누워 있었는데, 어머니가 재빨리 여행가방을 꾸렸고 아버지는 두 시간 안에 국경을 넘어 체코슬로바키아로 갔다. 여전히 고열에 들뜬 채였다." 며칠 뒤 알프레트 케어는 프라하에서 취리히로 이동했고, 그곳에서 아내 율리아와 두 자녀 미하엘과 유디트를 만났다. 유디트는 훗날 감동적인 소설의 제목으로 삼았던 그 분홍 토끼를 히틀러의 나라에 두고 와야 했다. 알프레트 케어 가족은 스위스에서 파리로 망명했다. 구스타프 그륀트겐스가 연기한 〈파우스트〉 2부는 알프레트 케어가 독일에서 마지막으로 관람하고 비평한 연극작품이 되었다.

◇

꿈을 잃은 시인이자 프란츠 마르크, 카를 크라우스, 고트프리트 벤의 친구이자 가장 동양적인 아름다움을 지닌 사랑의 시를 지었고 유대교와 기독교의 화해를 굳건히 믿었던 엘제 라스커슐러가 1933년 2월에 길 한복판에서 나치 돌격대 두 명한테 쫓기다가 두들겨맞는다. 엘제 라스커슐러는 혀를 깨물었다. 깊은 상처였다. 입에서 피가 뚝뚝 떨어졌다. 병원으로 실려갔는데 혀를 꿰매야 했다. 엘제 라스커슐러는 이제 더이상 말할 수 없게 되었다.

◇

토마스 만은 아내 카티아와 함께 암스테르담, 브뤼셀, 파리로 순회강연을 떠나 리하르트 바그너 서거 50주년 기념 강연을 한다. 이것이 바로 망명의 시작이라는 사실을 아직 알지 못한 채. 그러나 어쩌면 예감하고 있었는지도 모른다. 얼마 전에 『푈키셔 베오바흐터』에서 읽은 자기에 대한 기사 때문이다. "토마스 만은 친프랑스적이고, 성취에 열광하며, 마르크스주의자이고, 추파질까지 하고, 게다가 평화주의자인데다 유대인과 인척관계에 있는 인물이다."

◇

베를린 예술원 문예부 총재직에서 쫓겨나게 되었을 때 하인리히 만은 곧 떠나야 한다는 것을 깨닫는다. 그러나 2월 19일 저녁식사 자리에서 과거 프로이센 국무장관이었던 이에게 자기 이름이 나치가 작성한 처형자 명단에 올라 있다는 경고를 들었을 때, 지체할 시간이 없다는 것을 알게 된다. 하인리히 만은 다음날 도피를 준비한다. 그리고 새로운 파트너 넬리 크뢰거와 함께 자세한 계획을 세운다. 이튿날 아침이 되었다. 하인리히 만은 다른 짐은 없이 산책용 지팡이 삼아 우산만 손에 들고서 안할터 역으로 간다. 기차표는 프랑크푸르트까지만 가는 표였다. 그러나 그전에 이미 넬리 크뢰거에게 부탁해서 대기중인 기차 짐칸에 여행가방을 실어놓은 터였다. 넬리 크뢰거는 여행가방을 실은 다음 얼른 기차에서 내려 하인리히 만이 승강장에 도착할 때까지 기다렸다. 그리고 하인리히 만이 도착하자 달려가서 예약해놓은 자리에 모두 실어놓았다고 귀에 속삭였다. 넬리 크뢰거는 목이 메어 흐느꼈다. 하인리히 만은 넬리 크뢰거의 뺨을 잠깐 쓰다듬더니 차장이 소리치자 기차에 올라탔다. 그리고 자리에 앉자 안도하며 짐을 무릎에 올려놓았다. 프랑크푸르트에 도착해 하룻밤 묵는다. 국내여행을 하는 것처럼 보여야 했다. 이튿날 아침 하인리히 만은 바덴을 경유해 케엘로 가서는 짐과 우산을 챙겨 기차에서 내린다. 그리고 2월 22일에 걸어서 국경을 넘는다. 여권에는 "라인강 다리 횡단"이라고 스탬프가 찍힌다. 세관 신고할 것은 전혀 없었다. 국경 근무 요원들은 자기들이 지금 막 통과시킨 사람이 누구인지 알지 못한다. 그저 "하일, 히틀러!"라고 소리치고는 고개를 절레절레 흔들며 하인리히 만이 적국의 땅으로 걸어들어가게 놔둔다. 툴롱행 프랑스 기차에 올라타 자리에 앉자 하인리히 만은 오늘 날짜 달력에 그저 간단하게 "떠남"이라고 적는다. 하인리히 만이 도피했다는 낌새를 챈 『푈키셔 베오바흐터』는 이렇게 논평했다. "일례로 예술원의 전前 1등 나팔수가 흔적도 없이 사라졌다." 툴롱 기차역으로 하인히리 만을 마중나온 친구 빌헬름 헤어초크는 일기에 이렇게 적었다. "툴롱. 하인리히 만. 운좋게 제3제국을 탈출함. 웃으면서 아이처럼 기뻐함." 하인리히 만은 다시는 독일로 돌아가지 못한다.

◇

넬리 크뢰거한테는 독일을 떠나는 일이 더 복잡해진다. 하인리히 만이 떠나자 경찰이 집을 수색했고, 넬리 크뢰거는 체포되어 신문받는다. 하인리히 만의 돈을 프랑스로 송금하기 위해 공동 살림을 정리해야 하지만 넬리 크뢰거는 이러지도 저러지도 못한다. 이 무렵 불안과 공포에 질려 알코올중독에 더해 약물중독까지 생긴다. 감옥에서 그런 건지 환각 상태에서 넘어져서 그런 건지(하인리히 만에게조차 정확하게 얘기해주지 않는다) 심각한 뇌진탕에 걸렸다가 회복하자 넬리 크뢰거도 독일에서 도망치기로 결심한다. 그러나 혼자 떠나지 않고 젊은 시절 애인이자 공산주의자 투사로 나치 돌격대에게 쫓기고 있는 루디 카리우스와 함께 출발한다. 두 사람은 뤼겐 쪽으로 나 있는 자스니츠 항구에 정박해 있는 어선에 숨어서 며칠 동안 적당한 바람이 불기를 기다린다.

동남동쪽에서 바람이 불어올 거라는 소식을 듣자 두 사람은 짧은 항해를 위해 요트를 빌린다. 소풍을 가는 척 배에 피크닉 바구니도 싣는다. 그러나 독일 영해 경계선에 다다르자 그대로 계속 항해한다. 두 사람이 탄 작은 배는 바람에 실려 스웨덴의 트렐레보리까지 간다. 하인리히 만은 두 사람이 프랑스로 이동할 수 있도록 코펜하겐으로 돈을 송금한다.

◇

이제 막 감옥에서 풀려나온 『벨트뷔네』 발행인 카를 폰 오시에츠키는 알코올중독이 심한 아내 모드와 이혼할 생각을 하고 있다. 구스티 헤히트와 사랑에 빠졌는데, 공교롭게도 지금 한창 베스트셀러인 『당장 이혼해야 할까?』의 저자다. 그러나 오시에츠키는 여자친구의 충고를 따라 아내 곁에 남기로 한다. 오시에츠키는 2월 27일에 여자친구 구스티의 집에 있다가 라디오에서 제국의회 의사당 화재 소식을 듣게 된다. 구스티가 당장 도망치라고 했지만 먼저 아내가 있는 집에 가봐야 한다고 말한다. 그러나 집에 도착하자 아내도 당장 도망치라고 재촉한다. 그가 쓴 사회주의적이고 평화주의적인 글들 때문에 아주 위험하다는 것이다. 2년 전 기고문에서 히틀러를 "파자마를 입은 겁쟁이이자 약골"이라고 부르고 요제프 괴벨스를 "히스테릭한 치즈 진드기"라고 불렀다. 그러나 카를 폰 오시에츠키는 우선 기다려보기로 한다. 머릿속으로 무슨 생각을 하고 있을까? 카를 폰 오시에츠키는 외국에서 가족을 어떻게 부양해야 할지 모르겠다. 큰 빚이 있기 때문이다. 알코올중독인 아내의 요양원 비용을 어떻게 마련해야 할지, 아픈 아내를 홀로 두는 것이 도덕적인 일인지도 모르겠다. 다만 한 가지 아는 것은 구스티가 살고 있는 이 도시를 떠나기 싫다는 것이다. 게다가 사회민주당과 공산당이 나치를 막아내리라고 아직도 믿고 있다. 오시에츠키가 생각에 잠긴 채 부엌에 앉아 있는데 초인종이 울렸다. 형사 두 명이 문 앞에 서 있었다. 연행되기 전 버터 바른 빵을 하나 먹을 수 있게 허락받는다. 오시에츠키는 연행되면서 아내에게 이렇게 외친다. "곧 올게." 오시에츠키는 우선 슈판다우에 있는 감옥에 수감되었다가 얼마 지나지 않아 퀴스트린 근교에 새로 지은 존넨부르크 강제수용소로 이송되어 몇 주 동안 심한 고문과 학대를 당한다. 오시에츠키의 아내는 딸을 영국에 있는 기숙학교로 보내고는 그 자신은 술독에 빠진다. 오시에츠키의 여자친구 구스티 헤히트는 "카를 폰 오시에츠키 교우 모임"이라는 조직을 만들어 오시에츠키의 아내와 딸에게 재정을 지원하고 수감자 오시에츠키와 연락을 취한다.

◇

존넨부르크 강제수용소에서 고통받고 있는 사람이 또 있다. 바로 11월 혁명의 영웅이자 공산주의 투사 에리히 뮈잠이다. 얼마 전 이곳에 정치범으로 수감되어 있는 친구를 방문했는데 지금은 그 자신이 수감자가 되어 있다. 에리히 뮈잠은 순교자처럼 고통을, 구타와 고문과 죽음에 대한 두려움을 견디려 애쓴다. 2월 27일에 자기 자신과 아내 첸츨이 탈 파리행 기차표를 살 돈을 마침내 다 모았는데 그날 밤, 그러니까 제국의회 위로 어둠 속에서 불길이 치솟던 날 나치에 체포되었다. 4월 10일에 아내 첸츨이 강제수용소에 있는 남편과 몇 분 동안 면회를 허락받았다. 그리고 사랑하는 남편이 "수모와 구타를 당한" 모습을 보았다. 첸츨은 검사장을 찾아가 남편을 플뢰첸제 교도소로 이감해줄 것을 요구했다. 그곳에서 에리히 뮈잠은 독방을 얻는다. 그리고 아내를 위해 그림책을 만든다. 천진난만하고 순진하면서도 표현주의적인, 진정한 무정부 상태를 보여주는 책이었다. 사랑의 힘을 보여주는 마지막 주문이었다.

◇

베르톨트 브레히트는 하르덴베르크가 1a번지에 있는 집에서 가장 중요한 원고들을 추려 여행가방에 싼다. 2월 27일에 제국의회 의사당이 불타자 브레히트는 아내 헬레네 바이겔과 함께 페터 주어캄프를 찾아간다. 주어캄프가 브레히트 부부를 자기 집에 재워준다. 2월 28일에 두 사람은 기차를 타고 프라하로 갔다가 그곳에서 빈으로 이동한다. 1933년 3월 4일 토요일에 마침내 빈에 도착한다. 두 사람은 잠시 헬레네 바이겔의 자매 집에서 지낸다.

브레히트는 살 만한 곳을 알아보기 위해 스위스로 떠난다. 루가노로 가는데 기후 때문만은 아니고, 루가노에 있는 폐병 환자 요양소 아그라에서 애인 마르가레테 슈테핀이 수술 후 요양하고 있기 때문이다.

◇

1933년 2월 27일 장미의 월요일* 저녁에 뮌헨에 있는 실내악단들이 레기나팔라스트 호텔에서 카니발 무도회를 연다. 모두 변장을 하고 마스크를 썼다. 함께 춤추는 사람이 누구인지 알 수 없다는 사실은 왠지 무서우면서도 안도감을 주었다. 웃는 얼굴의 광대가 에리카 만에게 탱고를 추자고 청했다. 무도장에서 빙글빙글 돌고 있을 때 광대가 불쑥 에리카의 귀에 속삭였다. "제국의회가 불타고 있습니다." 에리카 만은 즉흥적으로 이렇게 대답했다. "불에 타라고 그래요." 그러나 몇 초 뒤 비밀스러운 광대에게 물었다. "왜 불타고 있죠?" 그때 갑자기 무도장 여기저기에서 광대, 할리퀸, 베네치아 귀부인과 해적들이 외쳤다. "제국의회가 불타고 있다!" 에리카 만은 1933년 장미의 월요일에 자기에게 처음으로 그 사실을 말해준 광대가 누구였는지 결코 알 수 없었다.

◇

알프레트 되블린은 제국의회 의사당이 불탔다는 소리를 듣자 작은

* 재의 수요일 바로 전 월요일을 말함. 원래 광란의 월요일을 뜻하는 'Rasenmontag'이 변형된 것으로 사육제에서 가장 핵심적인 날.

여행가방에 짐을 싼다. 그리고 2월 28일 이른 아침에 독일 남부행 기차를 타고 갈 수 있는 한 가장 멀리까지 간다. 그런 다음 기차에서 내려 걸어서 이동한다. 그리고 마지막 독일 마을을 통과해 두근거리는 가슴으로 슬렁슬렁 들판을 가로질러 스위스로 넘어간다. 곧 아내 에르나가 뒤따라오고, 나중에는 아이들도 뒤따라온다. 그리고 온 가족이 파리로 망명한다.

1920년대에 알프레트 되블린의 유대인 애인이었고, 에르나 되블린이 최근에 베를린 집에 출입 금지를 명령했던 욜라 니클라스도 뒤따라 파리로 온다. 욜라 니클라스는 파리에서 사진작가로 일하다가 다른 망명자를 통해 되블린의 전화번호를 알게 된다. 욜라 니클라스의 전화를 받은 알프레트 되블린은 기쁘면서도 당혹스러웠다. 알프레트 되블린은 욜라 니클라스에게 더이상 자기한테 전화하지 말라고 부탁한다. 그 일로 아내 에르나에게 들볶일 지옥을 견딜 수 없다면서. 그 순간 욜라 니클라스는 망명조차도 사랑이 자라거나 시들어버릴 조건을 바꾸지 못한다는 사실을 깨닫는다.

◇

지중해 바닷가에서 보낸 여름에 여전히 도취되어 있는 쿠르트 볼프와 헬레네 모젤은 베를린에서 떠들썩한 겨울을 보내고 있다. 두 사람은 쿠르트 전처의 누이 집에서 얹혀 지내고 있다. 남프랑스에서 쓸쓸한 몇 달을 보낸 쿠르트 볼프는 예전에 알고 지내던 베를린 지인들과 애인들을 모두 만나면서 사치스러운 사교생활에 몸을 던진다. 방송국장 자리라도 하나 얻기를 바라면서. 헬레네는 주로 집에 머물면서 글을 쓴다. 지난여름 생트로페에서 초록색 정원 탁자에 앉아 쓴 『사랑을 위한 배경』에 로볼트출판사뿐만 아니라 울슈타인출판사도 관심을 보인다. 그러나 베를린 하늘의 구름은 점점 더 어두워진다. 헬레네는 오빠 게오르크에게 이렇게 편지한다. "내가 이곳에서 듣고, 보고, 느끼는 것은 대중 환각이요, 대중 광기요, 대중 정신병이야. 이곳 분위기는 1914년을 떠오르게 해." 2월 26일에 쓴 편지였다. 곧 이튿날 밤 제국의회 의사당이 불타자 두 사람은 짐을 싸기 시작한다. 3월 1일에 모든 친구와 작별인사를 하고 저녁에 파리행 밤기차에 올라 3월 2일에 파리에 도착한다. 카프카와 트라클의 책을 낸 출판인 쿠르트 볼프도 이제 망명할 수밖에 없는 상황이 된 것이다. 그리고 유대인 아내 헬레네는 더욱더.

3월 말에 두 사람은 런던에서 결혼한다. 헬레네 모젤은 헬렌 볼프가 된다.

◇

3월에 콘라트 아데나워가 쾰른 시장직에서 물러나게 된다. 몇 해에 걸친 조직적인 중상모략의 결과였다. 국가사회주의독일노동당은 1929년부터 "아데나워를 몰아내자!"라는 구호를 내걸고 선거전을 펼쳤다. 주식 투기를 한다고, 종교적이라고, 스위스에서 휴가여행을 보낸다고, 돈을 너무 많이 번다고, 유대인에게 너무 우호적이라고 아데나워를 비난한다. 국가사회주의독일노동당 기관지 『베스트도이처 베오바흐터』는 매주 새로운 스캔들을 찾아낸다. 1932년 10월에 쾰른시가 공식적으로 파산 상태가 된 이후로 특히 그랬다. 봄에는 실업자가 수천 명이나 생기고 분위기가 최고조로 가열되면서 걸핏하면 나치 돌격대와 적색전선전사 사이에 시가전이 벌어졌다. 히틀러가 선거유세를 하러 쾰른에 오자 아데나워는 국가사회주의독일노동당이 시청에 매달아놓은 나치 십자가 깃발을 내리도록 지시하지만, 그것이 마지막 방어전이었다. 쾰른시 지방선거가 다가오자 나치의 상대 후보는 그 누구도 안전하지 않았다. 일련의 살인이 일어났고, 아데나워 자택에는 끊임없이 전화벨이 울렸으며 익명의 목소리가 아데나워 자신이나 아내나 아들들에게 모두 곧 사라지게 될 거라고 협박했다. 나치 돌격대는 막스부르흐가에 있는 아데나워 관저에 쳐들어와 아데나워의 욕조에서 유유히 목욕을 했다. 아데나워와 그의 아내가 거리에서 지인에게 인사하면 그 지인들은 모른 척했다. 아데나워는 자신의 도시에서 추방자 신세가 되었다. 그는 빨리 움직여야 한다는 것을 깨달았다. 3월 12일이 지방선거일이었는데, 전날 저녁에 아데나워 부부는 자식들을 호엔린트 카리타스병원으로 데리고 가서 가톨릭교회의 보호에 맡긴다. 선거에서 승리는 국가사회주의독일노동당에게 돌아가고 시장직에서 쫓겨난 아데나워는 우선 베를린으로 가서 프로이센 추밀원 의장 신분으로 사용할 수 있는 관사로 도망치지만, 곧 이 의장직에서도 파면된다. 아데나워는 마리아 라흐 수도원장으로 있는 학교 친구 일데폰스 헤어베겐을 떠올린다.

그 친구가 아데나워를 수도원 담장 안에 보호해주겠다고 했다. 아데나워는 당장 기차를 타고 마리아 라흐 수도원이 있는 아이펠산으로 들어가 불안과 우울 속으로 침잠한다. 위험에서는 구조되었지만 절망에 빠져 있었다. 1933년에 아데나워는 마리아 라흐 수도원에 있는 수도사의 방에서 한 친구에게 이렇게 고백한다. "가족과 종교적 신념이 없었다면 오래전에 내 삶을 끝냈을 거네. 이렇게 사는 건 정말 무의미해."

◇

빅토르 클렘퍼러는 매 순간 대학에서 해고될 날을 기다리고 있다. 거리에서는 오래 알고 지내던 지인들한테조차 유대인이라는 이유로 외면당한다. 그래도 아직 마지막 피난처가 하나 있다. 바로 영화였다. 이번에는 카피톨 극장에서 비키 바움의 작품을 영화로 만든 〈호텔 사람들〉을 본다. 그레타 가르보가 출연하는 영화다. "나는 영화관에 있는 것이 너무 좋다. 그곳에 있으면 무아지경에 빠진다"고 3월 12일 일기에 적는다. 그러나 아내는 함께 무아지경에 빠지려고 하지 않는다. "에바를 영화관에 데리고 가기가 너무 힘들다. 그리고 에바가 억지로 함께 가서 비참하게 앉아 있으면 나도 전혀 즐겁지 않다."

한편 비키 바움은 남편인 지휘자 리하르트 레르트와 두 아들과 함께 이미 1932년에 독일을 떠났다. 그들은 미국에서 "호텔 사람들"이 되었다. 빅토르 클렘퍼러가 비키 바움의 작품을 바탕으로 만든 영화를 보고 있을 때는 이미 할리우드에 정착해 산타모니카 언덕에 있는 하얀 집에 살고 있었다. 곧 독일 도서관과 서점에서 비키 바움의 책이 모조리 금지된다. 독일문화투쟁동맹은 “유대인 비키 바움레비”는 “외국에서 독일 민족을 비방하는 쓰레기 작가”라고 비난한다. 그와 동시에 잡지 『배너티 페어』에 할리우드 힐스 아말피 드라이브 1461번지에 있는 비키 바움의 새집에 대한 기사가 실리는데, “한 독일인 가정의 독일 집”으로 묘사된다.

◇

3월 13일에 에리카와 클라우스 만은 같은 날에 그러나 다른 방향으로 고국을 떠난다. 나치는 집권하자마자 에리카 만의 카바레 페퍼뮐레를 금지시키고, 나치 언론은 사납게 공격해댄다. 에리카는 아버지의 중요한 자료들을 안전하게 확보하기 위해서 우선 뮌헨 포싱어가에 있는 부모님 집에 잠깐 들른다. 아버지가 이제 막 집필을 시작한 『요셉과 그의 형제들』 원고를 가장 먼저 챙긴다. 그런 다음 차를 몰고 아로자를 향해 달린다. 여자친구 테레제 기제는 극장에서 리허설을 하다 말고 도망쳐 우선 오스트리아로 갔다가 그곳에서 에리카가 있는 아로자로 간다. 에리카가 차에 올라탈 때 클라우스 만도 짐을 싸는데 잠시 사귀고 있는 애인 헤르베르트 프란츠와 함께 포싱어가의 텅 빈 부모님 집에서 한 시간 더 다정한 시간을 보내고는 저녁에 파리행 밤기차에 오른다. 3월 14일에 파리에 도착한 클라우스 만은 자콥 호텔 5층에 있는 방 하나를 한 달 빌린다. 그리고 여행가방에서 일기장을 꺼내 앞에 쓴 글 아래 줄을 찍 긋고는 힘차고 도전적인 손놀림으로 이렇게 적는다. "망명 시작." 망명지에서 처음 떠오르고 처음 꿈에 나타난 사람은 바로 누이 에리카였다. "누이가 곁에 없으면 늘 외로움을 느낀다." 이것은 사랑임에 틀림없다.

◇

3월 17일에 국가사회주의 경향의 데사우시 정부가 바우하우스 교사 파울 클레의 집을 수색한다. 수많은 스케치와 문서가 압수된다. 아틀리에는 들쑤셔 난장판이 된다. 파울 클레가 갈리시아 유대인으로 추정된다는 혐의였다. 파울 클레는 아내와 함께 지체 없이 회화과 교수직을 맡고 있는 뒤셀도르프로 이주한다. 그러나 4월 21일에 이 교수직에서도 즉각 해임된다.

◇

3월 17일에 발터 벤야민은 파리행 밤기차를 타고 베를린을 떠난다. 지난 몇 주 동안 충격으로 제정신이 아니었다. 문 쪽으로 거의 가지도 못했고, 초인종을 울린 사람이 신분을 밝히지 않으면 문을 열어주지 않았다. 이제 짐을 싸서 사랑하던 도시 파리로 떠날 것이다. 그러나 베를린에서 출발하기 전 친구 펠릭스 뇌게라트에게 편지를 써서 이비사섬에 있는 집에서 다시 지낼 수 없겠느냐고 물어보았다. 급히 떠나야 한다면서.

◇

3월 23일에 클라우스 만은 파리에 있는 케테 폰 포라다의 집을 방문한다. 케테 폰 포라다가 자기가 숭배하는 화가 막스 베크만이 파리에 온 것을 기념하여 환영파티를 연 것이다. 막스 베크만은 아내 콰피가 있는 프랑크푸르트로 돌아가자마자 교수로서 회화를 가르치고 있는 슈테델 학교에서 해고당한다. 막스 베크만은 기념비적인 3연작 〈출발〉을 그리기 시작한다. 이 작품에서 막스 베크만은 신화 세계를 통해 이별의 고통을 이야기한다. 그러나 그 자신은 독일을 영영 떠나기까지 몇 년을 더 버틴다.

◇

베르톨트 브레히트는 루가노에 있는 벨리브 호텔에 묵고 있다. 호숫가에 있는 호텔로 문 앞에 야자수들이 서 있다. 브레히트는 거의 날마다 마르가레테 슈테핀이 있는 아그라 요양원으로 올라간다. 마르가레테가 기침을 안 할 때면 두 사람은 발코니 앞에 있는 침대 의자에 나란히 앉아 미래를 꿈꾼다. 그림 같은 곳이었다. 양팔을 뻗은 루가노호수 너머로 남유럽이 내려다보이고 세상 위에 군림하는 기분이다. 모든 문제도 다스릴 수 있을 것처럼 느껴진다. 히틀러가 제국수상이 되는 동안 마르가레테 슈테핀은 이곳에 누워 있다. 제국의회 의사당이 불탈 때도 이곳에 누워 있다. 유대인 지식인들이 독일을 떠나 망명하는 동안에도 이곳에 누워 있다. 그리고 브레히트는 거듭 그 곁에 눕는다. 서로 떨어져 있을 때면 두 사람은 소네트를 짓는다. 앞으로 짓게 될 그 어떤 소네트보다 가장 아름답고 가장 외설적이다. 망명조차도 베르톨트의 호색은 방해하지 못한다.

두 사람은 함께 근처 몬타뇰라에 있는 헤르만 헤세 부부를 방문한다. 마르가레테 슈테핀은 원피스에 모자 차림으로 깔끔하게 차려입었고, 브레히트는 늘 그렇듯 작업복 차림에 입에 시가를 문 채였다.

4월 초에 헬레네 바이겔도 바르바라와 슈테판을 데리고 티치노에 왔을 때 브레히트가 슈테핀과의 관계를 끊지 않았다는 사실을 금세 알아차리고는 다시 이혼을 생각한다. 망명을 하든 말든. 헬레네 바이겔은 우선 친구의 제안을 받아들여 아이들을 데리고 덴마크로 가기로 결정한다. 베르톨트 브레히트는 또 뭐라고 번지르르하게 표현했을까? "내 안에는 당신이 믿고 의지할 수 없는 한 남자가 있어."

◇

그사이 카티아와 토마스 만도 더 안전한 스위스 루가노에 잠시 상륙했다. 그러나 딸 에리카 말대로 "도피중이었고, 불행하고, 어찌할 바를 모르는" 상태였다. 그리고 그곳에서 니논과 헤르만 헤세 부부를 만난다. 포르토 롱코에서 건너온 에리히 마리아 레마르크도 만난다. 베르톨트 브레히트만은 보려고 하지 않는다. 브레히트가 대화를 청했지만 토마스 만은 만나고 싶지 않았다.

◇

알마 말러베르펠이 사귄 유명한 남자 대열, 그러니까 구스타프 말러, 오스카 코코슈카, 발터 그로피우스, 프란츠 베르펠과 나란히 다섯번째 남자가 새롭게 명단에 오르는데, 두 가지 특징이 두드러지는 남자였다. 첫째는 사제라는 점이고, 둘째는 오스트리아 최고의 혼인무효 소송 전문가라는 점이다. 그 점이 알마 말러베르펠에게 엄청난 매력으로 보였음에 틀림없다. 3월에 남편 프란츠 베르펠이 집필을 위해 이탈리아로 떠나자 쉰네 살의 알마 말러베르펠은 서른여덟 살의 요하네스 홀른슈타이너를 고해신부로 삼는다. 알마 말러베르펠은 가톨릭 교의에 담긴 죄악의 시소 놀음, 다시 말해 죄악과 용서의 상호작용에 위안과 기쁨을 느낀다. 알마 말러베르펠의 눈에 성플로리안 수도원의 참사회원인 이 젊은 아우구스티누스 수도사가 이 두 가지를 동시에 처리하기에 이상적인 인물로 보였을 것이다.

그렇다, 매일 남편이 유대인이라는 사실을 깨달을 때마다 괴로운 알마 말러베르펠은 이 영적인 벗과 아주 열정적인 사랑에 빠진다.

알마 말러베르펠은 일기에 이렇게 적는다. “이해할 수 없을 정도로 긴 겨울밤이 푄 바람을 부르는 봄의 예감에 자리를 내주었다. 견디기 힘들 정도다!” 심지어 이탈리아에서 『무사 다그의 40일』을 집필 중인 남편과 함께 지내다가 예정보다 일찍 빈으로 돌아온다. 그리고 3월 5일에 자랑스럽게 이렇게 알린다. “J. H.는 서른여덟 살인데 아직까지 여자를 만난 적이 없다. 나를 다른 눈빛으로 바라보았고, 나는 그것에 감사한다. ‘이제까지 어떤 여자와도 이렇게 가까웠던 적이 없어. 당신이 첫번째이자 마지막 여자가 될 거야’라고 그가 말했다.”

이 일은 남의 눈에 띄지 않을 수 없었다. 홀른슈타이너의 자동차가 거의 날마다 호에 바르테에 있는 베르펠의 집 앞에 세워져 있었고, 알마 말러베르펠은 기회가 될 때마다 홀른슈타이너가 집도하는 미사에 참석했다. 고해신부가 현재에 충실하게 살려고 노력하고 자신의 “죄 많은 과거”를 잘 이해해주어 감사하다. 게다가 소년 같은 얼굴에 금속테 안경을 쓴 이 사제는 가톨릭교회의 성도덕을 자유롭게 해석하는 것 같다. 알마에게 금욕 계율은 사제복을 입고 있을 때만 엄격하게 지키면 된다고 설명한 것이다. 그리고 알마는 기꺼이 그 말을 믿는다. “그 사람은 죄악이라는 말을 단 한 번도 입 밖에 낸 적이 없다. 그런데 왜 내가 교황보다 더 교황처럼 굴어야 하지? 우리는 둘 다 매인 몸이다. 그 사람은 교회에, 나는 베르펠한테.” 다시 말해 힘의 균형이라 할 수 있겠다. 알마는 요하네스 홀른슈타이너에게 이렇게 편지를 쓴다. “당신을 사랑해. 당신이 이 세상과 나한테 미치는 영향을 사랑해. 당신이 그리워.” 다시 한번 알마 말러베르펠은 상대방이 보고 싶어하는 그런 여자가 된다. 말러, 그로피우스, 코코슈카, 베르펠에게 그랬듯이 이제 요하네스 홀른슈타이너가 이제까지 자기가 늘 동경해온 사람이 바로 그녀라고 믿게 만든다. 그리고 현세의 삶이 너무 아름답기 때문에 알마는 자기가 언젠가 하늘로 올라가면 자기 손을 붙잡아달라고 요하네스에게 부탁한다. 알마는 애인이 자기 결혼도 무효라고 선언할 수 있으리라 생각하는 걸까?

◇

로테 레냐는 쿠르트 바일에게 쓴 편지에 7이 자신에게 행운의 숫자라고 말한다. 몬테카를로 카지노에서 룰렛 게임을 할 때 7번에 걸어서 돈을 딴 적이 단 한 번도 없음에도 믿음은 흔들리지 않는다. 쿠르트 바일이 비스만가 7번지에 있는 집을 사준 것이 좋은 징조라면서. 게다가 1933년은 두 사람이 결혼한 지 7년 되는 해라는 것이다. 그래서 로테 레냐는 쿠르트 바일이 보내준 돈으로 애인 오토 폰 파세티와 카지노에서 제딴은 아주 확실한 방법을 쓰고도 돈을 잃은 지중해에서 명랑하게 편지를 쓴다. 한편 아내도 없이 베를린 근교의 클라인마흐노프 비스만가 7번지에 혼자 살고 있는 쿠르트 바일은 다른 편지도 받는다. 편지에는 "우리는 당신 같은 유대인을 원하지 않는다"고 쓰여 있었다. 바일은 예의상 편지에 있는 말 가운데 많은 부분을 있는 그대로 다 밝히지는 않았다. 막데부르크에서 쿠르트 바일의 새 작품 〈질버호수〉가 초연되기로 했던 계획이 나치 돌격대의 폭력에 의해 무산되자 쿠르트 바일은 몸을 피한다. 우선 베를린에 있는 호텔이나 친구 카스파와 에리카 네어 부부 집에서 지낸다. 카스파가 스스로 동성애자임을 밝힌 뒤로 에리카는 아내한테 버림받은 쿠르트 바일에게 온 정성을 쏟는다. 3월 22일에 세 사람은 차를 타고 베를린을 떠나 프랑스 국경을 향해 달린다. 쿠르트 바일은 의심받지 않기 위해 모든 것을 놔두고 가야 했다. 사랑하는 셰퍼드 하라스마저도. 한편 쿠르트 바일의 집은 결국 그해에 팔렸는데, 로테 레냐의 애인 오토 폰 파세티가 집을 판 돈을 몽땅 몬테카를로와 니스에 있는 카지노에서 도박으로 날린다. 유대인 신분으로 집을 팔 수가 없어서 쿠르트 바일이 파세티에게 전권을 위임했던 것이다.

◇

3월 말, 독일에서 꽤 유명해진 세 사람이 이비사에 상륙한다. 바로 다다 예술가 라울 하우스만과 아내 헤트비히 만키에비츠와, 뮤즈이자 애인 베라 브로이도였다. 아우구스트 잔더가 이 견고한 트리오를 〈예술가의 결혼〉이라는 사진으로 불멸로 만들었다. 그런데 그 사진이 베를린에서 엄청난 파문을 일으키고 말았다. 그래서 세 사람은 3월 9일에 베를린에서 도망쳤다. 이제 이비사에서 혁명적인 삶의 방식을 시험해보려고 한다. 세 사람은 외딴 아름다운 계곡에서 오래된 농가 칸 팔레름을 발견하여 그곳에 자리를 잡는다. 헤트비히 만키에비츠는 살림을 하고, 남편과 남편의 뮤즈는 예술을 한다.

◇

맨 레이는 정치에는 관심이 없다. 관심이 있는 것은 오로지 사랑뿐이다. 맨 레이는 여전히 매일 아침 침대 위에서 거대한 입술을 그린다. 지난가을에, 자신이 한때 사랑했던 키키가 입맞춤할 때의 입술 모양을 본떠 〈연인들〉이라는 그림을, 하늘을 나는 입술을 그리기 위해 2.5미터 너비의 캔버스를 침대 위에 걸었다. 그런데 봄이 되자 맨 레이는 뭔가 이상하다는 것을 깨닫는다. 입술 모양이 너무 대칭적이었다. 맨 레이는 그림을 수정하기 시작한다. 그러자 입술이 끔찍해 보였다. 맨 레이는 갑자기 격분하여 캔버스를 찢어버린다. 그 순간 지난겨울에 자기를 떠나버린 애인이자 최고의 사랑이었던 리 밀러의 사진이 불쑥 눈에 들어왔다. 맨 레이는 리 밀러의 입술을 바라본다. 이 얇고 마법 같은 입술을. 그때, 자기가 정말 그리고 싶었던 것은 리 밀러였다는 사실을 깨닫는다. 맨 레이는 새로운 그림을 그리기 시작한다. 리 밀러의 입술을. 2미터 길이에, 자주 머리를 옆으로 기울였던 리 밀러의 모습처럼 살짝 비스듬히 기울어진 입술을. 그 입술은 그런 모습으로 하늘 위를 둥둥 떠다녀야 한다. 이제 맨 레이는 매일 아침 아틀리에에 가기 전, 리 밀러와 처음과 마지막으로 키스했던 침대 위에 매달린 거대한 캔버스에 새로운 입술을 그린다.

◇

4월 1일에 뤼벡에서 젊은 사회주의자 빌리 브란트와 여자친구 게르트루데 마이어가 공포에 질린 채 유대인 상점 불매운동, 거리에서 유대인에게 침 뱉기, 새로운 국가사회주의자들의 잔혹한 폭력을 지켜본다. 이튿날 저녁 스무 살의 빌리 브란트는 열아홉 살의 게르트루데 마이어와 오래도록 껴안고는 트라베뮌데로 떠난다. 트라베뮌데에서 낚싯배를 타고 밤의 보호를 받으며 북쪽으로, 뢰드뷔하운으로 갈 계획이다. 그곳에서는 여객선 드로닝 모드호를 타고 코펜하겐을 경유해 노르웨이 오슬로로 이동할 예정이다. 수중에 가진 건 많지 않았다. 할머니가 주신 100마르크와, 카를 마르크스의 『자본론』 1권과 게르트루데가 맹세한 신의가 다였다. 빌리 브란트는 곧 오슬로에서 노르웨이 노동당 당원이 되었고, 노동당 신문에 독일에 대한 기사를 쓰게 된다. 6월 말쯤에는 새로운 언어를 너무 잘 구사해서 더 이상 통역사가 필요 없을 정도였다. 7월 9일에 게르트루데 마이어가 뤼벡을 떠나 빌리 브란트가 있는 망명지로 온다. 5월에 반파시즘 전단지를 뿌리다가 체포되었는데 금고형이 끝나자마자 "관광객" 신분으로 망명한 것이다. 1933년 7월부터 빌리 브란트와 게르트루데 마이어는 오슬로에서 여러 해를 함께 지낸다. 그러나 1971년에 빌리 브란트가 오슬로에서 노벨평화상을 수상할 때는 시상식에 초대하지 않아 게르트루데 마이어가 매우 실망하게 된다.

◇

부활절에 밤베르크에서 개신교도 니나 폰 레르헨펠트는 이제 막 중위가 된 약혼자 클라우스 솅크 폰 슈타우펜베르크 백작에게 최우선 순위가 무엇인지 깨닫지 않을 수 없게 된다. 부활절 일요일에 니나가 가족과 함께 개신교 예배를 드리러 갈 동안에 클라우스는 자기 연대의 가톨릭교도 병사들을 이끌고 미사와 성찬식에 참석한다. 그러고는 곧바로 밤베르크 기차역으로 가서 사랑하는 형 베르톨트가 슈테판 게오르크와 함께 앉아 있는 기차에 올라탄다. 슈테판 게오르크는 두 형제가 존경하는 스승으로, 셋이 함께 뮌헨까지 가기로 했다. 다행스럽게도 니나 폰 레르헨펠트한테는 가족 말고도 담배가 있었다. 이 부활절에 니나는 담배를 세 갑이나 피운다.

◇

한때 쿠르트 투홀스키의 동반자였던 리자 마티아스는 1933년 베를린의 봄을 이렇게 묘사한다. "현관문 초인종이 울리거나 전화벨만 울려도 나는 기절할 것만 같았다. 3월 20일부터 4월 4일까지 지난 2주 동안 거의 먹지도 못해서 4킬로그램이나 빠졌다." 4월 1일에는 유대인 상점 불매운동이 일어났다. "일곱시쯤에 전차를 타고 집으로 갈 때 마침 가게들이 문을 닫는 중이었다. 나치 돌격대가 많이 보였다. 누구나 날카롭고 의심스러운 눈초리로 서로 바라보았다. 카이저담 환승역에 서 있는데, 누구나 누구든지 때려죽이고 싶어하는 일종의 살기가 공기 중에 가득한 기분이 들었다." 4월 5일에 리자 마티아스는 기자로 근무하고 있는 울슈타인출판사 편집실로 간다. 유대인 편집자는 모두 해고되거나 불안에 떨며 창백한 얼굴로 책상에 앉아 있었다. 『벨트뷔네』는 또 압수수색을 당했는데, 리자 마티아스도 이 잡지에 기사를 쓰고 있었다. 잡지 발행인 오시에츠키는 이미 체포된 상태였다. 그러나 유대인 반역자 쿠르트 투홀스키와 리자 마티아스의 관계는 아직 경찰서류에 기록되지 않았다. 그래서 리자 마티아스는 4월 5일에 짐을 싸 스웨덴으로 망명을 떠난다. 빌리 브란트와, 하인리히 만의 파트너 넬리 크뢰거가 그랬듯이 트렐레보리를 경유한다. 리자 마티아스는 투홀스키와 행복한 나날을 보냈던 스웨덴에 도착한다. 그 나날들은 『그립스홀름성』에 영원토록 새겨져 있지만 옛 애인 쿠르트 투홀스키는 다른 여인들을 찾아 떠나갔다. 지금은 스위스에 있다. 그래서 스웨덴까지의 긴 여정은 서럽고, 슬프며, 두려움으로 가득했다.

◇

나치 앞잡이한테 베를린 백주대로에서 두들겨맞아 여전히 혀에 연고를 발라야 하는 엘제 라스커쉴러는 4월 18일 저녁에 소지품과 옷가지를 여행가방과 상자에 싸서는 메모를 남겨 작센호프 호텔에 잠시 맡긴다. 유대인인 엘제는 이 나라를 최대한 빨리 떠나야 한다는 사실을 알고 있다. 그녀의 목숨이 걱정된다는 이유로 고향 부퍼탈에서 예정되어 있던 낭독회가 취소되었다. 엘제 라스커쉴러는 4월 19일 아침에 취리히행 기차에 올라탄다. 아직 독일에 남아 있는 친구들이 백묵처럼 새하얗게 질린 엘제 라스커쉴러를 기차역까지 배웅해주었다. 엘제 라스커쉴러는 기차간에서 공포에 질린 채 긴 시간 동안 핸드백을 꼭 끌어안고 있었다. 감히 화장실에 갈 엄두조차 내지 못했다. 그리고 취리히에서 거의 제정신이 아닌 채로 비틀거리며 기차에서 내렸다. 부퍼탈에 있는 조상의 무덤조차 찾아뵙지 못한 자신을 용서할 수가 없었다. 엘제 라스커쉴러는 가방 세 개를 들고서 저녁 무렵의 싸늘한 취리히 거리를 헤맸다. 먹을 것도 없어 구걸하고, 처음 며칠 밤은 호숫가에 있는 나무 아래에서 고작 외투만 덮은 채 잠을 잤다. 독일 최고의 표현주의 시인은 이렇게 막다른 길에 이르렀다.

◇

콘라트 아데나워에게 위안을 주는 것은 오직 나무들뿐이다. 날마다 신문을 통해 읽는 정치로부터 도망쳐 마리아 라흐 수도원 생활의 엄격한 일과 속으로 도망친다. 그리고 기회가 될 때마다 수도원 문을 빠져나와 자연 속으로 들어간다. 아데나워는 쾰른에 사는 절친한 친구 도라 페르트멩에스에게 이렇게 편지한다. "밤새 너도밤나무 숲이 온통 초록으로 물들었습니다. 이곳 숲에서 그 어디서도 본 적 없는 예쁜 물망초를 보았습니다. 지난 6주 동안 자연이 펼치는 엄청난 힘에 감동과 충격을 받았습니다. 이 무렵 자연은 참으로 엄청난 것을 창조합니다." 그러나 안타깝게도 1933년에 독일에서 봄이 시작되는 이 6주 동안 정치가 해낸 일에 비하면 아무것도 아니었다.

◇

복서 막스 슈멜링은 베를린이 조금씩 텅 비어가는 것을 느끼며 불안이 점점 커져간다. "1933년부터 매주 록시나, 애네 맨츠나, 로마니셰스 카페에서 친구들 가운데 누군가 사라져 보이지 않았다. 몰다우어가 첫번째였고, 곧 프리츠 코르트너가 그 어디에도 안 보이더니, 어느 순간 에른스트 도이치도 없어졌고, 또 어느 날에는 에른스트 요제프 아우프리히트가 사라졌다. 그러더니 베르크너가 떠났고, 그다음에는 리하르트 타우버가, 마지막으로 알베르트 바서만이 사라졌다. 베르톨트 브레히트와 쿠르트 바일도 망명했다는 소리가 들렸다."

◇

1933년 4월 11일 이른 아침, 파리를 경유하여 바르셀로나로 갔던 발터 벤야민이 시우다드 데 말라가호를 타고 와 이비사 항구에 내린다. 아침 여섯시 십오분이다. 눈부신 봄날이 시작된다. 벤야민은 지난해 이비사에서 보낸 시간을 떠올린다. 이곳 해변과 배에서 올가와 함께한 짧았던 행복의 순간을. 그 뒤를 이은 암흑의 시간은 떨쳐낼 수 있다. 태양이 너무 강렬하게 빛나고 있으니까. 발터 벤야민은 심호흡한다. 베를린에서 공포에 잠 못 들면서 나치 앞잡이의 추적을 두려워하던 시간이 마침내 지나간 것이다. 1933년 4월의 이비사는 벤야민에게 베를린에서 최대한 멀리 떨어진 곳을 뜻한다. 그러면서도 여전히 조상의 땅인 구유럽 안에 있는 곳. 벤야민은 자신에게 남은 얼마 안 되는 돈으로 살아갈 수 있을 만큼 생활비가 최대한 적게 드는 곳이 필요했다. 게다가 누구한테도 방해받고 싶지 않았다. 그래서 1년 전 피난처이자 휴가지였던 이비사를 첫 망명지로 선택했다. 그런데 지금 이비사는 모든 것이 번거롭다. 갑자기 어디를 가도 스페인에서 오거나 벤야민이 도망쳐온 독일에서 온 관광객들뿐이다. 제대로 된 숙소를 구하지 못해서 아직 절반밖에 완성되지 않은 뇌게라트의 신축 주택에서 지냈는데, 베를린에 있는 아도르노의 약혼녀 그레텔 카르플루스에게 보내는 편지에 썼듯이 바람에 흔들리는 곳이었다. 아주 몹시 불쾌하다. 벤야민은 아침마다 여섯시에 일어나 일광욕 의자를 숨겨놓은 비탈 쪽으로 간다. 그리고 의자에 앉아 부드러운 아침햇살을 받으며 책을 읽는다. 여덟시가 되면 보온병에 담아온 커피와 빵을 먹는다. 그리고 그늘 속에서 한시까지 일한다. 그러나 오후가 되면 강렬한 돌풍이 불어와 종이들이 자꾸 공중이나 소나무 숲으로 날아가버리는 바람에 제대로 일할 수 없다. 그래서 산안토니오 마을로 가는 일이 점점 잦아졌다. "문명의 대표자로서 평소에는 그 문명과 충분히 거리를 두고 있지만 가끔은 눈앞에 커피 한잔이 필요하다"고 벤야민은 쓴다. 어쨌든 생각했던 것과 달리 할일이 많이 생긴다. 몇 달 동안 이비사섬에서 독일 신문들에 실릴 서평을 자주 쓰게 되는데, 물론 이제 자기 이름으로 쓰지 않고 충분히 아리안 민족 이름처럼 들리는 "데틀레프 홀츠" "한스 펠너" "카를 굼리히"라는 이름으로 실린다. 벤야민은 아직 베를린에 살고 있는 열다섯 살짜리 아들 슈테판 라파엘 때문에 걱정이 크다. 그애는 유대인도 모자라 열렬한 공산주의자가 되어 있었다. 아들의 어머니이자 벤야민의 전처인 도라는 일자리를 잃었고, 벤야민의 동생 게오르크는 투옥되었다. 벤야민은 시를 한 편 짓는다. "심장이 두근거린다 더 크게 더 크게 더 크게/바다는 잠잠해진다 더 고요하게 더 고요하게 더 고요하게/밑바닥까지."

◇

1933년에 우울과 고통으로 가득찬 작품 『서정적 노벨레』가 출간된다. 작가는 안네마리 슈바르첸바흐로 나중에 사진작가로 유명해지지만 지금은 이렇듯 감동적인 짧은 이야기를 쓴 것이다. 브란덴부르크에 있는 여인숙에서 잃어버린 사랑을 안타까워하며 들판을 헤매고, 옛 사랑을 잊으려고 애쓰지만 잊지 못하는 한 젊은 여성의 이야기다. 베를린에서 우르줄라 폰 체트리츠와 나눈 불행한 사랑을 극복하고자 쓴 작품이었다. 그러나 마치 첫날처럼 여전히 고통스럽다.

그때 클라우스 만과 에리카 만, 이 남매의 친구 테레제 기제가 안네마리 슈바르첸바흐를 초대했다. 프랑스 라방두에서 망명생활을 하고 있는 자기들을 방문해달라면서. 그래서 안네마리 슈바르첸바흐는 멋진 자동차를 타고 출발한다. 그들은 레 로쉬 플뢰리 호텔 테라스에 누워 아무것도 하지 않은 채 5월 초의 따뜻한 봄 햇살을 받으며 유쾌한 나날을 보낸다. 사나리쉬르메르에서 쥐빌레 베드포드가 찾아와서 안네마리가 사진을 찍는다. 안네마리 슈바르첸바흐가 찍은 사진 중에 가장 아름다운 사진들이다. 잠시 재앙에서 벗어나 쨍쨍한 태양 아래 서로 장난치면서 한가로운 시간을 보내는 젊은이들의 모습이었다. 흑백사진이지만 감성적인 다채로움이 가득하다. 결코 두 번은 만들어내지 못할 예술작품이다. 안네마리 슈바르첸바흐는 대화를 나누거나 사진을 찍다가도 자꾸 눈물이 터진다. 아무 이유 없이.

◇

5월 6일 오후 다섯시경 발레아레스제도의 새로운 사령관 프랑코 장군이 이비사섬의 산안토니오에 도착한다. 산안토니오에 도착해서 고위 군 장교들과 함께 코베스 블랑케스의 등대까지 행진했는데 벤야민이 지내고 있는 뇌게라트의 집을 지나갔다. 벤야민은 방에서 바리케이드를 치고는 프랑코가 1미터 앞 도로를 행진할 때 창 덧문 사이로 잠깐 내다보았다. 프랑코 장군이 마흔 살이라고 읽은 적이 있는데 정확히 자기와 동갑이었다. 벤야민은 잠깐 소름이 돋는다. 그러고는 다시 자리에 앉아서 막스 호르크하이머가 제네바에서 보내준 셀린의 『밤 끝으로의 여행』을 읽는다. 1933년 5월 6일 늦은 오후 위도 38도에서, 1930년대의 모든 몰락을 이야기할 수 있는 세 사람 프랑코, 셀린, 벤야민의 삶이 여정이 몇 분 동안 교차한 것이다. 밤의 끝을 위한 여행안내서라 할 만하다. 7년 뒤 바로 이 프랑코 장군이 그 어떤 망명자도 프랑스-스페인 국경을 넘을 수 없다는 명령을 내리게 되고, 바로 이것이 발터 벤야민을 죽음으로 내몰기 때문이다.

◇

마를레네 디트리히는 할리우드에 앉아 뭘 해야 좋을지 몰라 하고 있다. 베를린으로, 사랑하는 베를린으로 돌아가고 싶다. 카브리올레 자동차를 타고 쿠어퓌르스텐담을 질주할 때 가끔 터져나오던 웃음이 그립다. 그러나 아직 살아 있는 모친 요제피네도 오지 말라고 경고하고, 마를레네 디트리히의 애인이자 감독으로, 제국의회 의사당이 불에 탈 때 마침 베를린에 있었던 요제프 폰 슈테른베르크도 말린다. 이 나라는 곧 해체될 위기에 있다면서 무슨 일이 있어도 오면 안 된다고 전보를 친다. 그러나 마를레네 디트리히는 딸 마리아와 함께 무슨 일이 있어도 유럽으로 가려고 한다. 그래서 남편 루디 지버가 한때 마리아의 보모였던 애인과 함께 살고 있는 파리로라도 가려 한다. 그러나 유감스럽게도, 지루함에서 벗어나려고 이제 막 설

익은 불륜을 시작한 프랑스 배우 모리스 슈발리에의 아내도 파리에 살고 있었다. 그렇다면 역시 친숙한 고향 베를린으로 가는 게 더 낫지 않을까? 그러나 루디 지버가 5월 8일에 이런 전보를 보내온다. “베를린 상황 끔찍 – 모두 말림 – 나치 에디조차도 야유를 두려워함 – 술집은 대부분 문 닫음 – 극장 영화관도 불가능 – 거리 텅 빔 – 업계의 모든 유대인이 파리 빈 프라하로 – 나중에 셰르부르나 스위스나 티롤에서 어머니와 함께 만나길.” 이 전보에 대한 마를레네 디트리히의 답장이 아주 놀랍다. 갑자기 자기 남편을 그리워하는 것처럼 보인다. “티롤 싫어. 외로운 거 싫어. 당신이랑 프랑스 해수욕장에 가고 싶어 그리움의 키스를 담아 엄마 고양이.” 정말로 파리에 도착하자 마를레네 디트리히는 다시 세계적인 스타를 연기한다. 밝은색 남자 양복을 입고 그 위에 살짝 어두운색의 여름 외투를 걸치고 선글라스를 쓰고는 속을 알 수 없는 미소를 띠고 있다. 마를레네 디트리히가 기차역에 도착했을 때도, 그리고 그 이후에도 곁에 루디가 있다. 1년 전 할리우드에서 그랬듯 다시 충실한 남편을 연기해야 한다는 사실을 아는 양 기꺼이 사진을 찍힌다. 그들은 티롤 대신에 파리의 조지 V 호텔 스위트룸에 투숙하고, 나중에 정말로 리비에라 해변으로 간다. 그리고 날마다 할리우드에서 요제프 폰 슈테른베르크가 보낸 전보가 도착한다. 가끔은 하루에 세 번도 온다. “사랑하는 여신이여, 모든 것이 너무 공허해.” “당신이 그리워 온통 당신 생각밖에 없어.” “당신은 그 누구와도 비교할 수 없는 여인이자 가장 아름다운 창조물이야.” 이런 광신적인 태도가 마를레네 디트리히는 아주 서서히 귀찮아지기 시작한다.

그러니까 마를레네 디트리히는 그해 여름을 많은 독일인들처럼 파리와 지중해의 해변 휴양지에서 보낸 것이다. 그러나 두려움에 가득찬 망명자가 아니라 지루해하는 우아한 관광객으로.

◇

5월 9일에 클라우스 만은 가장 사랑하는 작가라고 할 수 있는 고트프리트 벤에게 절박한 마음으로 편지를 쓴다. 고트프리트 벤은 예술원에 참석해 새로운 국가에 대한 자신의 입장을 표명한 일로 큰 혼란을 불러일으켰다. 클라우스 만은 누나 에리카, 안네마리 슈바르첸바흐와 함께 이제 막 좌초한 프랑스 지중해안의 망명지 라방두에서 편지를 쓴다. "당신은 저를 비롯한 몇몇 사람한테 결코 다른 편에 잃고 싶지 않은 극소수 가운데 한 사람이라는 사실을 알아주셨으면 합니다. 당신이 지금 우리의 사랑과 맞바꾼 게 무엇인지, 그 대가로 그들이 당신에게 무엇을 줄지 당연히 아시겠지요. 제가 나쁜 예언가가 아니라면 그것은 바로 배은망덕과 조롱이 될 것입니다." 클라우스 만은 아주 훌륭한 예언가다. 그가 예언한 그대로 일어나기 때문이다. 그러나 어찌해볼 도리 없이 "새로운 국가"에 대한 확고한 믿음에 빠져 있는 고트프리트 벤은 클라우스 만의 사랑 고백을 공격으로 오해한다. 클라우스 만은 다음 망명지인 사나리쉬르메르에 있는 호텔 드 라 투르로 답장을 보내달라고 고트프리트 벤에게 간곡히 부탁한다. 그곳에 도착했을 때 클라우스 만은 바로 전날 뮌헨의 쾨니히스플라츠에서 자기 책들이 공개적으로 불태워졌다는 소식을 독일 신문에서 읽게 된다. “야만성이 유치함에 이름. 나로서는 영광스러운 일.” 클라우스 만은 3층에 있는 호텔방에 앉아 고트프리트 벤의 답장을 기다린다. 에리카 만은 옆방에 묵고 있다. “(에리카 만은) 망명한 것이 슬프고 치욕스럽다고 말하지만, 나는 그렇게 생각하지 않는다”고 클라우스 만은 말한다. 이미 평생 동안 마음속으로 늘 도피 상태에 있었던 사람에게는 놀라운 일도 아니었다. 그러나 클라우스 만은 지금 이곳에 앉아 고트프리트 벤 때문에 우편집배원을 기다리는 치욕스러운 처지에 있다. 클라우스 만은 고트프리트 벤에게 보내는 긴 편지를 쓰고 나서, 짧지만 그렇다고 그 의미가 덜하지는 않은 선언문을 일기에 적는다. 5월 12일에 독일 신문들을 읽고 나서 비현실적으로 따뜻한 초여름 날씨의 선착장을 바라보며 이렇게 쓴다. “이것이 우리의 모토다. 증오하는 법을 배워라! 불공평을 배워라! 자유의 적인 당신들은 우리에게 증오를 가르쳐주었다.”

그리고 기다리는 법도. 고트프리트 벤은 답장하지 않는다. 그래서 클라우스 만은 부드러운 바람에 흔들리는 작은 어선들을 바라보고, 저녁이면 호텔방에 있는 덧창문을 닫았다가 아침이면 다시 열고, 어부들이 바다로 나갔다가 집으로 돌아오는 소리를 듣고, 십오분마다 시청의 종이 울리는 소리를 듣고, 갈매기들이 우는 소리를 듣는다. 그러나 고트프리트 벤은 편지하지 않는다. 아니다, 고트프리트 벤은 5월 23일에 방송을 통해 말 그대로 소리쳐 화답한다. 고트프리트 벤은 자신의 반박문을 ‘문학 망명자에게 보내는 답변’이라고 이름 짓는다. 그 답변에서 역사가 “프랑스 해변 휴양지에서 특별히 활기차다"고 생각하느냐며 클라우스 만을 조롱한다. 그리고 이렇게 덧붙인다. "제발 당신이 계신 그곳 지중해에서 독일의 역사에 돌연변이가 일어나고 있음을" 그리고 한 민족이 "품종 개량되려 함을" "깨달으라고". 또 이렇게도 말한다. "내가 아주 개인적으로 이 새로운 국가의 편을 드는 것은 그것이 나의 민족이기 때문이고, 이곳에서 새로운 길을 닦기 때문입니다." 『도이체 알게마이네 차이퉁』에 이 답변이 실리자 벤은 그 신문을 봉투에 넣어서 클라우스 만이 있는 호텔 드 라 투르로 보낸다. 그 신문을 받은 클라우스 만은 너무 놀라 할말을 잃는다. 그리고 벤의 답변 때문에 혼란스러우면서도 영감을 받아 잡지 『모음집』을 창간한다. 발행지가 암스테르담이었던 이 잡지는 훗날 중요한 망명 잡지가 된다. 그리고 몇 년 뒤 클라우스 만은 같은 호텔, 같은 방(7호실)에서 구스타프 그륀트겐스에 관한 소설 『메피스토』를 완성하게 된다.

◇

이 무렵 크리스토퍼 이셔우드는 베를린에서, 훗날 '카바레'라는 제목으로 라이자 미넬리가 주연한 영화로 만들어져 전 세계적으로 유명해지는 작품에 나오는 모든 것을 체험하고 있다. 베를린 놀렌도르프가에서 투라우 양이 운영하는 하숙집에 살면서 "나탈리아 란다우어"에게 영어를 가르치고, 영화에서 "샐리 보울즈"로 등장하는 진 로스를 만나게 된다. 진 로스는 "연애를 몇 번 해봐야 비로소 위대한 배우가 될 수 있다"는 사실을 확실히 깨닫게 해준다. 크리스토퍼 이셔우드는 나치와 공산주의자들이 거리에서 치고받고 싸우고 불안이 베를린에 자리잡아가는 것을 본다. 초세너가 7번지에 있지만 그 명성이 런던과 뉴욕까지 뻗어 있고 노동자 젊은이들로 가득한 작은 게이 바 코지 코너가, 자기가 아끼던 그곳이 점점 거북한 장소로 변해가는 것을 지켜본다. 크리스토퍼 이셔우드는 어린 독일인 친구 하인츠 네더마이어와 사랑을 나누며 행복한 시절을 보낸다. 하인츠는 크리스토퍼에게 늘 돼지고기 커틀릿과 고기완자 요리를 해준다. 이셔우드는 친구 스티븐 스펜더에게 편지를 써 한동안 더 베를린에 머물러야 한다고 전한다. "소설의 결말부를 쓰려면 아직 자료조사가 많이 필요하네." 그러나 1933년 봄에 이셔우드의 현장 연구가 끝나버린다. 이셔우드의 『베를린 이야기』는 1932년과 1933년 사이의 어느 겨울날 일기로 끝난다. "베를린의 공기에는 깊은 불안이 깔려 있었다"라고 쓰여 있다. 유대인 친구들은 망명했고, 동성애 친구들은 신문을 받거나 쫓기고 있고, 술집들은 문을 닫았다. 5월 6일에 자기와 아주 밀접하게 연관되어 있는 마그누스 히르쉬펠트 연구소가 약탈당했을 때, 이셔우드는 이제 떠나야 할 시간이 왔다는 것을 깨달았다. 5월 10일에는 성과학연구소 저작물들이 투홀스키, 카를 폰 오시에츠키, 에리히 마리아 레마르크의 책들과 함께 불태워지는 모습을 지켜보았다. 그 일이 일어나고 나서 이셔우드는 작별을 준비한다. 자질구레한 소지품은 지인들에게 선물하고 나머지는 여행가방 두 개에 나눠 싼다. 독일에서 가져가는 것은 별로 없지만 독일에서 만난 최고의 사랑 하인츠는 무슨 일이 있어도 데려간다. 이셔우드는 하인츠를 위해 여권을 준비한다. 5월 14일에 드디어 때가 되었다. "그날이 왔다. 현실이라기에는 너무 좋으면서도 너무 끔찍한, 독일을 떠나야 하는 날이." 하인츠가 아침 정각 여섯시에 크리스토퍼 이셔우드를 데리러 온다. 이셔우드는 하숙집 주인 투라우 양과 작별한다. 택시를 타고 안할터역으로 가는 동안 두 사람은 아무 말도 하지 않았다. 그곳에서 프라하로 간다. 이셔우드는 동성애 연인 하인츠의 여행신청서 직업란에 "하인"이라고 적는다. 독일 국경 관리들은 두 사람을 통과시킨다. 앞으로 4년 동안 유럽 전역과 아프리카를 떠돌게 될 여정이 시작되었음을 두 사람은 아직 알지 못했다.

◇

나치조차도 에리히 캐스트너가 쓴 어린이책은 좋아했지만 1932년에 나온 『파비안』은 싫어한다. 『푈키셔 베오바흐터』는 이 작품이 고작 "잡기"일 뿐이고 "인간 이하의 난음 묘사"에 불과하다고 쓴다. 3월에 에리히 캐스트너는 다른 "공산주의자 및 급좌파 회원들"과 함께 독일작가보호연맹에서 제명당한다. 그 가운데에는 리온 포이흐트방거, 알프레트 케어, 에곤 에르빈 키쉬 같은 유대인 작가들도 있었다. 그리고 5월 10일에 『파비안』이 캐스트너의 시집들과 더불어 공개적으로 불태워진다. 나치는 오페라광장에서 "퇴폐와 도덕적 타락을 막기 위해" "가정과 국가의 기강과 풍기 단속을 위해"라고 외치고는 캐스트너의 책들을 불 속에 내던진다. 이날 불 속에 던져진 책들의 저자 가운데 그 현장을 지켜본 이는 에리히 캐스트너뿐이었다. 증오가 사람들을 어떻게 변화시키는지 피부로 느낀 것이다. 한 여대생이 캐스트너를 알아보고 소리쳤다. "저기 캐스트너가 있다!" 캐스트너는 이렇게 쓰고 있다. "이른바 내가 매장되는 자리에서 비통에 빠진 사람들 가운데 나를 발견한 놀라움이 얼마나 컸던지 그 여자는 그 순간 나를 손으로 가리키기까지 했다. 그래서 곤란했다는 사실을 인정하지 않을 수 없다." 그러나 주위 학생들은 모두 아방가르드 책들을 집어삼키고 있는 불꽃을 탐욕스럽게 지켜보느라 이 젊은 여성의 외침은 듣지 못한다.

이 순간 캐스트너가 왜 생명의 위협을 느끼지 않았는지 이해하기는 쉽지 않다. 자기를 빼고는 불길 속에 불타는 책들의 저자들 모두 이미 망명했다는 사실을 에리히 캐스트너는 알고 있었다. 그런데도 눈썹 하나 까딱하지 않고 그냥 집으로 간다. 훗날 에리히 캐스트너는 "목격자가 되기 위해" 남았다고 말한다. 맷집이 셌던 게 틀림없다. 공개적인 분서 사건이 일어난 뒤에도 에리히 캐스트너는 계속 로마니셰스 카페에 간다. 그리고 자기가 사회민주당에 투표한 사실을 아무에게도 발설하지 않는다. 최근에 사귀었던 "모리츠"와 "포니 휘트헨"이(다시 말해 마르고트 슌랑크가) 파리로 망명했다는 소식을 듣고도 아무렇지 않았다. 캐스트너는 망명하는 대신 새 여자친구인 연극배우 카라 길과 함께 바이에른에 있는 아이프호수로 여행을 간다. 두 사람은 맛있는 음식을 실컷 먹고, 즐거운 분위기로 가볍게 산책을 하고, 서로 애교를 부린다. 그리고 틈틈이 호텔 앞에 있는 작은 탁자에 앉아 『하늘을 나는 교실』을 써나간다. 한번은 비서 엘프리데

메링이 들러 사진을 찍게 되는데 갈색으로 그을린 피부에 빳빳하게 다림질한 셔츠 차림의 모습은 공격할 틈이 없어 보인다. 기자 엘제 뤼텔은 『파비안』에 대해 쓴 훌륭한 서평에서, 캐스트너가 "대단히 고상한 사회자의 은어"를 구사한다고 말한다. 그렇다, 에리히 캐스트너는 재앙조차도 멋진 사회로 쫓아버리려는 듯 보인다. 제국의회 의사당이 불탔을 때 캐스트너는 취리히에 있었는데 "우리만의 방식으로 정권에 맞서는 것이 우리의 의무이자 책무"라면서 수도로 돌아오는 그를 아무도 막을 수 없었다. 어쩌면 분서 사건 때 소리 없는 아우성으로 보여주고자 한 메시지가 바로 이것이었는지 모른다. 캐스트너는 새로운 작품 『하늘을 나는 교실』을 계속 써나갔고 12월에 벌써 이 책이 서점에 깔리게 된다. 이 작품을 쓸 때 캐스트너의 곁을 지켰고 작품 머리말에도 등장하는 카라 길은, 책이 출간되었을 무렵에는 이미 지나간 과거가 되어버렸고 캐스트너의 관심은 스무 살의 연극배우 헤르타 키르히너에게 가 있었다. 캐스트너는 드레스덴에 있는 어머니 이다에게 이 소식을 바로 전했다. "늦은 저녁 시간은 스무 살짜리 금발의 여배우와 함께 보내고 있어요. 열다섯 살 때부터 제 작품을 읽고 저를 사랑해왔대요."

이튿날 『하늘을 나는 교실』의 첫 인세가 들어와 네스토어가에 있는 은행 지점에서 돈을 인출하려고 했을 때, 캐스트너는 게슈타포가 계좌를 압류한 사실을 알게 된다. 망명한 다른 마흔한 명의 작가들도 마찬가지였다. 캐스트너는 게슈타포에게 체포되어 며칠 동안 신문을 당한다. 마마보이 캐스트너는 풀려나자마자 곧바로 엄마에게 편지를 써서 별거 아니었다고 안심시킨다. 1933년의 캐스트너를 보면 당황스럽다. 마치 자기가 처해 있는 위험을 보지 않으려는 것처럼 보인다. 한편 망명하지 않는 이유가, 어머니한테 세탁하고 다림질할 더러운 빨래를 안 보내게 되면 어머니가 할일이 없어지기 때문이라고 말하기도 한다. 유명한 마마보이 캐스트너가 이것을 자기가 독일에 남는 합당한 이유라고 진지하게 생각하는 걸까봐 너무 걱정스럽다.

◇

마그누스 히르쉬펠트는 나치가 문을 연 현대 시대가 시작되기 전에 이미 망명했다. 이 전설적인 성과학자는 자신이 나치가 증오하는 모든 것의 화신이라는 사실을 알고 있었다. 유대인이자, 동성애자이자, 사회주의자였던 것이다. 베를린의 성과학연구소를 설립했고, 자신이 세운 박물관은 전 세계적으로 동성애자 사이에서 전설적인 명성을 누리고 있었다. 히르쉬펠트는 미국, 아시아, 러시아에 걸쳐 순회강연을 마치고 나서 먼저 아스코나로, 평화로운 마조레호숫가로 갔다가 곧 더 멀리 파리로 이동했다. 곁에는 새로운 연인인 스물다섯 살의 중국인 청년 리 시우 탕과 오랜 연인인 베를린 사람 카를 기제가 있었다. 리 시우 탕은 자신이 가진 자산으로 히르쉬펠트에게 재정 지원도 했다. 이 세 사람은 처음에는 스위스에서 그다음에는 프랑스에서 친밀하지만 그렇다고 복잡하지 않은 것은 아닌 삼각관계 속에 살게 된다. 세 사람은 1933년 5월에 파리에 있는 한 영화관에서 주간뉴스로 나치 약탈자 무리가 베를린의 성과학연구소를 완전히 파괴하고 도서관과, 히르쉬펠트의 흉상과, 3만 점의 사진과, 그 밖에 아주 중요한 자료들을 베벨광장에서 불속으로 던져버리는 장면을 지켜보아야 했다. 자기가 수십 년 동안 파고든 연구물이 파괴되는 것을 영화관에서 그저 속수무책으로 지켜봐야 한다니 무슨 이런 악몽이 다 있단 말인가. 영화관에서 나와 비 내린 파리의 밤거리에서 물웅덩이에 발을 내디딜 때, 카를 기제와 리 시우 탕은 예순다섯 살의 친구를 부축해야 했다. 마그누스 히르쉬펠트는 이제 완전히 무너져버렸다.

◇

5월 16일에 작곡가 아르놀트 쇤베르크가 아내와 한 살짜리 딸 누리아와 함께 베를린을 떠나 파리로 망명한다. 바이올리니스트인 처남 루돌프 콜리쉬가 전보를 쳐 경고한 터였다. 이미 1933년 3월에 베를린 예술 아카데미는 쇤베르크에게 달갑지 않은 존재라며 탈퇴를 종용했다. 파리에 온 쇤베르크는 이미 파리에 있던 화가 마르크 샤갈을 증인으로 내세워 자기가 1898년에 포기했던 유대교인 신분을 다시 얻는다. 아르놀트 쇤베르크는 안톤 베베른에게 이렇게 편지한다. "지난 14년 동안 지금 벌어지고 있는 일에 대비했네. 그 긴 시간 동안 철저하게 준비할 수 있었고, 어려움과 많은 갈등이 있었지만 결국 서양에 매여 있던 것에서 해방되었지. 나는 오래전에 이미 유대인으로 살기로 결심했네."

쇤베르크는 1933년 10월에 가족과 함께 르아브르에서 일드프랑스호를 타고 뉴욕으로 떠난다.

◇

리온 포이흐트방거는 아내와 함께 남프랑스 망명지에 있다. 두 사람은 화창한 방돌해변 휴양지에 도착했다. 리온 포이흐트방거는 즉시 베를린에 있는 비서 롤라 제르나우한테도 프랑스로 오라고 지시한다. 5월 20일에 리온 포이흐트방거는 소설 『오퍼만 형제』 집필을 시작하고, 일기에다 아내뿐만 아니라 비서와도 동침했다고 보고한다. 이튿날 리온 포이흐트방거가 목이 뻣뻣하자 마르타가 의심스러워하면서 혹시 매독이 아니냐고 말한다. 리온 포이흐트방거의 반응은 이랬다. "아내는 항상 안 좋은 일이 생기면 '잘못'을 감지하는 경향이 있다." 며칠 동안 상황은 나아지지 않았다. "마르타와 싸움, 함께 지내기 힘들다"고 리온 포이흐트방거는 기록한다. 마르타는 통제가 심하다. 리온 포이흐트방거는 아침에 새집 주변을 열 바퀴나 달리고 나서야 비로소 아침식사로 달걀을 받는다. 그러나 징계 조치는 질투에 도움이 되지 않는다. 리온 포이흐트방거는 일기에 이렇게 보고한다. 아내 마르타와 애인이자 비서인 롤라의 관계가 "껄끄럽다"고. 게다가 "마르타가 산 빌어먹을 자동차 때문에 싸움"이 벌어졌다. 아름다운 여름 내내 그렇게 시간이 흘러간다. 7월 30일이 되어서야 비로소 분위기가 바뀐다. "마르타와 잤다. 롤라는 계속 기분이 나쁘다." 우리가 할 수 있는 말은, 그렇게까지 정확하게 알고 싶지 않다는 것뿐이다. 그건 마르타도 마찬가지였다. 나중에 마르타는 색광인 남편 리온 포이흐트방거의 일기를 어쩌다 읽고는 충격받는다. "훨씬 더 부드럽게 표현하고 싶지만, 나는 아직도 그 일기 때문에 받은 충격을 잊을 수 없다. 나는 크게 상심했고, 그런 실망감은 처음이었다. 평소 그 누구한테도 환상을 갖지 않았기 때문이다."

◇

망명 후 불안하고 정처 없이 첫 달을 보내고 난 뒤 임시로 방돌의 그랜드 호텔에 자리잡은 토마스 만과 카티아 만은 아주 다른 걱정거리를 가지고 있다. 숨막힐 듯한 더위 때문에 지내기가 불편하다. 자식들은 이곳 지중해 연안 어딘가에 정착하라고 충고한다. 그러나 강력한 수면제 없이는 밤에 잠들지 못한다. 따가운 햇살 때문에 괴롭다. 열감기 때문에 괴롭다. 성가신 모기 때문에 괴롭다. 신경에 거슬리는 미스트랄 돌풍 때문에 괴롭다. 같이 식사하고, 같이 승강기 안에 서 있어야 하는 사람들 무리 때문에 괴롭다. 근본적으로 망명 상태가 괴롭다. 토마스 만과 카티아 만은 "호텔 사람들"에 적합하지 않다. 단단한 땅이 필요하다. 두 사람은 이곳에서 자신이 사람들과 다른 기질을 가지고 있다는 사실을 아주 분명하게 느낀다. 그리고 물론 늘 그렇듯이 토마스 만이 아내 카티아 만보다 훨씬 더 괴로워한다. 토마스 만은 일기에 이렇게 적는다. "건강이 무너지는 느낌. 신경은 쇠약하고, 몸이 정상이 아님." 카티아는 남편을 진정시키려고 애쓰면서 더 시원한 노르망디나 브르타뉴로 옮기는 것이 어떻겠느냐고 제안한다. 그러나 그러기에는 "너무 늦은 것 같다"고 토마스 만은 말한다. 그리고 쉰여덟번째 생일인 6월 6일 저녁에 "우울증이 조금 더 심해졌다"는 자가진단을 일기에 적는다. 예민한 토마스 만은 카티아의 얼굴도 점점 더 심각해지고 근심이 가득해지는 것을 알아챈다. 사나리쉬르메르에서 클라우스와 에리카 만이 찾아와서 "여기 남을지 아니면 떠날지"를 함께 논의하지만 결론을 내지 못한다. 가까운 군항 툴롱에서는 바다 건너 날아온 포탄이 터지는 소리가 끊임없이 들린다. 토마스 만은 이렇게 결론 짓는다. "돌아가는 것은 어림없고, 불가능하고, 가당찮고, 터무니없고, 자유와 생명을 위협하는 살벌한 위험으로 가득하다." 그래서 토마스 만 가족은 미래가 분명해질 때까지 이웃마을 사나리쉬르메르에 있는 트랑킬 빌라를 세내기로 결정한다.

◇

베를린 노이쾰른에서는 발터 벤야민, 프란츠 헤셀과 헬렌 헤셀 부부의 친구인 유대인 의사 샤를로테 볼프가 연구소에서 쫓겨나 백주대로에서 체포된다. 게슈타포는 체포 이유를 이렇게 설명한다. "당신은 여자이면서 남장을 했고 스파이다." 가장 가까운 경찰서로 연행

되었는데 그곳 서장이 자기 아내를 진료한 의사였던 것을 알아보고는 풀어준다. 그러나 불과 사흘 뒤 샤를로테 볼프는 가택수색을 당한다. 러시아 스파이 혐의였다. 그 순간 샤를로테 볼프는 서둘러 떠나야 할 때가 되었음을 깨닫는다. 5월 26일에 샤를로테 볼프는 아헨을 경유해 파리로 가는 기차를 탄다. 한때 동반자였던 카테리네가 승강장에서 샤를로테 볼프의 손을 오래도록 꼭 잡는다. 두 사람 눈에 눈물이 흐른다. 카테리네는 유대인 레즈비언과의 친분이 가족 전체를 위험에 빠뜨릴 수 있다는 아버지의 말 때문에 샤를로테 볼프와 헤어진 것이었다. 기차에 오른 샤를로테 볼프는 자기 인생에서 가장 길고 가장 괴로운 여정을 경험한다. 기차간 문이 열릴 때마다 자기를 체포하러 온 게슈타포일까봐 두려움에 떨면서. 그러나 아헨에서 무사히 국경을 통과한다. 그리고 몇 시간 뒤에 파리 북역에 도착한다. "희미해지는 공포와 새로운 희망 사이의 상태에서, 여전히 머릿속에는 여행 동안의 악몽이 지워지지 않은 채로." 샤를로테 볼프는 완전히 기진맥진하여 싸구려 호텔의 침대에 쓰러져 이튿날 아침까지 깨지 않고 쭉 잤다. 그리고 여전히 살짝 몽롱한 상태로 생미셸가에 있는 작은 카페에 들어가 행복을 만끽하며 프랑스식 아침식사인 "카페오레와 버터 바른 빵"을 주문한다. 프랑스에서 맞이하는 첫 아침식사였다. 그러고 나서 이미 망명해 있던 친구 헬렌 헤셀이 두 아들과 함께 살고 있는 집으로 들어가 지내게 된다.

◇

1933년 5월 28일, 볼티모어의 정신과의사 토마스 레니 박사의 방에서 젤다와 스콧 사이에 최후의 결투가 벌어진다. 미국에서 아주 열렬하게 시작되어 유럽에서 술과 눈물 속에 잠겨버린 지난 결혼생활의 대차대조표가 작성된다. 두 결투자는 의사 옆에 있는 조수에게 이 자리에서 오간 모든 대화를 속기해달라고 부탁했고 그 결과는 빽빽한 글씨로 114쪽짜리 문서에 이르렀다. 레니 박사는 스콧 피츠제럴드를 도와 젤다가 자기 책에 대한 권리를 포기하도록 설득한다. 젤다는 이 모든 것을 이해할 수 없었지만 우선 침착함을 보인다. 그렇다, 미친 사람으로 공표된 젤다가 지금 여기서 유일하게 제정신인 사람으로 보였다. 피츠제럴드는 자기 아내가 유럽과 정신병원에서 보낸 수년 동안의 세월에 대해 감히 책을 쓸 생각을 한 것에 분노한다. 그로써 선을 넘었다고 여긴다. "당신은 삼류 작가야. 나는 세상에서 최고의 보수를 받는 이야기 작가야." 젤다는 이렇게 비꼰다. "도대체 당신은 뭐 하러 삼류 재능을 가진 사람과 싸우려는 거지, 제길, 당신은 왜 이렇게 질투가 심해?" 피츠제럴드는 더 펄펄 뛴다. 그러자 젤다는 이렇게 응수한다. "이런 식이면 나는 다시 정신병원으로 가겠어, 거기가 더 마음 편해." 그러자 스콧이 다시 응수한다. 더 이상 젤다를 견딜 수 없다고, 젤다가 자기 때문에 고통을 겪는 것이라고 비난하는 바람에 함께 사는 한 항상 술을 마실 수밖에 없다면서. 몇 시간 동안 이런 식으로 주거니 받거니 한다. 어쨌든 둘이 함께 보낸 과거와 젤다의 정신병원 체류에 대해 책을 쓸 수 있는 권리는 오로지 자기한테만 있다고 여기는 스콧 피츠제럴드의 마초적인 태도가 핵심이었다. 그렇지만 유감스럽게도, 둘이 함께 보낸 과거에 대해 스콧 피츠제럴드가 1933년 여름에 쓴 책이 젤다의 『왈츠는 나와 함께』보다 문학적으로 훨씬 더 나은 것은 사실이다. 1934년에 출간되는 『밤은 부드러워라』에서 스콧은 부끄러운 줄도 모르고 물불도 가리지 않고 젤다의 이야기를 약탈한다. 그러나 그 작품은 세계문학이 된다.

◇

1933년 여름 독일 고급문화의 특징은 '대죄'다. 드레스덴과 파리 두 곳에서 동시적으로 나타난다. 이미 일자리와 삶에서 추방된 이들에 의해서. 파리에서는 쿠르트 바일과 베르톨트 브레히트가 무대에서 쫓겨나고, 드레스덴에서는 오토 딕스가 캔버스에서 쫓겨난다. 게다가 이 모든 일이 연애관계에 직접적인 영향을 미친다. 차근차근 차례대로 이야기해보겠다. 오토 딕스는 나치가 권력을 장악하자마자 미술 아카데미 교수직을 박탈당한다. 오토 딕스는 유대인도 아니고 공산주의자도 아니지만 그가 그린 그림이 "쓰레기"이자 "청소년에게 해로운" 것으로 혹평된다. 전쟁의 참혹함을 그토록 가차없이 묘사한 사실이 새로운 영웅주의가 선포되려는 이 시점에 오토 딕스에게 재앙이 된 것이다. 4월에 드레스덴시에서 주최한 전시회에서 이미 오토 딕스의 그림이 "퇴폐 예술"로 낙인찍혔고 평론가 베티나 파이스

텔로메더는 이렇게 격분한다. “딕스 교수는 이 학생 전시회를 통해 독일 청소년을 타락시키는 존재임을 스스로 증명하고 있다. 공개적으로 이에 거듭 항의하는 것이 독일여성협회들의 임무일 것이다. 진흙탕과 쓰레기 속에 뒹굴고 있는데 그 어떤 청소년복지국도 나서지 않는다!” 오토 딕스는 이런 적대감에 동요하지 않고 계속 그림을 그리며 독일 미술에서 좋았던 과거 시절로, 루카스 크라나흐, 알브레히트 뒤러, 한스 발룽 그린, 마티아스 그뤼네발트의 시대로 도망친다. 그리고 자신과 독일 회화에 죄를 저지른 현정부를 웃음거리로 만들 방법을 찾는다. 오토 딕스는 180센티미터 크기의 나무판에 원로 대가 같은 화풍으로 〈일곱 가지 대죄〉라는 알레고리를 그린다. 인색, 분노, 시기, 교만, 나태, 음욕, 탐욕이라는 일곱 가지 대죄가 일그러진 인간상에 의해 구현된다. 시기는 히틀러 수염을 달고 있는 화가 난 난쟁이로 표현되었다. 그림 한가운데에는 사자死者가 춤을 추고 있는데, 자세히 들여다보면 해골의 춤 동작이 나치 십자가를 나타내고 있다. 캔버스에 오일로 표현한 저항이다. 고발 그림이자 예언의 그림이다.

한편 이 그림에서 음욕은 곱슬머리의 풍만한 여자로 표현되어 있는데, 오토 딕스의 애인인 케테 쾨니히의 얼굴 특징이 나타난다(모사와 실재 사이에 또다른 일치점이 있는지는 미술사에 알려진 바가 없다). 중대한 나치 죄인에 대한 정치적 고발과 더불어 여기 캔버스 위에 작은 개인적 대죄가 담겨 있다는 사실을 오토 딕스는 알고 있다. 바로 충실한 아내를 끊임없이 기만한 죄다. 그러나 오토 딕스는 아내가 용서해주기를 바란다.

◇

6월 7일 파리 샹젤리제극장에서 〈일곱 가지 대죄〉가 초연된다. 발레, 노래, 연극이 불안정하게 혼합된 작품이었는데 대본은 베르톨트 브레히트가 쓰고, 음악은 쿠르트 바일이 작곡하고, 노래는 로테 레냐가 불렀다. 더 중요한 문제인 공연 비용은 영국의 예술 후원가 에드워드 제임스가 모두 댔는데, 독일인 아내이자 무용수인 틸리 로쉬가 마침내 주연을 맡게 되기를 바랐기 때문이었다. 이 작품에서 틸리 로쉬는 로테 레냐와 함께 2인 1역의 주연을 맡아 노래와 연기를 펼친다. 그리고 우연이라는 것이 그렇듯, 이 두 반쪽은 똑같이 생긴 예쁜 판초를 입은 채 서로 사랑에 빠지게 되고 리허설과 그후 몇 주 동안 한 쌍의 연인이 된다. 틸리 로쉬는 이 사실을 남편한테 비밀로 해야 하고, 로테 레냐는 (밤새 스플롱디 호텔에서 헛되이 자기를 기다리는) 애인 오토 폰 파세티에게 비밀로 해야 한다. 이 사실을 가장 먼저 알게 되는 쿠르트 바일은 이미 이런 불행에 익숙했고, 마침 파리에서 자기를 후원해주는 귀족 후원가 마리로르 드 노아유와 즐거운 시간을 보내고 있었다. 그러나 로테 레냐는 이 여인을 "여덟번째 대죄"라고 부르면서 얘기할 만한 가치가 없다고 여겼다. 어쨌든 로테 레냐는 코트다쥐르에서 파세티와 방탕한 생활을 하는 비용을 오랫동안 대주고 있는 쿠르트 바일과 아주 잘 지내왔다. 그럼에도 이혼을 서두르는 이유는 무엇보다 파세티 때문이었다. 오토 파세티는 레냐를 위해 아내 에르나와 법적으로 이혼했고, 카지노가 개장하기 전 저녁 술 한잔하면서 로테 레냐에게 영원한 사랑을 노래하는 아리아를 불러주었다.

"그렇지만 물론 아직도 당신을 사랑해." 로테 레냐는 이제 전남편이 될 쿠르트 바일에게 편지로 이혼을 청구하면서 이렇게 말했다. 이 무렵 로테 레냐가 파세티의 아이를 낳아도 괜찮으냐고 쿠르트 바일에게 물었을 때, 쿠르트 바일은 눈물을 흘리면서 그러면 크게 상처받을 것 같다고 고백한다. 그러자 로테 레냐는 쿠르트 바일을 오랫동안 바라보더니 이렇게 말한다. "그럼 물론 안 낳을게, 사랑하는 쿠르트." 이혼 절차를 밟는 동안 로테 레냐는 심지어 쿠르트 바일의 재산을 베를린에서 프랑스로 가져다주는데, 무엇보다 그가 사랑하는 셰퍼드 하라스를 데려온다. 이제 쿠르트 바일은 저녁마다 〈일곱 가지 대죄〉 리허설이 끝나고 나면 하라스를 데리고 지금 세들어 살고 있는 집이 있는 교외 작은 마을 루브시엔느 주변의 부드럽고 향기로운 들판을 거닌다(이런 멋진 상상을 해본다. 이 작은 마을에서 가장 유명한 주민인 아나이스 닌이 헨리 밀러와 저녁 산책을 하다가 마침 개를 데리고 나온 쿠르트 바일이랑 로테 레냐와 마주치는 상상을). 그건 그렇고 그 들판은 바로, 섬세한 감각을 지닌 조용한 카미유 피사로가 50, 60년 전에 가장 아름다운 인상주의 그림으로 꼽히는 풍경화에 담은 곳이었다.

아내를 성공시키기 위해 화려한 연출의 〈일곱 가지 대죄〉 공연 비용을 모두 후원한 에드워드 제임스가 마지막 공연이 끝나고 나서 아내 틸리 로쉬한테 감사 인사로 받은 것은 결국 이혼서류였다. 틸리 로쉬는 로테 레냐에게 완전히 빠진 것이다. 그러나 이것은 고작 금전적인 문제에 지나지 않았다. 에드워드 제임스는 동성애자이고, 살바도르 달리가 자기한테 가구를 만들어주는 것, 그리고 가구를 만드는 달리의 모습을 바라보는 것보다 더 멋진 일은 상상할 수 없는 사람이었기 때문이다.

그런데 작품 〈일곱 가지 대죄〉가 살아 있는 이들에게 요구한 사랑의 희생 이야기는 아직 끝나지 않았다. 이때 베르톨트 브레히트가 다시 무대에 등장한다. 그리고 마르가레테 슈테핀도 같이 등장한다. 마르가레테 슈테핀은 자신이 숭배하다시피 하는 애인 브레히트 곁에서 리허설을 돕기 위해서 영원 같은 수개월 동안의 병상생활을 끝내고 루가노 근교에 있는 폐병 환자 요양소에서 나온 것이다. 그러나 파리에서 몇 주 동안 행복한 시간을 보낸 후에, 브레히트가 자기와 함께 집을 얻어 살 계획이 전혀 없으며 카린 미하엘리스의 여름 별장에서 아내 헬레네 바이겔과 자식들이 은신하고 있는 덴마크 투뢰로 갈 거라는 말을 들었을 때 세상이 무너지는 것 같았다. (헬레네 바이겔이 봄에 그랬던 것처럼) 이제 마르가레테 슈테핀도 브레히트와 완전히 헤어져야 하나 고민한다. 그리고 브레히트를 위해 소네트를 한 편 짓는다. 브레히트의 여자친구들이 모두 동시에 침대 머리맡에 모이는 꿈을 묘사한 소네트였다. "상상해보라 당신이 한때 재미 삼아 고른 모든 여인이 와서…… 당신에게 못된 장난을 치는 것을." 마르가레테 슈테핀은 이제 브레히트와 함께할 시간이 끝나버렸다는 사실을 아직 믿을 수 없었다. 그러나 브레히트는 짐을 싸서 아내와 두 자식이 있는 덴마크로 떠난다. 도착해보니, 헬레네 바이겔이 브레히트를 위해 벌써 서재도 마련해놓았다. 상판이 세 개나 되는 탁자에, 바다가 보이는 탁 트인 전망에, 아이들 방에서 아주 멀리 떨어져 있는 곳이었다. 브레히트가 감사의 뜻으로 키스하려 하자 헬레네 바이겔은 지금부터 당장 그리고 앞으로 영원히 바람을 피우지 않겠다고 약속해야만 이 방에 들어갈 수 있다고 말한다. 브레히트는 어머니를 걸고 맹세한다. 그러고는 바로 그날 저녁에 파리에 있는 마르가레테 슈테핀에게 8월에 파리에서 다시 볼 날을 벌써부터 고대하고 있다고 편지한다.

◇

하인들이 여전히 공경의 뜻으로 "황제 폐하"라고 부르는 빌헬름 2세는 네덜란드 망명지에서 여전히 국가사회주의자들을 추종하는 두 번째 아내 헤르미네 때문에 화가 난다. 늙고 지친 군주의 늦깎이 사랑에 불어닥친 큰 시련이다. "헤르미네의 행동을 더는 참을 수 없다. 정치적 신념이 그런 거야 좋지만, 내가 왕좌를 아무리 빨리 되찾는다 해도 만족하지 못할 여자다. 그러나 그녀 방식으로는 안 된다. 헤르미네는 나치들을 좇아다니고, 이곳에 앉아 편지를 쓰거나 베를린까지 가서 득보다는 실이 될 일만 골라 하고 있다. 나는 그 사람들을 추종하는 일만은 하지 않겠다." 빌헬름 2세는 그보다 차라리 숲으로 가서 나무를 쪼갠다. 황제 자리에서 물러나고부터 12년 동안 벌목을 하고 나니 소유지에 남아 있는 나무가 거의 없어서 어쩔 수 없이 도끼를 들고 이웃인 블라이덴슈타인 씨의 숲으로 갈 수밖에 없었다. 그 이웃은 능력 있고 부지런한 산림관리인을 공짜로 쓸 수 있어서 아주 고마워했다.

◇

1933년 6월 8일 뉴욕에서 유대계 미국인 복서 맥스 베어가 독일의 복서 막스 슈멜링을 상대로 링에 올랐는데, 바지에 다윗의 별을 꿰맨 채였다. 나치의 집권에 반대한다는 의사를 표시하려 한 것이다. 그리고 10라운드에서 사실상 자기보다 우세한 슈멜링을 티케이오로 이긴다. 슈멜링은 가망이 없었다.

따지고 보면 슈멜링은 운이 엄청 좋았다. 베어는 최근에 5라운드에서 강력한 펀치를 날려 역시 티케이오로 상대 선수를 이긴 바 있다. 그리고 그 상대 선수는 링에서 죽었다.

시합이 끝나고 다음날 아침 막스 슈멜링은 뉴욕에 있는 호텔에서 깨어 부은 눈으로 거울 속 자신을 보았을 때, 앞으로 복싱을 완전히 그만둬야겠다고 생각한다. 이번 시합의 패배는 굴욕적이었다. 슈멜링은 당장 베를린으로 전화를 건다. 그리고 여자친구, 그러니까 앨프레드 히치콕 감독의 첫 유성영화에 출연한 배우 아니 온드라에게 결심했다면서 이제 호적사무소에 결혼 신청서를 제출해도 된다고 말한다. 전화기 너머 "정말이야, 막스?" 같은 말이 들렸고 전화 연결이 끊겼다. 그리고 7월 8일에 막스 슈멜링과 아니 온드라는 정말로 결혼한다. 강력한 오른손뿐만 아니라 유머로도 유명한 맥스 베어는 막스 슈멜링에게 영감을 얻었는지 이 시합이 끝나고 바로 할리우드로 가서 영화 〈복서와 숙녀〉에 복서로 출연한다. 막스 슈멜링도 그 뒤를 따르는데, 복서 영화 〈녹아웃〉에 출연한다. 그리고 그 영화에서 매력적인 금발의 복서 신부가 출연하는데 마침 자기 신부, 그러니까 아니 온드라가 그 신부를 연기한다.

◇

하인리히 만의 여자친구 넬리 크뢰거와 그녀의 남자친구 루디 카리우스가 어떻게 덴마크에서 남프랑스까지 올 수 있었는지는 아무도 모른다. 그러나 두 사람은 해냈다. 하인리히 만은 방돌의 호텔방에서 기쁨에 겨워하며 넬리를 맞이한다. 위안을 주는 남부의 태양 아래 두 사람은 다시 하나가 되었다. 그러나 넬리 크뢰거가 『푸른 천사』 초판을 봤던 3년 전과 같지는 않았다. 이곳에서 두 사람의 망명생활이 시작되기 때문이다. 넬리 크뢰거는 점점 더 자주 술을 마셨을 뿐만 아니라 약에도 손을 댔다. 그러면서 루디 카리우스에게도 자주 갔다. 하인리히 만은 베를린에 있을 때 이미 루디 카리우스의 존재를 알고 있었다. 그러나 넬리가 젊은 시절의 애인을 이곳 지중해까지 데려온 것은 불쾌했다. 이 무렵 예순두 살의 하인리히 만을 그린 스케치가 있는데, 하인리히 만이 옷을 입은 채 조금 당혹스러운 표정으로 호텔방의 문지방에 서 있는 모습이다. 그리고 침대에는 여자친구 넬리 크뢰거가 발가벗은 채 스물여섯 살의 루디 카리우스와 함께 누워 있었다.

◇

베르톨트 브레히트가 덴마크에서 헬레네 바이겔과 아이들이 지내는 집에 머무는 동안 홀로 파리에 남겨진 마르가레테 슈테핀은 그리움과 지혜가 담긴 편지를 쓴다. “난 가끔 자문해, 언제쯤 당신의 여자들이 다른 소녀에게 이런 얘기를 하게 될지. ‘그래, 그다음에는 1932년~1933년에 자주 데리고 다니던 여자애가 있었지, 이름이 그레테 슈테핀이었어, 그다음에는……’”

맞는 말이었다. 그러나 브레히트는 무슨 소리를 하는지 전혀 모르겠다고, 자기 사랑은 그 누구도 깨뜨릴 수 없는 것이라고 답장한다. 그러고는 편지를 들고 서둘러 우체국으로 간다. 누가 찾아오기로 했기 때문이다. 전 애인이자 가장 가까운 동료인 엘리자베트 하우프트만이 덴마크에 온 것이다. 가방에는 브레히트의 원고들이 잔뜩 담겨 있었다. 브레히트의 집이 수색당하기 전에 엘리자베트 하우프트만이 헬레네 바이겔이 아끼는 진주목걸이와 함께 구해온 원고들이다. 브레히트는 베를린으로 돌아가지 말라고 간청하지만 엘리자베트 하우프트만은 듣지 않는다(그리고 베를린에서 체포된다). 괜찮다. 브레히트의 인생에 또 새로운 여자가 등장하니까. 루트 베를라우라는 이름의 덴마크 출신 공산주의자인데 자전거를 타고 모스크바까지 가서 유명해진 여자였다. 이제 루트 베를라우는 걸어서 브레히트의 가족한테 간다.

◇

6월에 토마스 만과 카티아 만이 아이들과 함께 방돌에서 작은 이웃 마을 사나리쉬르메르로 이사한다. 두 남매 클라우스와 에리카 만이 이미 5월에 정착한 곳이기도 했고, 포이흐트방거도 있었다. 그러나 노벨문학상 수상자 부부가 온 다음에야 비로소, 솨솨 파도치는 만灣 위쪽 소나무와 사이프러스나무 아래 트랑킬 빌라로 이주하고 난 뒤에야 비로소 독일 망명사에서 가장 밝다고 할 만한 석 달이 시작된다. 토마스 만의 집에서 몇백 미터 떨어진 곳에서는 지난해 올더스 헉슬리가 『멋진 신세계』를 완성했다. 그리고 헉슬리의 젊은 시절 여자친구인 쥐빌레 베드포드는 바로 만 부부에게 이 빌라를 찾아준 이이자, 이곳 사나리 사회에서 반짝이는 항성으로 남을 이이자 단 하나뿐인 연대기 저자가 될 사람이었다. 이곳에서 따뜻한 여름 동안 실제로 "멋진 신세계"의 환상이 생겨난다.

사나리의 망명생활은 주로 야외에서 이루어진다. 정확하게 말하면 작은 바닷가 산책로에 있는 카페 세 곳의 탁자에서 이루어지는데, 현지인들이 다니는 술집인 리옹 카페와, 라 마린과 셰 슈왑이었다. 독일에서 온 크고 작은 망명자들이 모닝커피와 초저녁 술을 마시러 이곳에서 모인다. 여인들이 항구에서 생선을 사는 동안 이 망명자 남성들은 여기에서 독일 신문을 읽으며 전율을 느낀다. 그리고 이곳에서 저녁 약속을 잡고는 했는데, 낭떠러지 바로 위에 있는 포이흐트방거의 꿈같은 빌라에서 만날 약속을 잡거나, 토마스 만의 빌라에서 낭독회 약속을 잡거나, 르네 쉬켈레 집에서 여름 파티 약속을 잡거나 했다. 높은 언덕 위에 있는 쉬켈레의 집은 만 전체가 내려다보이고 일몰을 볼 수 있는, 그림 같은 전망의 집이다. "항구는 하얀 배들과 함께 미소 지었고, 만 저편의 '거룩한 땅' 위로 저녁이 내려앉으면 암석투성이 산맥은 그 그늘 속에 더 깊어졌다"고 쉬켈레는 쓰고 있다. 그리고 이렇게 결론을 맺었다. "살기 좋았다." 미모사 향기가 "신의 입김처럼" 초여름의 사나리를 덮고 있었다. 독일의 작가, 화가, 철학자 들은 이곳 사나리 여기저기에 흩어져 주택과 아파트에 세들어 살고 있는데, 클라우스와 에리카 만은 여전히 항구에 있는 투르 호텔을 더 좋아했다. 그 호텔은 부모님이 계신 트랑킬 빌라까지 걸어서 십오분 거리에 있는데, 두 사람은 이 안전거리가 절실히 필요했다.

그러나 항구에서 바위 꼭대기로 이르는 오르막길 끝에 있는 트랑킬 빌라는 정말 멋진 집이다. 집 양쪽이 모두 바닷가로 이어지기 때문에, 어떤 쪽으로 수영하러 갈지 고를 수 있다. 실제로 토마스 만은 날마다 아내 카티아와 엘리자베트와 미하엘과 함께, 아침식사 전 바구니를 들고 따뜻한 바다로 들어갔다가 몸을 말리고는 여름 별장으로 올라온다. 그리고 불과 일주일 만에 이 집의 가장 토마스 만은 작업리듬을 되찾는다. 수영하고 나서 책상에 앉아 소설 『요셉과 그의 형제들』 집필을 이어가기 시작한 것이다. 7월 13일 저녁에는 낭독회가 열린다. 토마스 만은 새 원고를 읽어나갔는데, 날씨는 따뜻하고 매미들은 소나무 꼭대기에서 특유의 기괴한 소리를 냈다. 사이렌 같은 매미 울음소리에 토마스 만의 목소리는 잘 들리지도 않았다. 토마스 만 가족이 살고 있는 빌라 뒤편에 연단이 세워지고 토마스 만은 연단 위에 있는 의자에 앉았다. 그 뒤로 토마스 만의 아내와 딸 에리카가 앉았는데, 에리카는 아버지에게 경건한 몸짓으로 원고지를 한 장 한 장 건네주었다. 정원에서는 올더스 헉슬리 부부와 더불어 독일인 망명자 공동체가 모두 모여 감동에 젖은 채 귀를 기울였다. 그리고 토마스 만의 형 하인리히도 토마스 만이 일기에 "너무 평범하다"고 표현한 넬리 크뢰거와 함께 있었다. 그러나 그게 가족인 걸 어쩌겠는가. 넬리의 정신적 단순함이 부끄러운 하인리히는 베를린에서 탈출하기 직전에 머리를 땅에 부딪힌 탓이라고 설명했다. 심지어 토마스 만은 그것을 믿는 것처럼 보였다(아니면 형에게 호의를 베풀려고 그런 것이거나). 넬리가 펀치를 다섯 잔째 마시고는 비틀거리기 시작하자 하인리히 만은 슬슬 집에 가자고 했다.

영원히 서로 상대방에게 헌신하는 카티아 만과 토마스 만 부부를 제외하면 이 후덥지근한 여름에 사나리에서 펼쳐지는 연애 정세는 다층적이다. 물론 우리는 모든 것을 알지는 못한다. 먼저 리온 포이흐트방거는 그가 쓴 충격적인 일기들이 입증해주듯이 섹스뿐만 아니라 집필 활동에서도 엄청난 생산성을 발휘하고 있었다. 아내 마르타 말고도 비서 롤라 제르나우와 깊은 관계를 맺고 있었는데 독일에서 이곳까지 리온 포이흐트방거를 쫓아온 터였다. 그런데 리온 포이흐트방거는 토마스 만 건너편에 살고 있는 브루노 프랑크의 아내 리즐 프랑크와도 불륜을 저지르고 있었고, 루트비히 마르쿠제의 아내 사샤 마르쿠제와도 마찬가지였다. 나중에는 에바 헤르만을 비롯해, 사나리와 그 주변 마을 출신의 다양한 젊은 여성들이 리온 포이흐트방거의 애인 대열에 합류했다.

그와 더불어 레즈비언들이 펼치는 사랑의 윤무도 있었다. 앞서 얘기한 에바 헤르만과 함께 살고 있는 쥐빌레 베드포드가 주연을 맡고 있었고, 에리카 만, 안네마리 슈바르첸바흐, 올더스 헉슬리의 아내 마리아도 등장했다. 그리고 헬렌 헤셀과 베를린 의사 샤를로테 볼프도 이 여름을 지내러 파리에서 사나리에 와 있었다. 가장 큰 스캔들의 주인공은 미국 여행 작가 윌리엄 시브룩이었는데, 헉슬리 부부의 집 바로 건너편에 있는 웅장한 빌라에 살면서 사도마조히즘 기질을 마음껏 펼치고 있었다. 그 때문에 윌리엄 시브룩의 여자친구는 사슬에 묶인 채 천장에 매달려 있어야 했다(그 집에 손님으로 묵고 있었던 골로 만은 그걸 보고 즐거워했다). 그리고 여름만 잠시 지내러 온 단기 방문객들이 더 있었는데, 하인리히 만과 넬리 크뢰거, 에른스트 톨러와 크리스티아네 그라우토프, 아르놀트 츠바이크와 그의 애인 릴리 오펜슈타트, 베르톨트 브레히트와 마르가레테 슈테핀이었다. 그리고 또 기타 등등 기타 등등이 있었다. 오로지 클라우스 만만 곁에 아무도 없었다. 그래서 일기에 털어놓았듯이 클라우스 만은 늦은 저녁마다 몸매 좋은 선원을 찾아 툴롱에 있는 항구 선술집으로 갔다. 사나리에서 보낸 이 시절을 그린 단편소설이 있는데 제목이 '어떤 여름의 고통'이다. 그렇다, 모두 이 고통을 느끼고 있었다. 낙원에 추방되어 있는 기이한 상태를. 손님들이 떠나고 아이들도 모두 잠자리에 들자 토마스 만은 작은 테라스에 있는 등나무의자에 앉아 하늘을 올려다보았다. 매미들이 잠잠해졌다. 저 아래에서 마지막 물거품의 포효가 들렸다. 저 위에는 별들이 있었다. 토마스 만은 무엇이 자신을, 뤼벡의 아들이자 뮌헨 사람인 자신을 지중해의 이 작은 마을로 이끌었는지 도무지 알 수 없었다. 아들 클라우스에게 고트프리트 벤이 한 말이 귓가에 울렸다. "역사가 프랑스 해변 휴양지에서 특별히 활기차다고 생각합니까?" 토마스 만은 창공을 올려다보았다. 아직은 확신이 서지 않았다. 그러다가 8월 25일에 나치 돌격대가 뮌헨 포싱어가에 있는 집을 점거하고 모든 것을 망가뜨렸다는 사실을 알게 된다. 이제 토마스 만 일가는 새로운 고향이 필요하다는 사실을 확실하게 알게 된다. 9월에 토마스 만과 카티아 만은 장기적으로 취리히에 정착하기 위해서 사나리를 떠났다. 그리고 그와 함께 독일 문학사에서 가장 따사롭고 가장 눈부시고 가장 대담한 공동 망명 프로젝트의 가장 아름다운 시절도 벌써 끝을 맞이했다.

◇

나치로부터 탈출하는 것을 승리로 볼 수도 있을 것이다. 아니면 그 반대로 "망명자들을 더 많이 알게 될수록 우리의 패배를 더 잘 이해하게 된다"고 골로 만은 일기에 썼다. 이 여름날에 골로 만은 삼촌 하인리히에게 몹시 끌린다. 하인리히는 자신의 운명을 "아주 품위 있게" 견뎌낸다면서. 반면에 아버지인 토마스 만의 태도는 이와 반대라고. 아버지는 "자기가 겪는 고통에 여자처럼, 온 세상으로부터 모욕당한 것처럼" 군다고 느낀다.

◇

"우리는 얼마나 별난 가족인가! 훗날 누군가 우리 각 개인에 관해서 뿐만 아니라 '우리 전체'에 관한 책을 쓰게 될 것이다." 클라우스 만이 한 이 말은 얼마나 현명한가. 더 정확하게 말하면 클라우스 하인리히 토마스 만이다. 여권에서 자기 성 앞에 있는 이 세 개의 이름을 읽을 때마다 아버지의 이름은 물론 삼촌의 이름도 빛난다. 클라우스 만은 자기 이름 안에 두 영웅의 이름을 품고 있다. 클라우스 만은 진정한 남자다.* 이 무겁게 짓누르는 의미의 무게를 클라우스 만이 그렇게 오래 견딘 것은 사실 기적이다. 그리고 두 사람의 명성과 서투름 때문에 너무 힘들었으면서도 아버지와 삼촌을 그렇게 열정적으로 사랑할 수 있다는 것도.

◇

6월 16일 저녁 시온주의자 빅토르 알로조로프는 아내 지마와 함께 텔아비브에서 해변 산책로를 걷고 있다. 화창한 초여름날이었다. 바다에서 복숭앗빛 산들바람이 불어오고, 바닷가를 따라 늘어선 레스토랑의 테라스에서는 사람들의 대화 소리와 식기들이 부딪치는 소

---

* 클라우스 만의 성인 '만Mann'에는 '남자'라는 뜻이 있다.

리가 황혼을 뚫고 흘러나온다. 갑자기 커다란 야자수 뒤에서 남자 두 명이 걸어나온다. 그 가운데 한 명이 알로조로프의 얼굴에 손전등을 비추었고, 다른 한 사람은 무뚝뚝한 목소리로 이렇게 묻는다. "알로조로프 박사입니까?" 알로조로프가 그렇다고 대답하자, 한 남자가 리볼버 권총을 발사한다. 빅토르 알로조로프는 피투성이가 되어 포장도로에 쓰러져 얼마 뒤 죽고 만다. 아내 지마가 미친듯이 절망의 절규를 터뜨리는 사이 두 남자는 아무도 모르게 도망친다.

당시 알로조로프는 유대인 기구의 비공식 외무장관이었고, 이스라엘이 하나의 국가가 되기 전, 팔레스타인으로 이주한 유대인들을 대변했다. 그러나 알로조로프는 그것 말고도 중요한 과거를 가지고 있었다. 바로 여러 해 동안, 요제프 괴벨스의 아내이자 히틀러의 절친인 마그다 크반트의 연인이었다는 점이다. 제3제국의 퍼스트레이디 같은 존재였다. 이 따뜻한 여름날 저녁 텔아비브에서 자기 아내의 전 애인을 살해하도록 지시한 것이 요제프 괴벨스였는지 알 수 없다. 다만 우리가 아는 것은, 한때 자기 아내가 이 유대인을 사랑했을 뿐만 아니라 심지어 함께 팔레스타인으로 이주할 생각까지 했다는 사실에 괴벨스가 미칠 듯이 분노했다는 점이다. 그리고 우리는 알로조로프가 다비드 벤구리온의 지시에 따라 1933년 5월에 베를린에 있었다는 사실을 알고 있다. 알로조로프는 어떤 가게 쇼윈도에서 장미 화관을 쓴 마그다와 요제프 괴벨스의 사진을 보고는 마그다에게 직접 연락을 취하려고 시도했다. 편지를 쓴 것이다. 그러고 나서 호텔에서 암호화된 답장을 받았는데, 둘이 함께 얘기하기에는 너무 위험하다고 마그다가 전하는 메시지였다. 목숨을 소중히 여긴다면 당장 팔레스타인으로 돌아가라는 것이었다. 알로조로프는 그 말에 따른다. 그러나 마그다 괴벨스가 한때 유대인과 열렬한 연애를 했다는 사실을 아는 증인이 더이상 이 세상에 존재하지 않아야 더 안심이 되는 사람이 있었던 것으로 보인다. 알로조로프는 팔레스타인으로 돌아온 지 이틀 뒤에 텔아비브에서 총에 맞아 죽었다.

◇

큰마음과, 동공이 사라질 때까지 눈을 굴릴 수 있는 큰 눈의 레뷰 댄서 조세핀 베이커는 1933년에 세계에서 가장 부유한 아프리카계 미국인 여성이다. 유럽 순회공연에서 인종차별적인 비방을 겪고는 파리 근교에 있던 저택으로 들어앉아버렸다. 남편 페피토는 아내를 위해 거대한 저택 르보셴을 사원처럼 꾸몄다. 2층과 3층에는 조세핀 베이커의 공연 무대 사진들이 헤아릴 수 없이 많이 걸려 있고, 이유는 모르겠지만 로비에는 15세기 갑옷들이 셀 수 없이 많이 진열되어 있었다. 조세핀 베이커가 잠을 자고 사랑을 나누는 침대는 한때 마리 앙투아네트의 것이었다고 한다. 그러나 침대의 전 주인과 달리 조세핀 베이커는 임신이 되지 않아 큰 걱정이다. 그래서 집에는 동물들이 점점 더 늘어난다. 앵무새들이 들어 있는 새장들과, 원숭이 세 마리가 있는 우리와, 전 세계에서 모아들인 열세 마리나 되는 개들을 위한 작은 개집들이 있었다. 이 동물들은 집안 어디나 돌아다닐 수 있었지만 욕실만은 예외였다. 욕실은 여왕을 위한 것이기 때문이다. 전체가 거울로 둘러싸여 있고, 욕조는 은으로 되어 있고, 수도꼭지는 진짜 금으로 되어 있고, 그 수도꼭지에서 흘러나오는 물만 평범하다. 조세핀 베이커는 날마다 목욕을 했는데 날이 따뜻하면 밖의 정원에 있는 거대한 대리석 풀장에서 했다. 풀장 안에는 수련이 꾸벅꾸벅 졸고 금붕어가 헤엄치고 있다. 조세핀 베이커는 이곳에 작은 낙원을 만들었다. 신문은 읽기를 꺼렸다. 꿈에서 쫓겨나고 싶지 않은 것이다.

◇

루가노호수가 내려다보이는 몬타뇰라에 있는 헤르만 헤세와 니논 헤세의 집에도 다시 일상이 찾아왔다. 봄에 한창 찾아오던 망명자들의 방문도 멈췄다. 토마스 만과 베르톨트 브레히트를 비롯해 모두들 여름을 보내러 프랑스로 갔다. 스위스에서 오래 지낼 수 없었기 때문이다. 카사 로사는 다시 나른함 속으로 가라앉았다. 늘 빠지지 않는 청소만이 그 나른함을 깰 뿐이다. 헤세는 이것이 점점 신경에 거슬렸다. 헤세가 보기에 모든 것이 너무 깨끗하고 부르주아적이었다. 니논은 모든 것을 엄격하게 통제했다. 날마다 모든 바닥을 쓸고 닦아야 하고, 아주 엄격한 식단에 따라 식사를 준비하고 식사시간도 정확하게 정해져 있었다. 그러나 이 점은 헤세가 알프레트 쿠빈에게 보내는 편지에서 자기 아내에 대해 유일하게 칭찬한 두 가지 장점이기도 하다. "난 이 여인에게 고맙게 생각하네. 다 늙어빠진 나를 다시 유혹에 빠지게 하고, 집안 살림을 꾸려주고, 몸에 좋고 소화 잘 되는 음식을 먹여주지." 이 말에서 깊은 사랑은 느껴지지 않는다. 니논은 헤세에게 딸뻘 나이인데 마치 어머니처럼 행동한다. 헤세가 젊은 시절에 사랑한 여인 엘리자베트 게르츠루프는 몬타뇰라에 찾아와 헤세를 만나보고는 깜짝 놀라 헤세의 누이에게 이런 편지를 쓴다. "무엇보다 가장 끔찍한 것은 친구들의 예언이 딱 들어맞아 보인다는 점이에요. 시간이 흐를수록 헤세가 니논과 결혼한 것이 끔찍한 실수였음이 점점 더 분명해지는 것 같아요."

문제는 헤세만 불행해 보이는 것이 아니라 니논도 마찬가지라는 점이다. 엄격한 통제를 하면서도 그 때문에 버거워하고 있다. 헤세는 니논에게 이런 편지를 쓴다. "당신의 슬픔과 무기력 상태, 종종 바닥 청소와 식사에 광기 어린 집착을 하는 것이 나한테는 이해할 수 없는 수수께끼였던 적이 많소." 그렇다, 가끔은 니논 자신에게도 수수께끼였다. 전남편이 다시 결혼했다는 소식을 들은 니논은 이렇게 자문한다. 헤세에게 이 결혼을 강요한 것이 옳았을까? 이 집 살림을 하겠다고 박사학위를 포기하고 아이를 낳는 꿈도 포기한 것이 옳았을까? 헤세는 날마다 몇 시간 동안 정원으로 도망쳐 잡초를 뽑고, 1년에 두세 번 바덴으로 떠난다. 니논은 신혼여행 때도 그랬듯이 혼자서 이탈리아로 떠난다. 그렇지만 어쩐 일인지 이 두 사람은 이런 결혼생활을 계속 유지한다.

◇

이제 막 결혼한 신혼부부 쿠르트 볼프와 헬렌 볼프는 베를린을 탈출하고 나서 처음에 헤르만 헤세가 가까이 있는 티치노에 정착하려고 했다. 그러나 그곳에서 환영받지 못하는 기분이 들었다. 거부당하는 느낌마저 들었다. 그래서 두 사람은 다시 그곳을 떠나 남프랑스로, 헬렌이 2년 전 여름에 세를 낸 그 작은 멋진 오두막으로 들어간다. 그러니까 완전한 자유 속에서 사랑을 찾은 그곳에서 1933년 여름에 망명자로 다시 살게 된 것이다. 한번은 사나리에서 카티아 만과 토마스 만이 볼프 부부를 찾아왔는데 토마스 만의 눈에 비친 볼프의 집은 이랬다. "볼프 부부 집에서 차 한잔. 농부가 노후 대비로 남겨둔 원시적인 살림집의 정원에서." 그랜드 호텔에서 지내는 사람의 눈에는 그렇게 보였을 수도 있겠다. 그러나 볼프 부부에게 이 작은 집은 노후 대비가 아니라 청춘의 샘이었다. 그리고 헬렌 볼프에게는 소설 『사랑을 위한 배경』을 통해 불멸로 만든 행복의 장소였다. 6월에 헬렌 볼프는 임신하게 되고, 두 사람을 둘러싼 현재의 모든 괴로움에도 볼프 부부는 소심하게나마 미래에 대한 희망을 가득 품게 된다.

◇

아나이스 닌과 헨리 밀러의 사랑 이야기는 아나이스 닌의 『은밀한 일기』와 헨리 밀러의 『클리시의 평온한 나날』을 통해 오래전에 전설이 되었다. 그러나 안타깝게도 이 광란의 사랑은 1933년 여름에 잠시 중단된다. 다른 남자가 아나이스 닌의 인생에 돌아왔기 때문이다. 바로 아버지였다. 아나이스 닌은 심리 치료사와 애인들에게, 자랑스러운 음악가 아버지 호아킨이 어머니와 자기를 버리고 떠난 것 때문에 날마다 얼마나 괴로운지 말하곤 했다. 그런데 1933년 6월에 이 영구적인 상처를 꿰맬 수 있는 기회가 찾아온 것이다. 이제 막 서른 살이 된 아나이스 닌은 쉰네 살의 아버지를 만나러 발레스퀴르로 간다. 아버지는 그곳에서 재혼한 아내 없이 혼자 여름휴가를 보내려던 참이었다. 호아킨은 딸 아나이스에게 자신의 첫번째 아내, 그러니까 아나이스의 엄마가 한때는 얼마나 거칠고 열정적이었는지 들려주며 말문을 열었다. 그러자 아나이스 닌은 아버지에게 자기가 남자를 어떻게 유혹하는지 자세히 들려주었다. 아버지는 감탄하면서 자기도 똑같다고 맞장구쳤다. 그러더니 아나이스도 유혹하기 시작했다. 호아킨은 딸에게 이렇게 말했다. "너는 내가 이제까지 사랑했던 모든 여자의 종합체야." 그러고는 아나이스 닌의 발을 쓰다듬었고 아나이스는 그렇게 하게 내버려두었다. 호아킨은 아나이스가 자기에게 "마치 연인처럼" 키스하는 꿈을 꿨다고 말했다.

이튿날 호아킨은 아나이스에게 이렇게 고백했다. "내가 너에게 느끼는 감정은 아버지로서 느끼는 감정이 아니야." 아나이스 닌은 이렇게 대답했다. "내가 아버지에게 느끼는 감정도 딸로서 느끼는 감정이 아니에요." 1933년 6월 23일 두 사람은 처음으로 성관계를 맺었다. 호아킨은 이날이 이제부터 둘의 결혼식 날이라고 말한다.

아나이스 닌은 새로운 일기를 쓰기 시작한다. 그리고 그 일기장에 '근친상간'이라는 제목을 붙인다. 그 안에 앞서 인용한 문장이 모두 들어 있다. 성적인 이야기들이 많이, 게다가 아주 자세히 쓰여 있었다. 그리고 역사 전복을 이루어낸 것이 자기에게는 최고의 행복이라고도 했다. 이제 마침내 자기가 아니라 아버지가 버림받을까봐 두려워 떨게 되었다면서.

2주 뒤 아나이스 닌은 파리로 돌아간다. 몸에 호르몬이 넘치고 일기장들도 가득 채운 채, 그러나 죄책감은 없이. 남편 위고는 아나이스의 뺨이 분홍빛인 것을 보고 기뻐하며 이렇게 일기를 쓴다. "아나이스가 환한 얼굴로 돌아왔다. 아버지를 되찾은 것이다. 아나이스는 늘 아버지 꿈을 꾸었다." 아나이스의 남편은 아나이스 닌과 아버지의 별점을 봤지만 제대로 해석할 줄 모른다. 그건 오로지 아내 아나이스만 할 수 있었다. "아버지의 달이 내 태양 안에 있다. 남자와 여자 사이에 존재할 수 있는 가장 강력한 인력이다. 위고가 나한테 그 별점을 보여주었을 때, 일말의 죄책감마저 사라졌다."

◇

최근에 발터 벤야민과 이혼한 도라 벤야민은 아들 슈테판과 함께 베를린에서 탈출한다. 두 사람은 산레모에서 '빌라 베르데'라는 이름의 작은 하숙집을 연다. 그사이 발터 벤야민은 이비사섬에서 피폐해져 가고 있었다. 마침내 돈은 바닥이 났고 서평 원고료는 들어오지 않는다. 점점 초췌해지는 몰골로 산안토니오를 어슬렁거리고 기분전환을 위해 심농의 범죄소설을 연달아 읽는다. 발터 벤야민은 뇌게라트와 싸우고 사이가 틀어져 창문도 전깃불도 없는 미완공의 신축 건물로 이사한다. 하루종일 불안한 마음으로 이리저리 어슬렁거리고, 밤이면 바닥에서 홑이불을 덮고 자고, 목욕은 바다에서 한다. 마을에서는 "엘 미제라블레", 그러니까 "불쌍한 남자"라는 별명을 얻는다. 벤야민은 '경험과 빈곤'이라는 에세이를 구상한다. 그리고 친구 게르숌 숄렘에게 보내는 편지에 팔레스타인으로 이주하는 게 낫지 않을까 정말 진지하게 고민하고 있다고 말한다.

◇

파블로 피카소는 1933년 내내 가장 사랑하는 모델이자 뮤즈인 마리테레즈 발테르만 계속 그리고 또 그린다. 아내 올가는 이제 그리지 않는다. 아내와 아들과 함께 바르셀로나에 있는 가족을 만나러 갔을 때 피카소는 도착한 첫날 파리에 있는 마리테레즈에게 편지를 쓴다. "사랑하는 그대, 나는 돌아갈 거야. 곧 다시 파리에 있을 거야. 내 사랑을 볼 생각을 하니 너무 행복해. 영원한 당신의 남자 P."

◇

프랑스에서 『밤 끝으로의 여행』으로 찬사를 받은 셀린은 6월 27일에 베를린에 있는 독일인 여자친구 에리카에게 편지를 쓴다. "독일에서 유대인들이 쫓겨났으니 다른 지식인들에게 일자리가 생겼겠군요. 히틀러 만세! 그 덕을 좀 보기를 바라오." 지난해 9월에 2주 동안 함께 열정적인 시간을 보낸 유대인 여자친구 실리 팜에게는 얼마 지나지 않아 이렇게 편지한다. "유대인들이 좀 위협을 받고는 있지만 별거 아니고, 앞으로도 심각해지리라고는 믿지 않소." 그보다 훨씬 더 중요한 일이 있다면서. "당신은 어떻게 지냅니까? 당신은 아이를 만들고 있습니까, 혁명을 하고 있습니까? 그리고 당신들은 성욕을 어떻게 처리하고 있습니까?"

◇

6월 29일에 빅토르 클렘퍼러와 에바 클렘퍼러는 결혼기념일을 맞는다. 빅토르 클렘퍼러는 일기에 이렇게 적는다. "우리가 함께한 스물아홉 번의 6월 29일 중에서 오늘이 가장 암울하다. 그래도 오늘을 잘 견뎌내기 위해 노력했고 꽤 성공적이었다." 빅토르 클렘퍼러는 훗날 『LTI』*라는 이름으로 유명해지게 될 나치 "어휘 사전"에 등재할 새

* 'Lingua Tertii Imperii'의 약자로 '제3제국의 언어'라는 뜻이며 빅토르 클렘퍼러가 만들어낸 신조어.

로운 단어들을 적는다. 바로 “Schutzhaft”*와 “gleichschalten”†이었다. 영화관을 빼고 빅토르 클렘퍼러에게 남은 유일한 희망은, 일기에 절망적인 글귀를 적고 있는 자신을 안심시키듯 다리를 쓰다듬어주는 고양이 두 마리였다.

◇

1933년에 메레트 오펜하임은 미술사에 새로운 역사를 쓰게 된다. 메레트 오펜하임은 위대한 예술가 두 명의 뮤즈가 되는데 처음에는 계속 자기 이야기를 늘어놓는다. 아니다, 사실은 자코메티의 귀를 스케치한다. 끊임없이 반복해서. 그리고 그 스케치로 조각품들을 만든다. 그 이유는 자코메티의 마음을 감동시킬 수 없었기 때문이다. 그래서 알베르토 자코메티의 다른 신체 부위를 선택한 것이다. 자코메티는 메레트 오펜하임의 불타는 사랑에 응답하지 않고, 뉴욕으로 돌아간 리 밀러를 향한 상사병으로 여전히 진창 속에 빠져 있는 맨 레이에게 메레트 오펜하임을 소개해준다. 맨 레이는 메레트 오펜하임을 설득해 알몸으로 오래된 인쇄기 옆에서 포즈를 취하게 한다. 맨 레이는 메레트 오펜하임의 상체에 검은 칠을 한다. 맨 레이가 초

---

* 재판을 거치지 않은 보호 감호를 뜻함.

† 나치 시대에 ‘획일화하다’ ‘어용화하다’라는 뜻으로 쓰임.

현실주의 잡지 『미노타우로스』에 〈에로틱한 베일〉 연작으로 이 사진을 발표하자 메레트 오펜하임은 하룻밤 사이에 유명해진다. 얼마 지나지 않아 메레트 오펜하임은 초현실주의자 막스 에른스트를 만나 그 자리에서 사랑에 빠지게 된다. 메레트 오펜하임은 스무 살밖에 안 되는 젊은 나이였고, 막스 에른스트는 마흔두 살이었다. 그리고 의심의 눈초리로 늘 감시하는 두번째 아내 마리베리 오랑슈와 함께 살고 있었다. 그러나 막스 에른스트는 메레트 오펜하임을 향한 사랑으로 불타오른다. 그리고 이런 편지를 쓴다. "사랑하는 메레틀리, 아주 비초현실주의적이고 비플라톤적으로 하는 말인데, 당신이 갑자기 떠난 이후로 살 수가 없어." 이튿날에는 또 이렇게 편지한다. "나를 사랑한다고 말해줘." 그리고 "내 기억 속의 당신은 아름다워, 아주아주 아름다워." 파리의 이 두 연인에게는 아주 비초현실주의적으로 꽤 행복한 가을이 될 것 같다.

◇

구시 아데나워는 쾰른에서 기차를 타고 안더나흐까지 간 다음 우편배달버스로 갈아타고 마리아 라흐로 남편을 만나러 가곤 한다. 7월에는 열 살짜리 아들 파울이 1~2주 동안 아데나워와 함께 수도원에서 지낸다. 누군가 곁에 있으면 절망적인 생각에서 잠시 벗어나는 데 도움이 된다. 콘라트 아데나워는 편지에서 마리아 라흐를 자신의 "유배지"라고, 한번은 심지어 "망명지"라고도 부른다.

◇

복싱 세계 챔피언 막스 슈멜링과 아내 아니 온드라는 바트 자로에 있는 마을교회에서 결혼식을 올리고 나서 7월 8일에 그곳에 있는 호텔 에스플라나드에서 피로연을 한다. 모든 하객은 수영복을 가져오라는 요청을 받았다. 저녁식사하기 전에 수영장에 들어간다는 것이다. 피로연이 끝나고 나서 신혼부부는 하일리겐담으로 신혼여행을 떠난다.

◇

그 시대가 그렇듯 전기작가 아우구스트 파른하겐이 자기 아내 라헬 파른하겐 폰 엔제의 영혼과 정신이 지닌 풍요로움을 알아보지 못한 것처럼, 한나 아렌트의 남편 귄터 슈테른도 지금 마침 라헬에 대한 책을 쓰고 있는 아내의 내면에 있는 대륙들을 느끼지 못한다. 한나 아렌트는 라헬이 남편에게 느낀 거리감에 대해 쓸 때 굳이 감정이입 능력을 발휘할 필요가 없었다. 자기가 경험한 것으로 충분했기 때문이다. “라헬은 남편을 이해하면 할수록 더욱더 침묵할 수밖에 없었다. 남편에게 특정한 것을 비밀로 한 것이 아니라, 여러 밤의 엄청난 불특정성을, 혼란스러운 황혼처럼 어중간한 상태를 비밀로 했을 뿐이다.” 한나 아렌트는 10년 전 스승이자 연인이었던 마르틴 하이데거에게 했던 것처럼 남편에게도 속마음을 터놓은 적이 단

한 번도 없다. 그런데 가장 멋진 프로이트식 의미에서 이 결혼은 결국 시가 때문에 실패한다. 한나 아렌트의 친구 쿠르트 블루멘펠트가 선물한 진한 아바나 시가 한 갑이 귄터 슈테른을 화나게 만든다. 첫째, 시가는 오직 남자들을 위한 것이고, 둘째, 냄새가 난다는 것이었다. 아렌트는 침착하게 아바나 시가 한 대를 꺼내 불을 붙이고는 성냥을 흔들어 불씨를 끄고, 베를린 오피츠가에 있는 구 가옥의 높은 천장 꼭대기까지 짙은 연기를 뿜는다. 이미 몇 해 전에 히틀러의 부상을 예언하고 망명을 생각한 것은 바로 그녀였는데도, 그리고 귄터 슈테른과 결혼생활하면서 제대로 숨도 쉬지 못하고 지낸 것도 그녀였는데도, 결국 가장 처음 독일을 떠나 파리로 망명한 것은 바로 남편 귄터 슈테른이었다. 그는 베르톨트 브레히트를 중심으로 한 좌파 집단에 속해 있었고, 나치가 그 인명부를 정치범 체포의 근거로 삼을까봐 두려워했다. 한나 아렌트는 나중에서야 도피하는데, 우선 베를린에 있는 시온주의자들을 도와 일상에서 벌어지는 반유대주의를 기록으로 남긴다. "누군가 유대인으로서 공격받게 되면, 유대인으로서 자신을 방어해야 하기 때문이다." 그러나 8일 동안 감금되었다가 신참 경찰의 호의로 풀려난 아렌트는 또 한번 자신의 운을 시험해볼 생각이 전혀 없었다. 베를린의 지식인들도, 심지어 친구들까지도 시류에 편승하는 것을 보고 한나 아렌트는 경악했다. 프라이부르크의 마르틴 하이데거가 총장 취임 연설에서 "민족의 각성이라는 영광, 그 위대함"을 찬양했다는 말을 듣고는 자기 귀를 의심한다. 아렌트는 어머니와 함께 드레스덴으로 갔다가, 체코슬로바키아 국경과 아주 가까운 에르츠산맥의 종착역까지 간다. 유대인을 돕는 독일인

가족을 알고 있었는데, 그 가족의 집이 바로 국경 근처에 있었다. 한나 아렌트는 어머니와 함께 아침에 그 집에 들어갔다가 밤에 어둠의 보호막을 틈타 국경 순찰대의 눈에 띄지 않고 그 집에서 나와서는 자유가 있는 체코슬로바키아로 들어갔다. 한나 아렌트는 자신의 모국어에, 독일 철학과 문학에 늘 충실하고자 했지만 그러려면 독일을 떠나야 한다는 사실을 알고 있었다. 두 사람은 제네바를 거쳐 파리로 간다. 그리고 그곳에서 늘 유대인과 관련된 일에 동참했다. 변론문을 쓰고 난민들이 팔레스타인으로 이주할 수 있도록 도왔다. 한나 아렌트는 파리에서 남편 귄터 슈테른도 다시 만난다. 심지어 함께 살기도 한다. 그러나 두 사람의 결혼생활은 끝났다는 사실을 둘 다 잘 알고 있다. 망명이라는 역경조차도 두 사람을 다시 이어주지 못한다. 그러나 한나 아렌트는 아직 법적으로는 여전히 한나 슈테른이었다. 그리고 베를린에서 남편에게 가장 중요한 재산을 몰래 가져다주었다. 바로 1000쪽이나 되는 소설 『몰루시아의 카타콤』의 육필원고였다. 슈테른의 출판사에서 게슈타포한테 몰수당했던 것을 베르톨트 브레히트가 용케 숨겨 빼돌렸고 아렌트가 여행가방 안에 더러운 덮개로 감싸 말아서 프라하와 제네바를 거쳐 파리까지 가져온 것이다. 한나 아렌트는 여행가방을 열고 원고를 넘겨준 순간처럼 남편이 그렇게 자기한테 고마워하는 모습은 거의 본 적이 없었다. 심지어 그 원고를 가져온 사람보다 그 원고 자체를 더 반가워하는 것 같았다. 파리에 온 한나 아렌트는 이제 스스로 두 발로 서기 시작했다. "제 민족을 알아가기 위해" 히브리어 수업을 듣고, 유대인 구호사업

단체 "아그리퀼튀르 에 아티사나*"에서 일자리도 얻는다.

그러나 무엇보다 계속 글을 쓴다. 한나 슈테른은 조금씩 다시 온전히 한나 아렌트가 된다. 망명하기 전에 운좋게 라헬 연구 원고와 초록과 노트를 급히 여행가방 안에 옷들 사이에 넣어 무사히 가지고 왔다. 지금 이곳 파리에서 위대한 유대인 살롱 부인이자 그보다 더 위대한 서한문 작가인 라헬에 대해 곰곰이 생각해볼 때면 자신의 운명도 눈앞에 떠오른다. 1810년대와 1820년대에 라헬에게 아직 가능성 있는 유토피아로 보였던 동화同化에 실패한 사실을. 그러나 한나 아렌트는 명민한 정신과 따뜻한 마음을 지녔던 이 여인의 인생에 대해 기술하면서 역사적 인물을 동시대인으로 만드는 데 성공한다. 라헬이 느낀 사랑의 감정에 자신도 너무나 똑같이 공감하기 때문이다. 라헬의 인생은 고통과 실연으로 얼룩졌고, 한나 아렌트도 라헬에 관한 책을 쓰면서 마르틴 하이데거와의 관계는 물론 귄터 슈테른과의 황무지 같은 결혼생활을 끝내고 있음을 우리는 느낄 수 있다. '위대한 정신은 똑같이 느낀다.'

◇

케테 폰 포라다가 파리 친구들의 요청으로 베를린에 파견된다. 고트

---

* '농업과 수공업'이라는 뜻.

프리트 벤한테 무슨 일이 일어난 것인지 알아내기 위해서였다. 정신과 암시의 인간인 고트프리트 벤이 왜 이 잔인한 새 권력자를 옹호하는지. 그러니까 케테 폰 포라다는 외국에 있는 독일인들의 경악과 실망을 벤에게 전해야 한다. 그러나 케테 폰 포라다는 자신의 임무를 완수하지 못한다. 어리석게도 자기가 신문해야 하는 이 남자를 사랑하게 되기 때문이다. 두 사람은 7월 초에 진료시간이 끝나고 나서 벤의 병원에서 처음 만난다. 케테는 먼저 자신이 숭배하고 사모하는 막스 베크만을 벤에게 소개해주어야 했다. 골상도 비슷하고 고대를 좋아하고 위대한 전체를 추구하는 취향도 비슷한 이 시인과 화가가 베를린에서 마주친 적이 한 번도 없었던 것이다. 그러나 케테 폰 포라다는 이 임무도 완수하지 못한다. 벤과 베크만이 계속 약속을 미루더니, 결국에는 만나기 직전에 코감기에 걸렸다면서 벤이 약속을 취소한다. 케테 폰 포라다의 결론은 이랬다. “나는 다시는 영웅들을 한데 모으려고 시도하지 않았다.”

반면에 고트프리트 벤과 케테 폰 포라다 사이는 아주 잘 풀린다. 케테는 세련되고 벤보다 다섯 살 어리고 교양 있고 이혼한 몸이었다. 벤은 병원 일도 하고 틸리 베데킨트와 엘리노어 뷜러와 연애도 하는데도 저녁이면 할일이 없었다. 벤과 케테는 세번째 만났을 때 함께 영화관에 간다. 벤은 나중에 케테에게 편지를 써서, 영화가 무슨 내용이었는지 전혀 모르겠다고 말한다. “영화 빼고는 내가 숭배하는 매력적인 피조물에 대해 모든 것을 알고 있고, 티레니아해에서 가장 섬세하고 가장 교양 있는 숙녀라고 확신합니다. 저는 충실한 성베른하르트 수도사처럼 그 발치에 엎드립니다. G. B.” 이 섬세하고 교양 있는 여인은 2주 동안 베를린에 머물게 되고 두 사람 사이에 연애가 시작된다. 고트프리트 벤이 아직 제정신인지 알아보기 위해 케테 폰 포라다를 보낸 파리의 친구들에게는 아무 말도 하지 말아달라고 벤은 간절히 부탁한다. "부디 그 누구에게도 저에 대해 얘기하지 말아주시겠습니까? 저와 사적인 관계로 남아주십시오."

벤은 사적인 관계에게 「모든 시간에」라는 시를 헌정한다. "모든 시간 / 모든 말에 / 창조의 상처가 / 피로 흐르네" "카티를 위한 시. 1933년 8월 14일." 같은 날 벤의 우편함에 다른 여인의 안부편지가 도착한다. 극작가 프랑크 베데킨트의 미망인이자 벤이 현재 사귀고 있는 두 여인 가운데 한 사람인 틸리 베데킨트가 보낸 편지였다. 편지에는 이렇게 쓰여 있었다. "당신을 사랑해, 벤! 머리와 가슴을 다해, 육체와 영혼을 다해, 내 존재 전부가 당신 거야! 틸리."

그리고 벤이 그 말을 믿게 하기 위해 바로 이튿날인 토요일에 틸리 베데킨트가 오펠 자동차를 타고 와 벨알리앙스가 12번지 앞에 세우고는 경적을 울리자 벤이 내려간다. 두 사람은 슈빌로호수나 토이피츠호수로 가서 수영하고 일광욕도 하고 아이스크림을 먹는다.

그럼 케테 폰 포라다는 어떻게 되었을까? 케테 폰 포라다는 파리로 돌아가자마자 하필 클라우스 만과 마주친다. 클라우스 만은 1933년 봄에 벤이 저지른 일탈에 가장 강경하게 맞서 싸우는 투사이자 가장 큰 목소리를 내고 있는 고발자였다. 클라우스 만은 케테 폰 포라다를 데리고 식사하러 간다. 케테 폰 포라다는 그날 저녁 내내 비밀을 발설하지 않기 위해 이를 악물어야 했다. 사실 베를린에서 임무를 완수하는 대신 피고인과 한 침대 속으로 들어간 자신을 스스로도 이해할 수가 없었다.

◇

파리에서 타마라 드 렘피카는 대부호 라울 쿠프너 남작의 호의를 물리쳐야 하는 상황에 처한다. 얼마 전에 쿠프너 남작의 정부를 아주 못생기고 일그러진 모습으로 그리는 아주 악마 같은 짓을 해서 쿠프너 남작과 정부 사이를 이간질한 일이 있었다. 그 이후로, 아니 그보다는 쿠프너 남작을 아주 매력적이고 남성적이고 늠름하게 그린 이후로, 정확하게 말하면 휑한 머리숱을 원래보다 풍성하게 그리고 흐릿한 이목구비를 원래보다 뚜렷하게 그린 이후로 이 초상화 의뢰인은 타마라에게 빠져버렸다. 그림은 조작의 수단이기도 한 것이다. 1933년 여름에 홀아비 쿠프너 남작은 애인으로 지내는 타마라 드 렘피카에게 편지를 써서 1년 전에 죽은 아내를 위한 애도 기간도 끝났으니 결혼하고 싶다고 밝힌다. 그러나 타마라는 이렇게 답장한다. “제발 재촉하지 마세요, 나는 지금 결혼할 시간이 없어요. 나는 그림을 그려야 해요.” 그러면서 1934년에는 결혼할 짬이 날지도 모르겠다고 덧붙인다.

◇

발터 벤야민은 가난에 찌들고 겁에 질린 채 이비사섬의 미완공 신축 건물에서 살고 있다. 날마다 골머리를 앓다가 글을 쓰다가 골머리를 앓는 것으로 하루가 다 간다. 갑자기 태양이 자신이 처한 운명처럼 무자비해 보여 태양으로부터도 도망친다. 그러다 어느 날 아침에 두 집 건너 이웃에 낯선 네덜란드 여인이 이사 온 것을 보게 된다. 이름이 자기 머리카락보다 더 긴 여자였다. 안나 마리아 블라우포트 텐 카테. 서른 살이고 화가이며 5월에 베를린에서 분서 사건을 목격하고 이탈리아를 거쳐 이비사섬으로 온 것이었다. 이곳에 온 이유는 발터 벤야민과는 아주 다르게 작열하는 태양 아래 자유로운 보헤미안 삶을 꿈꾸었기 때문이다. 그리고 결국 일어날 일이 일어나고야 만다. 발터 벤야민은 또다시 잘못된 여인에게 미친듯이 사랑에 빠지고 만 것이다. 발터 벤야민은 1933년 8월에 편지 한 통, 서평 한 편조차 쓰지 않는다. 오로지 안나 마리아 블라우포트 텐 카테뿐이었다. 두 사람은 소나무숲을 거닐고, 무화과나무 아래 앉아 시간을 보내고, 따뜻한 푸른 바다에서 수영하고, 가재잡이 어부들과 함께 작은 배를 타고 밤바다로 나가고, 이야기를 나누고, 침묵하고, 사랑을 나눈다. 벤야민은 안나가 자신이 "지금까지 한 여자 안에서 사랑할 수 있었던 전부"라고 말한다. 8월 13일에 발터 벤야민은 연인에게 「아게실라오스 산탄데르」라는 텍스트를 헌정한다. 그 첫머리에 이런 문장이 있다. "내가 태어났을 때……" 벤야민은 자신의 인내와 긴 기다림을 보상해주고자 천사가 인도해준 안나 마리아와의 운명적인 만남으로 이 텍스트를 끝맺는다. "그리하여 당신을 처음 보자마자 당신과 함께 내가 왔던 곳으로 돌아갔다." 음유시인 발터 벤야민은 새로운 연인을 발견했다. 그 연인은 벤야민에게 "새로운 천사"가 될 것이다. 벤야민은 9월에 친구 게르숌 숄렘에게 편지를 써, 베를린 집에 걸려 있는 파울 클레의 그림 〈새로운 천사〉에 부치는 시를 써달라고 부탁한다. "이곳에서 새로운 천사의 여성상을 구현하고 있는 여인을 알게" 되었다면서. 그렇게 안나 마리아 블라우포트 텐 카테는 1933년 8월에 이비사섬에서 벤야민에게 "역사의 천사"를 구현한 화신이 된다. 벤야민은 자신이 숭배하는 여인을 위해 시를 한 편 짓는다. "최초의 남자에게 최초의 여자가 그랬듯이 / 그대는 내 앞에 그리고 모든 곳에 서 있네 / 수천 개의 혀를 가진 / 내 메아리가 이제 그대에게 닿기를. 그 메아리는 노래하네. 머무르라고."

그러나 안나 마리아 블라우포트 텐 카테는 머무르지 않는다. 어쩌면 이 모든 게 너무 부담스러웠는지 모른다. 천사에 걸맞게 안나 마리아는 9월에 섬에서, 그다음에는 벤야민의 인생에서도 훨훨 떠나가버린다. 안나 마리아가 떠나고 나서 벤야민은 심각한 고열에 시달린다. 바르셀로나를 거쳐 파리로 돌아온 그는 말라리아라는 진단을 받는다.

◇

9월에 베르톨트 브레히트는 덴마크를 떠나 파리로 가서는 마르가레테 슈테핀을 만난다. 그리고 리온 포이흐트방거 부부를 만나러 함께 사나리쉬르메르로 간다. 리온 포이흐트방거의 아내 마르타가 사이드브레이크를 채우는 것을 깜빡해 가파른 경사에서 구르는 차에 치이는 바람에 병원에 입원해 있었다. 그런데 브레히트는 5주 동안 마르가레테 슈테핀과 사랑의 도취에 빠져 있으면서도 마르가레테가 잠들면 투뢰에 있는 아내 헬레네에게 이렇게 편지를 쓴다. "여기 지중해는 지루하오."

◇

쿠르트 투홀스키는 1933년을 스위스에서 보낸다. 의사 헤트비히 뮐러와 함께 티치노와 취리히 플로호프가세 1번지에서 지낸다. 독일에서 3월에 『벨트뷔네』가 휴간되었고, 5월에는 투홀스키의 책들이 불태워졌고, 6월에는 투홀스키의 시민권이 박탈되었다. 쿠르트 투홀스키는 자기 생각을 발표할 수 없어 미쳐가는 불행한 남자다. 그리고 무엇보다 고향에서 벌어지고 있는 일 때문에 제정신을 차릴 수 없다. 투홀스키는 남프랑스에 있는 발터 하젠클레버에게 편지를 띄운다. "독일에는 이제 우리 세계가 존재하지 않는다는 사실은 굳이 말할 필요 없겠지요. 그래서 지금은 침묵하려고 합니다. 바다에 대고 휘파람을 부는 사람은 없지요."

게다가 투홀스키는 설사 그러고 싶어도 이제 휘파람조차 불 수 없다. 부비동염이 심해서 취리히에서 여러 번 수술을 받아야 할 정도다. 수술 후에도 별로 나아지는 게 없었다. 투홀스키는 개처럼 고통받고 있다. 친구 카를 폰 오시에츠키는 강제수용소에 억류되어 있다. 웬만한 동지들은 모두 파리로 망명을 떠났다. 투홀스키가 가사를 써준 가수들은 이제 더이상 노래할 수 없게 되었고, 투홀스키가 아주 신나 하며 기고문을 써주었던 신문들은 더이상 그의 글을 인쇄할 수 없게 되었다. 그래서 투홀스키는 편지를 쓴다. 날마다. 수십 통씩. 글에는 여전히 위트가 넘친다. 그러나 편지들이 점점 어두워진다. 달이 갈수록 구름이 그의 내면을 점점 더 넓게 뒤덮는 것 같다. 투홀스키가 진정으로 사랑하는 여인과 이혼해야 하는 것도 한 가지 이유다. 바로 아내 마리와. 아내를 보호해야 한다. 시민권을 박탈당한 평화주의자이자 좌파 경향을 지닌 유대인 저널리스트와 결혼한 몸이어서는 안 된다. 그것은 아내에게 사형선고를 뜻할 수도 있다. 8월 21일에 두 사람은 법적으로 이혼한다. 투홀스키가 『라인스베르크』에서 시로 표현했듯이, “누구의 잘못도 없다. 그저 시간의 흐름이 있을 뿐이다. 그 길들은 무한대로 갈라진다. 모든 길은 누군가를 데려간다. 그리고 누군가는 늘 남겨진다.” 『그립스홀름성』의 연인 리자 마티아스는 이미 오래전에 투홀스키가 절대로 마리와 헤어질 수 없으리라 예감했다. “당신은 아내에게 절대 자유를 허락하려 하지 않아. 아내를 떠나 있을 때면, 내 곁에 있을 때조차도 당신은 ‘아내가 뭘 하고 있을까’ 불안해하지. 당신은 아직도 아내를 사랑하고 있는 거야, 나의 추론은 그래.” 그 추론은 아주 정확했다. 이혼하고 난 뒤 투홀스키는 스위스를 떠나 다시 스웨덴으로 간다.

◇

9월 18일에 클라우스 만은 취리히에 있는 고급 호텔에서 평소 느껴보지 못한 욕구에 사로잡힌다. "사랑의 시를 쓰고 싶은 욕구. 아주 격정적인. 재앙 한가운데에서 품는 필사적인 연정." 클라우스 만은 자리에 앉는다. 노트를 펼친다. 연필을 깎는다. 그러나 안타깝게도 아무 단어도 떠오르지 않는다.

◇

9월 18일에 로테 레냐와 쿠르트 바일의 법적인 이혼 절차가 끝난다. 사소한 문제가 하나 있는데, 이혼 사유였던 오토 폰 파세티와의 연애가 이미 오래전에 끝나가고 있었다는 점이다. 그리고 쿠르트 바일이 에리카 네어와 연애를 시작한 것은 오로지, 로테 레냐를 영원히 기다리고 싶지 않았기 때문이었다. 그러니까 이 이혼은 사랑의 이별이다. 로테 레냐는 평생 동안 이 이혼서류를 제출한 것을 후회하게 된다.

◇

엘제 라스커쉴러는 취리히에 있는 아우구스티누스 수도원의 순례자 쉼터에서 지내게 된다. 그보다 더 싼 숙소는 없다. 엘제 라스커 쉴러는 근근이 입에 풀칠하며 살아간다. 시와 스케치를 팔아보려고 하고, 정치 단체와 유대인 협회들과 연락을 취하려고 애쓴다. 9월 19일에는 에리카 만과 클라우스 만을 만난다. 두 사람이 영화관에 데려가준다. 정말 오랜만에 느끼는 즐거움이었다. 클라우스 만은 일기에 이렇게 적는다. "(정신이 나가고 절망에 빠진) 라스커쉴러는 스스로 위안을 얻기 위해 그린 예쁜 인디언 그림들을 보여준다." 엘제 라스커쉴러는 하루종일 아우구스티누스 수도원의 조그마한 방에 앉아 있고, 너무 추워지면 2층에 있는 커다란 난로 쪽에 자리를 잡고는 몇 시간 동안이나 꾸벅꾸벅 존다. 가끔은 "열반에 이른 것 같은 만족감을 느낀다"고 그녀는 말한다. 그러나 어둠을 분석하고 있는 동안에는 그 어떤 빛도 발견할 수 없다.

◇

9월에 마를레네 디트리히가 할리우드로 돌아온다. 어느 순간 유럽에서 지내기가 너무 지루해졌다. 아니 너무 힘들어졌다. 어머니랑, 딸이랑, 남편이랑, 남편의 연인이랑, 그것도 모자라 새로운 애인 모리스 슈발리에의 아내랑 같은 도시에 있다는 것, 거기다가 마를레네 디트리히가 후하다는 것을 알고 후원을 바라며 달려드는 온갖 망명자들, 그리고 이 모든 것을 세계 언론이 주목하고 있다는 사실이 힘에 부쳤다. 다행스럽게도 9월에 할리우드에서 새 영화 촬영이 시작된다. 예카테리나대제 역할이었다. 요제프 폰 슈테른베르크는 자신의 뮤즈이자 연인을 인류 역사에서 가장 힘있는 여인으로 알려진 인물로 변신시키려고 한다. 요제프 폰 슈테른베르크가 보기에 그 역할에 딱 어울리는 것은 오직 그의 마를레네 디트리히뿐이다. 그의 마를레네 디트리히라? 그렇다, 마를레네 디트리히와 요제프 폰 슈테른베르크의 관계는 감탄에서 사랑으로, 결국에는 집착으로 바뀌었다. 마를레네 디트리히가 할리우드에 도착하자 요제프 폰 슈테른베르크는 "사랑하는 여신"이라 부르면서 새 빌라를, 게다가 더 웅장한 빌라와 더 우아한 롤스로이스를 선물한다. 그것도 모자라 겉에 보석과 다이아몬드와 금이 박혀 있는 담뱃갑을 선물한다. 마를레네 디트리히는 그 담뱃갑에서 담배를 꺼낼 때마다 각인된 문구에 연기를 내뿜는다. "마를레네 디트리히 / 전무후무한 여성이자, 어머니이자, 배우 / 요제프 폰 슈테른베르크."

마를레네 디트리히는 마침내 한계에 이른다. 자기는 그 누구의 것도 아니며 오직 자신이 주인이었다. 무엇보다 자기에게 집착하는 감독이 만든 영화들이 점점 더 심한 혹평을 받았다. 마를레네 디트리히는 이 점에 특히 주목했다. 요제프 폰 슈테른베르크가 자기를 창조한 것은 맞다. 그러나 이제는 창조주 없이 살고 싶다. 곧 마를레네 디트리히는 요제프 폰 슈테른베르크와 마지막 영화를 찍는다. 영화 제목이 의미심장하다. 바로 〈악마는 여자다〉였다.

◇

1933년 9월 26일에 클라우스 솅크 폰 슈타우펜베르크 백작이 밤베르크에 있는 성야곱교회에서 결혼식을 올린다. 군복에 철모 차림이었다. 결혼식도 하나의 임무라면서. 신부도 다른 걸 기대하지 않았다. 밤베르거 호프에서 식사를 마치고 나서 신혼부부는 로마로 신혼여행을 떠난다. 그곳에서 무솔리니 집권 10년을 기념하여 전시회가 열린다. 그곳에서 카라바조, 라파엘로, 미켈란젤로도 볼 계획이다. 연대에서 "슈타우프"라고 불리는 클라우스 솅크 폰 슈타우펜베르크 백작은 시적이면서 엄밀한 희귀한 인물이다. 첼로를 연주하고 그리스 희곡을 읽으며, 귀족들의 오락거리인 카지노나 사냥은 물론 춤에도 관심이 없다. 아내는 바로 그 때문에 남편을 사랑한다.

두 사람은 결혼식 다음날 아침 기차를 타고 남쪽으로 향한다. 클라우스의 형 베르톨트가 스위스 벨린초나까지 동행한다. 베르톨트는 그곳에서 내려 자기가 가장 사랑하는 사람인 슈테판 게오르게를 보러 간다. 첫 글자를 소문자로 쓰는 위대한 시인을. 사실 베르톨트도 동생처럼 결혼하려고 했었는데 게오르게가 베르톨트를 독점하고 싶어했다. 그래서 마리아 클라센과 결혼하는 것에 거듭 반대했고 베르톨트는 그 말에 충실히 따랐다(적어도 슈테판 게오르게가 살아 있는 동안에는). 그와 달리 클라우스와 니나 폰 슈타우펜베르크는 무솔리니의 이탈리아에서 신혼여행을 보내면서 신분에 걸맞게 첫아이를 임신한다.

◇

9월 29일에 에리카 만과 테레제 기제가 두번째로 '페퍼밀레'를 연다. 그리고 토마스 만과 카티아 만, 리즐 프랑크와 브루노 프랑크 부부가 초연 때 또 관객석에 자리를 잡는다. 1월 1일 당시와 똑같이. 다만 이번에는 모두들 페퍼밀레가 카바레를 통해 웃음거리로 만들려고 하는 비인간적인 정치를 펼치는 나라 독일에서 추방되어 스위스에 있다는 점이 다를 뿐이다.

◇

1933년 가을, 모든 독일 지식인이 남프랑스나 파리에 정착하기 위해 도망치듯 베를린을 떠나는 와중에 그와 반대로 파리에서 베를린으로 오는 두 지식인이 있다. 바로 시몬 드 보부아르와 장폴 사르트르다. 먼저 사르트르가 프랑스 연구소에서 연구비 지원을 받는 연구원으로 위대한 현상학자 에드문트 후설 밑에서 공부하기 위해 홀로 베를린에 온다. 그러나 가장 중요한 것은 다른 데 있다. "나는 내 젊은 시절의 무책임함을 재발견했다." 베를린 전역에 나치 십자가가 휘날리고 모든 위대한 독일 작가가 사르트르의 고향 파리로 도망치기 위해 떠날 때, 사르트르는 베를린에서 "사랑의 도시"를 발견한 것이다. 사르트르는 먼저 기름진 음식들을 파는 식당에 달려든다. 알자스에 사는 할머니댁에서 먹었던 흑맥주, 돼지고기, 소금에 절인 양배추

자우어크라우트, 소시지를 좋아하기 때문이다. 그런 다음 다른 프랑스인들과 함께 베를린의 밤을 누비고 다닌다. 독일어를 할 줄 몰라서 "프랑스인 여자친구를 데리고" 갈 수밖에 없음을 한탄하면서. 사실은 "독일인 여성의 사랑을 경험하기 위해" 온 터였다. 곧 사르트르는 침울해져서 시몬 드 보부아르를 숭배하다가 퇴짜 맞은 헝가리 남자를 떠올린다. 그 헝가리 남자는 사전을 뒤져가며 보부아르에게 이런 편지를 썼다. "제가 헝가리어로 말하면 얼마나 재치 있는 사람인지 당신이 알아주면 좋으련만." 한마디로 사르트르는 베를린에서 독일 철학뿐만 아니라 독일의 밤문화도 연구한 것이다. 프랑스인 여자친구와 같이 다니면서. 이름이 마리 빌이었는데 사르트르와 함께 일하는 프랑스 연구소 직원의 아내로 몽상에 잠기고 약간 넋이 나간 여인이었다. 사르트르는 보부아르에게 이 이야기도 들려준다. 보부아르는 진실을 말하기로 약속한 그 기이한 계약이 주는 고통의 무게를 새삼 깨닫는다. 그리고 사르트르의 부재가 주는 고통도. 보부아르는 병가를 내고 베를린으로 간다. 사르트르는 보부아르가 베를린에 도착한 날 저녁에 새로 사귄 베를린 애인을 소개시켜주는 것 말고 달리 할 수 있는 게 없었다. 그러나 별거 아니니 전혀 걱정할 필요 없다면서. 어쨌든 사르트르는 보부아르에게 반지까지 끼워준다. 아내로 위장해 보부아르가 이곳에 머무는 동안 프랑스 연구소 근처에 작은 집을 세내기 위해서일 뿐이었지만.

그러나 보부아르가 원하는 것은 사르트르의 부인이라는 역할놀이가 아니었다. 보부아르는 첫번째 "우연적인 사랑"으로 괴로워한다. 사르트르는 혼외연애를 이렇게 불렀다. 자기한테는 보부아르의 사랑 말고도 이것이 “꼭 필요하다”면서. 보부아르는 프랑스로 돌아가 소설을 쓰기 시작한다. 사랑과 독립 사이에서 갈등하는 내용이었다. 그리고 베를린에 남은 사르트르는 빌머스도르프에 있는 프랑스 소우주인 호화로운 빌라에서 지내면서 이제 막 증오의 시대가 시작된 것을 전혀 알아채지 못한다.

◇

하인리히 만은 다르다. 하인리히 만은 아주 예민한 남자다. 그래서 하인리히 만이 프랑스에서 망명을 시작하고 맞이한 첫 여름에 써서 1933년 가을에 암스테르담의 퀘리도출판사에서 발행된 책 제목도 바로 ‘증오’였다. 2월에 베를린 예술원에서 겪은 일만으로도, 사람들의 표정과 신문에서 읽은 것만으로도 앞으로 어떤 일이 닥칠지 알아채는 데 충분했다. 그로부터 15년 뒤 리온 포이흐트방거는 증오의 각성을 다룬 하인리히 만의 책에 대해 이렇게 말한다. “하인리히 만은 독일의 지난 10년을 그 누구보다 더 일찍 그리고 더 날카롭게 예견했다. 그 일이 현실이 되기 오래전에 이미 그 시작을 보여주었다.”

◇

1933년에도 스물아홉의 화가 살바도르 달리와 그의 연인이자 뮤즈이자 매니저이자 엄격한 교사인 서른아홉의 갈라는 기이한 연인이 부족하지 않은 시대에 가장 기이한 연인으로 지내고 있다. 두 사람은 코스타 브라바 해안가 포트이가트에 있는 작은 오두막집에서 행복한 여름날을 보내고 있다. 갈라는 1920년대에 폴 엘뤼아르와 막스 에른스트의 파트너로서 도발적인 성생활을 통해 파리의 초현실주의자들을 큰 혼란에 빠뜨린 여자였다. 반면에 자신의 성정체성으로 혼란스러워하고, 진짜 성관계보다 성관계를 지켜보는 것을 더 좋아하고, 자신의 동성애 성향과 실랑이를 벌이고 있으며, 내면은 다층적으로 얽혀 있는 살바도르 달리는 갈라의 강렬한 여성성 속에서 마침내 해방의 가능성을 본 것 같다. 논리적으로나 심리학적으로나 제대로 설명하기 어렵겠지만 어쨌든 분명 완벽하게 작동했다. 갈라의 사랑을 통해서 달리는 자신의 예술을 망상과 독창성을 지닌 유일무이한 예술로 만들어주는 것을 자신 안에서 발견했다. 달리와 갈라는 수십 년 동안 관계를 지속하면서 고전적인 의미의 섹스는 딱 한 번(갈라의 말에 따르면) 했거나 전혀(달리 말에 따르면) 하지 않았다. 갈라는 "두려움이 달리 본성의 본질적인 특징"이라고 말한다. 지난해 10월, 갈라가 하복부 수술을 하고 나서 이제 달리의 아이를 가질 수 없다고 말했을 때, 달리는 크게 안심한다. 갈라의 보살핌을 받는 유일한 사람이 되고 싶기 때문이다.

갈라는 의지력 면에서나 지배력 면에서나 낄낄거리고 여성적이며 콧수염을 기른 괴짜 달리와는 완전 반대인 사람이고, 달리는 남은 일평생 동안 갈라의 지휘에 따르는 것을 정말로 즐긴다. 1932년에 갈라와 초현실주의자 폴 엘뤼아르의 결혼도 법적으로 끝났다. 그러나 비밀스럽고 마음이 넓은 연극배우 마리아 벤츠와(자극적인 이름인 '누쉬'로 불렸다) 오랫동안 친밀한 관계를 맺어왔으면서도 폴 엘뤼아르는 여전히 갈라를 사랑한다. 그리고 불꽃처럼 격정적인 편지들을 통해 갈라에게 이렇게 선언한다. "갈라, 내가 하는 모든 행동은 당신과 이어져 있어."

그러나 갈라는 살바도르 달리와 뗄 수 없이 결합되어 있다. 갈라는 단 하루도 달리 곁을 떠나지 않는다. 그리고 달리는 갈라가 자기 여자라는 것을 보여주기 위해 특이한 방식으로 갈라를 그린다. 갈라는 정육점에서 사온 고깃덩어리를 어깨에 올려놓은 채 몇 시간 동안이나 포즈를 취하고 앉아 있어야 했다. 며칠 뒤 달리는 '양갈비 두 조각이 어깨 위에 균형잡고 있는 모습의 갈라'라는 제목의 그림을 갈라에게 자랑스럽게 보여준다. 마치 현대의 이브가 자신의 갈비뼈가 아니라 다른 동물의 갈비뼈로 만들어졌음을 보여주려 한 것처럼. 진짜 미친 카탈루냐인 달리는 곁에 갈라가 있게 된 이후로 비로소 자신의 거친 환상을 화폭에 담을 수 있게 되었다. 그 환상들이 무해하고 당연한 일인 것처럼. 그리고 모든 아름다움은 먹을 수 있어야 한다는 달리의 모토가 갈라 덕분에 마침내 현실이 된다. 그렇게 1933년에 탄생한 두번째로 위대한 갈라의 초상화 제목은 '설탕 스핑크스'이다. 맛있게 드시길.

◇

빅토르 클렘퍼러는 하루하루 제3제국의 언어를 모은 어휘사전을 채워간다. 그러나 그 사전을 출판할 수 있으리라 믿지는 않는다. 10월 9일 생일에 빅토르 클렘퍼러는 자신의 소원을 일기에 적는다. "우리 집에서 하모늄 앞에 앉아 있는 건강한 에바의 모습을 다시 보는 것. 매일 아침저녁으로 흐느껴 울까봐 두려워하지 않는 것. 독재의 종말과 그 피비린내 나는 몰락을 내 눈으로 보는 것. 옆구리 통증이 사라지는 것과 죽음에 대한 생각을 하지 않는 것. 이 소원 가운데 단 하나라도 실현되리라 믿지는 않는다."

◇

오토 딕스는 자신에 대한 공격의 수위를 더해가는 드레스덴을 떠나 아내와 아이들과 함께 독일 남부로, 헤가우 한가운데에 있는 작은 란데크성으로 도피한다. 대제국에서 가장 멀리 떨어진 구석에 있는 은신처였다. 성의 창문에서 밖을 내다보면 호엔크래엔, 호엔트빌, 호엔슈토펠른, 호엔헤벤 같은 예쁜 이름이 붙여진 화산 오름이 곳곳에 보인다. 오토 딕스는 이곳에 도착하자 가장 먼저 란데크의 오래된 유대인 묘지를 그린다. 비난이자 경고의 뜻을 담은 그림이었다. 묘지 뒤편에 말없이 줄지어 서 있는 높다란 전나무들을 넘어가면 스위스였다.

란데크는 딕스 가족의 피난처가 된다. 란데크성은 본래 마르타 딕스의 첫번째 남편인 한스 코흐의 소유지다. 한스 코흐는 마르타와 이혼하고 나서 마르타의 언니와 결혼했다. 마르타와 오토 딕스는 세 아이 넬리, 우르주스, 얀과 함께 언니의 성으로 들어간 것이다. 유서 깊은 성의 나무판자 마루로 된 연회장은 딕스의 아이들이 뛰놀며 모험을 펼치는 놀이터가 된다. 딕스 가족은 란데크의 남쪽 탑에서 지냈는데, 그 옆에는 딕스가 아틀리에로 사용하는 거대한 공간이 있었다. 그리하여 안에는 캔버스들이, 밖에는 헤가우의 광활한 언덕 풍경이 아름답게 펼쳐져 있었다. 오토 딕스는 이제 전쟁을 그리지 않는다. 대죄도 그리지 않는다. 인간도 그리지 않는다. 마법에 걸린 듯 매혹적인 계곡과 완만한 산을 그린다. 가을과, 겨울과, 봄의 모습을. 오토 딕스는 풍경 속으로 망명했다.

◇

여름에 아버지와 연애를 해본 아나이스 닌은 파리로 돌아와 기존의 관계들을 회복한다. 첫번째는 남편과, 두번째는 심리분석가와, 마지막으로 헨리 밀러와. 아나이스 닌의 남편 위고 귀에는 머릿속이 복잡하다. 요즘 점성술에 푹 빠져 있는데 물고기자리인 아나이스 닌이 물병자리인 자기보다 염소자리인 헨리 밀러와 더 잘 맞는다는 사실을 알게 되었기 때문이다. 헨리 밀러는 계속 아나이스 닌이 주는 돈으로 생활하면서 섹스를 즐기고 있다. 아나이스 닌이 상담받는 심리

분석가 르네 알롱디도 결국 아나이스 닌한테 둘 다 받게 되는데, 헨리 밀러와는 다르게 죄책감이라는 비용을 지불한다.

헨리 밀러도 별점을 보고는 1933년에 자기가 죽을지 모른다는 결론을 얻는다. 그래서 유언장을 쓰고는 아나이스 닌을 단독 상속인으로 지정한다. 그것은 곧, 다양한 채권자에게 진 3600달러에 이르는 빚을 갚아달라고 부탁하는 셈이었다. 그러나 무엇보다 헨리 밀러는 아나이스 닌과 아내 준과의 얽히고설킨 사랑 이야기를 『북회귀선』이라는 작품으로 만들어낸다. 헨리 밀러는 애인 아나이스 닌이 클리시 아나톨프랑스가 4번지에 세내준 집에서 친구 알프레트 페를레스와 함께 살고 있다. 그리고 이곳에서 섹스 장면이 난무하는 『클리시의 평온한 나날』이 펼쳐진다. 헨리 밀러는 속옷 차림으로 하루 종일 골루아즈 담배를 피우고 음악을 들으면서 타자기 옆에는 와인 한 병을 두고 작가를 연기한다. 그렇게 그곳에 앉아서 아나이스 닌이 두 신사를 위해 부엌 청소를 해주러 들르면 기뻐한다. 지난 연말에 끝이 없어 보이는 다툼 끝에 영원히 뉴욕으로 떠나버린 아내 준을 자기가 얼마나 자주 생각하는지는 아나이스 닌에게 말하지 않는다. 활활 타오르는 기억들을 그저 『북회귀선』을 쓰는 데 이용할 뿐이다. 중요한 정치 문제나, 히틀러, 파리 거리의 독일 망명자들, 이 모든 것은 헨리 밀러의 관심 밖이다.

◇

블라디미르 나보코프와 베라 나보코프는 여전히 베를린에서 버티고 있다. 두 사람은 재정난 때문에 네스토어가에 있는 베라의 사촌 안나 파이긴의 집으로 들어갔다. 블라디미르는 근처에 있는 코트에서 주변에 사는 소년들에게 테니스 수업을 가끔씩 해주고 있다. 그러나 무엇보다 무아지경 속에서 2주 만에 소설 『사형장으로의 초대』를 써낸다. 점점 더 폭력적이 되어가는 베를린의 분위기 때문에 나보코프는 심란했다. 베라가 집세를 벌어오던 로펌이 유대인 회사라는 이유로 몰수되어서 일자리도 잃는다. 훗날 나보코프는 왜 1933년에 바로 망명하지 않았느냐는 질문을 받았을 때(베라가 유대인이었다), 아주 감동적인 대답을 한다. "우리는 늘 굼떴죠. 아내는 좋은 의미로 굼떴고, 나는 나쁜 의미로 굼떴죠." 그러나 나보코프는 주위에서 벌어지는 일들을 지켜보았다. 그리고 그루네발트호숫가에서 「새로운 이웃」이라는 단편을 쓴다. 그 작품에서 베를린 노동자 두 명이 슬라브어 억양이 강한 새 이웃 로마놉스키 씨를 처음에는 귀찮게 하다가, 나중에는 괴롭히다가, 결국에는 살해한다. 아무 이유 없이. 「새로운 이웃」은 나보코프를 무력하게 만드는 불안을 보여준다. "내가 두 깡패와 불쌍한 로마놉스키 씨에 관한 이야기를 구상했을 때 히틀러의 그로테스크하고 사악한 그림자가 독일을 뒤덮고 있었다." 그런데 이렇게 짓누르듯 답답한 분위기 속에서 비현실적인 일이 일어난다. 이 가을에 베라가 거의 비현실적인 미소를 지으면서 임신했다는 소식을 남편에게 전한 것이다. 그리고 1934년 5월에 아들 드미트리가 태어난다.

◇

파리 망명지에 도착하여 말라리아에서 그럭저럭 회복한 발터 벤야민은 여름에 만난 최고의 사랑, 다시 말해 안나 마리아 블라우포트텐 카테를 한두 번 더 만난다. 둘 사이에 정확히 어떤 일이 있었는지 알 수 없다. 우리가 아는 것은 오직, 그 사랑이 서서히 공중으로 사라졌다는 사실이다. 곧 안나 마리아는 남프랑스로 가서 1934년에 루이 셀리에라는 프랑스인과 결혼한다. 그리고 벤야민의 예언은 현실이 된다. 8월에 벤야민은 이렇게 쓴 적이 있다. "당신 팔에 안기면 운명은 영원히 나를 비껴갈 거야." 안나 마리아가 다른 사람을 팔에 안자 운명이 맹렬하게 발터 벤야민에게 달려든다.

◇

이제 마를레네 디트리히도 독일에서 시작된 위험이 유럽 전역으로 뻗어나가기 시작했음을 이해하기 시작했다. 11월 7일에 마를레네 디트리히는 파리에 있는 남편에게 편지를 쓴다. 멋진 외모의 이면을 보여주는 편지였다. 남편에게 새 나이트크림을 보내달라고 부탁하는 것이다. 이유는 이랬다. "나도 늙네." 그러더니 갑작스레 분위기가 바뀌어 가족에 대한 염려와 걱정을 드러낸다. "날 위해서 내일 당장 모든 것을 쑤셔넣고 떠날 수 있는 큰 여행가방을 사. 마지막 순간에는 항상 여행가방이 아쉽다는 거 당신도 알지." 그러고는 갑자기 말투가 바뀌더니, 한때 마리아의 보모였던 루디의 애인에게 이렇게 간청한다. “제발, 타미, 그이가 기회만 되면 몇 시간 안에 파리를 떠날 수 있도록 모든 것을 준비하게 도와줘. 배야 언제든지 구할 수 있을 거야.” 그리고 마지막에 부조리가 승리의 축포를 울릴 만한 아름다운 끝인사로 마무리한다. 마를레네 디트리히는 남편과 남편의 애인에게 보내는 편지를 이렇게 끝맺는다. “당신은 최고이자 가장 충실한 사람이야. 당신을 사랑해, 당신의 엄마.”

◇

1933년에 아주 특별한 사랑이 끝나버린다. 상류 계급 출신의 별난 영국인 낸시 큐너드와 아프리카계 미국인 재즈 피아니스트 헨리 크라우더의 사랑이. 파리에서 찰랑거리는 상아 팔찌에 반짝이는 의상을 입은 낸시와 흠잡을 데 없이 말끔한 스리피스 양복 차림의 헨리가 길을 거닐 때면 지나가는 사람마다 소곤거렸다. 낸시 큐너드는 불같은 에세이 『흑인 남자와 백인 아씨』를 썼는데, 낸시의 어머니는 그것을 치욕이라고 여겨 경찰에 딸을 신고했다. 열정적이고 신랄했던 낸시 큐너드는 모국의 신분 경계와 인종차별주의적인 편견을 깨고자 했던 것으로 보인다. 낸시는 파리에서 아방가르드 문학 출판사 ‘아워스 프레스’를 세웠고 첫 책으로 제임스 조이스의 작품과 에즈라 파운드의 『캔토스』를 펴낸다. 그러나 헨리 크라우더와 낸시 큐너드의 사랑은 깨지고 만다. 정확한 것은 알 수 없으나 갑자기 한계점에 다다랐기 때문이다. 큐너드는 피카소처럼 아프리카 부족예술품을 광적으로 모으는 수집가였고, 집에는 아프리카 조각품과 가면과 무기로 가득했다. 낸시 큐너드는 흑인 문화가 백인 문화와 똑같은 가치를 지닌다는 사실을 증명하기 위해서 흑인 문화에 관한 대작을 집필중이었다. 그러나 그렇게 똑똑한 낸시 큐너드가 이해하지 못한 것이 있었다. 헨리 크라우더가 비록 흑인이기는 하지만, 뉴올리언스 출신의 부모님이나 새로운 아프리카-아메리카 미국이나 재즈에 느끼는 동질감만큼 똑같은 동질감을 아프리카 조상에게는 느끼지 못한다는 점이었다. 헨리 크라우더는 낸시 큐너드가 자기를 사람이 아닌 상징물로서 사랑한다고 느끼고는 미국으로 돌아가버린다. 1934년에 낸시 큐너드는『흑인 선집』이라는 엄청난 책을 펴낸다. 그때는 이미 헨리 크라우더가 떠나버린 뒤였다. 이 책은 문학, 음악, 문화, 역사를 망라한 하나의 대륙 같은 책이다. 1000페이지에 달하는 사랑에 관한 책이자 증오에 맞서는 책이다. 낸시 큐너드는 자신의 최고의 사랑인 헨리 크라우더에게 이 책을 바친다.

◇

바람이 멎고 구름 사이로 태양이 비추는 한낮이면 12월에도 따뜻한 티치노에서 슈테판 게오르게의 마지막 나날이 시작된다. 지난 30년 동안 슈테판 게오르게의 주변에는 그에게 헌신적으로 복종하는 문하생 무리가 모여들었는데, 대부분 동성애 성향을 가지고 있었다. 그들은 슈테판 게오르게의 시를 숭배했고, 백발을 휘날리는 그를 영적인 지도자로 천명했다. 슈테판 게오르게는 게르하르트 하우프트만과 같은 세대 사람이었는데 둘 다 새하얀 머리카락에 각이 진 얼굴이 꼭 형제처럼 보였다. 한 사람은 현실적인 자연주의자이자 1912년 노벨문학상 수상자이고, 다른 한 사람은 영적인 마법사로 수십 년 동안 젊은 독일 작가들을 애태우거나 따뜻하게 품어주었다. 지난 7월에 발터 벤야민이 필명으로 『프랑크푸르터 차이퉁』을 통해 슈테판 게오르게의 생일 축하 인사를 전하면서 게오르게를 예언자로 드높이기도 했다. 「제1차세계대전 속에 한 젊은 지도자에게」라는 시에서 슈테판 게오르게가 "제2차세계대전"이 뒤따를 것이라고 썼다면서 말이다. 벤야민은 또 이렇게 썼다. "슈테판 게오르게는 몇 년 동안 침묵하고 있다. 그사이 우리는 그의 목소리를 들을 새로운 귀를 얻었다." 클라우스 만의 생각은 달랐다. 클라우스 만이 발간한 망명잡지 『모음집』에 「슈테판 게오르게의 침묵」이라는 글로 화답했는데, 슈테판 게오르게가 히틀러와 새 제국에 속지 않기를 바라는 간절한 희망이 담겨 있었다. "우리는 그의 침묵이 저항을 뜻하기를 희망한다. 그가 이제까지 살아온 대로 순수함과 순결함과 고귀함이 무엇인지 확실하게 아는 사람으로서 끝을 맺기를 원한다면 옛것을 고수하는 그 몸짓으로 새로운 독일에 반대 입장을 사수하리라. 다시 말해 고개를 돌려버리리라."

슈테판 게오르게는 1933년 11월에 미누지오에서 이 글을 읽는다. 슈테판 게오르게는 엄격한 식이요법을 해야 하는 상황이었다. 특히 생식을 해야 하고, 담배도 피우면 안 되고, 술도 마시면 안 된다고 의사가 지시했다. 그런데 11월 26일 일요일에 슈테판 게오르게는 이 모든 금지사항을 무시한다. 아침으로 정어리와 햄을 넣은 빵을 여러 개 먹고, 점심에는 작은 순무와 감자 퓌레를 곁들여 오리 가슴살을 먹고서 후식으로 밀히라이스에 달달한 화이트와인까지 마셨다. 확실히 너무 과했다. 슈테판 게오르게의 충실한 제자인 프랑크 메네르트가 전하는 바에 따르면, 오후 한시 이십분에 "그릇을 치우는 사이 마지막 한입을 먹자마자" 슈테판 게오르게가 의자에서 푹 쓰러졌다고 한다. 얼굴이 초록빛으로 변하는 것을 보고 메네르트는 게오르게가 기절했음을 알아차렸다. 의사가 와서 약을 투여했다. 그러나 게오르게는 이튿날 다시 의식을 잃었고, 등나무의자에 앉은 채로 무르알토에 있는 상트아그네제 병원으로 실려 갔다. 메네르트는 독일에 있는 가장 가까운 친구들에게 전보를 쳤다. 상황이 심각하다고. 모두들 미누지오로 출발했다. 클라우스 폰 슈타우펜베르크와 베르톨트 폰 슈타우펜 백작 형제도 마찬가지였다. 두 사람은 스승이 마지막 숨을 거두는 모습을 지켜보았다. 1933년 12월 4일 월요일에 슈테판 게오르게의 심장이 멈춰 섰다.

치밀한 중위 클라우스 폰 슈타우펜베르크 백작이 미누지오에 있는 묘지 부속 예배당에서 어떤 제자가 몇시에 게오르게의 시신을 지킬지 정확한 계획을 세웠다. 12월 6일 아침 여덟시 십오분에 슈테판 게오르게가 묘지에 안장될 때, 그리고 그와 함께 "비밀스러운 독일"이 땅에 묻힐 때, 맞은편에 있는 높다란 산 위로 따사로운 12월의 태양이 얼굴을 비췄다. 저 아래 계곡의 마조레호수는 여전히 검은빛을 띠면서 잔잔하고 고요했다. 이튿날 베른 주재 독일 대사가 보낸,

적–백–흑 리본이 달리고 두 개의 나치 십자가가 새겨진 새 제국정부의 커다란 월계관이 미누지오에 있는 묘지에 도착했다. 슈테판 게오르게도 자신을 숭배하는 추종자를 선택할 수는 없었다.

◇

에른스트 윙거와 그레타 부부는 베를린을 떠나려고 한다. 친구 에리히 뮈잠이 강제수용소로 끌려가고 난 뒤 게슈타포가 윙거의 집을 수색했다. 공산주의자들과 관련 있어 보인다면서 그 증거를 찾겠다는 것이었다. 사도마조히즘 경향이 있는 화가 루돌프 슐리흐터와 "고급 창녀"로 일하는 슐리흐터의 아내 스피디 슐리흐터와 친분이 있다는 소문도 돌았다. 에른스트 윙거는 지난 15년 동안 쓴 일기와, 시, 편지, 정치적인 글 들을 불태웠다. 최근에 나치에 의해 점령된 독일문예원 입회도 거부한다. 자기한테 맞지 않다면서. 무엇보다 그레타가 또 임신을 했는데 나치 돌격대의 행진을 뚫고 유아차를 끌고 다니고 싶지 않기에 베를린을 떠나려는 것이었다. 예비 아빠도 시급히 새로운 공기가 필요했다. "이 보헤미안 얼굴들이 구역질난다"면서. 그래서 1933년 12월에 윙거 가족은 "베를린을 가득 채우고 있는 혼란스럽고 무감각한 리듬 저편의 평온한 삶"을 기대하며 하르츠산맥 끄트머리에 있는 고슬라로 떠난다. 국내 망명지로 탈출하고자 하는 것이다.

◇

항상 이동중인 루트 란츠호프는 파리로 가는 기차 화장실에서 결혼 반지를 잃어버린다. 이것이 우연이 아니라는 사실을 알고 있다. 이미 오래전부터 남편 요르크 폰 바르텐부르크 백작보다 영국 남작 브라이언 기네스를 더 사랑하고 있다. 남작이 비둘기 한 쌍을 선물해 주었는데 그 새장을 어디든 갖고 다닌다. 그리고 파리에서 그 선물에 대한 보답으로 "망명소설" 원고를 보냈으나 남작은 『하퍼스 바자』에서도, 그 어떤 에이전시에서도 출판 동의를 얻어내지 못한다. 그리하여 그 작품은 결국 미출간으로 남는다. 그러나 루트 란츠호프는 이름 없는 망명자의 절망을 통해 저멀리 고향의 부끄러운 침묵을 표현할 말을 찾아냈다. "그 망명자는 말하기도 싫고 보기도 싫었다. 그리움 속에 살고 싶지 않았기 때문이다. 그 망명자는 조국을 몹시 사랑했다. 그 누구도 그가 자기 나라를 사랑하지 못하게 하지는 않았다. 그러나 자기 나라에 살지 못하게 한 것이다. 그 망명자가 조국에서 가져온 것은 고통과 그리움이다."

◇

미술사가이자 문화사가인 아비 바르부르크가 죽은 지 4년이 지난 12월 12일에 바르부르크의 진정한 사랑이 독일을 떠난다. 이 유대인 미술사가가 남긴 어마어마한 규모의 전설적인 문화학 장서는 물론 그가 수집한 사진들과 『그림지도책』이 화물선 '헤르미아'를 타고 함부르크에서 런던으로 떠난 것이다. 이 망명으로 1910년대와 1920년대가 남긴 가장 위대한 정신적 보물이 파괴를 모면하게 된다. 그리고 그로부터 얼마 지나지 않아 바르부르크의 미망인 마리 바르부르크가 함부르크에서 죽음을 맞이한다.

◇

화가 파울 클레는 쉰네번째 생일에, 그러니까 12월 18일에 고향인 베른으로부터 임시 체류 허가를 얻어 합법적으로 독일을 떠날 수 있게 된다. 파울 클레와 릴리 클레 부부는 가지고 있는 책과 가구 가운데 3분의 2를 뒤셀도르프에 남겨두고 떠난다. 짐을 싸다가 파울 클레는 오른손에 상처를 입는데 이것이 독혈증으로 악화된다. 독일 땅에서 마지막으로 얻은 질병이 독혈증이라니 이 얼마나 상징적인가. 12월 23일에 클레 부부는 고양이 빔보와 함께 독일을 영영 떠난다. 릴리 클레는 아들 펠릭스에게 이렇게 편지한다. "나는 이렇게 세상으로 나간다. 처음으로 고향 없이 떠도는 신세가 되는구나. 올해는 끔찍한 해였어. 뒤돌아보면 소름이 돋는다."

◇

작사가 브루노 발츠가 마그누스 히르쉬펠트 성과학연구소와의 친분 때문에 동성애법 175조 위반 혐의로 게슈타포에 체포된다. 브루노 발츠는 1924년에 이미 〈소년이여 우리 친구하자〉라는 최초의 동성애 음반을 공동제작한 바 있었다. 지금은 UFA에서 제작하는 유성영화를 위해 무해한 가사를, 예를 들어 〈작은 갈매기여, 헬골란트로 날아라〉를 짓고 있다. 그러나 곧 진정한 피난처를 발견하는데, 바로 사라 레안더를 위해 명백하게 이성애적인 노래 가사를 쓰게 된 것이다. UFA 영화사와 나치가 브루노 발츠를 포기하기에는 그 가사들이 너무 좋았다. 브루노 발츠는 이 사랑 노래가 죄악이 아니라 구원이 되리라는 것을 예감한다.

◇

추상주의 화가 바실리 칸딘스키와 니나 칸딘스키 부부가 베를린에 있는 집을 포기하고 12월 19일에 파리로 망명한다.

◇

12월 24일 아침에 구시 아데나워는 아이들을 데리고 쾰른에서 기차를 타고 마리아 라흐로 간다. 눈이 쌓여 있었다. 구시 아데나워는 문을 지나자마자 콘라트 아데나워와 포옹한다. 감사한 일이었다. 아데나워 가족은 식당에서 가벼운 식사를 하고 나서 아데나워의 방에서 캐럴을 몇 곡 부른다. 아이들이 아버지를 위해 작은 선물을 가져왔다. 나중에 온 가족이 함께 미사를 드리러 간다. 가족에게 둘러싸여 그레고리안 성가의 은총을 받던 콘라트 아데나워의 뺨에 눈물이 흐른다.

◇

베르톨트 브레히트는 두번째 집을 샀다. 처음은 아머호숫가에 있는 집이었고, 지금은 덴마크 동해안에 있는 집으로, 스벤보르 8번지에 있었다. 『서푼짜리 소설』 선인세와 헬레네 바이겔의 아버지한테서 받은 돈으로 산 집이었다. 브레히트 곁에는 헬레네 바이겔 말고도 마르가레테 슈테핀도 있었는데, 점점 더 폐병은 심해지고 사랑으로 인한 고통 때문에 괴로워하고 있었다. 마르가레테 슈테핀은 파리를 떠나 덴마크로 왔다. 헬레네 바이겔이 화내지 않게 하기 위해서 브레히트는 미래의 애인 루트 베를라우에게 현재의 애인 마르가레테 슈테핀을 제발 코펜하겐에 잠시 데리고 있어달라고 부탁한다. 스벤보르까지 차로 다섯 시간 거리라는 사실에 브레히트의 아내는 조금이나마 정말로 안심한다. 슈테핀만이 베를라우의 집에서 펑펑 울면서 서러워한다. 브레히트가 자기와 거리를 두기 시작했음을 눈치챘기 때문이다. 그러나 그 진짜 이유가 바로 자기 곁에 앉아 있다는 사실은 아직 짐작도 하지 못한다. 이 모두 얼마나 쓰라린 일인가? 브레히트의 이 파괴적인 게임에서 빠져나오는 것은 오직 엘리자베트 하우프트만뿐이다. 베를린에서 여러 달 동안 브레히트의 원고들을 지키기 위해 온갖 일을 하고 그 때문에 심지어 감옥까지 갔다 왔는데 원고 하나를 잃어버린 것 때문에 태만하고 서투르다며 비난을 들은 뒤의 일이었다. 그 일이 있고 나서 엘리자베트 하우프트만은 브레히트에게 이렇게 편지한다. "당신과 완전히 이별"해야만 자기가 행복해질 수 있을 거라고. 그러고는 이렇게 덧붙인다. "어쩌면 나중에 다시 만날 수도 있겠죠." 그럼 브레히트는 어떻게 했을까? 전혀 개의치 않았다. 브레히트가 마르가레테 슈테핀에게 보내는 여섯번째 소네트에 뭐라고 썼는지 아는가? "남자들에게 쾌락은 괴로워하지 않는 것이네." 메리 크리스마스!

◇

새해 전야에 토마스 만은 새 망명지인 취리히 근교 퀴스나흐트에서 올해 망명생활에 대해 더 유화적인 결론을 내린다. "지난 시절에 대한 향수는 별로 없다. 돌이켜보면 지난 열 달 중에 가장 행복했던 시절인 사나리에 더 향수를 느낀다. 그리고 저녁에 등나무의자에 앉아 별들을 바라보던 그 작은 돌 테라스가 그립다." 그러나 토마스 만의 별자리만 계속 좋다.

그 이후

1934년 1월 밤베르크에서, 중위 클라우스 셍크 폰 슈타우펜베르크 백작은 나치 돌격대 군인상을 만들기 위해 한때 양조장이었던 폐건물의 홉이 깔린 바닥에 서서 포즈를 취한다. 조각가는 슈테판 게오르게의 제자이기도 한 프랑크 메네르트였다. 그러나 클라우스 셍크 폰 슈타우펜베르크 백작은 나치 돌격대 유니폼을 입는 것은 거부한다. "하필 나치 돌격대로서 영구화되는 것이 만족스럽지는 않았지만, 그것이 나 자신보다 나치에게 더 가혹한 일이 되리라는 사실로 위안을 삼았다." 메네르트가 밤베르크에 있는 신혼집에 올 때면 안주인 니나는 사라져야 했다. 슈타우펜베르크는 서재에서 계속 포즈를 취했는데, 그동안 니나는 식당에서 참고 기다려야 했다. 스승, 다시 말해 슈테판 게오르게가 제자들한테 친구의 가족과 접촉하지 말라고 지시했다고 클라우스는 아내에게 설명한다. 니나는 그것을 받아들인다. 그것도 사랑이다. 한편 슈테판 게오르게의 시에는 "가족"이라는 단어가 단 한 번도 나오지 않는다. 남편한테 쫓겨나 식당에 있었을 때 니나 폰 슈타우펜베르크는 첫아이를 임신한 지 5개월째였다.

◇

다시 파리에 온 어니스트 헤밍웨이는 여자들은 도시와 같다고 생각한다. 여자나 도시를 사랑하게 되는 이유는 나중에 싫어하게 되는 이유와 똑같다는 것이다. 1934년 1월에 헤밍웨이는 미국의 남성잡지 『에스콰이어』를 위해 프랑스 수도 파리의 현재 상황에 대한 짤막한 평가를 작성한다. 그 상황은 어땠을까? 충격적이다. "사람을 우울하게 만드는 것은, 곧 다가올 전쟁에 대해 얘기할 때 이곳 사람들이 하나같이 이미 결정났으니 그냥 받아들여야만 하는 일인 것처럼 아무렇지 않게 태연히 말한다는 점이다." 그리고 헤밍웨이는 미국 동포에게 이렇게 말한다. "뭐 좋다, 유럽은 항상 전쟁중이었다. 그러나 우리는 다가올 전쟁과 거리를 둬야 한다. 전쟁이 일어나면 어떻게 될지 알고 싶어서라거나 어디가 되었든 한 나라에 대한 애국심으로 전쟁을 하려는 자가 있다면 혼자서 해야 한다." 그런 다음 헤밍웨이는 파리에 대한 자신의 사랑을 이야기한다. 그러면서 변한 건 이 도시가 아니라 자기 자신뿐임을 깨닫는다. "지금 가을의 파리는 무척 아름답다. 꽤 젊은 시절엔 이곳에서 지내는 게 좋았다. 이곳은 땡땡이치면 안 되는 좋은 학교였다. 우리는 모두 한때 파리를 사랑했다. 다른 소리를 하는 사람은 거짓말하는 것이다. 그런데 이 도시는 나이를 먹지 않는 연인과 같다. 그리고 지금 이 도시에게는 다른 연인들이 있다. 처음에 우리가 이 도시를 잘 알지 못했을 때 이 도시는 꽤 늙은 도시였다. 우리는 이 도시가 우리보다 더 늙었다고 생각했고 그 점이 우리를 끌어당겼다. 그런데 이 도시를 더는 사랑하지 않게 되었을 때 우리는 같은 이유로 이 도시를 비난했다. 그것은 잘못이었다. 파리는 항상 똑같은 나이이고 항상 새로운 연인이 있다." 그런 다음 헤밍웨이는 가을 느낌이 아주 물씬 나게 그리고 진지하게 이렇게 말한다. "나는 어떤가 하면, 나는 지금 완전히 다른 것을 사랑한다." 그것이 무엇인지는 밝히지 않는다.

◇

거의 열여덟 달 동안 맨 레이는 자신의 대표작을 작업하고 있다. 1932년에 2.5미터 너비의 거대한 캔버스를 침대 위에 걸고는 하늘을 나는 입술을 그렸는데, 반년 동안 몽파르나스의 키키 입술을 그리다가 늘 꿈에 나타나는 입술이 이 입술이 아니라는 것을 깨닫게 된다. 그러자 맨 레이는 처음부터 다시 시작했다. 이번에는 조수이자 연인이었던, 자신을 떠나버렸지만 잊을 수 없는 리 밀러의 입술을 그렸다. 이제 그 그림이 완성되었다. 제목은 '천문대의 시간—연인들'로 창작 시기 "1932~1934"라고 붙어 있다. 제목의 첫 부분은 맨 레이가 매일 아침마다 작업하러 가면서 봤던 천문대를 가리키며 왼쪽 아래에 그려져 있다. 그러나 이 제목은 다른 시간대, 다시 말해서 미국 시간대에 살고 있는 리 밀러에 대한 숨겨진 암시이기도 하다. 그리고 'Les Amoureux', 다시 말해 '연인들'은 물론 둘이 함께했던 시간, 구름 위를 날던 짧았던 순간에 보내는 다정한 인사다. 하늘을 나는 입술은 마치 우주적 황홀경 속에 서로 붙어 있는 두 사람의 몸처럼 보인다. 이 모든 상징주의에도 불구하고 키치 같은 그림이 되지 않았다니 굉장하다. 훗날 맨 레이는 이렇게 말한다. "점점 거세지는 증오의 물결이 유럽을 휩쓸기 시작할 즈음에 그려진 이 작품에서 사랑은 우주적인 차원을 얻게 된다."

◇

전 사령관이자 수상 쿠르트 폰 슐라이허와 엘리자베트 폰 슐라이허 부부에게 허락된 행복한 결혼생활은 고작 2년뿐이었다. 6월 30일 한밤중에 남자 다섯 명이 노이바벨스베르크에 있는 자택에 쳐들어와 슐라이허 부부를 쏜다. 사령관은 그 자리에서 죽고, 아내 엘리자베트는 얼마 뒤 노바베스 병원에서 죽는다. 억측과 조사를 차단하기 위해 게슈타포가 두 사람의 시신을 압수한다. 그래서 리히터펠데 공원묘지에서 열린 "장례식"은 시신도 없이 치러진다. 나치 친위대가 두 사람을 살해한 것은 분명했지만, 그것을 지시한 사람이 헤르만 괴링인지, 하인리히 힘러인지 아니면 아돌프 히틀러가 직접 지시했는지 여부는 오늘날까지도 논란 속에 있다. 한편 이 한밤중의 살해가 일어난 후 7월 1일 오후에 권총을 든 나치 돌격대가 슐라이허의 집에 또다시 나타났는데, 그들이 발견한 것은 전 수상의 죽음을 애도하려고 모인 친족들뿐이었다. 요제프 괴벨스는 일기에 이렇게 적었다. "베를린은 계획대로 진행됨. 엘리자베트 슐라이허까지 죽은 것 말고는 실수는 없었음. 유감이지만, 어쩔 수 없다." 무고한 죽음이 너무 많다고? "유감이다." "긴 칼의 밤"으로 역사에 기록될 저 일련의 살인에 대해 괴벨스가 한 말이었다. 이것이 제3제국의 언어라고, 빅토르 클렘퍼러는 가차없는 분석을 내린다. 이때 나치가 "룀 쿠데타"라고 이름 붙인 사건의 주동자들도 살해되었는데, 실질적으로는 나치 돌격대 지도부였다. 그런데 그 사건은 쿠르초 말라파르테가 1932년에 펴낸 『쿠데타의 기술』에서 예측한 그대로였다. 이튿날 아침 네덜란드 망명지에서 쿠르트 폰 슐라이허 살해 소식을 들은 황제 빌헬름 2세는 왕정복고에 대한 희망을 완전히 잃었다. 그리고 새로운 정부의 야만성에 대한 공포가 그 자리를 차지했다.

◇

1934년 7월 14일 어느 더운 날에 홀연히 새로운 연인 한 쌍이 이 책 안으로 항해해 온다. 벌써 초저녁의 반호숫가, 느릿느릿 해가 저물고 북북서에서 처음으로 서늘한 산들바람이 불어온다. 스무 살의 리베르타스가 비키니에 통이 넓은 빨간 바지를 입고서 친구 리하르트 폰 라파이의 요트 '하이주루' 뱃머리에 서 있는데, 난데없이 갈대숲에서 보트 한 척이 이쪽으로 다가온다. 한 젊은이가 머리카락을 휘날리며 조심스러우면서도 마치 자석에 끌리듯 하얀 수련을 헤치고 곧장 이쪽으로 다가왔다. 젊은이는 제국 항공성 부관 하로 슐체보이젠이라고 자기소개를 한다. 두 사람은 첫눈에 반한다. 리베르타스의 오랜 친구 리하르트는 지금 이 순간 마법 같은 일이 벌어지고 있음을 감지한다. 그리고 블라우-로트 요트 클럽의 선착장에 도착하자 보트에서 조심스레 뛰어내리더니 사랑에 빠진 두 남녀를 남겨두고 가버린다. 리베르타스는 운명 같은 만남이 있던 그날에 대해 이렇게 썼다. “따뜻한 7월의 밤이었다/온통 부드러움으로 가득했다.” 그러나 리베르타스는 셔츠를 벗는 하로를 쳐다보고는 소름이 끼쳤다. 온통 멍자국과 흉터들이 있었고 귀 한 짝은 절반이 떨어져나갔고 넓적다리에는 나치 십자가 낙인이 찍혀 있었다. 하로 슐체보이젠은 『적』이라는 잡지를 열성적으로 펴내는 발행인이었다. 1년 전에 게슈타포 지하 고문실에 끌려갔는데, 채찍과 철제 나사로 국가의 적이 되기로 결심한 이를 새로운 국가가 어떻게 다루는지 분명하게 보여주었다고 했다. 게슈타포는 하로의 눈앞에서 유대인 동료이자 친구인 헨리 에어랑어를 잔인하게 살해했다. 하로 슐체보이젠은 모두 다 복수해줄 거라고, 조용하지만 결의에 찬 목소리로 말했다. 리베르타스는 흉터들을 보고 하로의 이야기를 듣고는 순진한 어린 소녀의 꿈에서 깨어났다. 하로와 리베르타스의 전기를 쓴 노르만 올러의 표현처럼 바로 이 순간 리베르타스에게는 사유가 시작되었고, 하로에게는 치유가 시작되었다. 아버지가 패션팀 부서장으로 일하던 공예박물관이 있던 자리이자, 어렸을 때 숨바꼭질 놀이를 하고 놀던 바로 그 프린츠알브레히트가 8번지에서 지금 자기 품에 안겨 있는 이 남자가 게슈타포한테 여러 날 밤낮으로 고문당하고 신문을 받았다는 사실을 깨닫자 리베르타스는 등골이 오싹해졌다.

1934년 그 여름에, 악명 높은 “까마리야”* 일원으로서 빌헬름 2세와 동성애로 연관되어 있었던 폰 오일렌부르크 백작의 손녀 리

베르타스와 그 유명한 티르피츠 제독의 질손 하로 사이에 진정한 사랑만 시작된 것은 아니었다. 훗날 게슈타포가 "붉은 악단"이라고 이름 붙인 저항조직의 씨앗도 만들어진 것이다. 그러나 하로와 리베르타스는 먼저 삶 속으로 뛰어든다. 그리고 두 사람이 처음 만난 요트의 주인 리하르트 폰 라파이의 집으로 함께 들어간다. 리베르타스는 미국 영화사 메트로-골드윈-마이어의 홍보 담당으로 일하고, 저녁에 하로가 항공성에서 업무를 마치고 돌아오면 그레타 가르보와 존 웨인이 나오는 최신 영화를 보러 영화관에 끌고 간다. 그런 다음 두 사람은 조키바에서 춤을 추고, 영화관에 가기에 날이 너무 더우면 또 반호수에서 리하르트의 보트를 빌려 타면서 꿈을 꾼다. 이 젊은 한 쌍의 연인은 곧 오펠 자동차를 사서 『서구의 몰락』 저자 이름을 따 "슈펭글러"라고 이름 짓는다.

◇

작가이자 저널리스트 볼프강 쾨펜은 왜 1934년 여름에 도망치듯 독일을 떠나야 했을까? 쾨펜은 유대인도 아니고 공산주의자도 아니며, 정권에 시비를 건 적도 없다. 대답은 간단하다. 사랑해서는 안 되

---

* 원래 '방'을 뜻하는 스페인어에서 유래한 말로
암암리에 정치를 좌지우지하는 사람들을 뜻함.

는 여자를 사랑했기 때문이다. 볼프강 쾨펜은 3월에 이탈리아에서 베를린으로 돌아와 옛 생활로 돌아갔고, 다시 쿠어퓌르스텐담에 있는 카페들에 앉아 세상이 이제 근본적으로 달라졌다는 징후를 곳곳에서 찾으면서 시간을 보냈다. 그러다가 4월 어느 멋진 날에 브리스틀 호텔에 있는 카페 테라스에서 바람에 나풀거리는 여름 원피스 차림에 커다란 모자를 쓴 아주 젊은 여자를 만나게 된다. 그 여자는 커다란 개 두 마리를 데리고 있었다. 두 사람은 개들을 통해 친해진다. 쾨펜은 이 여성이 열여덟 살밖에 안 되었고 나치 친위대장의 여자라는 사실을 알게 된다. 그 말을 들은 쾨펜은 흥미롭다고 말한다. 시간이 흘러 6월 말에 조작된 룀 쿠데타 사건이 터지고 나치의 1차 숙청 물결이 베를린을 휩쓸었을 때 쾨펜은 여자에게 이렇게 묻는다. "당신 남자도 벌써 총 맞았나?" 그러자 그 젊은 여성은 이렇게 대답한다. "아뇨, 그 사람은 쏘는 사람이에요."

이날 밤, 쏘는 자인 나치 친위대장의 여자는 이 젊은 작가에게 마음을 빼앗긴다. 나치 친위대장의 여자는 저녁 늦게 쾨펜한테 왔다가 새벽에 돌아간다. 가끔 그 개 두 마리를 쾨펜한테 맡기고 가기도 한다. 마치 이튿날 저녁 그 개를 데리러 다시 오겠다는 것을 쾨펜에게 알리기 위한 담보마냥. 쾨펜은 이렇게 말한다. "아름답지만 완전히 비도덕적인 그 소녀와 나 사이에 소설이 한 편 탄생했다." 그런데 아주 뻔한 전개지만, 그 부정한 젊은 부인의 남편은 자신의 연적이자 소설가인 쾨펜의 존재를 알게 된다. 그래서 쾨펜은 어느 날 짐도 싸지 못하고 부랴부랴 베를린을 떠나 망명지에서 도피처를 찾는 신세가 된다. 쾨펜은 네덜란드로 간다. 그리고 그로부터 4년 뒤, 나치 친위대장의 아내가 베를린 샤를로텐부르크에서 완전히 사라졌다는 소식을 듣고 나서야 독일에 돌아오게 된다.

◇

1934년에 마침내 살바도르 달리와 갈라가 결혼한다. 그리고 갈라의 전남편 폴 엘뤼아르도 스물여덟의 연극배우이자 누쉬로 불리는 연인 마리아 벤츠와 곧 결혼식을 올린다. 리 밀러는 다시 미국에서 돌아와 이집트인 사업가 아지즈 엘루이 베이와 결혼한다. 잠깐 동안이지만 초현실주의 전선에 어느 정도 질서 있는 관계 정리가 이루어진다.

◇

아, 그리고 파리에서 폴란드인 괴짜 화가인 타마라 드 렘피카도 결혼한다. 1년 전 자기를 숭배하는 대부호 라울 쿠프너 남작에게 결혼하기에 적절한 때가 아니라고 선언했으나 이제 이성적이 된 것이다(우연히 쿠푸너 남작의 은행 잔고를 보았다). 따라서 합리적인 결혼이요, 좋은 취향에 따른 결혼이었다. 타마라는 귀족적인 매너를 지닌 쿠프너 남작을 아버지처럼 존경한다. 다만 살이 너무 쪘다고 생각한다. 이 부부는 시몬 드 보부아르와 장폴 사르트르처럼 성적 만족은 부부 침실 밖에서 찾기로 합의를 보았다. 타마라 드 렘피카는 이렇게 말한다. “나는 남편을 사랑했습니다. 그렇지만 영감을 얻기 위해서는 다른 남자들도 필요했어요. 나는 저녁마다 자주 외출했고, 그럴 때면 잘생긴 남자가 곁에 있어야 하고 곁에서 내가 얼마나 아름다운지, 내가 얼마나 훌륭한 예술가인지 말해주면서 내 손을 쓰다듬어야 해요. 나는 그런 게 필요해요.”

◇

가장 아름다운 요정이자, 영원한 탕아이자, 영원한 구도자인 안네마리 슈바르첸바흐도 결혼하려고 한다. 안네마리 슈바르첸바흐는 테헤란 주재 프랑스 대사 클로드 클라라크와 약혼한다. 발끝까지 우아한 프랑스인이었다. 클라라크는 자동차에 열광하는 안네마리에게 새 스포츠카를 선물한다. 안네마리 슈바르첸바흐는 1935년에 테헤란 외곽에 있는 클라라크의 빌라로 들어간다. 너무 호화로워서 스위스 기업가의 딸인 자신조차도 감탄을 자아내게 하는 집이었다. 거대한 정원에, 수영도 할 수 있는 큰 연못에, 수많은 하인들이 하루종일 안네마리 슈바르첸바흐의 주위를 맴돌며 눈빛에서 필요한 게 없는지 읽어냈다. 물론 필요한 것을 모두 해결해주지는 못했다. 테헤란 하늘에 태양이 지면서 작열하는 붉은 공이 되어가면 약에 대한, 모르핀에 대한, 베로날에 대한 갈망이 커졌던 것이다. 그러나 안네마리 슈바르첸바흐는 이곳에서도 방법을 찾아내 곧 의식이 몽롱한 상태의 삶을 계속 이어가게 된다. 다만 이번에는 동양적인 호화로움 속에서. 남편은 거의 볼 수 없었는데 그녀도 바라는 바였다. 동성애자인 클로드 클라라크는 무슬림 나라에서 살기 위해 급하게 아내가 필요했던 것이다. 안네마리 슈바르첸바흐는 이 외딴 구석으로 기어들어와 어떻게든 살아보려 애쓴다. 안네마리 슈바르첸바흐는 "돌아가는 게 무섭다"고 쓴다. 그 이유는 이렇다. "나는 그 무엇도, 그 누구도 믿지 않는다. 그리고 내 인생에 회의가 든다. 그래서 세상으로부터 멀리 떨어진 이곳에 남고자 하는 강렬한 욕구를 느낀다." 자기에게 아무 응답도 해주지 않는데도 안네마리 슈바르첸바흐가 평생 동안 낭만적인 감정을 품었던 잔인한 에리카 만은 동생 클라우스에게 보내는 편지에 안네마리에 관해 이렇게 말한다. "이 아이한테는 특별한 점이 있어. 그런데 안타깝게도 그 어떤 결실도 맺지 못할 거야. 인간적으로나 생산적으로나. 자기 자신에 대한 회의도 스스로 무기력해지는 약점이야." 안네마리 슈바르첸바흐가 자신의 절망감에 대한 이런 평가를 읽지 않아도 된 게 얼마나 다행인가. 우리 후세대가 아는 것만으로 충분하다. 그러나 안네마리 슈바르첸바흐에게 생산성이 있었다는 점도 알기에, 무엇보다 그녀가 쓴 책들과 그녀가 찍은 사진들을 알기에, 안네마리 슈바르첸바흐가 에리카 만이 생각했던 것보다 훨씬 더 많은 결실을 맺었다는 사실을 우리는 알고 있다.

◇

1934년 4월 28일에 프랑스 작가이자 반유대주의자 셀린은 빈에 있는 유대인 애인 실리 팜에게 이렇게 편지한다. "인류는 허벅지에 대한 사랑을 통해서만 구원될 수 있소. 그밖에는 모두 증오와 권태뿐이오."

◇

에리히 마리아 레마르크의 상황은 어떨까? 그의 마음에 새로운 일은 없다.

레마르크는 여자들이 너무 가까이 다가오면 겁을 내고 그 여자들이 가버리면 그리워한다. 결국 이혼한 유타 잠보나는 포르토 롱코의 멋진 집에서 줄곧 레마르크의 무릎 위에 앉아 있다. 밖에는 잔잔한 물결이 절벽에 부딪쳐 부서지고 야자수들이 따뜻한 바람을 맞으며 뻗어 있고, 안에서는 멋지게 그을린 망명 부부가 최고의 안녕과 최소의 걱정 속에 슬프게 졸고 있다.

◇

프랑스 호화여객선 일 드 프랑스가 셰르부르에서 뉴욕을 향해 출항했을 때 많은 망명자들이 타고 있었다. 그리고 뭔가를 찾고 있는 두 사람이 있었다. 출항 첫날 저녁, 끝없이 펼쳐진 대서양 위로 둥근 달이 고요히 빛나고 있을 때 갑판에서 이 두 사람이 우연히 마주친다.

둘 다 잠이 안 왔고 선실에서 허공을 바라보는 것보다 어둡고 광활한 하늘을 바라보는 것이 더 좋아 밖으로 나온 터였다. 바로 마를레네 디트리히와 어니스트 헤밍웨이었다. 두 사람은 첫눈에 반한다. 그러나 이 사랑은 늘 플라톤적인 사랑이었던 것으로 보인다. 이후 수년, 수십 년 동안 수많은 편지가 오간다. 헤밍웨이는 독일 출신이라는 이유로 마를레네 디트리히를 '크라우트'*라고 부르고 마를레네 디트리히는 헤밍웨이를 '파파'라고 불렀다. 이 파파 헤밍웨이는 둘의 관계가 지닌 문제점을 이렇게 설명한다. 간단하게 말해서 둘 사이에는 비극적이게도 "비동시성의 열정"이 있었다는 것이다. 그러니까 헤밍웨이가 디트리히를 미친듯이 사랑할 때면 "크라우트는 때마침 다른 사람과 낭만적인 관계에 깊이 빠져 있었고, 디트리히가 그 아름다운 눈으로 뭔가 찾아 헤매며 수면에서 헤엄치고 있으면 나는 마침 잠수해 있었다". 이 두 연인의 이야기는 감동적인 데가 있다. 두 사람이 만나지 않았다면 어딘가 다른 곳에서 열정이 동시에 제대로 불붙지 않은 건 아닌지 상관하지 않고 1920년대 후반과 1930년대를 잘 헤쳐나아갔을 것이다. 그러나 어쩌면 두 사람은 서로 너무 비슷해서 신중했던 것인지도 모른다.

* 독일 사람들이 즐겨 먹는 자우어크라우트의 줄임말로 독일 사람을 비웃는 말.

◇

아내가 자살하고 나서 이오시프 스탈린은 매형 파벨과 매형의 아내 제니아는 물론 처형 안나와 처형의 남편 스타니슬라스와 점점 더 가깝게 지낸다. 소련에서 가장 힘있는 남자이면서 아무도 믿을 수 없는 스탈린은 아내의 죽음으로 인한 고통을 가끔 그들에게 말하는 것으로 위안을 얻는다. 매형 부부와 처형 부부는 크렘린궁의 넓은 복도에서 스탈린과 나데즈다의 두 자녀도 감동적으로 돌본다.

그러다가 1934년 여름이 되자 매형의 아내 제니아가 몸치장에 점점 더 열을 올렸다. 나데즈다의 옷들까지 입었다. 다 함께 저녁을 먹을 때 불빛이 왼쪽에서 비출 때면 스탈린의 눈에 제니아가 나데즈다와 닮아 보일 때도 있었다. 스탈린의 주변 인물 가운데 제니아만 스탈린을 두려워하지 않았다. 반면에 나데즈다가 자살할 때 쓴 그 리볼버 권총을 나데즈다에게 준 것 때문에 스탈린은 매형을 절대 용서하지 않았다. 처형도 용서하지 않았는데, 그 저주받은 저녁에 나데즈다를 그렇게 요란하게 치장해주었기 때문이다. 어쨌든 스탈린은 제니아와 불륜을 시작했다. 향수 탓이기도 했고, 언제까지나 혼자서 잘 수는 없기 때문이기도 했다. 한동안은 그렇게 잘 흘러간다. 그러다가 1938년이 되면 모두들, 그러니까 스탈린의 애인 제니아도, 제니아의 남편 파벨도, 나데즈다의 언니 안나도, 안나의 남편 스타니슬라스도 스탈린의 부하들에 의해 살해된다.

◇

1934년 봄 헨리 밀러는 아나이스 닌과 함께 『클리시의 평온한 나날』을 보낸 클리시에서 나와 파리 중심가로, 파리 14구에 있는 빌라 쇠라가 18번지에 있는 집으로 이사한다. 예전에 앙토냉 아르토가 잠깐 동안 살았던 멋진 스튜디오 아파트였는데, 앙토냉 아르토 역시 잠깐 동안 아나이스 닌의 애인이었다. 이삿날 헨리 밀러는 이제 막 인쇄된 『북회귀선』 초판본을 우편으로 받는다. 이 책으로 헨리 밀러는 인생의 전환점을 맞이한다. 이제 헨리 밀러는 누구나 알아주는 작가가 된다. 그리고 오랜 방랑생활과 기생생활 끝에 마침내 안정적인 집이 생겼다. 또 아나이스 닌이 돈을 내주는 집이기는 하지만, 아니 아나이스 닌의 충실한 남편 위고한테서 나오는 돈이지만 굳이 따지지는 말기로 하자. 게다가 아내 준이 상처와 욕구 불만으로 가득한 파란만장한 결혼생활을 마침내 끝낼 준비가 되어 뉴욕에서 이혼서류를 보내오자 헨리 밀러는 일기에 딱 한마디 적는다. "만세."

이제 아내 준이 자신의 자유를 위협할 수 없게 되자, 헨리 밀러는 준과 문학적으로 가까워질 수 있는 상태가 된다. 바로 『남회귀선』이라는 새 책을 쓰기 시작한 것이다. 이 책에서 헨리 밀러는 자신의 결혼 이야기를 들려준다. 축음기에서는 바흐와 재즈가 울려퍼지고 헨리 밀러가 속옷 차림으로 타자기 앞에 앉아 있는 동안, 아나이스 닌은 소파에 누워 헨리 밀러를 우러러본다. 그러나 나중에 헨리 밀러가 자신의 뮤즈 아나이스 닌에게 원고를 읽어보라고 주자 아나이스 닌은 격분한다. 여자들을 성적인 대상으로 축소했다는 것이다.

"당신은 세상을 단순화하고 있어"라고 아나이스 닌은 헨리 밀러에게 말한다. 레즈비언의 사랑에 대해 "미숙하게만" 생각하고 있다는 것이다. 헨리 밀러는 아나이스 닌의 말을 무심히 듣고는 단 한마디도 고치지 않는다. 이렇게 말할 뿐이다. "나는 괴물이 되겠어, 그게 나니까."

◇

쾰른 근교 브륄 출신의 희롱꾼인 초현실주의자 막스 에른스트는 보아하니 1930년대 초반 가장 과소평가된 바람둥이다. 막스 에른스트는 메레트 오펜하임을 향한 정열적이고 불타는 사랑으로 1934년을 시작한다. 젊은 스위스인 예술가 메레트 오펜하임은 알베르토 자코메티와 맨 레이의 혼을 빼앗았던 여인이다. 막스 에른스트는 메레트 오펜하임에게 어울리는 사람은 자기밖에 없다고 느낀다. 그리고 거의 날마다 편지를 보낸다. "사랑해 메렛리, 메렛리, 메렛리. 키스를 보내며, 당신의 막스." 이틀 뒤에는 이렇게 편지한다. "나 면도를 안 했어, 까끌까끌해. 그래도 당신이 괜찮다면 당신의 온몸에 키스하겠어." 다음 편지에는 이렇게 쓴다. "메렛리, 온통 당신 생각뿐이야. 나를 잊지 않았다면 내게 말해줘. 당신의 아름다움에 자꾸자꾸 놀라게 돼." 메레트 오펜하임은 난생처음으로 온전히 사랑받고 있다고 느낀다. 막스 에른스트는 메레트 오펜하임에게 도발적인 상스러움을 풍기는 편지를 쓴다. "나는 최고의 의미에서 당신에게 충실해. 몽마르트의 비너스는커녕 밀로의 쥐도 나를 유혹할 수 없어. 나는 오직 당신만을 사랑하고 당신만을 원해. 만약 전쟁이 일어난다면 우리 둘이 같은 수용소에 들어갈 수 있게 그전에 즉시 나한테 와야 해. 물론 체스만 둘 건 아니지." 그렇게 겨울이 가고 봄이 가고 여름이 간다.

그러다가 늦여름에, 갑갑할 정도로 더운 어느 날에 파리의 카페 루메리 마르티니케즈에서 메레트 오펜하임이 막스 에른스트에게 마른하늘에 날벼락 같은 소리를 한다. "당신을 더는 보고 싶지 않아." 막스 에른스트는 크게 충격받았다. 마치 "자연재해가 덮친 것" 같았다고 쓸 정도였다(그는 이 재해를 극복한다).

메레트 오펜하임은 막스 에른스트의 그늘에 가려지지 않는 예술가가 되려면 이 남자의 사랑에 더 오래 매여 있으면 안 되겠다는 확신이 들었다. 사랑의 열정을 창작열의 제단에 바친 것이다. 메레트 오펜하임은 뮤즈가 아니라 예술가가 되고 싶었다. 그리고 막스 에른스트 곁에 있으면 예술가가 될 수 없다고 믿었다. 아마 그랬을 것이다. 메레트 오펜하임은 곧 가장 중요한 초현실주의 작품으로 꼽히는 〈모피 잔〉을 만든다. 그리고 이 잔이 역설적으로 액체의 열기를 털로 보호하려고 하듯이, 메레트 오펜하임은 김이 모락모락 나는 자신의 심장을 이별이라는 냉기로 감쌌다. 막스 에른스트는 이런 시를 짓는다. "누가 수프 숟가락에 녹갈색 모피를 입히는가? 메렛라인. 누가 우리를 능가하는가? 메렛라인."

메레트 오펜하임은 낙원에서 추방된 후로 여자들이 스스로 노력해서 남자들을 능가해야 한다는 사실을, 여자들이 그럴 수 있을 거라고 성서가 믿지 않더라도 그래야 한다는 사실을 안다. 메레트 오펜하임은 이런 글을 남긴다. "가부장제 개념에 따르면 오직 남자만 죄를 짓는다. 사과를 먹음으로써. 그러니까 죄악은 자신의 행위를 의식적으로 판단할 수 있는 능력에 있다. 사실 이브가 먼저 사과를 먹었는데도 아담은 이브가 가진 이 능력을 인정하지 않았다."

사과를 먹는 이브를 잃고서 혼란에 빠진 막스 에른스트는 대체물을 찾아 나선다. 이렇게나 정신적으로 각성된 젊은 여성과 몇 달 동안 행복하게 지내보고 나니 아내와 자식이 있는 편안한 집으로 돌아간다는 것이 불가능해 보였기 때문이다. 그때 취리히의 샤우슈필하우스에서 의뢰받은 일을 하다가 로테 레냐를 만나게 된 건 최고의 행운이었다. 때마침 로테 레냐는 테너 가수 오토 폰 파세티가 장담하는 카지노에서의 행운도, 인생에서의 행복도 점점 더 실현 가능성이 없어 보였기에 파세티에 대한 사랑이 식어버린 상태였다. 그리고 첫 남편 쿠르트 바일에게 두번째로 사랑에 빠지기 전이었다. 이런 애매한 상황에 있는 로테 레냐와 막스 에른스트가 만난 것이다. 두 사람은 몇 달 동안 사랑에 빠져 즐거운 나날을 보내고, 에로틱한 편지들을 주고받고, 남유럽 이곳저곳 주말여행을 다녔다. 이 시절을 두고 로테 레냐는 "너무나 진지하면서 제정신이 아닌 상태"였다고 키득거리며 말했다. 막스 에른스트는 갈라한테 써먹었고, 바로 얼마 전까지 메레트 오펜하임한테도 써먹은 상상력이 풍부한 글쓰기 기술을 이제 로테 레냐한테 편지 쓰는 데 마음껏 펼쳤고 로테 레냐는 그것을 실컷 즐겼다. 로테 레냐는 막스 에른스트의 관심을 만끽했고, 막스 에른스트의 말들에서 자기를 갈망하고, 사랑하고, 희롱하는 것을 느꼈다. 쿠르트 바일은 로테 레냐한테 새로운 애인이 생겼다는 소식을 덤덤히 들었다. 로테 레냐가 리비에라에서 허황된 애인과 방탕한 생활을 하는 데 수년 동안이나 돈을 대준 쿠르트 바일이 이제 어떻게 했을까? 로테 레냐가 새로운 애인과 지내는 생활비도 대주면서 파리에서 사람들이 초현실주의자 막스 에른스트의 그림을 사게 해달라고 줄기차게 호소했다. 이것은 광기일까 사랑일까? 쿠르트 바일은 로테 레냐에게 이렇게 편지한다. "이제 살아봐, 클레네. 많은 키스를 보내며, 당신의 크누티."

◇

1934년은 어니스트 헤밍웨이가 스콧 피츠제럴드에게 직언을 한 해다. 피츠제럴드가 편지에다 왜 글을 쓰지 않는지, 아내 젤다와 젤다의 정신분열 발작 때문에 자기가 얼마나 힘든지 거듭 토로했을 때, 오랜 절친인 헤밍웨이는 이렇게 답한다. "세상 사람 중에 특히 자네는 일할 때 규율이 필요한 사람인데 자네는 자네 일을 질투하고, 자네와 겨루려고 하고, 자네를 망가뜨리는 사람과 결혼했지. 물론 그렇게 간단한 문제는 아니지만 처음 봤을 때 나는 젤다가 미쳤다고 생각했네. 그런데 자네는 젤다를 사랑했기에 모든 것을 더 복잡하게 만들기만 했지. 물론 자네가 술꾼이기도 하고. 자네는 조이스보다도 심한 술꾼이네."

이것이 바로 소설 『밤은 부드러워라』가 출간되었을 때 스콧 피츠제럴드가 자신에 대해 직면해야 할 진실이었다. 이 작품은 스콧 피츠제럴드가 젤다를 향한 사랑과 젤다가 정신병원에서 보낸 시간과 술에 대한 사랑을 문학적 기념비로 만든 것이었다.

반면에 젤다 피츠제럴드는 1934년 내내 정신병원을 전전한다. 1월 2일부터 2월 12일까지는 볼티모어에 있는 셰퍼드 프랫 병원에서, 2월 12일부터 3월 8일까지는 존스홉킨스대학에 있는 헨리 핍스 정신병동에서, 3월 8일부터 5월 19일까지는 비컨에 있는 크레이그 하우스 정신병원에서, 5월 19일부터 연말까지 또 셰퍼드 프랫 병원에서. 젤다는 여러 번 자살을 시도한다.

젤다 피츠제럴드는 여러 정신병원에서 우울증 발작을 일으키는 사이사이 「피츠제럴드 부부를 방으로 모시겠습니다」라는 글을 쓴다. 이 글은 잡지 『에스콰이어』 6월호에 실린다. 이 글은 1921년에 피츠제럴드 부부가 유럽으로 건너간 이후로 머물렀던 모든 호텔의 목록과 호텔방에 대한 묘사로 이루어져 있다. 둘이 함께한 유랑 시절에 건네는 인사이자, 무섭고도 매혹적인 정확성을 보여주는 보고서다. 정신병원에서 몇 시간 동안 침대에 묶인 채로 있었기에 주앙레팡 호텔방의 침대 시트 냄새를 그렇게 정확하게 기억해내고, 그 냄새가 몬테카를로의 베개 냄새와 어떻게 달랐는지 알 수 있었던 것이다. 일반적으로 1930년대는 1920년대에 대한 대가를 치러야 한다는 사실을 젤다는 남편만큼이나 정확하게 알고 있었다. 젤다와 스콧 피츠제럴드의 경우에는 특히 그랬다.

스콧 피츠제럴드는 오로지 보모 손에서만 자라고 있는 딸 스코티에게 보내는 편지에서 엄마를 두고 이렇게 다정하게 말한다. "마음이 아픈 사람들은 이 세상에서 항상 손님일 뿐이란다. 읽을 줄도 모르는 부서진 계율판을 들고 다니는 영원한 이방인이지.” 그리고 딸에게 앞으로 살아가는 데 도움이 될 말을, 이보다 더 진실일 수 없는 말을 해준다. “너는 정말 나쁜 본보기를 보여주는 부모를 만났지. 우리가 한 것과 반대로만 하면 다 잘될 거야.”(모두에게 위안이 되게도 스코티는 놀랍게도 정말 아주 잘살게 된다. 결혼해서 아이 넷을 낳고 1986년까지 잘살다가, 메릴랜드 록크빌에 있는 부모님 묘지 바로 옆에 묻힌다.)

◇

1932년에 헬렌 볼프는 풍경은 본래 “사랑을 위한 배경”일 뿐이라고 소설을 통해 보여주었다. 그리고 헬렌 볼프와 남편 쿠르트 볼프는 이 조건을 고집한다. 두 사람은 아들이 태어난 니스를 떠나 피렌체 근교 산속에서 작은 하숙집을 연다. 그리고 직접 키운 달걀이랑 야채랑 무화과로 손님들을 위해 요리한다. 그러다가 이탈리아에서 무솔리니가 집권하고 독일어를 쓰는 유대인은 환영받지 못하게 되자 그곳을 떠나야만 한다. 두 사람은 파리로 간다. 그리고 미국 망명을 꿈꾼다. 그러다가 여권과 비자를 얻어 탈출에 성공하며 1941년부터는 뉴욕에서 판테온 북스라는 출판사를 설립해 수십 년 동안 미국 독자들에게 구유럽 최고의 문학을 전해주는 출판인 부부가 된다. 훗날 우베 욘존은 『기념일들』을 헬렌 볼프에게 헌정하고, 귄터 그라스는 헬렌 볼프의 죽음을 애도한다. 그러나 그때가 오기까지 헬렌 볼프와 쿠르트 볼프는 우선 우울하고 끝이 보이지 않는 1930년대를 견뎌내야 한다.

◇

클라우스 만은 불안한 망명 시절을 보내고 있다. 사실 이미 오래전부터 내면의 악령들을 떨쳐내기 위해 늘 여행중이었다. 뮌헨 포싱어가에 있는 부모님 집 말고는 평생 동안 고정된 주거지를 가져본 적이 없다. 클라우스 만이 전설적인 시 「1200번째 호텔방에 건네는 인사」를 썼을 때가 1931년이었는데 그의 나이 겨우 스물네 살이었다. 그로부터 3년이 지난 지금, 나치에 대한 분노와, 거의 날마다 투여하는 베로날과, 부둣가 싸구려 술집에서 순간의 정복을 위해 쫓기듯 하는 사냥으로 인생이 곧 도피가 되었다. 클라우스 만을 지켜본 엘리아스 카네티는 이렇게 회고했다. “그는 사실 한시도 가만히 있지 않았다. 이리저리 들썩이고, 벌떡 일어나고, 다른 데로 달려가고, 금방 이 사람에게 또 금방 저 사람에게 갔다가, 지나가는 사람을 쳐다봤다가, 얼굴을 쳐다보지도 않는 채 또다른 사람에게 말을 걸었다. 그는 아무도 보고 싶지 않은 것처럼 보이면서도 아주 많이 보았다.”

클라우스 만은 대부분 암스테르담에서 지내면서 망명잡지 『모음집』을 펴내고, 정기적으로 파리로 장기 여행을 가거나 취리히에 있는 부모님을 방문했지만, 런던에 있을 때도 있고, 모스크바에도 가고(1930년대에는 하인리히 만, 포이흐트방거, 브레히트 등 모두 구원에 대한 헛된 동경을 안고 모스크바로 달려갔다. 그 얘기를 하자면 책 한 권이 나올 것이다), 프라하에도, 뉴욕에도 간다. 그러면서 고트프리트 벤의 비난처럼 독일의 국내 상황을 제대로 판단하기 어려운 지중해 해변에서 틈틈이 휴식을 취한다. 그러나 클라우스 만이 고트프리트 벤의 생각이 틀렸다는 것을 증명해 보인다. 파리에 있든, 암스테르담에 있든, 아니면 리비에라에 있든, 클라우스 만은 제3제국이 독일 정신을 배반하고 있는 지점을 칼처럼 예리하게 알아본다. 그리고 그에 동조한 배반자들이 누구인지도. 클라우스 만은 체코 브르노에서 강연을 하게 되는데 그곳 시민대학에서 그를 이렇게 멋지게 소개한다. "클라우스 만은 노벨문학상 수상자 토마스 만의 아들이요, 하인리히 만의 조카이지만 거인들의 그늘을 벗어나 그 스스로 강력한 문학 인사로 성장했고, '재외 독일' 청년들을 이끄는 투쟁적인 미래 지도자로 우뚝 섰습니다."

이 무렵 이 투쟁적인 미래 지도자는 로베르트 무질과 슈테판 츠바이크 같은 위대한 작가들뿐만 아니라 아버지 토마스 만조차도 자기가 펴내는 잡지 『모음집』에 글을 싣는 것을 꺼리는 현실을 마주해야 한다. 이 잡지에 글을 싣는다는 것은 곧 독일에서 그들의 책들이 완전히 금지된다는 것과 똑같은 뜻이라는 사실을 모두 알기 때문이다. 그래서 클라우스 만은 진리와 자유를 위해 점점 더 절망적인 투쟁을 하고 있다. 그리고 자기가 존경하는 많은 사람들과 심지어 자기가 사랑하는 이조차 다른 우선순위를 갖고 있다는 사실을 알게 된다. 그러나 새로운 우정도 생긴다. 바로 망명 출판사인 쿼리도출판사를 뒤에서 움직이는 명석한 두뇌의 소유자 프리츠 란츠호프였다

(루트 란츠호프의 사촌이기도 했다). 클라우스 만은 암스테르담에서 프리츠와 이야기를 나누고, 술을 마시고, 일을 하면서 매일 저녁을 함께 보낸다.

암스테르담에는 퀘리도 말고도 헤르만 케스텐과 발터 란다우어가 독일책 기획을 책임지고 있는 알레르 드 랑이라는 망명 출판사가 있었다. 두 출판사가 망명 출판사의 양대 산맥이었다. 프리츠 란츠호프는 이렇게 회고한다. "우리는 저녁회의를 하면서 두 출판사의 출판도서 목록을 함께 만들었다. 그러면서 낮에는 서로 경쟁하는 모습을 보이기 위해 노력했다." 1930년대에는 이 두 출판사에서 망명자들의 책이 출간되었는데, 하인리히 만, 리온 포이히트방거, 안나 제거스, 요제프 로트, 에른스트 톨러, 비키 바움, 알프레트 되블린, 에리히 마리아 레마르크, 이름가르트 코인의 작품들이 그랬다. 독일문학 전체가 망명했다고 할 만했다.

◇

에리히 뮈잠은 오라니엔부르크 강제수용소 감독관들을 도발하는 것을 가장 위엄 있는 긍지로 여긴다. 그리고 바로 그 때문에 이 유대인 공산주의자는 나치 돌격대들의 공격 대상이 된다. 나치 돌격대들은 에리히 뮈잠을 꺾어버리려 한다.

에리히 뮈잠은 1년 전 독일작가보호연맹의 마지막 모임에서 앞으로 닥칠 일을 예감하고 있었던 소수 가운데 한 사람이었다. "여기

모인 우리는 다시는 만나지 못할 겁니다. 우리는 승산 없는 싸움을 벌이는 전우입니다. 그러나 제3제국의 감옥에서 수백 번 죽더라도 오늘 우리는 진실을 말해야 합니다. 저항한다고 외쳐야 합니다. 우리는 몰락에 몸을 내맡겼습니다."

1934년 6월 나치 친위대가 오라니엔 강제수용소를 점령했을 때, 그것은 곧 에리히 뮈잠에게 사형선고를 뜻했다. 새로운 사령관은 에리히 뮈잠에게 이틀 안에 스스로 목숨을 끊으라고 권했다. 그렇지 않으면 누군가 거들 거라고. 이틀 뒤 감방 동기들은 화장실에서 목을 매단 채 죽은 에리히 뮈잠을 발견했다. 누가 봐도 자살이 아니라 타살이었다. 1934년 7월 9일의 일이었다. 『베를리너 탁블라트』에는 뮈잠의 죽음이 자살로 보도된다. 1년 전 에리히 뮈잠이 문예란 필자로서 글을 쓰던 신문이었다. 에리히 뮈잠의 아내 첸츨은 이 소식을 듣고 쓰러지고 만다.

◇

1934년 여름에 니스 프롬나드 데장글레 121번지에서 6개월 동안 아주 특별한 망명문학 공동체가 만들어진다. 바다가 보이는 4층 좁은 집에는 하인리히 만과 넬리 크뢰거가 살고 있고, 그 아래에는 요제프 로트와 안드레아 망가 벨이, 2층에는 헤르만 케스텐과 아내 토니가 살고 있다. 그리고 헤르만 케스텐의 회상에 따르면, 세 쌍이 모두 한자리에 모여 앉거나 발코니에 서서 위안을 주는 바다를 바라볼 때마다 똑같은 주제가 화제에 오른다. “요제프 로트는 포돌리아 시절의 연애 이야기를 하고, 하인리히 만은 팔레스트리나 시절의 연애 이야기를 들려주고, 넬리 크뢰거 부인은 쿠어퓌르스텐담에 살던 소녀 시절의 연애 이야기를 들려준다. 실오라기 하나 걸치지 않은 것처럼 적나라한 이야기였다. 그 부인은 둘이서 춤을 추러 가거나 혼자 가서 근처의 아무 소년하고나 춤을 췄던 일을 들려주었다. 웃음, 애무, 키스로 가득한 이야기들을.” 이렇게 세 쌍의 남녀는 니스에서 포돌리아, 팔레스트리나, 베를린 샤를로텐부르크의 연인들을 생각하며 망명생활의 고통을 잊으려고 한다. 그러나 한 달 두 달 시간이 갈수록 그것도 점점 더 어려워진다. 그들의 관계는 불안, 실존 위기, 끊임없는 이사, 그리고 그것을 잊기 위해 마시는 술 때문에 괴로워진다.

◇

아나이스 닌의 일기에서 가장 읽기 거북한 부분은 1934년 9월에 있었던 임신중절에 관한 글이다. 아나이스 닌은 임신했는데 아기 아빠가 누구인지 정확하게 알 수 없었다. 의심이 되는 기간인 2월에 헨리 밀러는 물론 남편 위고와 정신과 의사 오토 랑크와도 성관계를 맺었기 때문이다. 무슨 일이 있어도 아이는 낳고 싶지 않았다. 일기에도 썼듯이, 자신의 소명은 “애인이고, 이미 아이가 너무 많다”는 것이다. 아나이스 닌은 남자들을 돌보기를 원한다. 자신이 이해할 수 없는 코드를 가지고 있고, 결국 자신을 지배하게 될 아이 같은 존재는 원하지 않았다.

9월 17일에 아나이스 닌은 임신 6개월인데도 임신중절수술을 해줄 의사를 구하는데, 베를린에서 도망 온 유대인 의사였다. 그 의사가 의료기구로 몸안에 있는 생명을 죽이려고 하는 동안에 "베를린에서 벌어지는 유대인 박해에 대해 이야기하도록 유혹했다"고 아나이스 닌은 일기에 쓴다. 그러니까 한 남자의 도움을 받고 있는 드문 순간에도 권력을 과시한 것이다(아나이스 닌은 실제로 "유혹"이라는 단어를 쓰고 있다). 아나이스 닌은 자기가 낳은 죽은 여자아이를 오랫동안 바라보았다. 그런 다음 병원에 찾아올 잠재적인 아빠들을 맞이하기 위해 화장을 하고 실크 재킷을 입었다. 처음에 헨리 밀러, 그다음에는 오토 랑크, 그다음에 남편 위고 순서였다. 헨리 밀러는 곧 『남회귀선』이 출간될 거라는 소식을 들려주었다. 그러자 아나이스 닌은 이렇게 말했다. "내게 훨씬 더 흥미로운 탄생이네." 헨리 밀러가 가고 나자 아나이스 닌은 남편 위고와 함께 병실에서 샴페인을 한잔 마신다.

◇

장폴 사르트르는 베를린에서 돌아오고 나서 여러 해 동안 인생에서 가장 암울한 시기를 보낸다. 베를린에서 지내는 동안 살이 쪘고, 자기가 키 작은 부처가 된 것처럼 느껴지고, 세계도시 베를린에서 프랑스의 작은 지방도시 르아브르로 돌아와 청소년들에게 서양철학의 위대한 문제들을 가르쳐야 하는 현실이 싫다. 그 밖에도 사르트르가 자신감에 타격을 입을 수밖에 없는 일들이 몇 가지 있다. 첫째는 머리카락이 빠진다는 것을, 자기가 대머리가 된다는 것을, 다시 말해 처음으로 그리고 돌이킬 수 없는 노화의 손길을 깨닫게 된 충격이다. 그다음은, 4년 동안이나 작업한 『구토』 원고가 꿈의 출판사인 갈리마르한테 출간하기에 부적합하다는 이유로 거절당한 굴욕이다. 마지막으로는, 돈 후안으로서 실패한 점이다. 베를린 애인 마리 빌이 남편과 함께 파리로 여행을 왔는데, 이제 사르트르와 관계를 끊겠다고 한 것이다. 더 실망스러운 점은 젊은 러시아 여성 올가의 마음을 얻으려고 들인 노력이 물거품이 되어버린 것이다. 사르트르의 영원한 아내 보부아르의 제자였던 올가는 이제 보부아르의 연인이 되었다. 사르트르는 날마다 올가 주위를 맴돌면서 마음을 얻으려고 애쓰지만 아무 소용이 없다. 그래서 1934년에 사르트르는 진정한 남성성의 위기를 맞는다. 시몬 드 보부아르는 전혀 도움을 줄 수 없다. 보부아르의 사랑은 확실히 사르트르의 것이기 때문이다. 사르트르의 에고와 테스토스테론은 다른 방향에서 새로운 동력이 필요했다. 메스칼린도 맞아봤지만 환각에 빠질 뿐이었다. 수개월 동안 눈앞에 갑자기 가재가 나타나거나 고열로 인한 환각 상태에 빠진 것처럼 집들이 흔들렸다. 약은 인생의 고통을 덜어주지 않는다는 것을 사르트르는 깨달았다. 사르트르가 이렇게 침울에 잠겨 있던 어느 날 보부아르가 르아브르에 있는 사르트르를 찾아온다. 두 사람은 단골 카페 레무에트 테라스에 앉아 불쾌한 기분으로 바다와 갈매기를 쳐다보며 식어버린 카페오레를 휘젓는다. 안 돼, 오늘은 제발 가재는 안 돼, 라고 사르트르는 말한다. 그러고는 보부아르에게 인생의 단조로움을 한탄한다. 억지로 학교수업을 하고 의무를 다해야 하는 시민세계의 포로가 된 것 같다고. 이제 서른인데 벌써 인생의 끝에 있다고. 다음에 일어날 중요한 일은 은퇴가 될 것이라면서. 늘 뭔가 느끼기 전에 이미 그것을 느끼게 되리라는 것을 미리 안다고 사르트르는 말한다. 그러면 안타깝게도, 자기가 느끼게 될 것을 정의하고 그것에 관해 생각하는 데 너무 몰두한 나머지 정작 절반밖에 느끼지 못한다는 것이다. 감정의 인간인 것처럼 보이지만 사실은 그저 사막일 뿐이라면서.

그렇게 사르트르는 얘기하고 또 얘기하고, 갈매기들은 멀어지고, 바다는 점점 짙어지고, 어느 순간 보부아르 눈에 눈물이 맺힌다. 보부아르는 아무 말도 하지 않는다.

◇

요제프 괴벨스가 마그다 크반트와 결혼하자, 임시 애인이었던 올가 브로넨은 오로지 남편 아르놀트에게 의지하게 되고 그 때문에 둘의 결혼생활은 곧 파경을 맞이하게 된다. 한번은 아르놀트 브로넨이 일하고 있는 풍크슈툰데 방송국 편집국에 올가 브로넨이 쳐들어와 권총을 꺼내들었다. 그런데 우연히도 바로 이 순간 아주 잘생긴 자동차 경주 선수 만프레트 폰 브라우히취가 녹음실에서 나왔다. 그곳에서 방금 인터뷰가 있었던 것이다. 올가는 권총을 집어넣고는 브라우히취와 시시덕거리더니 함께 방송국을 나와 커피를 마시러 갔다.

예나 지금이나 올가 브로넨은 정신적으로 불안한 상태였지만 육체적으로는 여전히 아주 매력적이었고 적극적이기도 했다. 그러나 부부 잠자리는 예외였다. 아주 고전적인 전개지만 그 때문에 브로넨은 가까이 일터에서 더 젊은 여성에게 눈을 돌리게 되는데, 바로 스물세 살짜리 비서 힐데가르트 폰 로소였다. 키가 크고 금발의 우아한 여성이었는데 좋은 가문 출신에 누가 봐도 완전히 제정신인 여인이었다. 힐데가르트 폰 로소는 순식간에 헬름슈테터가에 있는 브로넨의 집에서 주부의 빈자리를 떠맡았다. 어차피 아르놀트 브로넨의 아내 올가 브로넨은 주부 역할에 관심이 없었다. 4월 11일에, 베를린에서 처음으로 따뜻한 봄기운이 돌던 날, 아르놀트 브로넨과 힐데가르트가 집에서 아주 가까운 카페 안뜰에 앉아 있었는데 올가가 씩씩한 발걸음으로 지나가는 것이 보였다. 세 사람은 서로 인사를 나누었다. 올가는 그러고 나서 집안으로 들어가더니 가스 밸브를 틀어놓고 자살했다.

집에 돌아온 브로넨이 그 모습을 보고 아내를 살려보려고 창문을 열고 공포에 질려 의사를 불렀지만, 불충실했으나 내적으로 깊이 결속되어 있던 아내는 그의 품에서 죽고 말았다. 5년 전 괴벨스와 남편 아르놀트 브로넨과 함께, 토마스 만의 강연과 에리히 마리아 레마르크의 영화 개봉을 어떻게 최고의 방법으로 날려버릴지 궁리하며 작당하던 그 어두운 집에서.

이듬해 아르놀트 브로넨은 힐데가르트 폰 로소와 결혼하여 지난 과거와 올가가 죽은 옛집을 버리고 클라도에 있는 신즉물주의적 인 방갈로 주택으로 이사한다. 새집에 들어온 첫날 저녁에 힐데가르트가 브로넨의 서재에 들어왔는데, 책상 위 커다란 금색 액자 속에 관능적으로 입을 벌리고 찍은 올가의 사진이 걸려 있는 것을 보게 된다. 힐데가르트는 질투와 분노를 느낀다. 그러나 이 독특한 여인은 어떻게 했을까? 아무 말 없이 서재에서 나와서는 칼을 집어들고 마당으로 가서 활짝 핀 장미 한 송이를 꺾었다. 그것을 들고 올라가더니 장미를 꽃병에 꽂아서는 죽어서도 여전히 숭배받고 있는 여자의 사진 앞에 놓았다. 그러고는 "신에게 바치는 내 제물이에요"라고 말하더니 차분히 이삿짐 상자들에서 짐을 꺼냈다.

곧 이 부부에게 딸들이 태어난다. 의사인 고트프리트 벤 박사가 브로넨이 불임이라고 인증해주었는데 말이다. 벤이 이런 진단을 내린 것은 자신이 힐데가르트 폰 로소와 결혼하고 싶어했기 때문이라는 추측이 있다. 그러나 신은 고트프리트 벤을 위해 묵묵히 헌신할 귀족 아내를 준비해놓으셨으니 참고 기다릴지어다.

◇

독일의 성과학 창시자 마그누스 히르쉬펠트는 망가진 남자가 되었다. 베를린에 있는 연구소, 그러니까 수십 년 동안 모은 장서와 소장품들은 파괴되었다. 프랑스로 도피했던 히르쉬펠트의 애인 카를 기제는 프랑스에서 추방되었다. 히르쉬펠트의 건강은 쇠약해졌다. 히르쉬펠트는 유언장을 작성하여 충실한 벗이자, 서로 피 끓는 질투로 결속되어 있는 두 파트너 카를 기제와 리 시우 탕을 동등한 상속인으로 지정한다. 히르쉬펠트는 파리를 떠나 니스로, 1934년에 독일 망명자들과 함께 크리스마스트리로 꾸민 작은 소나무 아래에서 마지막으로 〈고요한 밤, 거룩한 밤〉을 불렀던 곳으로 간다. 그곳에서 1935년 5월 14일에 예순일곱번째 생일을 맞이한다. 열시에는 생일 축하 카드들을 읽는다. 그리고 열두시에 죽음을 맞이한다.

◇

디트리히 본회퍼는 베스트포메른 핑켄발데에 있는 고백교회 신학교 강좌를 맡게 된다. 개신교 수도사를 양성하고자 하는 첫 시도였다. 한번은 본회퍼가 불꽃 튀는 설교를 하고 있을 때 열한 살 소녀 마리아 폰 베데마이어도 그 자리에 있었는데, 이 신학교를 열성적으로 후원하는 할머니 루트 폰 클라이스트레초의 손을 잡고 온 것이었다. 디트리히 본회퍼는 10년 뒤에 자기가 이 마리아에게 이런 편지를 쓰게 되리라는 것을 그때는 아직 알지 못했다. "선한 힘에 의해 기적 같은 보호를 받는 우리는 앞으로 닥칠 일을 확신에 차 기다립니다."

1935년에 본회퍼의 눈에 들어온 것은 다른 사람이기 때문이다. 그의 이름은 에버하르트 베트게로, 목사의 아들이자 온화하고 날씬한 신학자였다. 스물아홉 살의 본회퍼와 스물여섯 살의 베트게는 단 며칠 만에 떼려야 뗄 수 없는 사이가 된다. 본회퍼는 혼란스러워하며 에버하르트한테 느끼는 것만큼의 친밀감을 평생 동안 그 누구에게도, 특히 그 어떤 여성에게도 느껴본 적이 없다고 일기에 적는다. 수업이 끝난 저녁이면 본회퍼는 제자가 높은 테너 목소리로 헨델을 부르는 동안 피아노를 쳐준다. 강좌가 끝나자 두 사람은 당연하다는 듯, 중산층 가정임을 잘 보여주는 베를린 본가에 있는 본회퍼의 방을 함께 쓴다. 둘은 곧 공동의 은행계좌를 갖게 되고, 크리스마스 때면 "디트리히와 에버하르트"라고 서명한 카드를 보낸다. 본회퍼는 결혼보다 "비타협적인 우정"에 끌린 것 같다고 쓴다. 두 개신교 수도사 사이의 타협이 어디까지 갔을지 우리는 알지 못한다. 어쨌든 훗날 베트게는 본회퍼의 조카와 결혼하고 본회퍼는 마리아 폰 베데마이어를 깊이 사랑하는 자신을 발견하게 된다.

◇

여전히 테레제 기제와 교제중인 에리카 만은 전남편이자 극장장인 구스타프 그륀트겐스에게 편지를 써 이혼서류 원본을 보내달라고 부탁한다. 영국 시민권을 취득하기 위해서 동성애자인 영국 시인 W. H. 오든과 결혼할 계획이다. 원래 동생 클라우스가 크리스토퍼 이셔우드와 결혼하라고 권했으나 이셔우드가 살짝 겁을 먹고는 오든이 더 적합할 것 같다고 말한다. 레드버리 호적사무소에서 결혼식을 올릴 때, 유감스럽게도 신랑이 신부 나이도 정확히 모르고, 신부의 성이 아직 그륀트겐스인지 아니면 이미 만으로 바뀌었는지도 알지 못해서 작은 어려움이 있었다. 그러나 호적사무소 직원이 침착함을 잃지 않고 장래 아내에게 한번 물어보라고 W. H. 오든에게 권했다. 오든은 그렇게 했고, 두 사람은 그렇게 7월 15일에 결혼한다. 감동적인 결혼사진이 남아 있는데, 두 사람 모두 트위드재킷 차림에 넥타이를 매고서 불안한 미소를 띠고 있다. 에리카는 다시 여권을 갖게 된 것에, 게다가 심지어 영국 여권을 갖게 된 것에 몹시 기뻐한다. 그리고 W. H. 오든은 나치 정부에 맞서 개인적으로 기여한 것에 자부심을 느낀다. 결혼 절차와 기념 촬영이 끝나자마자 W. H. 오든은 다운스 스쿨로 돌아가 영어를 가르쳤고, 에리카 만은 기차를 타고 런던으로 돌아갔다. 많은 부부들과 달리 이 신혼부부는 결혼식 후에도 여전히 서로 좋아한다. W. H. 오든은 훗날 브루클린의 유명한 주거공동체에서 에리카의 동성애자 남동생 골로 만과, 영국의 작곡가 벤저민 브리튼과, 미국의 작곡가이자 작가 폴 보울스와, 에리카의 친구 안네마리 슈바르첸바흐를 죽도록 사랑하게 되는 미국 작가 카슨 매컬러스와 함께 살게 된다. 나치 정부의 잔인함과 아둔함에 끊임없이 분노를 터뜨리는 아내에게 오든은 이런 현명한 충고를 한다. "너무 많이 미워하지 마." 그리고 오든은 에리카의 파트너 테레제 기제한테도 적당한 신랑을 찾아준다. 바로 자신의 동성애자 친구이자 작가인 존 햄슨을. 그래서 1936년에 에리카 만과 테레제 기제 커플은 앵글로색슨 고급문학과의 합동결혼 덕분에 급작스레 영국 여권을 취득하게 된다. 그러기 위해 각자 남자와 결혼해야 하는 현실은, 두 사람을 늘 결속시켜주던 유머로 받아들인다. 그리고 지금부터 그 유머는 이제 공식적으로 영국식 유머라고 부를 수 있게 된다.

◇

"상상해보라 / 한때 당신의 것이었던 모든 여성이 / 당신의 침대로 오는 것을." 마르가레테 슈테핀이 절망에 가득차 일부다처제의 극치를 실천하는 애인 베르톨트 브레히트에게 보낸 소네트의 첫 구절이다. 그러나 베르톨트 브레히트는 그런 생각을 떨쳐버리는 데 능숙하고, 아예 상상하지 않는다. 반면에 막스 베크만은 그렇게 한다. 1935년에 막스 베크만은 프랑크푸르트대학교 회화과 교수직에서 쫓겨난 채 베를린에 있는 아틀리에에 앉아 끊임없이 불안에 떨고 있다. 그래서 그림을 그리면서 고대 세계로 간다. 그렇게 위대한 신화 3연작을 창조해낸다. 그 안에서 현재 벌어지고 있는 부당한 사건을 친구들은 이해하되 나치는 이해할 수 없는 고대 신화극을 통해 이야기한다. 그런데 막스 베크만의 내면에서 고대 신화 그림들뿐만 아니라 자신의 유혹을 보여주는 그림들도 떠오른다. 눈을 감으니 자신의 인생에 오랫동안 영향을 미쳐온 다섯 명의 여인이 떠오른다. 막스 베크만은 이젤 앞에 앉아 최고의 자전적 그림을 그리기 시작한다. 그리고 그 그림에 〈다섯 명의 여인〉이라는 제목을 붙인다. 그 여인들은 외모나 성격은 물론 예술가 막스 베크만에게 미친 영향 면에서도 엄청나게 다르다. 막스 베크만처럼 자신의 복잡한 연애생활을 솔직하게 드러낸 화가는 드물다. 이 그림은 막스 베크만이 평생 동안 그린 수많은 자화상에서 누락된 퍼즐 조각이다. 왼쪽에는 능력 있고 대담한 후원자인 릴리 폰 슈니츨러가 있다. 키가 큰 릴리 폰 슈니츨러는 IG 파르벤 대표의 아내이자 세련된 사교계 여성으로, 퇴폐 예술가로 찍힌 베크만의 예술작품이 지닌 가치를 설득하기 위해 요제프 괴벨스까지 다과회에 초대한 여인이다. 베크만은 릴리 폰 슈니츨러 옆에 우아한 케테 폰 포라다를 배치시킨다. 반대쪽에는 “나일라”라고 불리는 힐데가르트 멜름스가 있다. 한때 막스 베크만이 열정적으로 사랑한 연인이자, 가장 중요한 뮤즈이자, 수많은 작품의 모델이 된 여인이다. 베크만이 절대 잊지 못하는 첫번째 아내 미나 베크만투베도 전면에 앉아 있다. 마지막으로 그림 한가운데에는 부채를 든 콰피가 자부심 강한 모습으로 왕좌를 차지하고 있다. 관능적인 유혹자 콰피는 1935년 현재 베크만의 아내다. 그러니까 정리하자면, 〈다섯 명의 여인〉은 베크만의 전처와 현재 아내, 베크만이 가장 열정적인 관계를 맺었던 나일라, 평생 동안 베크만의 인생을 여러 방법으로 평탄하게 만들어준 귀족 여성 두 명이다.

◇

배우 브리기테 헬름은 데뷔 때처럼 떠들썩하게 은퇴한다. 브리기테 헬름은 열일곱 살 소녀이자 기숙학교 학생 신분으로 프리츠 랑의 영화 〈메트로폴리스〉에 나오는 마리아를 연기하여 일찍부터 성공을 맛보았다. 브리기테 헬름이 연기한 금빛 갑옷 차림의 “기계 인간”은, 영화 〈푸른 천사〉에서 속옷 차림에 실크해트를 쓰고서 술통 위에 앉아 있던 마를레네 디트리히와 나란히 초기 독일 영화사의 두번째 아이콘이다. 둘 다 후기 바이마르공화국 시절에 화려하게 데뷔했지만 마를레네 디트리히가 평생을 영화계 아이콘으로 활동한 것과 달리 브리기테 헬름은 완전히 다른 길을 선택한다. 독일 영화계의 뱀프* 였던 브리기테 헬름은 프리츠 랑의 표현대로 "숫처녀와 창녀, 야성적인 면과 순결한 면"을 모두 갖고 있었다. 그러나 UFA 영화사는 전통적으로 프랑크 베데킨트의 룰루처럼 생기 넘치는 아름다움과 야성미를 지닌 금발의 창녀 모습만 부각시킨다. 그래서 영화 전문 잡지 『필름』의 총평처럼, 브리기테 헬름은 계속 "부정하고, 간악하고, 교활한 뱀"으로만 비춰지게 된다. 영화 〈메트로폴리스〉가 가져다준 때 이른 명성은 저주처럼 브리기테 헬름을 짓눌렀다. 브리기테 헬름이 출연한 무려 스물여덟 편의 영화에서 스물네 명의 감독이 마를레네 디트리히를 만든 요제프 폰 슈테른베르크 같은 존재가 되려고 애썼다.

브리기테 헬름은 한 인터뷰에서 남다른 얘기를 하는데, "성적 매력"을 지닌 여자로만 그려지는 것을 거부하면서 이런 소망을 밝힌다. "내 소망은 경박하고 무책임한 매춘부 이상의 역할을 연기하는 거예요. 진정한 어머니 역할을 연기하는 것이 가장 큰 소망이에요." 그러나 영화산업은 주연배우의 소망이 아니라 관객의 소망을 채워주는 일이라는 사실을 브리기테 헬름은 이해하지 못했다.

브리기테 헬름은 스스로 행운을 잡아야 했다. 의미심장하게도

---

* Vamp. 흡혈귀Vampire에서 유래한 말이다.
1920년대 영화에서 팜 파탈의 여주인공을 일컫는다.

브리기테 헬름이 마지막으로 출연한 영화 제목은 〈이상적인 남편〉이다. 그리고 운명의 장난인지 영화 내용처럼, 브리기테 헬름은 누가 봐도 이상적이지 못한 첫 남편 루돌프 바이스바흐와 마침내 이혼하게 된다. 루돌프 바이스바흐는 지난 몇 년 동안 자기 아내가 벌어들인 영화 출연료로 리비에라와 발트해 해변에서 지냈는데 곁에는 아내 말고 다른 여인들이 있었다.

1935년 봄에 브리기테 헬름은 베를린에서 가장 인기 있는 청년 가운데 하나였던 기업가 후고 에두아르트 쿤하임 박사와 재혼한다. 두 사람은 암 그로센 반제 2–4번지에 있는 거대한 저택에서 신혼살림을 시작한다. 8월 28일에 잡지 『영화주간』은 독자들에게 다음과 같이 놀라운 소식을 전한다. “브리기테 헬름은 〈이상적인 남편〉을 마지막으로 당분간 스크린에서 볼 수 없게 되었다. 그녀는 아내이자 주부로서 의무를 다할 계획이라고 밝혔다. 두고 볼 일이다……” 그러나 믿을 수 없는 일이 벌어진다. 영화 일을 시작했을 때처럼 느닷없이 배우 일을 끝내버린 것이다. 브리기테 헬름은 배우로 일하는 내내 〈메트로폴리스〉에서 입었던 강철 코르셋을 한 번도 벗지 못한 것처럼 답답함을 느꼈다. 브리기테 헬름은 이제 세간의 주목에서 벗어나 관습적인 삶 속으로 들어갔다. 스타로 사는 것을 하루아침에 그만둔 셈이다. 기자들은 그 사실을 믿을 수 없었다. 그러나 브리기테 헬름은 이렇게 밝혔다. “영화가 내게 안겨준 기쁨에도 불구하고 그 어떤 아쉬움도 없이 영화에 등을 돌립니다. 그 모든 행복을 사생활에서 찾게 되리라고 생각하기 때문입니다.” 그리고 믿을 수 없는 일이 벌어진다. 브리기테 헬름이 정말로 행복을 찾아낸 것이다.

남편은 그녀를 사랑했고 그녀는 남편을 사랑했다. 브리기테 헬름은 결혼식 후에 곧바로 임신하게 되고 1936년에 첫아이 피터가 태어난다. 그 이듬해에는 빅토리아가, 그다음에는 마티아스가, 그리고 마지막으로 크리스토프가 태어난다. 브리기테 헬름 가족은 제3제국의 풍랑을 피해 중상류층 가정의 안락한 삶을 살다가 스위스로 이주한다. 아들 피터는 자기에게는 오직 브리기테 쿤하임이었던 어머니에 대해 훗날 이렇게 말한다. "우리는 브리기테 헬름이라는 사람은 모릅니다."

◇

스콧 피츠제럴드는 심각한 정신착란에 빠진 아내 젤다가 입원해 있는 볼티모어의 정신병원을 다녀온 뒤 한 친구에게 이런 편지를 쓴다. "젤다가 예전처럼 내 어깨에 머리를 기댄 채 몇 시간 동안 함께 앉아 있었는데 기분이 아주 좋았네. 다른 사람보다 더 가깝게 느껴지는 기분이었지. 몇 년 뒤 이곳 오래된 묘지에 젤다와 나란히 묻히는 것도 나쁘지 않을 것 같네. 그런 생각을 하니 정말 행복하고 전혀 우울하지 않네." 몇 년 뒤 두 사람은 실제로 하나의 무덤에 같이 묻히게 된다. 메릴랜드주 록빌에 있는 가톨릭교회 묘지인 성 마리아 묘지에. 묘비석에는 피츠제럴드의 작품 『위대한 개츠비』에 나오는 멋진 마지막 문구가 새겨져 있다. "그리하여 우리는 조류에 맞서 노를 저으면서 끊임없이 과거로 떠밀려가는 것이다." 그러니까 이것은 행복한 생각이고 결코 우울한 게 아니다. 이 노 젓는 사람들은 발터 벤야민이 말한 역사의 천사와 같다. 그들은 앞으로 나아가는 동시에 다른 쪽을 바라본다. 바로 뒤를 바라보는 것이다.

◇

고향을 영영 잃은 쿠르트 투홀스키는 잡지도, 진정한 사랑도, 환상도 빼앗긴 채 스위스에서 스웨덴 망명지로 돌아오지만 이 역시 진정한 안착은 아니라고 느낀다. 투홀스키는 6월 3일 일기에 이렇게 적는다. "영원히 찾아 헤매는 것은 즐겁지 않다. 한번쯤은 집에 가고 싶기도 한 것이다." 어쩌면 투홀스키는 그때 이미 저세상에 있는 고향을 동경하고 있었는지 모르겠다.

◇

7월에 요제프 괴벨스는 발트해에 있는 하일리겐담에서 홀로 2주 동안 휴가를 보낸다. 수영도 하고, 20년 전에 라이너 마리아 릴케가 영감을 받아 찬가를 썼던 높다란 너도밤나무숲에서 산책도 한다. 그리고 날마다 내각이랑 심복들과 통화를 한다. 임신중인 마그다는 나중에 오기로 되어 있었다. 요제프 괴벨스는 너무 외롭지 않게 여배우 루이제 울리히를 초대하여 나흘 동안 함께 지낸다. 루이제 울리히는 처신을 잘했는지, 가을에 괴벨스의 지시에 따라 움직이는 UFA 영화사에서 첫 주연을 따낸다. 그것도 고트프리트 켈러의 동명소설을 영화화한 〈레기네〉에서. 적합한 남자와 동침하여 동화처럼 신분 상승을 이룬 어린 소녀에 관한 영화였다.

◇

베르톨트 브레히트를 따라잡기는 참 어렵다. 브레히트의 망명 시절은 쉼없는 방랑의 시대다. 그러나 한 가지 변하지 않는 게 있다. 어디에 가서 연극을 연출하든 브레히트에게 헌신하는 여자가 기다리고 있다는 점이다. 10년 전부터 바람을 피운 남편을 돕는 아내 헬레네 바이겔이 기다리는 덴마크든, 여러 달 동안 편지 한 통 안 보냈는데도 두 팔 벌려 환영하는 엘리자베트 하우프트만이 있는 미국이든. 그렇다, 그곳이 파리든, 모스크바든, 코펜하겐이든, 산타모니카든, 브레히트가 가는 곳마다 그의 여자들 중 한 명이 있고, 그를 살뜰히 보살피고, 돌봐주고, 자기 침대에 들여준다. 이 여인들은 끊임없이 도피중인 브레히트를 고국에 있는 것처럼 편안하게 해준다. "내 안에는 당신이 믿고 의지할 수 없는 한 남자가 있어." 브레히트의 여자들이 갖고 있는 추억의 문집에는 모두 브레히트의 이 말이 적혀 있다. 그러나 마르가레테 슈테핀이든, 엘리자베트 하우프트만이든, 헬레네 바이겔이든, 루트 베를라우든 브레히트의 여자들은 모두 그 언젠가 이 안식 없는 운명에서 그를 구원하게 될 여자가 바로 자기라고 믿는다. 그리고 브레히트는 어떤 여자 곁에 있든 너무 지루하다고, 당신이 너무 그립다고 다른 여자들에게 편지한다. 멀리 있는 애인들은 그 말을 믿는다. 아니면 그 말을 믿고 싶어한다. 망명 시절 내내 똑같았다. 마르가레테 슈테핀에게 1930년대는 고문의 시간일 뿐이다. 자기 눈앞에서 브레히트가 루트 베를라우의 사랑으로 갈아탄 것이다. 이제 덴마크에 있어도 주인님을 알현하기 힘들어질 테고, 결핵이 귀와 장과 폐를 잠식해가고 있다. 병원과 요양원만 왔다갔다면서 브레히트가 몇 줄이라도 위안의 말을 써주기를 바랄 뿐이다. 그러나 브레히트는 그럴 시간이 없다.

◇

1935년 여름에 할버슈타트 출신의 클루게 박사 부인은 슈투트가르트-운터튀르크하임에서 멋진 하얀색 메르세데스 벤츠 이 인승 카브리올레를 받아온다. 영원을 위한 자동차. 돈이 조금 남아서 자신의 여권사진과 "내 생각하고, 조심히 운전해"라는 문구를 새겨넣은 가로 5센티미터 세로 7센티미터 크기의 조그마한 기념판을 만들어 계기판에 단다. 그러나 남편은 그전부터도 아주 조심스럽게 운전하는 사람이었다. 그 무렵 이미 굉장히 조심성이 없었던 세 살배기 아들 알렉산더 클루게는 훗날 최초의 『감정 연대기』를 쓰게 된다.

◇

네덜란드 도른성에서 망명생활중인 빌헬름 2세의 궁정 하루는 이렇다. 정각 아홉시에 빵, 잼, 커피로 아침식사를 한다. 황제는 조금 그리고 빨리 먹는다. 아침식사 후에는 기도를 한다. 그런 다음 황후 헤르미네는 새로 생긴 네덜란드산 자전거를 타고 광활한 정원을 몇 바퀴 돈다. 황제는 뒷짐을 지고서 몸을 약간 앞으로 숙인 채 반대 방향으로 걷는다. 그러다가 둘이 마주치면 서로 손을 흔든다.

"부부는 한번쯤 일정 시간 동안 각자 서로 혼자 있게 놔둬야 한다"는 것을 황후는 안다. 그러나 그러고 나면 황제에게 수백만 배 아양을 떨며 매달린다. "나는 그릇된 길로 빠진 국민이 황제에게 주지 않는 관심을 좀 주고 싶다"고 황후는 말한다.

그러나 정작 남편은 특별히 관심이 필요하지 않다. 오히려 혼자 있는 것을 아주 좋아한다. 그것이 진짜 문제다. 날마다 하는 짧은 자전거 여행을 마치고 나면 겨우 열시 반이다. 헤르미네는 응접실로 가서 할일이 뭐 없을까 골똘히 생각한다. 집안일을 돌본다든지. 그래, 하녀나, 시종장이나, 요리사나, 시녀를 감시하자. 그런데 모두 잘 돌아가고 있다. 그래도 충실한 닥스훈트 세 마리는 자기를 필요로 하는 것처럼 보인다. 군주제 시절을 기억하는 가장 나이가 많은 젠타가 특히 그런 것 같다.

식사 후에는 연못에 있는 오리들에게 먹이를 준다. 그러고 나면 황후 폐하가 할 일은 이제 더는 없다. 아 맞다, 때가 되면 남편과 함께 가볍게 저녁식사를 할 테고, 식사가 끝나면 남편이 흡연실에서 외신 기사를 몇 편 읽어주고는 피곤해하며 잘 자라는 인사를 하고 침실로 올라간다.

헤르미네는 회고록에서 위대한 라이프니츠가 남긴 말로 자신의 망명을 합리화한다. 영혼은 창이 없으며 우리는 "모두 노마드"라는. 사실 라이프니츠는 모나드라고 말했다. 그러나 노마드든 아니든 헤르미네는 아프리카인들과 특별한 관계를 맺고 있었다. 헤르미네는 작은 코끼리가 달린 상아 목걸이를 즐겨 하고 다니는데, 과거 식민지였던 토고의 족장이 결혼선물로 준 것이었다. 그 토고 족장은 독일 황제와 황후를 여전히 자신의 주인으로 생각한다.

◇

1935년은 파블로 피카소에게 극단의 해다. 피카소는 미노타우로스 동판화 시리즈, 특히 〈미노타우로마키〉*로 성공을 거둔다. 누가 뭐라 해도 피카소가 남긴 가장 수준 높은 동판화라 할 만했다. 시대를 초월하는 이 작품은 늙은 신이 젊은 여신들한테서 쾌락을 취하는 내용으로, 덧없음, 유혹, 고대의 겁박에 얽혀들어 빠져나오지 못하는 인간의 무능함을 보여주는 그림이다. 물론 자화상이다. 옛 애인 페

---

* 미노타우로마키 연작. 피카소가 그리스신화에 나오는 반인반수 미노타우로스와 스페인의 투우 트로마키아를 합성해서 만든 말.

르낭드 올리비에가 펴낸 회고록이 불러일으킨 소동과 대면해야 할 뿐만 아니라, 무엇보다 설상가상으로 사랑하는 뮤즈 마리테레즈가 임신을 했기 때문이다. 아틀리에를 찾아온 아내 올가가 마리테레즈의 부른 배를 보고는 난리를 쳤다. 올가는 아들을 데리고 집을 나가 호텔로 가버린다. 피카소는 심란했다. 본인 말대로 "인생에서 최악의 시기"다. 일이 이렇게 되자 피카소는 마리테레즈와 9월에 태어나게 될 딸 마야를 위해 아틀리에에서 아주 가까운 드 라보에티에 집을 세낸다. 새로운 인생을 시작할 모든 토대가 마련된 듯하다. 아내 올가가 피카소와의 결혼생활이 끝났음을 마침내 깨달을 수밖에 없는 생물학적 사실들이다. 올가는 이혼 전쟁을 시작하고, 피카소는 아틀리에 문을 닫은 채 그림 그리는 일을 그만둔다. 불행이 되어버린 "이익공동체"의 분할 대상이 될 재산을 더이상 만들지 않기 위해서다. 그림을 그릴 수 있는 감정 상태도 전혀 아니었다. 새해가 될 때까지 피카소는 단 한 점도 그리지 못한다. 갓 태어난 마야조차도, 연인이 낳은 아이와 떠난 아내 때문에 이제 파리 사람 모두가 알게 된 중년의 위기에 빠진 피카소를 기껏해야 몇 분 동안만 깨울 수 있을 뿐이다.

◇

1935년 봄, 베를린 벨알리앙스가 12번지에서 일하는 의사 고트프리트 벤은 베를린 벨알리앙스가 12번지에 살고 있는 시인 고트프리트 벤에게 다음과 같은 진단을 내린다. "지치고 공허함, 환경 변화 시급." 고트프리트 벤은 하노버 군부대에서 일자리를 하나 구한다. 더 정확하게 말하자면, 의무사령부 책임자가 된다. 고트프리트 벤은 작별인사를 위해 두 번의 여성 방문을 처방한다. 3월의 마지막 이틀 동안 벤은 두 애인 틸리 베데킨트와 엘리노어 뷜러와 작별인사를 한다. 그리고 1935년 4월 1일 이른 아침에 하노버행 직행열차에 오른다. 열두시 오십일분에 하노버에 도착해 쏟아지는 빗속을 뚫고 십오분을 걸어 자틀러 양이 운영하는 하숙집에 도착한다.

그러나 잠을 자기에는 방이 너무 밝고, 커피는 맛이 없고, 전화기도 없어서 벤은 다시 밖으로 나와 브라이테가 28/II번지로 간다. 고트프리트 벤이 머리를 쓸 필요 없는 단조로운 군 행정 업무를 보면서 지내는 인생보다 더 암담한 인생은 상상하기 어려울 것이다. 아침 여덟시부터 오후 두시까지 규정에 따른 복무, 그러고 나면 긴 오후의 공허 속으로 추락. 그것도 하노버에서. 1933년 봄 나치 정부를 맹목적으로, 게다가 끔찍한 에세이까지 써가며 환영한 자신을 이제 스스로도 용서하기 힘들다. 그러나 나치는 그 사실을 완전히 잊은 채 옛날에 쓴 표현주의 시들을 트집잡아 고트프리트 벤을 박해하기 시작한다. 그리고 벤은 두 애인한테도 점점 지친다. 비밀을 들키지 않기 위해 애쓰고 스케줄을 조정하는 일도 힘에 부친다. 벤은 "틸러헨", 다시 말해 틸리 베데킨트와, "모르헨", 다시 말해 엘리노어 뷜러에게 편지를 써 똑같은 질문을 던진다. 만약에 자기 무덤에서 또 다른 애인이 우는 모습을 본다면 어떨 것 같으냐고. 바로 이튿날 두 사람의 답장이 도착한다. "세속적인 사랑" 틸리는 이렇게 답한다.

"함께하는 고통이 우리를 하나로 만들어줄 것 같아." 그리고 "천상의 사랑" 엘리노어는 이렇게 답한다. "당신은 혐오스러운 놈이야!"

고트프리트 벤은 자주 두 사람에게 주말에 해야 할 일이 있다고 말하고는 일요일이면 홀로 보잘것없는 아침식사를 한 뒤, 지루해 보이는 사람들과 함께 승합차를 타고서 하르츠산이나 슈타인후더 해변으로 간다. 비용은 커피 포함 6.5마르크였다. 마치 일부러 가차없는 절망 속으로 자신을 몰아가려는 것 같았다. 벤은 크니크마이어, 카스텐, 크뢴케 같은 허름하고 볼품없는 술집에 다녔다. 하노버는 모든 것이 무표정했다. 밋밋한 땅에, 별다른 사투리 억양도 없는 독일어에, 맥주조차도 싱겁고 김빠진 맛이다. 고트프리트 벤은 마치 수도사들의 금욕생활 같은 단조로움 속으로 점점 더 빠져든다. 벤이 되뇌는 만트라는 바로 "글은 조금 쓰고 꿈속에서 울기"다.

벤은 쉰 살 생일을 기념해 시집을 낼 계획인데 지난 15년 동안 지은 시들을 훑어보고는 그 수준이 점점 떨어진 것에 깜짝 놀란다. 트라클, 하임과 나란히 제1차세계대전 이전의 독일 표현주의 시인 가운데 최고로 꼽히는 고트프리트 벤은 1920년대 황금기 내내 의미 있는 시를 단 한 편도 쓰지 못했다는 사실을 문득 깨닫고는 고통스러워한다. 벤은 노트에 이렇게 적는다. "나의 몰락에 느끼는 끝없는 수치심."

그래서 벤은 날이 따뜻해지자 저녁마다 대규모 야외 맥주집 슈타트할레에 앉아 필스 맥주를 마신다. 연못에 있는 분수에서는 물이 졸졸 흘러내리고, 종업원들은 음료와 기름 바른 빵을 가져오고, 악단은 "나는 콜럼버스가 아메리카를 원하듯 에리카를 원하네"를 연주한다. 이렇게 5월, 6월, 7월 저녁이 흘러가고, 군의관 벤 소령은 근무를 마치고 나면 그렇게 의식이 몽롱해져간다.

그러다가 기적이 일어난다. 창작력을 되찾기 위해 20년 동안 헛되이 노력한 끝에, 아무 결실 없이 석 달 여름이 지난 뒤에 갑자기 하노버의 회색빛 하늘에서 영감이 떨어진다. 멀리서 불어오는 차가운 바람을, 가을이 보내는 수줍은 첫 인사를 느낀 벤은 시를 짓기 시작한다. 그리고 슈타트할레 메뉴판 뒷면에 이렇게 적는다. "여름이 끝나던 날 / 심장에 떨어진 징후 / 불길이 물러나네 / 범람도 놀이도."

고트프리트 벤은 다 쓴 시를 봉투에 넣은 다음 브레멘 하르트비히가에 사는 프리드리히 빌헬름 욀체에게 보낸다. 욀체는 가장 중요한 서신 왕래자이자, 벤을 우러러보는 숭배자이자, 벤의 표현을 빌자면 "제작자"이자 온화한 동기 부여자였다. 얼마 지나지 않아 벤은 슈타트할레 엽서에다가 앞으로 당분간 자기한테 편지 쓰지 말아달라는 부탁을 써서 욀체에게 보낸다. 그냥 매일 아침 우편함을 살펴봐달라면서. 벤은 몇십 년의 기다림 끝에 이 하노버의 후덥지근한 여름의 단조로움 속에서, 가끔 자기 심장 위에 납덩이가 얹어 있는 것처럼 믿겨질 만큼 자기를 무겁게 짓누르던 모든 것이 시가 될 수 있음을 느끼는 터였다.

그래서 1935년 9월 초, 예민한 감각을 지닌 프리드리히 빌헬름 욀체는 매일 아침마다 철쭉으로 둘러싸인 자갈길을 지나 정문으로 가서는 우편함에서 세계문학 한 편을 꺼낸다. 「여름이 끝나던 날」 「오, 숭고함이여」 「과꽃」. 이 시들은 모두 메뉴판 뒷면에 쓰여 우편으로 브레멘에 배달된다. 앞면에는 '청어롤'과 '아이스봄베'*가, 뒷면에는 벤을 20세기 최고의 독일 시인으로 만들어줄 시들이 적혀 있는 것이다. 그때 욀체는 머릿속으로 무슨 생각을 했을까? 자기가 손에 들고 있는 것을 바라보면서 앞으로 여러 해 동안, 아니 어쩌면 수십 년 동안 이 시들을 눈으로 직접 볼 사람이 자기뿐임을 욀체는 직감했다. "따로 답장은 필요 없습니다"라고 벤은 자기가 쓴 시 아래 덧붙인다. 자기 안에서 흘러나온 이 시들이 자기 자신보다 더 위대하다는 사실을 창조자인 벤 스스로 알고 있다는 뜻이었다. 베를린과 애인들한테서 멀리 떨어진 이곳 하노버에서, 스스로 저주하면서도 갈망한 고독 속에서 벤은 가장 위대하고 비현실적인 시문학이라 할 수 있는 사랑의 시들을 쓴 것이다. 「더 고독했던 때는 없네」와, 틸리 베데킨트, 엘리노어 뷜러와 함께한 삼각관계의 극복을 다룬 「세 사람」도. "그대의 눈꺼풀에 잠을 내리네, / 그대의 입술에 입맞춤을 보내네, / 그사이에 난 이 밤을, 근심을 / 꿈을 홀로 짊어지네."

◇

9월 4일에, 이혼한 지 2년이 된 쿠르트 바일과 로테 레냐가 함께 미국으로 가기 위해 셰르부르에서 SS 마제스틱호에 승선한다. 오토 폰

* 보통 반구 모양의 아이스크림 케이크.

파세티가 순진한 남편한테 위임받아 베를린 집을 판 돈을 몬테카를로와 니스의 도박장에서 모조리 날려버린 사실을 깨달은 로테 레냐는 파세티와의 오랜 연애를 끝냈다. SS 마제스틱호 선실에서 둘이 함께 보내는 첫날밤에 쿠르트 바일은 아직 믿기지 않는 듯 옆자리를 만져본다. 거기에 정말로 로테가, 최근에 이혼했지만 보아하니 최근에 다시 쿠르트를 사랑하게 된 로테가 누워 있다. 프란츠 베르펠이 쓴 멋진 제목의 희곡 『약속의 길』을 막스 라인하르트의 연출로 초연하기 위해 함께 미국으로 가게 된 것을 쿠르트 바일은 좋은 징조로 여긴다. 『약속의 길』은 유대민족의 승승장구와 실존적 위협을 다룬 대작이었다.

쿠르트 바일과 로테 레냐는 2인실에 함께 누워 있다. 10년 동안 여행, 실망, 망명, 희망으로 얼룩진 시간을 보내고, 〈서푼짜리 오페라〉와 〈일곱 가지 대죄〉를 공연하고, 오토 폰 파세티와 막스 에른스트와의 일을 겪고 나서 처음으로 함께 시간을 보내는 것이다. 두 사람은 이 시간을 부담이 아니라 선물이라고 느낀다. 두 사람은 대서양을 건너는 엿새 동안 과거를 청산한다. 두 사람이 겪은 희로애락을. 두 사람은 배 엔진이 윙윙거리는 소리와 더불어 많은 눈물을 흘린다. 그러나 하루하루 날이 갈수록 점점 더 많이 서로 쓰다듬는다. 그리고 키스한다. 그리고 사랑을 나눈다. 두 사람은 서로 떨어질래야 떨어질 수 없는 사이임을 느낀다. 1935년 9월 10일에 뉴욕에 상륙했을 때, 이 이혼 부부는 다시 한 쌍의 부부가 되어 있었다. 훗날 로테 레냐는 이렇게 말한다. "사랑에 대해 말할 수 있으려면 시간이 필요하다."

◇

쿠르트 투홀스키는 생명의 묘약인 글쓰기를 잃었다. 투홀스키는 자기 글이 바로 인쇄되어야만 글을 쓸 마음이 생기고 글이 써지는 사람이었다. 그러나 투홀스키가 글을 기고했던 신문들은 모두 이제 존재하지 않는다. 그리고 투홀스키의 글을 출판해주었던 발행인들은 지금 감옥에 갇혀 있다. 투홀스키는 자신을 "절필 작가"라고 부를 뿐이다. 심지어 이제 여자들한테조차 흥미가 가지 않는다. 삶은 점점 더 암울해지고, 투홀스키는 우울과 무위 속으로 침잠한다. 투홀스키는 책을 읽고, 편지를 쓰면서 스웨덴에서 서서히 파멸해간다. 1935년 12월 21일 저녁, 쿠르트 투홀스키는 베로날 과다복용으로 생을 마감한다. 지갑에 돈은 한푼도 없고, 아내 마리가 7년 전 헤어질 때 써준 감동적인 이별 편지만 들어 있었다. "필요해지면, 그리고 부른다면 붉은 실이 올 거야." 힌도스의 쓸쓸한 집 탁자 위에는 투홀스키의 "붉은 실"이었던 마리에게 보내는 작별 편지도 놓여 있었다. 그러나 이 편지를 발견한 게르트루데 마이어는, 마리가 "결혼하거나 진지한 교제를 하고 있지 않을" 경우에만 이 편지를 전해달라는 쪽지도 발견한다.

이 편지는 투홀스키가 남긴 최고의 사랑고백이다. 의미심장하게도 투홀스키는 최대 거리에 도달했을 때에야 비로소 사랑을 고백할 수 있게 된다. 그렇다, 비극적이게도 자유의지대로 이 땅을 떠나기로 결심했을 때에야 비로소 사랑을 고백할 수 있게 된 것이다. "그는 손에 금덩어리를 쥐고 있으면서 가짜 동전을 집으려고 몸을 굽

혔지. 자기가 가진 것을 이해하지 못하고 어리석은 짓을 했어. 배반하지는 않았지만 기만했고 자기가 무슨 짓을 하는지 이해하지 못했어." 투홀스키는 마리에게 "그때 이런 터무니없는 짓을 함께 해준 애정 깊은 인내에, 늘 쫓기고 늘 두려워하던, 아니 불안해하던 남자 곁에 있어준 인내에" 감사한다. 투홀스키는 거리를 두기 위해 편지에서 계속 자기를 '그는'으로 표현하는데, 마지막으로 이런 말을 남긴다. "만약 사랑이 한 사람을 완전히 뒤흔들어놓는 것이라면, 온 신경을 미치게 만드는 것이라면, 누구나 여기저기에서 느낄 수 있을 거야. 그러나 진정한 사랑이 끊임없이 다시 찾아온다면, 다시 또다시 찾아온다면 당신은 인생에서 오직 단 한 번 사랑한 거야. 그를."

1936년 1월에 쿠르트 투홀스키의 유언장이 공개된다. 딱 한 번, 투홀스키의 모든 여인이 한자리에 모이게 된다. 7쪽짜리 종이에. 투홀스키의 스위스 애인 헤트비히 뮐러는 "그다음에"라는 글자가 새겨진 투홀스키의 반지를 받는다. 투홀스키가 리자 마티아스와 함께 처음으로 스웨덴 땅과 사랑에 빠진 계기가 된 그립스홀름성의 그늘 아래 있는 마리에프레드 묘지에서 투홀스키의 묫자리를 찾아낸 게르트루데 마이어는 힌도스 집에 있는 투홀스키의 장서들에서 자기가 좋아하는 책들을 고를 수 있었다. 그러나 단독 상속인은, 나치 정부의 보복 조치에 고통받지 않게 하려고 이혼했던 마리 게롤트로 정해졌다. 마리 게롤트는 유언장 공개 이후로 이름을 다시 게롤트투홀스키로 바꾸고, 1987년에 죽기까지 이 이중 성에서 두번째 성을 지키는 데만 전념한다. 투홀스키의 모친은 이를 갈며 유류분을 획득한다. 그러나 아들은 어머니가 품위 있게 그 유류분을 포기하기를 바란다고 덧붙인다. 모자관계는 진즉에 파탄이 나서 투홀스키는 일평생 자기 애인들을 "엄마"라고 부르고, 투홀스키의 애인들은 투홀스키를 "아빠"라고 불러야 했다. 투홀스키가 "로트헨"이라고 불렀던 리자 마티아스는 유언장에 언급되지 않는다. 리자 마티아스에게는 이미 『그립스홀름성』을 헌정했으니 그걸로 충분할 터였다.

◇

투홀스키가 스웨덴 망명지에서 베로날 과다복용으로 자살한 12월 21일에, 클라우스 만도 취리히 근교 퀴스나흐트에 있는 부모님 집에서 베로날을 복용한다. "그러나 마지못해, 그저 그것이 마침 방에 있었기 때문이었다. 사실은 더이상 원하지 않는다."

◇

『라인스베르크, 사랑하는 연인을 위한 그림책』에 나오는 "클레어"이자 쿠르트 투홀스키의 첫번째 아내인 엘제 바일은 어떻게 되었을까? 엘제 바일은 1933년까지 베를린에서 의사로 일하다가 히틀러가 정권을 잡자 베를린에 있는 다른 유대인 의사들과 마찬가지로 해고된다. 정확하게 말하자면 관료주의 국가의 방식대로 면허가 취소된다. 빌란트가 33번지에 있는 호화로운 집도 떠나야 했다. 엘제 바일은 그루네발트에 사는 호프눙이라는 성을 가진 한 가정에 보모로 고용된다. 그러나 그것은 속임수다. 엘제 바일은 네덜란드를 거쳐 프랑스로 도피한다. 그러나 비자를 제때 받지 못하는 바람에 마르세유에서 미국으로 도항하기 위해 예약해둔 선실의 유효기간이 지나버린다. 엘제 바일은 얼마 후 아우슈비츠 강제수용소에서 살해된다.

◇

철학자 하인리히 블뤼허도 한나 아렌트와 마찬가지로 베를린에서 프라하를 거쳐 파리로 도망쳤는데, 두 사람은 1936년 봄 몽파르나스의 망명자 모임에서 처음 만나게 된다. 하인리히 블뤼허는 베를린 출신의 확고한 공산주의자이자 잘 훈련된 스파르타쿠스 당원이자 시가전 투사이지만, 망명생활중에는 스리피스 양복에 모자를 쓰고 산책용 지팡이를 든 중상류층 관광객으로 위장하고 지낸다. 두 사람은 열정을 다해 사랑했는데, 그것은 육체적 열정이자 정신적 열정이기도 했다. 이 풋풋한 연인은 파리에서 이념과 책과 큰 그림에 대한 피 끓는 토론으로 하나가 된다. 훗날 한나 아렌트는 너무 겸손하게도 이렇게 말한다. "나는 남편 덕분에 정치적으로 생각하고 역사적으로 보는 법을 배웠습니다." 어쨌거나 이렇게 덧붙일 수 있으리라. 한나 아렌트가 남편 하인리히 블뤼허 덕분에 사랑의 개념을 확장했다고 말이다. 다시 말해 아우구스티누스와 하이데거의 사랑 개념을 초월해 "세계에 대한 사랑"과 사랑의 무세계성이 동시에 존재한다는 놀라운 역설에 이른 것이다.

◇

1936년 5월 8일에 오스발트 슈펭글러가 뮌헨에 있는 자택에서 쓸쓸히 죽는다. 『서구의 몰락』 저자는 더이상 서구의 몰락을 함께 겪을 필요가 없게 된다.

◇

1936년 5월 22일에 그리스에서 레니 리펜슈탈의 영화 〈올림피아〉 촬영이 시작된다. 엄청난 빛의 홍수가 길 위에 쏟아져 하얀 벽에 반사되고 그늘조차도 밝게 빛난다. 레니 리펜슈탈은 올림피아숲에서 성화가 점화되는 모습과 성화 봉송자들이 그리스 전국을 도는 긴 여정을 촬영하려고 한다. 오데사 출신의 러시아 이민자 가정에서 태어난 아나톨 도브리안스키가 첫 성화 봉송자로서 영화에 출연하기로 했다. 레니 리펜슈탈은 자서전에서 "열여덟이나 열아홉 살쯤 되어 보이는 검은 머리의 그리스인 청년"에 대해 이렇게 말한다. "우리는 서로 잘 통했다." 이 말은 레니 리펜슈탈이 이 청년을 애인으로 삼았다는 뜻이다. 그리스에서 영화를 찍는 동안 텐트에서 쓸쓸히 혼자 자지 않기 위해서였다.

그러나 이 그리스인 청년은 레니 리펜슈탈을 죽도록 사랑했다. 레니 리펜슈탈이 쿠로니아 사주에서, 이제 주인을 잃은 토마스 만의 여름별장이 아름다운 지난여름을 떠올리게 하는 저 높은 모래언덕에서 영화를 촬영하면서 다른 청년한테 마음을 빼앗겨 버림받게 되자 아름다운 청년 아나톨은 권총 자살을 시도한다. 리펜슈탈과 함께 일하는 천재적인 카메라맨 빌리 칠케가 때마침 자살을 막기는 했지만, 촬영이 끝난 후 이 청년이 베를린에서 신발끈 판매원으로 몰락해 잊히는 것을 막지는 못했다. 다만 기막히게 멋진 사진 한 장만이 불멸로 남았다. 그리스의 창던지기 선수로서 대담하게 미래를 바라보는 아나톨 도브리안스키의 모습이었다. 빌리 칠케가 찍은 사진이다. 그러나 곧 레니 리펜슈탈이 소유권을 주장한다.

레니 리펜슈탈은 군사참모처럼 노련하게 일을 진행한다. 우선 빌리 칠케의 아내 프리델에게 남편이 양성애자라고, 영화 촬영중에 그 사실을 알게 되었다고 얘기한다. 그런 다음 또다른 쪽으로 일을 꾸며서는, 빌리 칠케가 정신분열증으로 '하르' 정신병원에 입원하고 금치산자 판정을 받게 만든다. 그러고는 빌리 칠케의 아내한테 달려가 빌리 칠케가 찍은 사진과 네거티브 필름을 모조리 가져와서는 자기 소유로 삼고 그 사진과 필름에 자기 이름을 붙인다. 빌리 칠케는 이렇게 예술적 거세를 당하고 나서 정신병원에서 강제로 불임시술까지 받게 된다(몇 년 뒤 악마 같은 레니 리펜슈탈은 이 망가진 남자를 다시 정신병원에서 꺼내와 영화 〈저지대〉 촬영을 돕게 한다. 다른 카메라맨들은 모두 전선에 있었기 때문이다).

◇

에리히 마리아 레마르크는 작가보다 미술품 감정가로서 더 명성을 날린다. 레마르크는 여러 해 전부터 우울함과 진정한 사랑을 찾지 못하는 좌절감을 프랑스 인상주의 화가 작품을 사는 것으로 달래고 있다. 마조레호숫가에 있는 레마르크의 저택에는 『서부 전선 이상 없다』의 새 인세와 더불어 세잔과 모네의 새 작품들도 들어온다. 1936년 5월, 레마르크는 애인 마르고트 폰 오펠과 함께 부다페스트를 여행하다가 19세기의 가장 중요한 예술작품으로 꼽히는 그림을 보게 된다. 외부인으로서 그 그림을 보는 건 레마르크가 처음이었다. 레마르크와 마르고트 폰 오펠은 작가 산도르 마라이와 함께 페렌츠 폰 허트버니 남작이 주최하는 작은 환영파티에 참석했는데, 여인들이 응접실에서 얘기를 나누는 사이에 남작이 저명한 손님을 뒷방으로 데리고 간다. 그곳에서 남작은 여러 개의 자물쇠로 안전장치가 되어 있는 캐비닛을 열고 그림을 한 점 꺼내더니, 자랑스러우면서도 당혹스러운 표정으로 레마르크에게 그 그림을 보여준다. 쿠르베의 〈세상의 기원〉이었다. 프랑스 회화에서 육체 묘사의 근대화라는 엄청난 도약을 이룬 작품으로, 여성의 음부를 정면에서 적나라하게 보여준다. 그날 저녁 레마르크는 전문가다운 말투로 일기에 이렇게 적는다. "조금 추잡하지만 훌륭한 쿠르베."

여인들이 있는 곳으로 돌아왔을 때, 허트버니 남작은 커튼 뒤에서 마르고트 폰 오펠에게 키스한다. 그러자 레마르크는 마르고트 폰 오펠에게 함께 사랑여행을 떠나기 전날 어느 아름다운 덴마크 여인과 바람을 피웠다고 고백할 수밖에 없었다. 마르고트는 울음을 터뜨린다. 레마르크는 자기 자신이 부끄러웠다. 이렇듯 〈세상의 기원〉은 레마르크에게 갈망과 고통의 기원이 되기도 한다.

◇

타마라 드 렘피카는 재혼과 더불어 먹고살 걱정을 할 필요가 없어지면서 비극적이게도 창작의 원천이 고갈된다. 10년 동안 파리에서 그 시대의 선구자들을 아르 데코 초상화로 그렸는데 이제 파리의 아틀리에가 아니라 이런저런 요양원에서, 대부분 스위스 요양원에서 지내면서 별 효과도 없이 우울증 치료와 식이요법을 하고 있다. 타마라 드 렘피카는 러시아에서 보낸 혼란스러운 유년기와 사춘기의 악령에 다시 휘둘린다. 매력적인 외모도 잃었다. 파리에서 '유럽의 망명자들'이라는 제목으로 슬픔에 젖고 불안에 떠는 두 망명자를 그렸는데, 현실과의 이런 만남은 그녀를 더욱 깊은 우울 속으로 몰아넣는다. 절망에 빠진 타마라는 이탈리아 파르마에 있는 수도원으로 가서 자기를 받아달라고 부탁한다. 광란의 양성애 생활을 뒤로하고 수녀가 되려고 한 것이다. 그런데 수녀원장의 얼굴에 완전히 매료되어 화가로 남기로 한다. 타마라 드 렘피카가 그린 수녀원장 초상화는 그녀가 전성기에 남긴 마지막 그림이 된다. 이 존경스러운 수녀의 뺨에 그려놓은 눈물은 타마라 자신의 눈물이다. 타마라 드 렘피카가 이 초상화를 그리기 시작한 곳은 유럽이지만 그림을 완성한 곳은 뉴욕의 리츠 호텔이다. 남편 쿠프너 남작을 설득해서 헝가리 자산을 처분하고 미국으로 이주한 것이다. 처음에는 맨해튼으로, 그다음에는 베벌리힐스로. 그렇게 하여 두 사람은 목숨을 구할 수 있었지만 베벌리힐스의 황량한 언덕에서 행복을 발견하지는 못한다.

◇

한나 아렌트와 발터 벤야민은 파리 망명지에서 몇 시간 동안이나 체스를 둔다. 대부분은 한나 아렌트의 여왕이 발터 벤야민의 왕에게 체크메이트를 부른다. 그러나 한나 아렌트의 집에서는 다른 관계가 지배한다. 한나 아렌트와 하인리히 블뤼허의 친구들은 두 사람의 동거를 "이중 제국"이라 부른다. 자부심 강하고 자의식 센 두 사상가는 서로 독립적이면서도 마음 깊이 서로 하나로 결합되어 있다. 이 두 철학자는 1930년대 파리에서 새로운 사랑의 형태를 발전시킨다. 몇 구역 더 떨어진 곳에 있는 장폴 사르트르와 시몬 드 보부아르의 그 유명한 전략적 "계약"보다 훨씬 더 인간적인 사랑의 형태를. 아렌트와 블뤼허에게 사르트르가 계약의 조건으로 내세운 혼외의 에로틱한 자유는 필요 없었다. 두 사람은 편지와 대화를 통해서 신비로운 방식으로 아주 조금씩 서로 가까워진다. 마치 우회로가 어떤 장소에 대해 더 많이 알려준다는 사실을 아는 듯이. 두 사람이 초반에 나눈 편지에서 한나 아렌트는 스스로 "파렴치한 희망"이라고 부른 것에 고무되어 블뤼허를 "온전히 믿을 수 있다"고, 다시 말해 "당신을 자기 자신을 대하듯 할 수" 있다고 말한다. 블뤼허는 이렇게 화답한다. "내 사랑, 나는 다시 숨쉴 수 있어, 아주 깊이, 나를 당신의 사랑으로 채울 수 있어." 그리고 아주 수줍게 이렇게 덧붙인다. "당신은 내 여자니까, 이제 당신을 그리워한다고 말해도 될까?" 블뤼허는 "당신의 남자"라고 편지에 서명하지만 한나 아렌트가 여전히 권터 슈테른과 결혼한 몸이라는 사실을 알고 있다. 1936년 8월 24일에 한나 아렌트는 하인리히 블뤼허에게 사랑고백과 더불어 의심을 담은 편지를 보낸다. "내가 당신을 사랑한다는 사실을 내가 알듯이 당신도 파리에서 이미 알고 있었지. 그 결과에 대한 두려움 때문에 내가 그 사실을 말하지 않더라도. 그리고 나는 오늘, 우리의 사랑을 위해 그것을 시도하려 한다는 말밖에 할 수 없어. 내가 당신의 아내가 될 수 있을지, 정말 당신의 아내가 될지는 나도 몰라. 나의 의심을 날려보내지 못했어. 내가 결혼한 몸이라는 사실도(할 수만 있다면 나를 용서해줘, 내 사랑. 이렇게 잔인할 정도로 직설적으로 말하는 나를)." 블뤼허는 용서할 수 있었다. 한나 아렌트는 곧 자신의 결혼생활이 얼마나 끔찍한지 고백한다. "나는 말처럼 일하느라 이 집이 얼마나 지옥인지 별로 깨닫지 못했어. 나의 수동적인 회복력 덕분에 그 사람이 나와 결혼생활을 하고 있다고 생각하듯 나도 그렇게 생각할 수 있었지."

한나 아렌트와 하인리히 블뤼허의 위대한 사랑이 시작될 무렵 두 사람 사이에 오간 편지들을 읽어보면 감동적이다. 대부분 스위스에서 떠도는 동안 쓴 편지들인데, 망명생활의 고달픔, 고향에서 들려오는 끔찍한 소식들과 유대인 박해에도 불구하고 두 사람은 서로의 감정을 표현할 언어를 발견한다. 처음에는 탐색하듯 주저하지만 나중에는 점점 더 결연해지는 감정을. 격정은 없지만 진지함이 넘치고 해방감을 주는 재치로 가득차 있었다. 한나 아렌트는 곧 하인리히 블뤼허를 위해 귄터 슈테른과의 결혼생활을 끝내려 하는 자신을 깨닫게 된다. "그의 여자"가 되어야 한다는 사실을. 이미 오래전에 그의 여자였으므로. 줄곧 스파이 혐의를 받고 있는 하인리히 블뤼허는 프랑스어로 된 이혼서류의 직업란에 "철사 제조자"라고 기입한다. 살짝 장난을 친 게 분명하다.*

◇

세상 사람 모두, 그리고 물론 본인도 자신의 인생이 결정적인 전환점을 맞이했다고 생각할 때 갑자기 새로운 변곡점이 찾아온다. 게다가 또 열린 결말의 변곡점이. 파블로 피카소가 5년 동안 연인으로 지낸 마리테레즈 발테르의 공식적인 파트너가 되고 둘 사이에 낳은 딸을 유아차에 태우고 둘이 함께 몽파르나스를 거닌 뒤에 새로운 사람이 피카소의 인생에 등장한다. 바로 도라 마르였다. 피카소는 생제르맹데프레에 있는 단골 카페 레 뒤 마고에서 도라 마르를 처음 보았다. "그녀는 작은 분홍색 꽃들이 달려 있는 검은색 장갑을 끼고 있었다. 그녀는 장갑을 벗더니 길고 뾰족한 칼을 집어들고서 탁자 위

* 독일어로 '철사 제조자'를 뜻하는 단어에는 '배후 조종자'라는 뜻도 있다.

에 펼친 손가락 사이사이로 칼을 꽂으며 손가락을 베지 않고 얼마나 가까이 갈 수 있는지 실험했다. 시간이 흐르면서 몇 센티미터 정도 빗나갔고 게임을 끝내기 전에 그녀의 손은 피로 뒤범벅이 되었다." 피카소는 눈을 커다랗게 뜨고 그 모습을 바라보다가 도라 마르가 앉아 있는 탁자로 다가가 장갑을 달라고 부탁한다. 도라 마르는 피카소에게 자기 장갑을 던져준다. 피카소는 그 장갑을 유리 진열장에 넣고서는 마치 성물처럼 숭배한다.

며칠 뒤 도라 마르는 피카소의 연인이 된다. 피카소는 파리에서 자유를 얻기 위해 아내 올가와 아들 파울로를 노르망디 부아젤루에 있는 성으로 보내고, 이혼 대신 그 성을 올가에게 맡긴다.

그리고 마리테레즈는 어린 마야와 함께 파리에서 40킬로미터 떨어진 르 트랑블레쉬르몰드르에 있는 집으로 이사한다. 피카소 자신도 두 여인 사이에서 갈팡질팡하던 자신의 과거를 떠올리게 하지 않을 새 아틀리에를 구한다. 곧 그랑 오귀스탱가에 있는 볕이 잘 드는 장소를 발견한다. 피카소의 마음을 차지한 새로운 여인 도라 마르는 바로 그 옆집으로 이사한다. 금발의 여인 마리테레즈와 연극적이고 예리한 스페인 미인 도라 사이에 상상초월의 질투극이 벌어진다. 그렇다면 막강한 화가이자 나약한 남자인 피카소는? 피카소는 이렇게 말한다. "나는 결정을 내릴 마음이 전혀 없었다. (……) 나는 두 여자에게 둘이 알아서 하라고 말했다." 그리고 두 여인은 그렇게 했다. 정신적으로 억센 공산주의자 도라 마르가 이 싸움에서 승리자가 된다. 1937년 여름에 독일군한테 폭격당한 스페인 도시 이름을 따서 〈게르니카〉라는 화제작을 그릴 때 피카소는 그림 한가운데에 신화적인 인물 "횃불을 든 여인"을 다시 그려넣는다. 그 여인은 2년 전 〈미노타우로마키〉에서는 마리테레즈의 모습을 하고 있었다. 그러나 1937년 여름에는 검은 머리에 오뚝한 콧날의 도라 마르 모습을 하고 있었다. 피카소는 자기가 만난 갈망하는 여인들을 자기 안에 흡수한다. 그의 육체와 갈망을 결정하는 사람이, 그의 예술과 시각도 결정한다.

◇

클라우스 만은 1920년대에 구스타프 그륀트겐스와 가까워진 이후로 그륀트겐스에게 애증을 갖고 있다. 두 사람이 얼마나 가까웠는지 알 수 없으나 클라우스 만의 누나 에리카가 하필 그륀트겐스를 남편으로 골랐을 때 클라우스가 얼마나 괴로워했는지 우리는 안다. 1932년에 이미 소설 『영원 속에서 만나는 점』에서 클라우스 만은 그륀트겐스를 충분히 다룬 바 있고, 그것은 남은 평생 계속된다. 클라우스 만은 일기에서 이렇게 자문한다. "왜 이렇게 그 인간 생각을 많이 하는 걸까, 그리고 그 인간을 생각하면 왜 이렇게 혐오감이 일까?" 망명지 파리에 있든 암스테르담에 있든 꿈에 자꾸 그륀트겐스가 나온다. 그륀트겐스가 혜성처럼 빠르게 베를린 국립극장장으로 출세하는 것도 지켜본다. 그리고 그것으로 소설을 쓴다. 그 소설 제목은 『메피스토』로, 그륀트겐스가 연기한 배역 가운데 최고의 배역이 될 이름이었다.

클라우스 만이 이 소설에서 300쪽에 걸쳐 주인공 '헨드릭 회프겐'이 인기를 좇고 사람들의 마음에 들려고 애쓰는 모습을 묘사한 것만 봐도 '헨드릭 회프겐'이 누구를 말하는지 뻔하다. 클라우스 만은 이 책이 "증오로 가득한 활력"을 준다고 어머니에게 고백한다. 딱 한 가지 문제는, 그륀트겐스와 사랑하는 누이 에리카가 함께 보낸 시간을 어떻게 문학으로 형상화하느냐 하는 점이었다. "그 인물은 당연히 에리카이면서도 에리카이면 안 되기 때문"이다. 결국 "바르바라"라는 이름으로 위장한 이 인물은 클라우스가 이제까지 자기 누이를 묘사한 것 가운데 가장 섬세한 초상화일지 모른다. "그녀는 타인의 고통에 능숙했다. 그러나 어린 시절부터 자기 자신의 고통, 자기 자신의 무력감을 진지하게 생각해보거나 다른 사람과 나눌 줄을 몰랐다." 그러고는 매혹적인 반전이 나타나는데, 클라우스 만은 사랑받고자 늘 고군분투했던 대상인 아버지에게 이렇게 인사를 건넨다. "그녀의 불안정한 내면 상태"를 아는 것은 이 세상에 단 한 사람뿐이라고, 아버지는 "자기가 사랑한 자식이 어떤 사람인지 알고 있었다"고.

1936년 여름 파리 망명자 신문 『파리저 타게스차이퉁』에 먼저 『메피스토』가 실리고 그다음에 암스테르담에서 책으로 출간되었을 때, 사람들의 반응은 엇갈렸다. 비뚤어진 방식으로 아들을 사랑했을지 모를 몰인정한 아버지 토마스 만은 자기 아들이 어떤 사람인지 알 뿐만 아니라 아들이 가지고 있는 문학적 약점들도 알고 있었다. "현실과 너무 밀접한 작품은 그 현실에서 벗어나고자 하거나 그 현실을 부정하고자 하는 지점에서 가장 큰 위험에 빠지고 속수무책이 되기" 때문에, 『메피스토』가 픽션이 되려고 할 때마다 문제에 봉착하게 된다는 것이다. 안타깝지만 맞는 말이다.

그런데 무슨 신의 조화인지 이 작품이 신문에 먼저 발표되던 날에 그륀트겐스가 결혼한다. 베를린에서 그륀트겐스가 동성애자라는 소문이 너무 공공연해져서 국립극장장 신분을 지키려면 형식적으로나마 결혼을 해야만 했다. 그륀트겐스는 스물일곱 살의 배우 마리안네 호페와 결혼한다. 마리안네 호페도 그륀트겐스와 마찬가지로 동성에게 훨씬 더 관심이 많았다. 1936년에 두 사람은 도망친 유대인한테서 빼앗은 체젠의 작은 영지에서 신혼생활을 시작한다. 그륀트겐스의 어머니가 대신 그 영지를 살펴보고는 좋다고 결정했다. 호적사무소에서 법적으로 혼인 절차를 마친 신혼부부는 새집으로 들어간다. 마리안네는 수영하러 가고, 그륀트겐스는 낮잠을 잔다. 저녁에 손님이 몇 사람 오지만 그륀트겐스는 공연 때문에 베를린에 가야 한다. 공연을 마치고 체젠에 돌아왔을 때 손님들은 이미 가고 마리안네는 자고 있었다. 그렇게 구스타프 그륀트겐스는 두번째 첫날밤도 무사히 피하게 된다. 베를린 사람들의 입에서 이런 노래가 떠돈다. "호페 호페 그륀트겐스는, 아이를 얻지 못하지, 호페가 아이가 생기면, 그건 그륀트겐스 아이가 아니네."

◇

1936년 여름에 북해 연안의 오스탕드에서 최고의 출연진과 가장 아름다운 환상적 연출로 삼인극이 펼쳐진다. 돌풍을 헤치고 세 사람이 등장한다. 먼저 요제프 로트와 슈테판 츠바이크가 등장하는데 두 사람은 아주 다른 성향의 작가이면서 서로 친구였다. 한 사람은 망명생활을 하면서 완전히 술에 절어 살고, 다른 사람은 영원하면서 미적으로 정제된 "어제의 세계"를 생각하며 산다. 이 "어제의 세계"는 훗날 슈테판 츠바이크가 남긴 가장 유명한 책 제목이 된다. 그리고 베를린에서 『인견 소녀』로 유명해졌으나 최근에 독일을 완전히 떠나온 서른한 살의 이름가르트 코인이 무대에 등장한다. 요제프 로트와 이름가르트 코인은 은밀한 절망과 고요한 희망 속에서 서로를 알아본다. 두 사람은 함께 글쓰기와 삶과 술의 도취 속으로 빠져든다. 그리고 요제프 로트의 지기지우 슈테판 츠바이크는 늘 그렇듯 분별있게 뒤로 물러나 가방을 꾸리고는 새로운 한 쌍의 연인에게 행복을 빌어준다. 그리고 이렇게 충고한다. "아직 남아 있는 좋은 것을 모두 누리길." 그래서 요제프 로트는 이름가르트 코인과 함께 기차를 타고 독일을 크게 우회해서 자신의 뿌리인 유대인 조상이 있는 갈리시아로 간다. "다시 한번 그곳을 봐야겠어"라고 요제프 로트는 이름가르트 코인에게 말한다. 이름가르트 코인은 요제프 로트와 함께 파괴적인 술의 나락 속으로 점점 더 깊이 빠져든다. 두 사람은 영원 같은 2년 동안 가장 특이하고 가장 감동적인 독일 망명자 연인으로 남는다.

◇

1930년대 가장 긴 삼인극이 파리에서 잠깐 동안 확장편을 공연한다. 보헤미안 같은 페루인 시인이자 대담한 성격의 곤살로 모레가 아나이스 닌, 헨리 밀러, 위고 귀에로 이루어진 오래된 삼각관계를 보완해주는 것이다.

1936년 9월 14일 토요일에 헨리 밀러는 늘 그래왔듯 아나이스 닌이 새집에서 함께 토요일 밤을 보내기를 원한다. 토요일마다 함께 있을 때면 자기가 아나이스 닌에게 일 순위가 된 기분이다. 그런데 이날 곤살로가 헨리에게 너무 질투가 나서 아나이스 닌에게 지금 당장 자기에게 오라고, 그렇지 않으면 떠나버리겠다고 말한다. 그래서 아나이스 닌은 토요일 오후에 헨리 밀러의 차에 강력한 수면제를 타서 헨리 밀러가 이른 저녁부터 잠이 들게 만든다. 그런 다음 맨발로 살금살금 빠져나와 곤살로와 함께 열정적인 밤을 보낸다. 그러고는 정각 아침 여섯시에 서둘러 빌라 쇠라로 돌아가 따뜻한 이불 속 헨리 곁으로 기어들어간다. 헨리 밀러는 약에 취해 코를 골면서 아무것도 눈치채지 못한다. 헨리 밀러가 잠에서 깨자 아나이스 닌은 함께 멋진 아침식사를 하고는 차를 몰아 남편 위고 귀에가 있는 호화로운 새집으로 달려가 꽃다발을 안겨준다. 그리고 저녁에 이렇게 일기를 쓴다. “죄가 아니다. 동정도 없다. 죄책감도 없다. 오직 사랑뿐.”

◇

1936년은 리베르타스와 하로 슐체보이젠에게 새로운 길을 열어준 해다. 두 사람은 결혼하여 베를린 샤를로텐부르크 바이츠가 2번지에 있는 신축 건물로 이사한다. 이곳은 곧 의사, 예술가, 교수로 이루어진 엘리트 저항조직의 비밀스러운 만남의 장소가 된다. 그리고 하로 슐체보이젠이 항공성에서 중요한 정보를 입수할 수 있는 소위의 자리에 오르도록 리베르타스가 힘을 쓴다. 헤르만 괴링이 주말에 사슴 사냥을 하러 리베르타스 집안의 영지인 리벤베르크성에 들르자 리베르타스는 얼른 그곳으로 달려간다. 마침 커다란 사슴 두 마리를 명중시켜 흡족해하며 자기 방에 들어가려던 헤르만 괴링을 이 집안의 매력적인 딸 리베르타스가 긴 대화에 끌어들인다. 안타깝게도 자기 남편이 젊은 시절 잡지를 펴내면서 저지른 실수 때문에 흠잡을 데 없는 품행에도 불구하고 항공성에서 책임 있는 자리를 얻지 못하고 있다고 괴링에게 하소연한 것이다. 괴링은 자기가 그 문제를 해결해 보겠다고 약속한다. 그리고 실제로 그렇게 한다. 늠름한 나치로 완벽하게 위장한 저항운동가 하로 슐체보이젠을 몸소 장교로 승진시켰다는 사실을 전혀 알지 못한 채. 대담한 리베르타스도 자신의 역할을 완벽하게 해낸다. 나치 당원증까지 반납하면서 "아내로서" 남편과 가정에 온전히 헌신해야 할 것 같다고 당에 거짓말을 한다. "정치 활동을 위한 전제조건이 결혼으로 사라졌다"면서. 나치는 결혼의 결과를 받아들일 수밖에 없었다. 그런데 사실 "아내로서" 리베르타스의 태도는 친어머니뿐만 아니라 시어머니도 노하게 만들었다. 스물두 살의 신부는 남편을 위해 얌전히 요리할 생각이 전혀 없었다. 그게 아니라 기자와 작가가 되어 남편 곁에서 자기주도적인 삶을 꾸려가고자 했다. 마치 아직도 1920년대 황금기에 살고 있는 것처럼. 리베르타스가 아코디언, 라이카 카메라, 수첩을 가지고서 홀로 녹슨 화물선을 타고 장크트파울리에서 흑해를 향해 떠났을 때, 하로는 자기 어머니에게 이렇게 해명했다. "립스가 떠난 건 다 제가 원한 일이에요. 제 아내가 저와 헤어져서도 고유한 인격체로 살아가는 데 익숙해지길 바라기 때문이죠." 그러나 뮐하임 안 데어 루르에 있는 하로의 어머니는 아들의 해명에도 진정되지 않았다. 하로의 어머니는 아들에게 이런 식으로는 결혼생활을 이어갈 수 없다고 편지한다. 그러나 하로의 생각은 완전히 달랐다. "행복한 결혼생활의 토대가 되는 정교한 법칙, 무한히 정교한 법칙들에 대해 어머니가 도대체 뭘 아십니까? 저는 여자를 쟁취하고 저항에 맞서 사랑을 관철시키려는 욕구가 끊임없이 샘솟을 만큼 아직도 충분히 남자답습니다. 저는 성적 약탈자가 아니고 제 아내를 한없이 사랑하기에 모험과 장애물을 배제시키지 않고 결혼생활 안으로 끌어안을 것입니다." 이 얼마나 위대한 말인가. 나치가 결혼생활에서 극복하기 힘든 영구적인 장애를 남겼다는 사실을 하로 본인도 알고 있기에 더더욱 그렇다. 남동생에게도 편지로 썼듯이, 1933년 여름에 겪은 고문으로 신장이 너무 망가져서 결혼생활의 의무라고 부르는 것을 하고 싶어도 할 수 없었던 것이다. 그러나 리베르타스는 선원들에 둘러싸여 흑해로 항해하는 중에 남편 하로에게 이렇게 편지한다. "애송이씨, 충실에 관해서라면 당신은 걱정할 필요가 전혀 없어." 이 말 역시 얼마나 위대한가.

◇

두 사람의 집 사이에는 멋진 해변이 있고, 두 사람의 심장 사이에는 한 여인이 있다. 1936년 8월 사나리쉬르메르에서 독일 망명자 리온 포이흐트방거와 『멋진 신세계』를 쓴 영국 소설가 올더스 헉슬리가, 외곽에서 레즈비언 여자친구 쥐빌레 베드포드와 함께 살고 있는 그림처럼 아름다운 화가 에바 헤르만의 사랑을 얻으려 애쓰고 있다. 에바 헤르만은 이 상황을 자기 방식대로 해결하려 한다. 먼저 포이흐트방거와 동침하고, 그다음에 헉슬리와 동침하고, 그다음에 다시 쥐빌레 베드포드와 동침하는 것이다. 그러자 포이흐트방거는 일기에 이렇게 적는다. "에바 때문에 기분이 몹시 상함." 리온 포이흐트방거는 다른 사람을 갖고 노는 것은 좋아하지만 다른 사람이 자기를 갖고 노는 기분이 드는 것은 싫어한다. 그러나 포이흐트방거는 다른 사람에게 상처 주는 방법을 안다. 그래서 저녁에 갑자기 쥐빌레 베드포드와 함께 사나리 항구의 산책로를 걷는다. 그러나 쥐빌레 베드포드는 동성에 대한 애착을 고집한다. 그래서 리온 포이흐트방거는 철학자 루트비히 마르쿠제의 아내 사샤한테 접근한다. 사샤는 마침 지루해하던 참이었다. 그랬더니 보라. 그 사실을 알게 된 에바가 그 길로 곧장 리온 포이흐트방거한테, 그의 침대로 달려왔다. 그런데 이 동침으로 에바는 임신하게 되고 임신중절수술을 받으러 파리로 가야만 했다. 그러니 사나리에서 삶에 제동을 거는 것은 여전히 정신적 육체적 충격, 질투, 갈망, 사랑의 광기다. 나치 테러는 아직 멀리 떨어져 있어 운좋게 벗어난 듯 보인다.

◇

마샤 칼레코는 온정과 재치가 독특하게 어우러진 시를 통해 많은 독자의 심금을 울렸다. 칼레코의 시들은 사랑과 인생의 다양한 모습들을 그려낸다. 인생의 무상함, 기만, 행복에 대한 굳건한 믿음을. "우리가 갈망하는 미수금이 얼마나 자주 급행열차를 타고 날아가버렸던가." 그러나 마샤 칼레코는 안전에 대한 확신을 바탕으로 불안전에 대해 썼다. 다시 말해 맹목적으로 자기에게 충실한 남편 자울에 대한 사랑을 바탕으로. 몇 번 남편을 속이긴 했지만, 그래도 "다른 이들은…… 파도,/당신은 항구"였다. 위기감을 느끼기 시작하자 두 사람은 보통 부부들이 꺼진 불씨를 다시 살리기 위해 하는 행동을 한다. 새집을 알아보는 것이다. 그렇게 해서 샤를로텐부르크 지구 블라이프트로이가*에 있는 멋진 고가옥으로 이사 오자마자 마샤 칼레코는 임신한 것을 알게 된다. 그리고 이 아이의 아버지가 자울 칼레코가 아니라 헤미요 비나베르라는 것을 안다. 마샤의 남편은 뭔가 예감했는지 이런 편지를 썼다. "당신이 원하는 만큼 바람피워도 좋아. 그렇지만 내가 모르게 해줘." 그러나 시간이 흐를수록 배가 불러옴에 따라 비밀을 숨기기가 점점 더 어려워진다. 그리고 첫눈에 마샤의 마음을 사로잡은 유대인 작곡가 헤미요 비나베르를 향한 사랑도. 두 사람은 로마니셰스 카페에서 우연히 이웃한 탁자에 앉게 되

---

* '블라이프트로이Bleibteu'는 '신의를 지켜라'라는 뜻.

었는데 헤미요 비나베르가 다가와 쪽지를 내밀었다. "마샤, 당신이 내 아이를 낳아줬으면 합니다."

이런 걸 두고 이중 섭리라 하리라. 배반당하는 남편과 예비 아빠에 대한. 1936년 12월 28일에 마샤 칼레코의 아들 아비타 알렉산더가 태어난다. 아이엄마는 남편에게 차마 진실을 말하지 못하고, 그렇게 고통스러운 1년이 시작된다. 마샤 칼레코는 아들을 사랑하지만 아들의 미소에서 연인의 모습만 보인다. 그러나 남편은 아들이 자기를 많이 닮았다면서 너무 뿌듯해한다.

마샤 칼레코는 심장이 갈가리 찢기는 기분이다. 결국 1937년 어느 날 신호등에서 왼쪽에는 자기 손가락에 끼고 있는 결혼반지를 준 남편이, 오른쪽에는 자기 마음을 가져간 사람이 서 있을 때 마샤는 진실을 고백하고 만다. 유아차에서는 아비타 알렉산더가 울부짖는다.

마샤가 고백한 후에 헤미요 비나베르는 연인과 아들이 있는 블라입트로이가로 들어가고 자울 칼레코는 하숙집으로 들어간다. 자울 칼레코는 『모든 중급자를 위한 히브리어』를 쓴 저자이지만 독거에 관한 한 완전 초급자다. 1938년 1월 22일에 자울 칼레코와 마샤 칼레코는 이혼한다. 그리고 마샤 칼레코는 1월 28일에 헤미요 비나베르와 결혼한다. 마샤 칼레코는 소망이 이루어질 때는 조심해야 한다고 수많은 시에서 경고한 바 있다. 이제 자기 차례였다. 결혼식이 끝나고 나흘 뒤에 마샤 칼레코는 심란한 마음으로 일기에 이렇게 적는다. "그이는 너무 쉽게 화를 낸다. 그이가 소리 지를 때면 이것이 세상 모두 부러워하는 '위대한 사랑'인가 하는 생각이 든다. 나는 내가 사랑하는 남자를 따라가기 위해 나를 사랑하는 남자를 떠났다. 내가 사랑하는 남자 곁에서 나와 내 아이의 평화를 찾기 위해서." 불과 몇 주 뒤에 마샤 칼레코는 감격에 벅차 이렇게 쓴다. "그이는 내가 세상에서 가장 사랑하는 사람이다. 그이가 나를 아주, 아주, 아주 사랑한다는 것을 안다. 내가 자기 인생에서 고향이자 사랑일 수 있는 여자라는 그이의 말을 믿는다." 그리고 실제로 그렇기도 하다. 10월에 두 사람은 사랑하는 아들과 함께 미국으로, 뉴욕으로, 센트럴파크 웨스트 378/385로 이주한다. 이곳이 두 사람의 새로운 고향이 된다. 서로에 대한 사랑은 변치 않는다. 그리고 베를린에 대한 그리움도. 마샤 칼레코는 이런 시를 짓는다. "물론, 나는 아주 해피happy하다/그러나 행복glücklich하지는 않다."

◇

뉴욕은 베를린과 파리에 이어 쿠르트 바일과 로테 레냐가 정착한 세 번째 국제도시다. 두 사람은 고작 5년 만에 뉴욕에서 자리잡는다. 두 사람이 최종 망명지 뉴욕으로 떠날 때만 해도 짐이라고는 옷가지, 악보, 수첩, 〈서푼짜리 오페라〉 수익금에서 남은 돈이 들어 있는 여행가방 두세 개뿐이었다. 그게 다였다. 이제 두 사람은 이곳에 좌초한 다른 사람들과 마찬가지로 새롭게 시작해야 한다. 뉴욕에 온 사람들은 처음에는 안도하다가 나중에는 미래에 대한 불안에 휩싸였다. 그러나 두 사람은 베드포드 호텔에 있는 다른 독일 망명자들처럼 향수와 감상에 빠지고 싶지 않다. 두 사람은 일하고 싶다. 눈물을 흘리며 "좋았던 옛 시절" 얘기나 하고 싶지는 않다. 신세계에서 경력을 쌓고 싶다. 두 사람은 벼락치기로 영어를 배운다. 그리고 각자 전문분야에서 성공을 거둔다. 미국에 온 지 1년 만에 쿠르트 바일의 첫 대형 쇼가 브로드웨이에서 공연되고 로테 레냐는 첫번째 미국인 애인이 생기는데, 바로 극작가 폴 그린이었다. 모든 것이 이전과 똑같다. 두 사람은 1937년 1월 19일에 뉴욕 호적사무소에서 두번째로 혼인 서약을 할 수 있게 된다. 이혼 조정 기간은 끝나버렸다. 쿠르트 바일은 이 결혼에 항상 조연이 몇 명 있으리라는 사실을 안다. 로테 레냐는 친구들에게 새 결혼식에 대해 이야기할 때 이렇게 말한다. "하나보다 둘이 낫지." 그리고 쿠르트 바일은 할리우드에 온 지 몇 달이 되었을 때 이런 결론을 내린다. "우리는 문제가 없는 유일한 부부인 것 같다." 축하한다. 아니 릴케의 표현대로, "그건 사랑이다. 오, 사랑이다".

◇

콘라트 아데나워는 1933년부터 숨어 지내온 마리아 라흐 수도원의 은신처를 떠난다. 쾰른에 있는 집까지 나치에 몰수되자 콘라트 아데나워는 아내와 아이들을 데리고 뢴도르프로 간다. 그곳에 처남 에른스트가 아데나워를 위해 작은 집을 지어주었다. 아데나워 가족은 쾰른 시장 자격으로 받은 반토막 난 연금으로 살아간다. 조용하고 쓸쓸한 나날들이었다. 콘라트 아데나워는 자신의 전성기는 이미 지나간 것이 아닐까 걱정한다.

◇

그것은 사랑임에 틀림없다. 1937년 2월 21일에 레니 리펜슈탈은 미국 기자 패드릭 킹에게 아돌프 히틀러를 생각하면 어떤 기분이 드는지 질문을 받고는 이렇게 대답한다. "나에게 히틀러는 역사상 가장 위대한 남자예요. 정말 결점이라고는 없어요. 아주 단순하면서도 남성적인 힘이 넘치죠. 히틀러한테는 빛이 나요. 프리드리히대왕이든, 니체든, 비스마르크든 독일의 위대한 남자들은 모두 실수를 저질렀죠. 히틀러의 측근들도 오점이 없지는 않죠. 오직 그 사람만 순수해요."

레니 리펜슈탈은 자신이 할일이 무엇인지 안다. 히틀러가 직접 자기를 구해주었기 때문이다. 요제프 괴벨스가 레니 리펜슈탈의 할머니가 유대인이라고 공공연하게 말하고 다녔는데 히틀러가 괴벨스한테 정신 차리라며 경고했다. 사실 리펜슈탈의 할머니가 유대인인지 아닌지 분명하지 않았는데도 말이다. 괴벨스는 공개 사과를 해야 했다. 6월 30일에 리펜슈탈의 집들이에 와서 리펜슈탈에게 고개 숙여야 했던 것이다. 히틀러가 사랑한 영화감독 리펜슈탈이 베를린 달렘에 새집을 지어 이사했는데, 사실 그 땅은 망명한 베르트하임 가족이 살던 땅을 나치가 몰수한 것이었다. 집들이 손님들은 갓 깎은 잔디밭에서 펀치를 마셨다. 집들이에 모인 사람들은 얼마 되지 않았다. 히틀러, 괴벨스, 리펜슈탈의 남동생 하인츠 부부, 리펜슈탈의 어머니, 이 집의 여주인이 다였다. 참, 또 한 여인이 있었는데, 레니 리펜슈탈과 똑같은 옷차림을 하고 있었다. 하얀 블라우스에 무릎까지 오는 치마 차림의 그 여인은 수줍은 듯 뒤로 물러나 있었다. 레니 리펜슈탈은 신사들에게 그 여인을 에버스베르크 박사라고 소개했다. 히틀러의 친구이자 궁정사진작가인 하인리히 호프만도 와 있었기 때문에 그 따뜻한 여름 저녁은 수많은 사진으로 남게 된다. 그리고 이날 레니 리펜슈탈은 천년제국에 새삼 마음을 빼앗긴다.

한편, 이날 저녁에 등장하는 저 아네타 에버스베르크는 900쪽이나 되는 리펜슈탈의 두꺼운 자서전에는 나오지 않는다. 그러나 1930년대 중반부터 리펜슈탈의 가장 가까운 친구였다. 히틀러도 괴벨스도 더는 묻지 않았고, 사람들은 그 "박사님"을 그저 의사라고 여겼다. 리펜슈탈의 할머니가 유대인이라는 소문에서 자유로워진 지금 히틀러와 괴벨스는 이 집 주인 레니 리펜슈탈이 양성애자일지 모른다는 사실에 차라리 눈을 감았다. 모름지기 지레 최악의 상황을 두려워할 필요는 없는 것이다. 어쨌든 레니 리펜슈탈은 이 지체 높은 신사들이 떠나자 짐을 싸고는 아네타, 남동생, 어머니와 함께 술을 한잔 더 한다. 이튿날 아침 일찍 출발해야 한다. 리펜슈탈이 찍은 영화 〈의지의 승리〉가 파리에서 개봉하기 때문이다.

◇

그럼 헤르만 헤세는 어떻게 되었을까? 루가노호수 위 무성한 정원에서 무릎을 꿇고 계속 잡초를 뽑고 있다. 이 일은 니논 곁에서 벗어날 수 있는 기회이기도 하다. "나의 하루 일과는 스튜디오와 정원 일로 나뉘어 있다. 후자는 명상과 정신적 소화를 위한 일이고, 그렇기에 주로 혼자서 한다." 이 결혼생활에서 헤세가 가장 바라는 것은 바로 고독이다. 그리고 아내 니논도 마찬가지다. 철저히 설계된 거대한 저택 안의 슬픈 파트너. 두 사람 모두 너무 거창한 과거와 너무 소박한 꿈을 가지고 있다. 울타리에는 "방문객 사절합니다"라는 푯말이 매달려 있다. 저 아래 계곡으로부터 호숫가 작은 마을들의 교회 종탑 소리가 계곡을 타고 올라와 카사 로사의 정원 안으로 울려퍼진다.

◇

고트프리트 벤은 하노버 병무청생활이 외로워 다시 한번 결혼하려고 한다. 그러려면 두 애인과 관계를 끊어야 한다. 열렬한 사랑 고백을 요구하는 엘리노어 뷜러에게 벤은 간결한 답장을 보낸다. "사랑은 촉각기관의 위기"라고.

그리고 이렇게 덧붙인다. "붙잡고 싶은 사람이 생겼어. 지난 몇 주 동안 가까워진 어린 친구야." 이와 똑같은 내용을 또다른 애인 틸리 베데킨트에게도 보낸다. 늘 그렇듯 벤은 자기 인생에서 중요한 사건에 사소한 단어를 쓴다. 결코 새로운 사랑이 아니라 "어린 친구"일 뿐인 것이다. 브레멘에 사는 벤의 편지 친구 욀체한테도 너무 많이 기대하지 말라는 듯 몇 가지 신체적인 세부 사항을 덧붙인다. "키 크고, 마르고, 품종개량이 과하게 됐고, 예쁘지는 않고, 돌출 치아." 흔히 그렇듯 벤은 인생의 작은 행복을 사람들에게 불행으로 묘사해서 보호하려는 것처럼 보인다. 고트프리트 벤은 이제 쉰한 살이고, 그녀는 서른한 살쯤 되어 보인다. 벤의 초기 저작들을 "퇴폐적"이라고 부르고 벤에게 유대인 혈통이 있다고 덮어씌우는 등, 점점 더 집요해지는 나치의 공격 때문이라도 독일 귀족 가문과 결혼하는 것이 안전하리라고 생각했음에 틀림없다.

벤이 새로운 여인을 사귀게 되자, 다시 말해 벤이 서정시의 밑거름이라고 천명한 고독을 포기하자 1935년과 1936년 여름에 슈타트할레에서 지은 시들에서 뿜어져나왔던 시적인 힘이 급격히 무기력해지는 것을 보면 매우 흥미로우면서도 당혹스럽다. 지금 얘기되고 있는 젊은 여인은 바로 헤르타 폰 베데마이어로, 잿빛 금발머리를 지닌 하노버 출신 귀족이다. 여하튼 벤이 강조하듯이 "완벽한 타이피스트"였다. 그러나 헤르타 폰 베데마이어를 아내로 맞이하기 전에 벤은 먼저 그녀의 재정 상태를 알고 싶었다. 그래서 더 자세히 알아보기 위해 독일귀족협회에 편지를 쓰는 것도 서슴지 않는다.

그 결과 금전적으로 얻어낼 게 별로 없다는 사실이 분명해졌는데도 벤은 그녀와 결혼해서 베를린으로 가기로 결심한다. 그리고 보체너가 20번지 1층에 있는 조금 어두침침한 집을 하나 구한다. 벤은 남은 평생 이 동굴을 떠나지 않을 것이다. 결혼식이 다가오자 고트프리트 벤은 무기를 풀고 오랜 친구이자 출판업자인 에리히 라이스에게 결혼이 성생활에 미치는 영향을 낱낱이 늘어놓는다. “남자에게는 오로지 불법, 음란 행위, 오르가슴이 있을 뿐이야. 애착처럼 보이는 것은 모두 남자의 본성에 어긋나지. 결혼생활에는 생계 문제, 식사, 사교, 공동의 이해관계가 있어. 모두 성생활에 방해가 되는 것들이지.” 그리고 이렇게 덧붙인다. “아내에 대한 인간적인 애착은 남자에게 진정한 성교의 바탕이라고 할 비열함, 천박함, 범죄성을 마비시켜, 그래서 성적 불능이 되지만 결혼생활에서는 이 성교 불능이 인간으로서 여자 배우자에게 보내는 박수갈채야.”

벤의 박수갈채는 이렇다. “내 아내는 섬세하고, 세련되고, 매우 퇴화되었고, 항상 피곤하다. 그래서 아주 편하다. 내 아내는 여덟시면 잠자리에 들 준비가 되어 있다.” 그럼, 안녕히 주무시길.

◇

늦어도 1937년에는 블라디미르 나보코프 부부도 어린 아들 드미트리와 함께 베를린을 떠나야 할 때가 왔다는 사실을 깨닫게 된다. 블라디미르의 아버지를 죽인 살인자가 베를린으로 돌아온다. 이번에는 러시아 망명자들을 감시하는 “기밀 부서” 책임자로. 좀더 기밀스럽게 들리도록 덧붙이자면, 바로 게슈타포 부속 기구였다. 그래서 나보코프 가족은 이제 유대인으로서는 물론 러시아인으로서도 성가신 감시를 받게 된다. 베라는 파리에 있는 남편에게 빨리 망명할 수 있는 방법을 찾아보라고 재촉한다. 그러나 블라디미르는 딴 데 정신이 팔려 있다. 여행중에 이리나 과나디니라는 여인과 사랑에 빠졌기 때문이다. 직업이 애견미용사인 여자였는데, 마치 그사이 꽤 심각한 대머리가 되어버린 소설가 블라디미르 나보코프가 지어낸 이야기처럼 들린다. 이제 게슈타포뿐만 아니라 러시아 "기밀 부서"까지 두려워하며 베를린에서 이중의 불안에 떨며 견디고 있을 아내에 대한 죄책감이 어찌나 컸던지, 그는 애견미용사와 처음 사랑의 밤을 보낸 뒤 온몸에 건선이 생겼다. 블라디미르 나보코프는 아내한테 편지를 써서 파리로 오라고 설득하지만 베라는 나보코프가 망명지에서 가족 모두를 부양할 만한 재정적 기반을 마련하지 못하는 한 파리로 오는 것을 주저한다. 몇 년 동안 마법을 펼쳤던 따뜻함과 재치와 감동적인 사랑이 듬뿍 담겨 있던 베라의 편지들은 이제 당황스러운 음표를 띠게 되고, 전기작가 스테이시 쉬프의 표현대로 "무조의 이중창"이 된다. 블라디미르는 아무 일도 없었던 것처럼 이렇게 말한다. "무쉬라인, 이제 나한테 올 마음의 준비를 해야 할 때이지 않아?" 그러나 베라는 남편의 불륜에 대해 알게 된다. 블라디미르는 너무 비겁한 나머지 불륜을 인정하지 않는다. 장래의 망명지에 대한 편지들은 불신과 의심과 불안으로 가득차게 된다. 3월 30일에 블라디미르는 아내에게 이런 편지를 쓴다. "내 사랑, 나흘 동안이나 당신한테 편지를 못 받았소. 무슨 일이오?" 물론 블라디미르는 무슨 일인지 이미 예감했다. 게다가 베라는 베를린에서 자기 자신과 어린 드미트리를 위해 비자를 받아내야 했는데, 거의 불가능한 일이나 다름없었다. 베라는 망명지로 처음에 영국을 제안했다가 나중에는 벨기에를 제안한다. 순전히 회피 행동이었는데, 애견미용사와 블라디미르의 불륜으로 프랑스는 베라에게 더럽혀진 땅이었기 때문이다. 블라디미르는 4월 6일에 베를린으로 또 편지를 띄운다. "도대체 무슨 일이오? 이러다가 다음 편지에 당신이 아무렇지 않게 독일에, 바이에른의 휴양지에 남겠다고 쓰겠군."

결국 베라는 남편에게 진실을 말한다. 자기를 배신한 것을 들었다고. 히틀러의 마흔여덟번째 생일인 4월 20일에 블라디미르는 뻔뻔하게 이런 거짓말을 한다. "똑같은 소문이 내 귀에도 들어왔소. 그런 소문을 퍼뜨리는 사람들의 더러운 낯짝을 갈겨주겠소. 어쨌든 사람들이 신나서 나에 대해 떠들어대는 혐오스러운 짓을 나는 전혀 신경쓰지 않소. 그리고 당신도 신경쓰지 말아야 한다고 생각하오." 그리고 그사이 수많은 편지들이 오간 뒤 4월 27일에 블라디미르는 베를린에 있는 베라에게 이렇게 편지한다. "나는 통신 체스 대국을 계속할 힘이 없소. 난 포기하겠소."

여왕과 왕은 포지션이 매우 얽히고설켜 있었지만 여하튼 5월 22일에 프라하에서 만나는 데 성공한다. 블라디미르는 파리에서 기차로 오고, 베라와 드미트리는 베를린 안할터 역에서 프라하로 온다. 블라디미르가 불륜을 인정하고 이제 끝난 관계라고 선언하자 비로소 베라가 블라디미르와 함께 프랑스의 지중해 바닷가에 있는 칸으로 이주하는 데 동의한 것이다. 그러나 불신의 독과 배반의 고통이 사라질 때까지는 좀더 오랜 시간이 걸린다. 어느 순간 블라디미르는 베라에게 이런 편지를 쓴다. "당신을 사랑해. 모든 것이 제자리를 찾아서 행복해.” 그 행복은 계속 유지된다. 블라디미르와 베라의 결혼생활은 52년 동안 유지되고, 애견미용사와 저지른 오점은 염색한 금발처럼 자라서 어느 순간 사라진다.

◇

모든 것이 정말 좋아질 수 있을까? 1937년은 클라우스 만이 겪은 10년의 암흑기 가운데 가장 밝은 해다. 클라우스 만은 그동안의 망명생활을 담은 책을 계획하고 있다. “내 차기작. 망명자들의 운명을 담은 대작. 『추방자들』 같은 제목으로. 각자 나란히 달리고 있지만 그러면서도 일종의 집게에 서로 묶여 있는. (……) 여권 문제. 재정난. 성적 욕구 불만. 증오. 희망. 향수병. 전쟁에 대한 불안(과 기대).” 이 아이디어 스케치만큼 여러 운명을 좁은 공간에 아주 밀도 있게 묘사한 것도 드물 것이다. 훗날 이 아이디어 스케치는 『활화산. 망명자들의 소설』이 된다. 그러나 클라우스 만은 소설을 쓰고 희망을 품는 것을 계속 가로막는 방해물을 느낀다. 바로 마약이었다. 마약중독이 너무 심해서 날마다 일기에 “했다”고 적을 정도였다. 결국 부모님과 누이 에리카가 클라우스 만을 설득해 중독치료재활원에 입원시킨다.

클라우스 만이 5월 27일부터 마약중독 치료를 받는 부다페스트의 요양원 이름은 희망적이게도 ‘시에스타’였다. 그리고 담당 의사는 바로 로베르트 클롭슈토크였는데, 클라우스 만의 일기에 따르면 “그의 품에서 프란츠 카프카가 죽었다". 그러나 클라우스 만은 그 의사의 손에 다시 삶을 되찾는 데 성공한다. 클라우스 만은 두 달 동안 몹시 고통스러운 금단 치료를 받고 나서 취리히에서 자기를 걱정하고 있는 어머니에게 이렇게 편지한다. "확실히 가까운 장래에 다시 시작할 일은 없을 것 같습니다. 아주 먼 훗날에는 또 모르죠." 클라우스 만이 부다페스트에서 마약 없는 삶으로 돌아가기 위해 싸울 마음을 먹은 데는 또다른 이유가 있다. 그 이름은 바로 토마스 퀸 커티스로 날마다 클리닉에 있는 클라우스 만을 만나러 온다. 클라우스 만은 그를 다정하게 "톰스키"라고 부른다.

스물두 살의 토마스 퀸 커티스는 관능적인 입술에 하늘거리는 머리카락, 몸에 딱 붙는 양복을 입고 다니는 미국인으로 모스크바에서 세르게이 예이젠시테인한테 수학했다. 지난 10년 동안 길고 짧게 셀 수 없이 많은 연애를 해온 클라우스 만은 일기에 이렇게 적는다. "이제 나에겐 오직 그뿐이다. 이 관계가 나에게 주는 것보다 더 큰 충만감을 '저 높은 곳에서' 내려줄 리 없다." 가장 끔찍한 금단의 고통을 뒤로하고 부다페스트에서 톰스키와 새로운 사랑의 행복을 즐기던 1937년 여름은 클라우스 만의 인생에서 가장 행복한 여름이었을지 모른다. 갑자기 연하한테 숭배와 같은 우러름을 받는 연상이 되어 있었다. 클라우스 만은 토마스 퀸 커티스에게 그동안 유럽생활을 하면서 거쳐온 곳들을 짧은 시간 안에 모두 보여준다. 톰스키와 함께 부모님이 계신 취리히에도 가고, 마침 안네마리 슈바르첸바흐와 함께 스위스 그라우뷘덴에서 휴가중인 누나 에리카와 테레제 기제도 찾아가고, 톰스키에게 자기가 『모음집』을 펴내는 암스테르담의 운하들도 보여주고, 톰스키와 아주 오래전 여름에 희망과 꿈의 장소였던 사나리쉬르메르에도 간다. 클라우스 만은 지난 몇 주를 돌아보면서 자신에게 어울리지 않던 굉장한 말을 일기에 쓴다. "나는 행복했다."

◇

작가 에른스트 윙거는 먼저 하르츠에서, 1936년부터는 보덴호숫가에 있는 위버링겐에서 나치와 자기 자신으로부터 숨는 데 성공한다. 그리고 고대 세계와 곤충의 세계라는 꿈속에서 지낸다. 날마다 숲을 돌아다니면서 딱정벌레를 채집하고, 저녁이면 그 딱정벌레들을 핀으로 조심스럽게 고정하고, 꼬리표를 붙이고, 등껍질과 라틴어 학명을 보며 즐거워한다. 그리고 에른스트 윙거의 아주 남다른 아내 그레타는 그 곁에서 괴로워한다. 에른스트 윙거는 정말 진지하게 자기를 "주인님"으로 불러달라고 요구하고 그레타는 그 말대로 한다. 그레타 윙거는 평생 동안 자신의 천직을 찾아 헤매고 두 아들의 어머니 역할에 전념하지 않는다. 글을 쓰기 시작하고, 여행을 떠나고, 자신의 주인님에게 의심의 눈초리를 받는다. 에른스트 윙거 자신은 이미 베를린에서 수많은 불륜을 저질렀고 국내 망명 동안에도 그 짓을 계속한다. 그런데 그레타는 자기 남편을 탓하지 않고 남편을 유혹한 여자들을 탓한다. 그럼에도 에른스트 윙거는 『강철 폭풍 속에서』라는 작품으로 등단한 이래 정서적 이상으로 삼은 과냉각 태도로 아내를 대하고, 그레타는 남편의 그런 "신즉물주의적인" 태도 때문에 괴로워한다. 그레타는 절반은 비꼬면서, 절반은 고통스러워하면서 남편의 태도를 그렇게 부른다. 친구에게 이렇게 하소연하기도 한다. "난 지쳤어. 이제 정말 끔찍하고 참을 수 없는 상태야. 그이의 억압과 우울과 삶에 대한 절대적 부정의 틀 안에 갇히는 기분이 점점 들어. 마치 빛을 좋아하는 곤충이 거미줄에서 벗어나지 못하는 것처럼 말이야." 그렇다, 그레타 윙거는 곤충학자 에른스트 윙거가 쳐놓은 거미줄에 걸려버렸다. 그리고 에른스트 윙거는 어쩌다 가끔씩만, 우연히 같은 집에 살고 있는 진기한 딱정벌레를 보듯 아내를 바라본다. 에른스트 윙거는 자기 자신의 문제를 점성술을 이용해 스스로 답을 내린다. "인생이라는 여정에서 항상 우리는, 우리가 원하든 원하지 않든 정해진 궤도에서 벗어나 자기를 따르도록 강요하는 사람과 마주친다." 그러고는 자신의 불륜과 무책임에 대해 이렇게 대담한 변명을 내놓는다. "그렇기에 충실함도 근본적으로 우리 의지 밖에 있다. 인간의 본성은 미덕보다 중력의 영향을 더 많이 받는다."

◇

알마 말러베르펠의 짧은 애인이자 오랜 고해신부였던 신학자 요하네스 홀른슈타이너는, 아마도 그사이 본인도 고해성사를 받았기를 바라는데, 빈에서 아주 특별한 결혼 무효 소송을 맡아 자신의 능력을 증명하게 된다. 그것은 진정 특별한 사랑을 위한 일이었다.

가톨릭교도는 이혼이 아니라 결혼이 무효화된 후에야 재혼할 수 있기 때문에 홀른슈타이너는 빈 가톨릭 대교구 법원장으로서 핵심 역할을 하게 된다. 오스트리아 수상 쿠르트 슈슈니크가 결혼 무효 소송을 신청하는데, 1935년에 교통사고로 아내를 잃은 수상은 베라 폰 체르닌후데니츠 백작부인과 결혼하려고 한다. 그런데 베라 폰 체르닌후데니츠 백작부인은 레오폴트 푸거 폰 바벤하우젠 백작과 결혼한 몸이자 둘 사이에 자녀 넷을 두고 있었다.

따라서 논리적으로 따지자면 적어도 4중의 결혼으로 보이는데, 그럼에도 요하네스 홀른슈타이너는 수상을 위해 최선을 다한다. 그리고 1937년에 백작부인의 결혼은 실제로 무효 선언된다. 홀른슈타이너는 가톨릭교회가 보장하는 자유와 모순되며 영혼을 지치게 만드는 "결혼의 강제성"이 존재한다고 주장한다. 긴 소송이었다. 그러나 홀른슈타이너가 끝까지 싸워 마침내 결혼 무효를 얻어냈을 때 슈슈니크는 이미 나치의 포로가 되어 있었고 오스트리아는 완전히 "합병"되었다. 수상직에서 해임된 슈슈니크는 1938년 6월 1일 게슈타포한테 구금된 상태로 베라와 결혼하는 것을 허가받는다. 다만 수감자라서 자기 결혼식에 참석할 수 없을 뿐이다. 수상의 남동생 아르투어가 대리로 결혼식에 참석한다. 결혼식이 끝나자 베라는 남편이 수감되어 있는 감옥으로 가서 남편 곁에 남는다. 나중에 슈슈니크가 다하우 강제수용소와 작센하우젠 강제수용소로 이송될 때도 남편 곁을 지킨다.

◇

1937년에 에리카 만은 난생처음으로 진짜 불행해진다. 가을에 인생 최대 시련이라고 할 만한 일을 겪게 되는 것이다. 영국인 남편과 더불어 영국 여권을 갖게 된 에리카 만은 파트너 테레제 기제와 함께 자신의 카바레 페퍼뮐레를 미국에도 정착시키려고 도전하지만 잘 되지 않는다. 미국에는 정치적 카바레 전통도 없고, 정치 상황이 웃음이라는 탈출구가 필요한 고통을 유발할 수 있다는 인식이 부족하다. 게다가 테레제 기제와도 사이가 멀어진다. 공통의 유머로 결속되어 여러 해 동안 망명생활을 함께하며 고통을 견뎌냈는데 말이다. 그러나 이곳 신세계에서 두 사람은 서로 낯설어진다. 에리카는 국제무대에 잘 적응했지만, 독일어를 쓰는 배우인 테레제는 낯선 언어는 물론 낯선 무대와 씨름한다. 결국 두 사람은 다투고 만다. 테레제는 에리카가 피상적인 "미국식 생활방식"에 안주한 채 페퍼뮐레의 관객을 찾기 위해 더이상 아무 일도 하지 않는 것에 실망한다. 반면 에리카는 괜한 고집으로 영어를 배우는 일에 충분히 노력하지 않는다며 테레제를 비난한다.

그런데 분노와 불안에 빠진 테레제가 미국에서 에리카 만이 벌이는 연애행각을 너무 질투한 나머지 에리카가 반항심에서 정말 사랑에 빠지는 일이 벌어진다. 그것도 남자랑. 한번은 구스타프 그륀트겐스와 또 한번은 W. H. 오든과 두 번의 결혼을 한 에리카 만은, 물론 이 두 동성애자와의 결합이 에로티시즘 때문은 아님을 모두들 알고 있었는데, 뉴욕에 있는 베드포드 호텔에서 망명생활중인 유대인 작가이자 의사 마틴 굼퍼트를 좋아하게 된다. "부처 같은 표정의 둥근 얼굴에, 작은 입, 짙은 색의 강렬한 눈을 지닌 아주 조용한 남자다. 그의 눈빛은 스토아학파 같은 외모가 감추고 있는 열정을 드러낸다"고 클라우스 만은 평가한다. 그리고 누가 봐도 그 열정은 오로지 에리카 만을 향하고 있었다. 그 무렵 에리카 만은 클라우스 만의 암스테르담 친구 프리츠 란츠호프한테도 열렬한 숭배를 받고 있었다. 굼퍼트는 에리카를 유혹하는 데 성공한다. 그런데 보아하니 에리카 만은 감사의 뜻으로 자신을 바친 것 같다. 굼퍼트가 의사로서 에리카가 사랑하는 동생 클라우스의 마약중독을 신약으로 치료하려 애쓰고 있기 때문이다. 어쨌거나 두 사람은 동침하게 되고 에리카 만은 임신한다. 굼퍼트는 결혼해서 함께 가정을 이루는 꿈을 꾸지만 에리카 만은 패닉에 빠진다. 감정 과잉과 아내이자 엄마 역할에 위협을 느낀다. 에리카 만은 자신의 독립성과 "심란한 고독"과 구속 없는 자유를 지키기 위해 당장 중절수술을 한다.

하필 이렇게 감정의 혼란에 빠져 있을 때 옛 여자친구 안네마리 슈바르첸바흐가 뉴욕으로 와서는 이 혼란을 바로잡겠다고 나선다. 베드포드 호텔에 있는 독일인 망명자들을 만나 경청하고, 끄덕이고, 질문하고, 좋은 충고를 받아들임으로써. 미칠 지경이 된 에리카 만은 어머니에게 이렇게 불평한다. 하필 "정신병원에나 있을 나약한 인간"이 "시골 가정 교육 예법"으로 이곳 상황을 진정시켜보겠다고 나댄다고. 신경이 곤두서 있는 것이 보인다. 얼마 지나지 않아 테레제 기제는 짐을 싸서 배를 타고 유럽으로 돌아가 버리고, 안네마리 슈바르첸바흐도 따라간다. 두 사람은 여러 날 동안 갑판과 선실에서 사랑하는 에리카를 이해해보려고 이리저리 머리를 굴려본다. 그동안 에리카는 부모님의 거대한 그늘 속에서 위안을 얻는다. 늘 동생 클라우스를 집어삼키고 있는 것 같은 그 그늘이 에리카에게는 안식처이자 피난처가 되어준 것이다. 우리 인간은 참 별나지 않은가? 특히 자식 역할을 할 때 이상해지지 않는지?

◇

1937년 베네치아에서 벌어지는 일은 감동적인 데가 있다. 독일이 낳은 세계적인 스타, 그러나 저물어가는 세계적인 스타 두 사람이 아침에 영원히 가라앉고 있는 도시에서 만나 저녁에 함께 베개에 파묻힌다. 카페 플로리안에서 마를레네 디트리히가 에리히 마리아 레마르크에게 불을 청한다. 마를레네의 오랜 수법이었는데 이번에도 통했다. 마를레네는 입에 담배를 물고서 에리히 마리아 레마르크 쪽으로 몸을 숙이고 창백하고 가느다란 손가락으로 햇빛에 그을린 레마르크의 손을 감싼다. 주위가 아주 고요해진다. 성냥 긋는 소리만 들릴 뿐이다. 그다음에는 종이가 불에 타들어가는 소리가 들리더니 깊은 숨소리가 들린다. 마를레네 디트리히가 니코틴뿐만 아니라 자기 앞에 있는 에리히 마리아 레마르크를 빨아들이는 소리였다.

그렇게 똑똑하면서도 내면은 황폐한 『서부 전선 이상 없다』의 작가이자, 글이 안 써져 고전하고 있는 에리히 마리아 레마르크와, 베를린과 할리우드를 왔다갔다하는 데 지치고 무절제한 성생활에 지친 배우이자, 최근 영화들이 모두 관객몰이에 실패한 마를레네 디트리히는 첫눈에, 그리고 첫 담배에 서로 통한다. 며칠 뒤 레마르크는 디트리히에게 이런 편지를 쓴다. "우리는 서로 꿰뚫어보고 황홀해하고 그렇게 곧바로 서로에게 빠져듭니다." 이것은 두 사람이 느낀 일치감의 마법이다. 아무것도 설명할 필요 없다는 안도감도 잠시나마 행복을 뜻할 수 있다.

그러나 그것은 오래가지 않는다. 레마르크는 디트리히가 침대에 들이는 남자가 자기만이 아니라는 것을 점점 더 자주 느끼게 된다. 레마르크는 서로 불균형한 이 관계에서 일어난 사소한 비열한 행동들과 커다란 고통들을 마조히스트마냥 하나하나 정확하게 일기로 쓴다.

어차피 두 사람은 주로 파리의 호화 스위트룸에서, 그러니까 포르토 롱코와 할리우드의 중간지점에서 잠깐 만날 뿐이다. 그럴 때면 레마르크는 하녀 일을 도맡아 한다. 레마르크는 마를레네를 쓰다듬으며 "퓨마"라고 부르는 것을 좋아했는데, 디트리히에게 오일을 듬뿍 바르고 마사지해주고, 밤에 할리우드에서 전화가 걸려오면 비서 역할도 하고, 과일을 방으로 가져다주고, 아침마다 실내가운을 히터에 데우고 욕조에 물을 받아준다. 레마르크는 묵묵히 이 모든 일을 하지만 뭔가 잘못되었다는 것을 느낀다. 자부심 강한 남자인 자신이 헌신적인 하인으로 전락했음을. 레마르크는 술을 마시면서 남에게 잘 보이려 애쓰는 자신의 노예근성에 절망한다. 1938년 10월 27일 일기를 보면 자기 자신에게 이렇게 훈계하고 있다. "병사여! (……) 너는 영화 스타의 심부름꾼 노릇이나 하고 있을 수 없어. 그것은 직업이 없는 사람들이나 하는 짓이야. 너는 해야 할 일이 있잖아." 그러나 레마르크는 그 짓을 한동안 더 계속한다. 자기가 파리나 앙티브에서 마를레네 디트리히와 팔짱을 끼고 거리를 활보하는 남자라는 사실에 몹시 우쭐해지는 것이다. 라이너 마리아 릴케가 말했다. 사랑에서 중요한 문제는 상대방의 고독을 잘 지켜주는 것이라고.

◇

1937년 9월, 금욕의 계율을 설파하는 루트비히 비트겐슈타인은 또 다시 자신의 이상과 충돌한다. 이번에도 노르웨이의 외딴곳에서. 바로 6년 전 마르그리트 레스핑거가 신중함과 내면의 콤플렉스에 빠져 있는 비트겐슈타인을 유혹하려다 실패한 곳이다. 아니면 보호하려다가. 이번에 비트겐슈타인을 자극하는 것은 한 남자다. 북유럽의 기나긴 백야, 공기는 고요하고, 바다도 잠잠하고, 별들은 반짝여도 되는지 갈피를 잡지 못한다. 새들이 벌써 다시 노래하기 시작하므로. 케임브리지에서 온 수줍음 많고 그림처럼 아름다운 수학과 학생 프랜시스 스키너는 자기보다 두 배는 더 나이 많은 철학자를 숭배하지만, 비트겐슈타인은 프랜시스와 단둘이 있으면 "강한 욕정을 느껴" 당혹스럽다. 비트겐슈타인은 둘의 관계가 "인간적인 관계"로 남기를 간절히 바란다. 비트겐슈타인에게 비인간적인 관계란 성적인 것이 끼어 들 때를 말한다. 비트겐슈타인은 일기에 이렇게 쓴다. "두 번인가 세 번쯤 그 애와 함께 누웠다. 항상 처음에는 전혀 나쁜 일이 아닌 것 같았지만 나중에는 부끄러워졌다. 그애에게 또 부당한 짓을 저질렀고 그애에게 성질을 냈으며 그애에게 솔직하지 못했고 그애를 괴롭혔다."

루트비히 비트겐슈타인은 자신의 호르몬이 두려운 나머지, 기대감에 부풀어 자기를 사랑하는 프랜시스 스키너에게 책임을 전가했다. 프랜시스 스키너가 완전히 당혹스러워하며 노르웨이를 떠나자 비트겐슈타인은 자신의 외딴 오두막으로 기어들어간다. 성적인 충동이 깨어남으로써 마치 "썩은 사과처럼" 내면의 뭔가가 상한 기분이 든다. 아담과 이브가 낙원에서 쫓겨나는 장면을 묘사할 때 신조차도 이런 멋진 절정은 생각하지 못했다. 사과는 죄악의 즙으로 가득차서 썩기 시작하는 것이다!

심란해진 비트겐슈타인은 신분에 걸맞게 이 문제를 논리적으로 풀어보려고 한다. 사랑을 원죄로부터 "순수하게" 지킬 방법을 궁리하는 것이다. 물론 비트겐슈타인이 생각하는 원죄란 욕망에 압도당하는 것이다. 비트겐슈타인은 노르웨이 피오르의 황량한 풍경 속에서 자기를 성적으로 유혹했던 한 여자와 한 남자를 떠올린다. 그러나 자아라는 미로에서 빠져나올 길을 찾지 못한다. "어제저녁 나는 다시 한번 몸가짐에 있어서 순결의 필요성을 생각했다(나는 마르그리트와 프랜시스를 생각했다)." 그래서 이번에도 비트겐슈타인의 도덕적 위생 관념이 순수한 사랑으로 이루어진 관계를 방해한다. 1931년과 1937년 노르웨이에서 보낸 여름은 루트비히 비트겐슈타인의 인생에서 육체가 정신의 논리를 극복해보려다가 최종적으로 패배를 인정할 수밖에 없었던 드문 순간이다.

◇

테오도어 아도르노는 나치를 피해 영국으로 도망쳐 옥스퍼드 머튼 칼리지의 오래된 담장 안으로 숨어들었다. 1937년에 상황이 점점 긴박해지자 약혼녀 그레텔 카르플루스도 영국으로 빠져나온다. 테오도어 아도르노는 이미 미국으로 망명한 막스 호르크하이머에게 보내는 편지에 독일은 "지옥"이 되어버렸다고 말한다. 1937년 9월에 막스 호르크하이머가 사회연구소 유럽 지부를 방문하기 위해 유럽에 왔다가 런던에서 아도르노-카르플루스 부부의 결혼식 증인을 선다. 아도르노와 10년 동안 관계를 이어온 그레텔 아도르노는 이 결혼이 자기에게 무엇을 뜻할지 알고 있다. 1920년대 후반 베를린의 보헤미안이었고 피혁사업을 이끌었던 자신이 이제 가정주부이자 남편의 충실한 조력자 역할로 전락하리라는 것을. 아이도 포기해야 한다. 남편은 일찍부터 그 점을 분명히 했다. 아이 따위는 사색에 방해가 된다는 것이다. 이듬해 2월에 두 사람은 사우샘프턴에서 배를 타고 미국으로 간다. 마침내 유럽을 영영 떠나는 것이다. 호르크하이머가 아도르노를 위해 프린스턴에 일자리를 하나 마련해주었다. 그레텔 아도르노가 새색시로서 망명지에서 첫 집을 꾸미기 위해 애쓰는 동안, 아도르노는 『미니마 모랄리아』를 구상한다. "그건 그렇고 그레텔은 살림 정리에 완전히 빠져 있다. 내가 가장 냉소적으로 거부하는 일이다."

그러나 그레텔 카르플루스 덕분에 뉴욕 망명자 집단에서 호르크하이머와 쿠르트 바일과 로테 레냐 부부의 삶에 대해 비냉소적인 묘사를 얻게 된다. "우선 막스 집에서 작은 저녁 모임을 하고, 그런 다음 우리 모두 레냐가 출연하는 작고 괜찮은 나이트클럽으로 자리를 옮겼다. 그렇다, 이곳 뉴욕에서는 모든 것이 베를린보다 집중되어 있다. 마치 1925~1932년 시대로 온 것 같은 기분이 든다."(그런데 로테 레냐만 두고 보면 시간을 거슬러가는 것뿐만 아니라, 앞서 나아가는 데도 성공한다. 1963년에 로테 레냐는 제임스 본드 영화 〈위기일발〉에서 전 KGB 장교 로사 클렙을 연기한다.)

◇

겨울에 베를린의 나치 정부를 뒤흔든 것은 불륜이 아니라 한 결혼식이었다. 예순 살의 홀아비 국방장관이자 인지학 신봉자 베르너 폰 블롬베르크가 자기보다 서른다섯 살 어린 매춘부 마르가레테 그룬와 열렬한 사랑에 빠진다. 그녀와 결혼하기 위해서 군 최고 사령관, 다시 말해 아돌프 히틀러의 축복이 필요했는데, 블롬베르크는 히틀러에게 자기가 사랑하는 그레첸이 "평민 출신의 소박한 소녀"라고 말한다. 그래서 히틀러는 자기랑 괴링이 결혼 증인이 되어주겠다고 제안한다. 그렇게 하여 1938년 1월 12일에 두 사람은 나치 국방성에서 남편과 아내가 된다. 곧 히틀러가 창녀와 결혼하는 장관의 결혼식을 축복해주었다는 소문이 퍼지게 되고, 게슈타포가 경찰서에서 압수한 서류에 의해 그 의혹이 사실로 확인된다. 마르가레테 그룬은 매춘부로 일했을 뿐만 아니라 정기적으로 포르노 사진 모델도 했던 것이다.

일이 이렇게 되자 블롬베르크는 당장 결혼을 무효화하라는 압력을 받는다. 그러나 블롬베르크는 장관직을 포기하고 아내를 선택한다. 두 사람의 결혼생활은 아주 행복했다고 한다.

히틀러는 이 결혼 증인 사건 위기를 내각과 당 기구 전체를 잔혹하게 개편하는 데 이용한다.

◇

1938년에 테니스 남작 고트프리트 폰 크람은 인생 최대의 위기를 맞는다. 고트프리트 폰 크람은 바이마르공화국 말기 베를린에서 관능에 취해 있어도 기품이 넘치는 모습으로 아무 어려움 없이 양성애 삶을 누렸다. 그리고 데이비스컵 결승전에서 심판이 자기에게 이롭도록 오심을 했다고 느끼고는 패배를 자처하여 1930년대 초에 하얀 테니스 바지와 꽉 끼는 폴로셔츠 차림으로 전 세계에 명예를 드높인 독일의 훌륭한 대표자였다.

"해마다 폰 크람이 윔블던 중앙 코트에 입장할 때마다, 젊은 여성 수백 명이 몸을 곧추세우고는 동반자조차 잊어버린다"고 1937년에 BBC 기자 앨리스터 쿡은 전한다. 그러나 고트프리트 폰 크람 자신은 온갖 염문을 뿌리면서도 자기 동반자를 절대 잊지 않는다. 그의 사랑은 늘 리자의 것이다. 고트프리트 폰 크람의 아내 리자는 남녀 양성을 공유한 여자로, 사진작가 마리안네 브레슬라우어, 안네마리 슈바르첸바흐, 루트 란츠호프의 여자친구이기도 했다. 그리고 자기 남편과 마찬가지로 결혼의 정절을 지키는 것보다 고귀하고 근본적인 감정이 훨씬 더 중요하다고 생각한다. 1938년에 고트프리트와 리자는 서로 사랑하면서도 이혼하게 된다.

리자는 이혼 재판에서 프랑스 테니스 선수와의 과거 관계와 독일 테니스 선수 구스타프 예네케와의 현재 연애 때문에 "단독 유책 배우자"가 된다. 윔블던 경기에서 남편의 복식 파트너였던 구스타프 예네케는 침대에서도 한 여자를 나누는 더블 파트너가 된 것이다. 그러나 고트프리트와 리자 모두 이 이혼이 그저 형식적인 것이라는 사실을 잘 알고 있다. 남편이 여자보다 남자를 더 사랑하는 것 때문에 리자가 몹시 힘들어하긴 했어도 두 사람은 언제나 서로 사랑했기 때문이다. 리자는 남편에게 이혼을 요구하면서 이렇게 편지한다. "나는 당신에게 슬프다고 말하지도, 사랑의 편지를 쓰지도 않을 거야. 다만 당신이 나를 위해 해준 모든 일에 감사한다고 말하고 싶어. 특히 최근에. 당신은 여전히 믿을 수 없을 정도로 품위 있었고 감동적이었어. 프티, 당신은 분명 내 말을 믿지 않겠지만 나는 이 점을 절대 잊지 않을 거야. 내가 당신에게 저지른 모든 비열한 짓 때문에 나를 죽여버리고 싶을 정도야." 그런데 1938년에 게슈타포가 고트프리트 폰 크람을 괴롭히는 일을 떠맡는다. 게슈타포는 3월 5일에 동성애를 이유로 고트프리트 폰 크람을 구금했고, 전 세계적으로 유명한 테니스 선수이자 더 나은 독일을 대변하는 그를 창살 안에 가두는 것도 꺼리지 않았다. 원칙을 지킬 뿐이었다. 고트프리트 폰 크람은 양성애자였고, 정부를 비판하고 유대인에게 호의적인 자였다.

그가 세계에서 두번째로 뛰어난 테니스 선수라는 사실은 아무래도 좋았다. 그러나 고트프리트 폰 크람은 게슈타포를 혼란에 빠뜨린다. 고트프리트 폰 크람은 1936년까지 마나세 헤릅스트와 동성애 관계를 맺은 사실을 인정하면서도, 그사이 이혼했지만 지금도 몹시 사랑하는 전처와 당연히 정기적으로 성관계를 맺어왔다고 단언했다. 다만 1937년부터 다른 여자와, 세계에서 가장 부유한 여성인 바버라 허튼과 불륜을 저질러왔다는 사실은 말하지 않았다. 이집트에서 테니스 시합할 때 알게 된 사이였다. 바버라 허튼은 훗날 자동차 사고로 죽게 되는 알렉시스 디바니와 이혼하고 독일 귀족 쿠르트 폰 하우비츠하르덴베르크레벤틀로프 백작과 재혼했는데, 카이로에 있는 지지라 스포팅 클럽에서 고트프리트 폰 크람을 처음 만난 저녁에 이미 또 남자를 갈아치우고 싶어했다.

고트프리트 폰 크람은 1938년 3월 2주 동안 베를린 프린츠알브레히트가에 있는 게슈타포 본부에서 신문을 받는다. 아들을 돕기 위해서 보덴부르크 영지에서 베를린으로 달려온 어머니 유타 폰 크람은 구금되어 있는 아들을 만나는 데 성공한다. 어렵게 만난 아들은 완전히 절망에 빠져 있었다. 자살하겠다고 겁주기까지 했다. 유타 폰 크람의 말에 따르면 아들의 "유일한 걱정은 가족한테 버림받는" 것이었다. 그러나 이것이야말로 고트프리트가 전혀 할 필요 없는 걱정이었다. 어머니도 아들 곁을 지켰고, 형제들도, 전처도 감옥에 찾아와 그의 손을 잡아주었다. 그리고 4월 15일에는 바버라 허튼까지 남편과 함께 베를린에 와서 아들론 호텔에 묵었다. 이에 감동한 고트프리트의 어머니는 바로 이튿날 바버라 허튼을 찾아가 고트프리트가 보내는 장미를 전했다. 한 달 뒤 고트프리트 폰 크람은 모아비트 법원에서 175조 위반 혐의로 1년 징역형을 선고받는다. 판사는 판결문에 고트프리트 폰 크람은 “나약하고 절제 없는 인간”이라고 밝힌다. 나치 판사는 “자기 아내에게 적극적으로 맞서 자기도 잘 아는 아내의 애인을 물리칠 용기를 내지 못했다는” 이유로 이런 결론을 내렸다. 확실히 “남자다운 태도”가 부족하다는 것이다. 그러나 바버라 허튼의 생각은 아주 달랐다. 고트프리트 폰 크람은 어머니에게 이렇게 편지한다. “바버라를 생각하면 할수록 점점 더 감동이 커집니다. 약간 우쭐해지기까지 합니다. 결혼한 몸으로 남편까지 데려와서 곤란한 처지에 빠진 다른 남자를 돕는다는 것을 생각해보십시오. 이것은 작은 기적입니다.” 국내는 물론 해외에서 쏟아져들어오는 수많은 탄원서 때문인지 아니면 “훌륭한 교화” 때문인지 여하간 고트프리트 폰 크람은 10월 16일에 예정보다 일찍 감옥에서 풀려난다.

고트프리트 폰 크람은 이전의 삶으로 돌아가려고 노력하지만 거듭 심각한 우울증과 죄책감에 빠진다. 그리고 풍기문란죄로 유죄 판결을 받은 것 때문에 갑자기 윔블던 시합과 US 오픈 시합에서 배제되는 일까지 겪는다. 시합 대신 1년 뒤에, 자기가 사랑하는 테니스 시합이 열리고 자기가 사랑하는 보헤미안이 있는 연합국에 맞서 싸우는 전쟁터로 끌려가게 된다. 풍기문란 죄인이자 고귀한 인간인 고트프리트 폰 크람은 괴링 장군의 공군 부대로 소집 명령을 받는다.

◇

동성애자인 작사가 브루노 발츠는 175조 위반죄로 거듭 나치에게 체포된다. 브루노 발츠는 우스꽝스러운 모습의 히틀러 포즈로 자기 사진을 찍어 히틀러의 책 『나의 투쟁』 175쪽에 붙여 복수한다. 브루노 발츠는 두려움으로 이마에 땀이 흐르더라도 유머를 잃지 않는 사람임에 틀림없다. 브루노 발츠가 체포되자 그가 작사한 영화 포스터와 레코드판에서 그의 이름이 사라진다. 그러나 UFA 영화사는 브루노 발츠가 필요했다. 심지어 브루노 발츠는 1936년 9월 21일에 결혼까지 해야 했는데, 게슈타포가 총통에게 충실히 헌신하는 포메른 출신의 소박한 농민 여성 젤마 페트를 결혼 상대자로 데려온다. 두 사람은 베를린 파자넨가 60번지에 있는 발츠의 집에서 공식적으로 함께 살게 된다. 브루노 발츠는 넓은 자기 집에 부모님도 데려온다. 이곳에서 브루노 발츠는 애인과 아내와 어머니와 함께 살면서 1938년에 영화감독 하인츠 뤼만을 위해 〈나는 가장 거만한 여인들의 마음을 무너뜨리네〉를, 사라 레안더를 위해 〈사랑이 죄인가요?〉를 짓는다.

◇

5월 4일에 노벨평화상 수상자 카를 폰 오시에츠키가 게슈타포의 고문과 게슈타포가 투여한 결핵균 때문에 베를린에 있는 폐병 환자 요양원에서 죽음을 맞이한다. 오시에츠키의 아내 모드 폰 오시에츠키가 남편 곁에서 마지막 나날을 함께 한다. 남편이 너무 쇠약해서, 남편이 스웨덴에서 노벨평화상 수상으로 받은 상금 10만 마르크를, 남편의 미래가 달려 있는 그 돈을 한 사기꾼에게 믿고 맡겼는데 그 사기꾼이 그 돈을 가지고 도망쳤다는 사실을 차마 털어놓지 못한다.

◇

오스트리아 합병은 알마 말러베르펠, 프란츠 베르펠, 요하네스 홀른슈타이너로 이루어진 불안정한 트리오를 망쳐놓는다. 알마와 프란츠 베르펠이 처음에 이탈리아로, 그다음에는 영국으로, 마지막으로 프랑스로 도피하는 동안, 홀른슈타이너는 슈슈니크 정부에 협조한 혐의로 게슈타포에 의해 성플로리안 수도원에서 끌려나온다. 슈슈니크 수상은 물론 수상의 신학 고문인 홀른슈타이너도 즉각 구금된다. 홀른슈타이너는 8주 동안 내내 신문과 고문을 당한 끝에 재판도 없이 다하우 강제수용소로 이송되어 타는 듯한 더위 속에 지쳐 쓰러질 때까지 자갈 채취장에서 일해야 했다(그리고 1939년 봄에야 석방되어 성플로리안 수도원으로 돌아온다).

알마와 프란츠 베르펠의 결혼생활은 망명 전에 이미 파경에 이르렀고 서로 상대방을 공격하는 것이 전부였는데, 긴박한 정치 상황 때문에 갑자기 뭉쳐야 하는 처지가 된다. 망명을 떠나기 전 알마는 일기에 이렇게 쓴다. "내 결혼생활은 이미 오래전에 끝났다. 나는 베르펠 곁에서 불행하게 살고 있다." 한편 베르펠은 유대인인 자신한테 반유대주의적인 공격을 해대는 아내 때문에 점점 더 어찌할 바를 모를 지경이다. 그리고 아내가 공공연하게 나치에 동조해서 경악한다. 사랑하는 홀른슈타이너는 게슈타포에 의해 강제수용소에 수감되고 유대인 남편은 자유롭게 돌아다니는 현실에 알마는 더욱 혼란스럽다. 본인 표현대로 "진짜 신경쇠약"에 빠지고 만다. 그리고 프란츠 베르펠은 가벼운 심근경색을 겪는다.

두 사람은 사나리쉬르메르에 도착해서야 비로소 평온을 찾는다. 생트로페와 마르세유 사이에 있는 무인도라 할 만한 이 작은 항구도시는 5년 전에도 토마스 만 가족에게 위안을 준 곳이었다. 심지어 베르톨트 브레히트까지도 가끔씩 밤에 잠시 멈추어 별을 올려다보게 만든 곳이었다.

알마와 프란츠 베르펠은 사라센인이 만든 오래된 망루를 발견한다. 낭떠러지에 세워진 이 망루 옆으로 토마스 만의 별장으로 이어지는 좁은 길이 나 있었다. 프란츠 베르펠은 이 원형 망루 3층에 책상을 하나 놓는다. 평생 동안 이곳에서 바라보는 전망보다 더 아름다운 경치는 본 적이 없을 것이다. 열두 개의 창문을 통해 드넓은 바다와 언덕 풍경이 보인다. 남쪽에 있는 이 언덕 앞에는 작은 도시가 있다. 한편 알마는 창문도 없는 2층에서 흐릿한 전등 불빛에 기대어 일기를 쓰고 있다. "하느님 맙소사. 이렇게 희망 없는 삶을 계속 살 수는 없다. 나는 끝이다." 유대인 남편 때문에 사랑하는 빈을 떠나 쉰아홉 나이에 갑자기 지중해 어느 황량한 소도시에서 가정부도 없이 바게트와 이상한 과일을 사러 가야 하는 처지에, 그리고 거리에서 아무도 자기를 알아봐주지 않고 아무도 자기한테 무릎 굽혀 인사하지 않는 상황에 분노가 치민다. 이곳은 너무 덥고, 모기도 너무 많고, 파티도 너무 적다. 그리고 저 아래 해변 산책로에 있는 슈봅 카페에 가든 노티크 바에 가든 독일어를 하는 사람들은 모두 유대인이거나 공산주의자다. 공포영화와 다를 바 없다. 알마 말러베르펠은 엉뚱한 영화에 들어와 있는 것 같은 기분이 든다. 자기가 망명자라니? 단지 제때 남편을 떠나지 못한 것 때문에 이런 신세가 되다니. 나치 스파이의 감시를 받고 있을까 위층 서재에서 남편이 불안해하며 집필하는 동안, 알마 말러베르펠은 아래층에서 구스타프 말러가 소유하고 있던 브루크너 음악총보 판매 건으로 베를린에 있는 나치 선전청과 협상한다.

프란츠 베르펠과 알마 말러베르펠의 결혼은 너무 파탄에 이르러서 망명이라는 예외 상황에도 그 느슨한 매듭을 이어붙일 수가 없다. 사나리의 로열커플인 포이흐트방거 부부가 저녁식사 하러 들렀을 때도 베르펠 부부는 격렬하게 말다툼을 해댄다. 알마는 남편 프란츠에게 계속 이렇게 소리질러댄다. "내가 유대인이 아니라는 거 잊지 마!" 그러나 걱정할 필요 없다. 프란츠 베르펠은 그 사실을 절대 잊지 않을 테니까.

◇

베를린에서 나치 정부에 맞서 전단지와 벽보로 적극적인 저항운동을 시작한 리베르타스와 하로 슐체보이젠은 자기 집 침대에 적을 두고 있다. 하로가 잡지 『적』을 펴내던 시절에 알게 된 오랜 친구 귄터 바이젠보른이었다. 베르톨트 브레히트의 친구이기도 하고, 한때 폴크스뷔네 극장의 연극 고문이었으며, 1933년 5월에 있었던 분서 사건 때 불에 탄 『야만인들』을 쓴 작가이기도 하다. 바이젠보른은 바이츠가 2번지에서 매달 두번째 목요일에 모이는 저항조직에 합류했는데 곧 리베르타스의 정신과 육체를 정복했다. 리베르타스는 처음에 작가로서 첫발을 내딛는 데 바이젠보른이 좀 도와주기를 바랐다. 두 사람은 1938년 5월 17일과 18일에 히덴제로 여행을 떠났고, 그곳에서 공동의 집필 작업은 곧 뒷전으로 밀려나고 말았다. "하루종일 발가벗은 채 모래언덕에 누워 있고, 달리고, 장난치고, 사랑을 나누고, 산에 오르고, 수영했다. 불타는 듯 뜨거웠고, 동물적이었다. 갈색으로 그을린 립스와 나. 보름달에, 나이팅게일 새가 울고, 5월이고, 테라스 앞에는 발트해가 펼쳐져 있고, 너무나 아름다운 침실이었다. 사랑이었다!" 귄터 바이젠보른은 일을 빙자한 이 휴가여행을 이렇듯 몰아치듯 열정적으로 요약한다. 이렇게 즐겁게 외도를 하고 있는 리베르타스의 남편 하로 슐체보이젠은 1년 전 어머니에게 말했던 자신의 이상을 실현한 셈이다. "모험과 장애물을 배제시키지 않고 결혼생활 안으로 끌어안을 것입니다." 리베르타스는 이 모든 일이 자연스럽다고 여겼는지 히덴제에서 돌아오는 길에 리벤베르크성에서 차를 마시며 자기 어머니 토라 폰 오일렌베르크에게 귄터 바이젠보른을 소개하기까지 한다. 리베르타스가 귄터 바이젠보른을 얼마나 사랑했는지는 알 수 없다. 귄터 바이젠보른과의 불륜을 나치의 고문으로 영구적 손상을 입은 남편과 육체적 쾌락을 나누지 못하는 자신의 운명에 대한 보상으로 여긴 것인지도 알 수 없다. 어쨌든 리베르타스는 남편 걱정을 한순간도 멈추지 않았다. 심지어 취리히 여행중에 토마스 만을 만나서 남편의 비밀스러운 활동과 도덕적 위대함에 대해 은밀히 얘기하기도 했다. 남편에게 무슨 일이 생기면 중립국 스위스는 남편의 업적을 알아줘야 한다는 것이다. 리베르타스가 예감이라도 한 듯, 마침 이 무렵에 하로 슐체보이젠이라는 이름이 나치 제국보안본부의 A급 명단에 오르게 된다. 한때 정부의 적이었던 인물 가운데 정치적 위기 상황에서 즉각 작센하우젠 강제수용소로 유배할 인물의 목록이었다.

◇

1938년 5월 6일에 화가 에른스트 루트비히 키르히너에 관한 드라마의 마지막 장이 시작된다. 그날은 바로 키르히너의 쉰여덟번째 생일이었지만 저 높이 다보스 위쪽 슈타펠알프에 있는 키르히너의 집에 배달된 축하편지는 없었다. 키르히너는 아주 헌신적인 벗이자 몇 년 전부터 자기와 결혼할 날을 고대하는 에르나와 함께 아침 내내 우편배달부를 기다렸지만 그는 오지 않았다.

키르히너는 독일에서 〈퇴폐 예술〉이라는 제목으로 치욕스러운 전시회가 열린 이후로 타락의 화신으로 낙인찍히는 수모를, 바젤 미술관에서 열린 큰 전시회가 그림 한 점 못 팔고 막이 내리는 수모를 견뎌야 했다. 그리고 회화, 조각, 소묘 등 작품 639점이 독일 박물관에서 철거되고 베를린의 프로이센 예술 아카데미에서 탈퇴 요구를 받는 수모를 견뎌야 했다.

게다가 오스트리아가 합병되자 독일 국방군이 집 근처까지 밀고 들어왔다. 독일 국방군은 이제 다보스에서 채 25킬로미터도 안 되는 슐라피너 요흐까지 와 있었다. 다음 전쟁이 바로 문 앞까지 다가온 것이 눈에 보였지만 키르히너의 영혼은 아직도 지난 전쟁의 상처 때문에 날마다 괴로워하고 있었다. 훗날 에르나 실링은 이렇게 회고한다. "몇 달 전부터 이곳엔 고요 속에 비극이 펼쳐지고 있었다."

이렇듯 총체적 절망에 빠진 에른스트 루트비히 키르히너는 자기 작품을 부수고, 여러 해 동안 끊었던 모르핀을 다시 다량으로 복용하기 시작한다. 그리고 주사기로 옥시코돈을 투여한다. 나중에 키르히너의 빌트보덴하우스 주변 들판에서 빈 앰풀병이 수십 개나 쌓여 있는 것이 발견된다.

5월 10일에 에른스트 루트비히 키르히너가 에르나 실링과 혼인 신고하러 다보스 시청에 간 이유는 알 수 없다. 에르나 실링에게 상속권을 보장해주기 위해서였을 수도 있고, 평생을 바쳐 고통을 함께 해준 에르나의 염원을 들어주기 위해서였을지도 모른다. 그렇다면 왜 6월 12일에 다시 버스를 타고 다보스 시청에 가서 혼인 신고를 철회했는지는 여전히 수수께끼다.

6월 15일은 이상하게 추운 날이었다. 안개가 짙게 깔리고 눈보라가 날렸다. 에른스트 루트비히 키르히너는 옥시코돈을 투여하고 절망 속으로 침잠했다. 아홉시 반쯤 에르나 실링은 의사 바우어 박사를 부르기 위해 빌트보덴하우스를 나서 몇백 미터 떨어진 바이트보덴에 사는 이웃의 전화기를 빌리러 갔다. 그때 키르히너가 현금 8740프랑, 여권, 30년 전에 받은 공학사 자격증, 모르핀이 담긴 주사기, 옥시코돈 세 병 등 중요한 물건을 모조리 외투 주머니에 찔러 넣고 집에서 나와 짙은 안개 속으로 달려갔다. 에르나를 따라가려는 것이었다. 키르히너는 비명을 지르더니 낡은 브라우닝 자동권총으로 자신을 쏘았다. 총알 두 발이 심장에 명중했다. 전화를 받은 프레데리크 바우어 박사가 택시를 타고 산 위에 올라 왔을 때는 고작 사망선고 말고는 할 수 있는 게 없었다. 키르히너는 바우어 박사가 만나본 환자 중에 가장 유명하고 가장 절망적인 환자였다.

키르히너는 사흘 뒤 땅에 묻혔다. 겨울 같은 날씨와 안개는 온데간데없고, 화창한 초여름날이었다. 산야생화가 활짝 피어 있고, 하늘은 파랬다. 숲속 풀밭에서 노루 두 마리가 나와 작은 성모교회에서 묘지까지 끙끙대며 올라오는 장례행렬을 내려다보았다. 에르나 실링은 에르나 키르히너라고 불릴 수 있는 법적 권리를 얻었다. 그리고 전쟁이 끝날 때까지 빌트보덴 집에 머물렀다. 그리고 그곳에서 죽음을 맞이했다.

◇

사르트르와 보부아르는 나치의 만행과 파리에서 행방불명된 망명자들에 대해서 아무것도 모르는 것처럼 보인다. 1933년 가을 두 사람이 베를린의 카페 크란츨러에서 치즈케이크를 먹으면서 나치 돌격대의 행진과 거리에 나부끼는 나치 깃발에 대해 언급할 가치를 못 느꼈던 것처럼 1938년에도 두 사람은 그저 복잡한 연애관계에 얽혀 있을 뿐이다. 그사이 두 사람은 파리에서 자리를 얻었고, 위아래층에 나란히 집을 구했다. 그리고 사르트르가 보부아르의 학생이었던 올가 코사키에비치의 마음을 얻으려 헛되이 애쓰다가 이제 올가의 동생 반다를 매일 쫓아다니는 동안(2년 동안의 구애 끝에 결국 반다와 동침하게 된다), 보부아르는 제자 비앙카 비넨펠트와 연애를 시작한다. 비앙카는 나중에 스승의 날카로운 지성과 군더더기 없는 몸매를 두고 "파도를 헤치고 질주하는 뱃머리"에 비유한다. 보부아르는 장기간의 하이킹 여행중에 제자 올가 코사키에비치의 약혼자인 자크로랑 보스트와 동침하고, 사르트르가 여전히 갈망하는 올가와도 동침하기 시작한다. 그러자 사르트르는 자기 아내의 새파랗게 어린 연인 비앙카 비넨펠트에게 구애하여 수개월에 걸친 편지와 노력 끝에 한 싸구려 호텔방으로 꾀어내는 데 성공한다. 사르트르와 보부아르는 편지를 통해 각자의 정복에 대해, 그 술책과 기쁨에 대해 자세히 들려준다. 둘의 관계망을 조망하기가 쉽지만은 않다. 우리 후세대에게는 쉽지 않은 일이지만, 당사자들은 어땠을까? 사르트르는 계속 보부아르한테서 해방되기 위해 그리고 항상 보부아르의 여제자들에게만 빠지지 않기 위해 반다와 비앙카와 연애한 뒤 젊은 연극배우 콜레트 질베르에게 운을 시험해본다. 그리고 성공한다. 사르트르는 콜레트 질베르가 다시 옷을 입고 방을 나가자마자 자리에 앉더니 지금 보스트와 함께 있을 보부아르에게 짤막한 보고를 전한다. "갈색 머리, 아니 거의 검은색 머리 여인과 동침한 것은 이번이 처음이오. 이상하게 털이 많은 데다 엉치뼈에 털이 난 조그만 반점이 있소. 혀가 바람피리처럼 끝없이 펼쳐져 편도선까지 닿소." 보부아르가 이렇게까지 정확하게 알고 싶었을까?

보부아르는 보스트와 함께 보낸 시간에 대해 얘기할 때 주로 대충 말한다. 그 때문에 사르트르는 보부아르를 비난한다. 사르트르는 보부아르가 제발 자기 얘기를 써야 한다고 생각한다. 편지도 그렇지만 무엇보다 문학을 통해서. 보부아르가 지어낸 소설 속 인물보다 보부아르 자신의 삶이 훨씬 더 흥미진진할 것이라면서. 그러자 보부아르는 이렇게 답한다. "절대 그렇게는 못 해요." 그러자 사르트르가 말한다. "용기를 내요!"

그건 그렇고 사르트르는 유혹 행위가 끝나고 나면 곤혹스럽다고, 마침내 여자들을 정복하고 나면 뭘 어찌해야 할지 모르겠다고 보부아르에게 고백한다. 그러나 얼마 지나지 않아 사르트르에게 지속적인 만족을 주는 일이 생긴다. 갈리마르출판사가 여러 해 동안 망설이던 끝에 사르트르의 소설 『구토』를 출판하기로 결정한 것이다. 이 날 사르트르가 보부아르에게 쓴 편지는 이제까지 쓴 편지 중에 가장 열에 들떠 보인다. "여자의 마음을 얻었을 때보다 이런 종류의 행복이 더 기분좋소. 나 자신을 생각하면 만족감이 차오르오." 이런 편지 맺음말이 또 있을까? 사르트르는 편지의 수신인인 시몬 드 보부아르가 아니라 자기 자신을 생각하며 만족해하고 있다. 보부아르는 누군가 자기 자신을 생각한다면 다른 사람 생각도 다 했으리라 여겼을 것이다. 그러고는 마침내 자기 자신을 소재로 한 책 속으로 뛰어든다.

◇

마르고트 폰 오펠은 마를레네 디트리히를 향한 희망 없는 사랑에 홀딱 빠진 멜랑콜리한 에리히 마리아 레마르크를 향한 사랑을 극복해야 했을 때, 마치 자기 자신에게 도전하듯 더 멜랑콜리한 안네마리 슈바르첸바흐를 사랑하게 된다. 안네마리 슈바르첸바흐는 테헤란에서 프랑스 대사의 아내로서도 평온을 얻지 못했다. 슈바르첸바흐는 스위스 사메단에서 중독 치료를 하며 이 여름을 보내고 있다. 그리고 마르고트 폰 오펠은 레니 리펜슈탈과 질트섬의 바닷가에 있다. 나중에 안네마리 슈바르첸바흐와 마르고트 폰 오펠은 행복을 찾아 미국으로 떠난다. 지금 공개할 수 있는 것은 이 정도다. 두 사람은 행복을 찾지 못한다는 것이다.

◇

베르톨트 브레히트는 스웨덴에서 여자친구 루트 베를라우와 함께 몇 주 동안 멋진 시간을 보낸다. 이 1938년 여름에 루트 베를라우는 책을 한 권 쓴다. 책의 제목은 『모든 동물은 할 수 있다』가 되는데, 육체적인 사랑에 관한 책이다. 그리고 인간이 침대에서 머리를 쓰게 되면서 잊어버린 것에 관한 책이다. 베를라우는 유머 넘치는 문체로 왜 여자들이 수백 년에 걸쳐 동물적인 쾌락을 잃어버렸는지 들려주는데, 남자들이 너무 자주 실패했기 때문이라는 것이다. 브레히트는 베를라우가 조사한 내용을 일기에 적는다. “전체 여성 가운데 70퍼센트가 불감증이라고 한다. 오르가슴은 뜻밖의 행운이다.” 그러나 베를라우가 자기 책을 미국에서도 출판할지 고민하자 브레히트는 회의적으로 말한다. 남자들을 위한 책이 아니라고 편지에 쓰는 것이다. “『모든 동물은 할 수 있다』는 여자들을 위한 책이야. 아니면 아무것도 아니야, 내 말을 믿어.” 그리고 베르톨트의 충실한 제자인 베를라우는 당연히 그 말을 믿는다.

◇

1938년 9월 26일에 독일의 시인 엘제 라스커쉴러는 독일 국적을 박탈당한다. 비밀경찰은 친위대 중앙 지도자에게 보내는 편지에 그 근거를 다음과 같이 밝힌다. “엘제 라스커쉴러는 전후시대에 등장한 해방된 여성의 전형이었습니다. 그리고 강연과 저술을 통해서 독일 여성의 정신적 가치와 도덕적 가치를 폄하했습니다. 국가사회주의당이 집권하자 취리히로 도피해 낭설을 퍼뜨리며 독일에 적대적인 입장을 표명했습니다.” 이로써 엘제 라스커쉴러의 스위스 체류 허가도 효력이 상실된다. 엘제 라스커쉴러는 스위스에 있는 친구들한테 팔레스타인으로 이주할 돈을 모은다. 그리고 이듬해 봄 마르세유를 경유해 텔아비브로 도피한다.

◇

1938년 9월에, "치욕의 날이자, 고통의 날"인 "뮌헨회담"*에 충격을 받은 클라우스 만은 미국으로 영구 망명하기로 결심한다. 렉싱턴 애비뉴와 파크 애비뉴 사이 이스트 40번가에 있는 베드포드 호텔에 묵게 되는데, 그곳에서 베를린에서 알고 지내던 옛 지인들을 많이 만난다. 예를 들어 빌리 와일더, 비키 바움이나 루돌프 폰 리퍼 같은. 클라우스 만이 호텔 리셉션에서 이제 막 도착한 망명자로서 고향 주소를 어디로 기입해야 할지 몰라 고민하고 있을 때, 친절한 직원이 이렇게 말한다. "이제 이곳이 당신의 고향이죠." 클라우스 만은 곧 뉴욕에서 여러 강연을 하게 되는데, 새 망명국의 신조에 찬사를 보낸다. "미국 사람들은 신념이나 인종 때문에 고향과 실존을 잃은 우리 같은 사람의 삶을 유럽 사람보다 더 많이 이해하고, 더 많이 공감하고, 더 많이 존중한다." 1938년 가을에 부모님 토마스 만과 카티아 만도 미국에 정착한다. 토마스 만 부부도 유럽이 안전하다는 믿음을 잃은 것이다. 게다가 어디에 있든 자기들이 항상 "독일"을 구현한다고 믿는다. "제가 있는 곳이 독일입니다"라고 토마스 만은 말했다. 그러나 아들 클라우스는 아버지의 자아상이 불만스럽다. 그리고 미국인들이 아버지의 자아상을 아무 거리낌 없이 받아들이는 것이 불

---

* 1938년 9월 29일~30일에 걸쳐 독일 뮌헨에서
영국, 프랑스, 독일, 이탈리아 4개국 정상이 모여 나치 독일이 체코슬로바키아에서
독일어 사용지역인 주데텐란트를 병합하는 데 합의한 회담.

만이다. “아버지는 가는 곳마다 승리한다. 내가 아버지의 그늘을 벗어나게 될 날이 올까? 내게 그럴 힘이 남아 있을까?” 클라우스 만은 다시 많이 그리고 자주 마약을 하기 시작한다.

◇

빅토르 클렘퍼러는 과거를 뒤돌아보며 옛 일기들을 읽는다. 그리고 자기가 1937년에 이미 “절망과 참을 수 없음의 절정”에 이르렀다고 생각한 것에 놀란다. 그러나 상황은 점점 더 나빠졌다. 아내 에바는 우울증 때문에 침대에서 거의 일어나지 않고, 오후가 되어서야 비로소 방에서 나올 때가 많다. 이제 유대인 신분으로 도서관도 이용할 수 없고, 자동차도 소유할 수 없고, 영화관에도 갈 수 없다. 돈도 없다. 필사적으로 미국이나 팔레스타인으로 망명하려고 애써보지만 헛수고였다. 곧 드레스데너가에 가려면 가슴에 유대인 표시인 별을 달아야 하는 처지가 된다. 그러나 빅토르 클렘퍼러는 냉정하게 일기에 이렇게 쓴다. “나는 우리가 이미 지옥의 마지막 원에 이르렀다고 성급한 주장을 하고 싶지 않다.”

◇

1939년에 프랑스 작가 셀린은 빈으로부터, 한때 애인이었던 유대인 여인 실리 팜으로부터 편지를 받는다. 남편이 다하우 강제수용소에서 살해되었다는 소식을 전하고 있었다. 그러자 셀린은 2월 21일에 이렇게 답장한다. 정말 슬픈 소식이라고. 그러나 지금 자기는 거꾸로 반유대주의 태도 때문에 프랑스에서 영향력을 잃었고 곧 법정에 나가 해명해야 하는 처지라고. "유대인들도 박해한다는 걸 아시겠죠"라고 셀린은 말한다. 실리는 너무 놀라 손에 든 편지를 떨어뜨린다. 얼마 안 있어 셀린의 신작 『시체들의 학교』가 독일어로 출간되었다는 소식을 읽게 되는데 그 책에 이런 문구가 쓰여 있었다. "나는 히틀러에게, 모든 독일인에게 몹시 친근감을 느낀다. 나는 독일인들을 형제로 여긴다. 독일인들이 인종차별주의자가 되는 것은 충분히 그럴 만하다." 한편 이탈리아의 반유대주의는 반대한다면서 이렇게 말한다. 이탈리아의 반유대주의는 "생기 없고 불충분하며, 나는 좋은 유대인과 나쁜 유대인을 구별하는 것이 위험하다고 생각한다. 무의미한 짓이다." 셀린은 반유대주의가 모두 유대인 탓이라고 말한다. 유대인들이 세계 금융은 물론 할리우드도, 언론도, 미국도 지배하고 있고, 심지어 감히 "가장 아름다운 아리아 여자들과 짝짓기"까지 하려 한다는 것이다.

◇

1920년대 베를린 황금기의 표상인 루트 란츠호프는 파리, 베를린, 베네치아에서 아주 불쾌하고 성과는 없고 고통만 가득한 1930년대를 보내고서 미국으로 망명하는 데 성공한다. 1937년 1월에 프리드리히 요르크 폰 바르텐부르크 백작과 이혼하고 1937년 3월 10일에 배를 타고 셰르부르를 경유하여 미국으로 향한다. 뉴욕에 도착한 루트 란츠호프는 먼저 망명한 남자친구 프란체스코 폰 멘델스존의 집에서 지낸다. 한때 베를린 보헤미안 사이에서 가장 별난 공작이었던 프란체스코 폰 멘델스존은 루트 란츠호프의 결혼 증인이었고 구스타프 그륀트겐스의 연인이었다. 프란체스코는 뉴욕에서 중독과 우울 속으로 점점 더 깊이 빠져들고 있었고, 중독클리닉이 곧 집이었다. 어디를 가든 스트라디바리가 만든 첼로를 꼭 갖고 다녔지만 그의 팔은 이미 오래전부터 자기가 가장 사랑하는 그 첼로를 들 힘도 없을 만큼 약해져 있었다.

루트 란츠호프는 함께 가라앉지 않으려고 프란체스코를 떠나 캘리포니아 할리우드에서 생계를 이어나가보려고 한다. 자기 글을 출판해주는 데가 없어서, 자기가 명성을 떨치던 시절에 대한 강연 팸플릿을 돌린다. 사람들은 〈찰리 채플린〉이나, 〈1920년대 황금기〉나, 〈푸른 천사〉나 〈1930년 무렵의 베를린〉 같은 강연 주제를 선택할 수 있다. 가장 흥미로운 강연은 〈그레타 가르보, 또는 결과 없는 감정〉이었을 것 같다. 한 세대 전체가 냉정을 좌우명으로 삼은 흥미로운 상황에 관한 강연이었다. 그리고 아주 뻣뻣한 그레타 가르보와 마를레네 디트리히는 바로 그런 냉정함의 대가였다. 그러나 강연을 예약하는 사람이 거의 없었기 때문에 루트 란츠호프는 암살을 계획한다. 한 미국인 친구와 함께 짧은 책을 한 권 쓰는데, 바로 『히틀러를 죽인 남자』였다. 빈에서 한 심리 치료사가 힌덴부르크 훙

상으로 히틀러를 쳐죽이는 이야기였다. 그러나 안타깝게도 한낱 꿈에 불과했다(언젠가 훨씬 나중에 히틀러가 정말 죽었을 때, 루트 란츠호프는 로스앤젤레스를 떠나 다시 뉴욕으로 가서 트루먼 커포티, 앤디 워홀과 아주 절친한 친구가 되며 그곳에서 1966년에 죽음을 맞이한다. 1920년대 베를린 황금기에서 1960년대 뉴욕 팝아트 심장부로 들어가다니, 이 얼마나 멋진 삶인가).

◇

후기 베를린 보헤미안 시대의 별난 부부로 아직도 서로 아주 격렬하게 사도마조히즘 같은 사랑을 하는 루디 슐리흐터와 스피디 슐리흐터 부부가 가끔 옛 친구 에른스트 윙거와 그레타 윙거 부부를 찾아온다. 언젠가 1920년대에 슐리흐터가 아이콘 같은 모습으로 윙거를 그린 적이 있다. 위버링겐 시절에 알몸의 상체를 드러낸 아주 영웅 같은 모습의 흉상으로 윙거의 새 초상화를 그렸는데, 지금 슐리흐터의 아틀리에에 있었다. 독일의 정치 상황이 계속 악화되고 고트프리트 폰 크람조차도 동성애로 수개월 동안 감옥에 갇히는 신세가 되자, 영웅적인 에른스트 윙거는 하얗게 공포에 질린다. 윙거는 슐리흐터에게 편지를 써서 "지금 이 나라에서는 그런 초상화가 있으면 안 될 것 같다"는 것을 깨달았다고 말한다. 윙거는 정중하게 검열 조치를 부탁한다. "그림에 작은 외투를 입혀주신다면 대단히 기쁘겠습니다." 그것도 자기가 지금 쓰고 있는 새 책에 나오는 외투와 똑같이 그려달라는 것이었다. 그러면 그 그림에도 책 제목과 똑같이 『대리석 절벽 위에서』라는 제목을 붙일 수 있을 것 같다면서. 나치의 비위를 거스르지 않을 외투 쪼가리에 대한 이 절박한 갈구만큼 나치 정부의 제한 조치들에 대한 에른스트 윙거의 적나라한 두려움을 뚜렷이 느끼게 해주는 것도 드물다.

◇

레니 리펜슈탈은 모르핀중독이 점점 더 심해진다. 나치 선동 잡지 『슈튀르머』 발행인으로 레니 리펜슈탈에게 가망 없는 사랑에 빠진 율리우스 슈트라이허는 이런 편지를 보낸다. "당신은 당장 마약을 끊고 중독 치료를 받아야 해. 사랑하는 레니, 힘든 일이란 걸 알지만 그것이 유일한 해결책이야. 나는 당신이 살기를, 건강해지기를 바라기 때문이야."

◇

3월 23일에 에리히 마리아 레마르크는 마를레네 디트리히를 만나러 미국으로 간다. 마를레네에게 유타 잠보나와 다시 결혼했다는 사실을 고백해야 한다. 박해 위협으로부터 보호하기 위해서였다. 마를레네 디트리히는 펄펄 뛴다. 그런데 어차피 자기도 지금 백만장자 아내이자 스피드보트 세계챔피언인 레즈비언 조 카스테어즈에 빠져 있었다. 이 여인은 레마르크의 최대 경쟁자가 된다. 그런데 요제프 폰 슈테른베르크도 무대 뒤에서 다시 등장한다. 마를레네 디트리히의 남편 루디 지버와 남편의 애인 타마라까지 디트리히 일족 전체가 두 사람을 따라 유럽으로 돌아온다. 레마르크는 이렇게 줏대 없이 덩달아 몰려다니는 게 싫다. 그리고 바람둥이 아내의 남편 역할에 안주하는 루디 지버를 경멸한다. 앙티브의 뒤 캅 에덴 록 호텔에서 마를레네 디트리히가 절망을 잊기 위해 술을 마시는 모습을 곁에서 지켜보는 것도 싫다. 마를레네 디트리히는 이제 할리우드에서 그 누구도 자기와 영화를 찍으려 하지 않는 현실을 받아들여야 한다. 자기 시대는 이제 지나간 것 같다.

네 개의 스위트룸에서 지내면서 바닷가와 레스토랑에서 새하얀 옷을 입고 대담하게 카메라를 향해 미소 짓는 디트리히의 수행원 무리는 1938년과 1939년 여름 코트다쥐르에서 비극과 다를 바 없는 씁쓸한 희극을 펼친다. 뜻밖의 조연이 등장하는데, 캅 에덴 록 호텔이 있는 앙티브 해변에서 찍은 사진 속에 레마르크와 디트리히 옆에 젊은 존 F. 케네디가 보인다. 수영복 위에 걸친 가운만큼이나 새하얀 치아를 드러내고 있다. 마치 몰락의 시나리오에서 미래의 한 장면이 잠깐 스쳐간 듯하다(몇 년 뒤 미국에서 존 F. 케네디는 마를레네 디트리히와 잠깐 염문을 뿌린다. 그리고 추측건대 이 여름에 앙티브에서 마를레네 디트리히는 존 F. 케네디의 아버지 조 케네디와 외도했을 것이다. 마를레네 디트리히는 회고록에서 조 케네디를 "귀엽다"고 한다). 최근에 양위한 영국 왕 에드워드 8세와 그 아내 월리스 심슨도 근처에 있는 성에서 가끔 해변으로 나오고 나중에 뒤 캅 에덴 록 호텔에서 열리는 만찬에 참석한다. 구유럽의 마지막 여름이다.

레마르크가 일기에 위대한 시를 쓸 수 있게 영감을 준 것은 바로 마를레네 디트리히의 인생 동반자로서 느끼는 쓰라린 고독이었다. “우리는 모두 마음속으로 자기 자신에게 너무 다정하지 못하다. 우리는 어지러운 시대의 아이들이고, 자기 자신에 대한 믿음이 너무 적고, 용기는 너무 많고, 희망은 너무 적다. 어리석은 어린 병사들. 하나의 꿈을 지닌 어지러운 시대의 아이들.”

천국과 지옥을 오가는 이즈음 레마르크에게 위안이 되는 것은 갤러리 주인 발터 파일헨펠트에게서 걸려오는 전화뿐이다. 시나리오나 책 의뢰는 오로지 그것으로 세잔의 수채화를 새로 살 수 있느냐 없느냐에 따라 수락 여부를 판단한다. 에리히 마리아 레마르크는 예술의 엄청난 장점을 알게 되었다. 그림은 일단 집에 갖고 있으면 마를레네 디트리히처럼 떠날 수 없다는 점이다. 그리고 디트리히가 떠났을 때에도 그림이 위안을 줄 수 있다는 점이다.

◇

마약중독 때문에 진정한 사랑 토마스 퀸 커티스에게 버림받은 클라우스 만은 3월 27일에 이런 일기를 쓴다. “나는 오래 살 수도 없고 오래 살고 싶지도 않다. 언젠가는 마약이라는 달콤하고 끔찍한 우회로를 통해 다시 죽음을 찾을 것이다…… 이것은 나약함이 아니다. 내가 원하는 일이다.”

◇

위대한 대가의 작품에서 자기 영혼의 창을 열어주는 순간은 드물다. 외부에서 불어오는 미풍으로도 내면의 불길이 꺼질 수 있다는 두려움이 너무 크기 때문이다. 항상 셔츠 단추를 맨 위까지 채우고 외투깃을 턱까지 끌어올리고 다니는 막스 베크만에게는 이런 순간이 특히 드물다. 그런데 그런 진귀한 순간을 보여주는 작품이 바로 1939년 작품 〈어린 소녀의 초상〉이다. 이 그림은 묘한 순수함을 보여준다. 리비에라에 있는 호텔방의 작은 발코니에 금발의 소녀가 앉아 있고, 아래로 야자수 꼭대기가 보인다. 소녀는 생각에 잠긴 듯 손으로 머리를 받친 채 일광욕 의자에 다리를 올려놓고 있다. 분명 사랑에 대해 생각하고 있을 것이다. 어쩌면 인생에 대해 생각하고 있을지도 모른다.

이 밝은 그림은 베크만이 암울하던 시기에 그려진 것이다. 독일에서 탈출해 네덜란드로 망명한 베크만은 콰피와 함께 네덜란드에서 프랑스로 이주하려고 한다. 1930년대 초부터 영혼과 캔버스를 따뜻하게 만들어주는 그림의 원천이 된 프랑스 리비에라로 가는 것이 고대 그리스 주제와 더불어 베크만이 두번째로 동경하는 꿈이다. 베크만은 암스테르담의 아틀리에에 앉아 있을 때마다 뒤로, 또는 앞으로 나아가는 꿈을 꾼다. 그렇기에 어둡고 습한 네덜란드의 겨울날 베크만의 상상 속에서 남쪽에 대한 생각이 더욱 강하게 빛난다. 고집스러운 외골수이자 구제불능 낭만주의자인 베크만은 이미 1920년대에 프랑크푸르트에서 저녁마다 기차역 레스토랑에 있는 야자수 아래 앉아 니스와 마르세유로 떠나는 기차들을 향해 애처롭게 작별인사를 했다.

그러니까 1939년에 베크만이 여름저녁을 배경으로 한 소녀와 발코니 난간 사이로 빛나는 야자수잎을 그린 그림은 아주 오랜 갈망의 구현이다. 그리고 물론 아주 새로운 갈망이기도 하다. 이 소녀는 실존 인물임이 확실하기 때문이다. 물론 베크만은 이 소녀가 누구인지 절대 밝히지 않는다. 1930년대에 베크만의 아내 콰피는 남편을 주의깊게 감시하면서 남편의 에로틱한 일탈에 점점 지쳐간다. 베크만이 그린 것이 도대체 무엇일까? 이 소녀는 왜 손에 편지를 들고 있을까? 베크만은 자기를 꿈꾸는 여자를 꿈꾸는 걸까? 우리로서는 알 길이 없다.

◇

독일 망명자 가운데 핵심 인물로 꼽히는 유대인 작가로, 젊은 아내 크리스티아네 그라우토프와 함께 미국으로 도피한 에른스트 톨러가 5월 22일에 뉴욕에 있는 호텔에서 목매달아 죽는다. 파리에 있던 요제프 로트는 친구의 자살 소식을 듣고 쓰러져 이틀 뒤에 죽고 만다. 이제 겨우 마흔다섯 살이었지만 여러 해 동안 술을 마셔댄 탓에 이는 거의 남아 있지 않고 간은 침식되고 얼굴은 흙빛이었다. "전쟁이다, 안타깝게도 전쟁이다. 동료들이 쓰러져간다." 신문에서 두 사람의 부고를 읽은 클라우스 만은 일기에 이렇게 적는다. 슈테판 츠바이크의 아내 프리데리케는 파리에서 요제프 로트의 죽음을 지켜봤고, 슈테판 츠바이크는 로맹 롤랑에게 이렇게 편지한다. "우리는 늙지 않을 겁니다, 우리 추방자들은요. 저는 그를 형제처럼 사랑했습니다."

◇

1939년 7월 13일에 헨리 밀러는 그리스를 거쳐 미국으로 돌아가기 전 프랑스에서 마지막 밤을 보낸다. 엑상프로방스에 있는 작은 호텔이었다. 아나이스 닌이 경의를 표하고자 마지막으로 헨리의 침대 속으로 들어온다. 여러 해 동안 서로 경쟁하듯 비밀을 누설하던 두 사람 모두 이 마지막 밤에 대해서는 단 한마디도 하지 않았다는 점은 감동적이기까지 하다. 이튿날 아침 헨리 밀러는 아나이스와 헤어져 배를 타러 마르세유로 가면서 웃어야 할지 울어야 할지 알 수 없었다. 그래서 노스트라다무스를 읽고 자기랑 히틀러의 별점을 본다. 헨리 밀러는 히틀러가 자기보다 오래 살 거라는 점괘가 나오자 점성술에 대한 관심을 끊는다. 그리고 자기보다 두 살 많은 히틀러보다 35년을 더 산다.

◇

1939년 여름 갈라와 달리는 바다로 돌아온다. 9월에 신문마다 독일이 폴란드를 침공했다는 소식을 전한다. 전쟁에 대한 공포가 피부에 와닿는다. 신경이 예민해진 달리는 집안에서 이리저리 왔다갔다한다. 달리를 진정시킬 수 있는 것은 그림뿐이다. 달리의 머릿속에는 지난해 지크문트 프로이트와의 만남이 계속 맴돈다. 무의식이라는 진리를 발견한 영웅을 마침내 만났던 것이다. 그러나 유감스럽게도 그 만남 이후로 달리의 무의식이 벌이던 싸움이 더 치열해졌다. 안타깝게도 프로이트는 달리의 편집증에는 전혀 관심이 없었기 때문이다. 그런데 이번에 갈라와 달리가 찾아온 바다는 지중해가 아니라 대서양이다. 구유럽 끝자락에 있는 작은 해변 휴양지 아르카숑이다. 두 사람은 저녁마다 미국 쪽을 바라보면서 꿈꾸고 싶었던 것이다. 두 사람의 침대가 향하고 있는 메카는 바로 뉴욕이다.

두 사람은 이 여름에 마르셀 뒤샹도 다시 만나고 코코 샤넬도 만난다. 그러나 달리가 진짜 원하는 건 오직 그림을 그리는 것이다. 달리는 마치 신들린 것처럼 캔버스를 채우고 또 채운다. 그동안 갈라는 달리에게 연금술과 형이상학에 관한 책들을 읽어주어야 하고, 가끔은 달리의 발도 쓰다듬는다. 그러면 달리는 마치 고양이처럼 그르렁거린다. 저녁을 먹고 나면 달리는 갈라가 부드럽게 이를 닦아주는 것을 좋아한다. 그러면 자기가 순결해진 것처럼 느껴진다. 갈라는 늘 잠자기 전에 타로 카드를 펼치는데 카드를 아무리 섞어도 항상 똑같은 카드들이 맨 위에 올라오는 것을 보고 절망한다. 바로 사형집행인, 뿔난 악마, 해골 모습을 한 죽음이었다. 바로 1939년 8월의 일이었다.

◇

계속 미루고 미루다가 결국 고트프리트 폰 크람의 테니스 복식 파트너인 구스타프 예네케와 결혼한 리자 예네케는 동성애 때문에 게슈타포한테 체포되어 구금되어 있다가 풀려난 전남편 고트프리트 폰 크람에게 이렇게 편지한다. "가끔 우리 결혼생활 생각해? 내 기억 속에서는 이상적인 결혼이었어. 아직까지도 내가 모든 것을 털어놓을 수 있는 사람은 오직 당신뿐이야. 안타깝지만 어차피 우리 둘 다 벌받을 수밖에 없는 어리석고 버릇없는 아이들이었어." 고트프리트 폰 크람은 이 편지를 오랫동안, 아주 오랫동안 손에 든 채 읽고 또 읽는다. 그러고는 생각에 잠긴 채 보덴부르크에 있는 테니스코트로 간다. 10년 전에 이 버릇없는 멋진 아이 리자를 첫 매치포인트로 이겼던 곳이다. 높다란 너도밤나무 사이로 저녁햇살이 비스듬히 떨어진다. 고트프리트 폰 크람은 빨간 코트 바닥에 하얀 테니스화로 북북 원을 그린다. 어떤 원은 살짝 하트처럼 보인다.

◇

고트프리트 벤은 숨어 있다. 낮에는 군의관 신분으로 벤들러블록에, 다시 말해 베를린에 있는 군 최고 사령부에서 서류들 속에 숨어 있다. 일이 끝나면 보체너가에 있는 어두운 1층집에, 여덟시면 잠자리에 드는 젊고 피곤한 헤르타 폰 베데마이어와의 결혼생활 속으로 숨는다. 그리고 이런 시를 짓는다. "자신의 한계를 정하는 이가 자신의 발자취를 완성하네." 고트프리트 벤은 필스 맥주 한 병을 따서는 뒷마당에 널려 있는 빨래들을 몇 시간 동안이나 바라본다. 때는 8월 13일이다. 방에는 아직도 열기가 가득하다. 벤은 만년필을 집어들어 브레멘에 있는 친구 욀체에게 편지를 쓴다. "하나의 의식이, 여름에, 도시에서, 쉰 살에, 성과 없이, 제라늄화분을 인식합니다. 온전히 자기 안에 홀로 있는 끝맺음에, 이 뒤늦은 고독한 꿈에 만족하는 것. 이것이 개인의 의식입니다. 이제 이 의식은 침잠합니다. 그것이 가을입니다. 그러나 우리의 마음을 아프게 하는 것은 가을이 아닙니다. 우리의 마음을 아프게 하는 것은 이 의식입니다. 우리의 마음을 아프게 하는 것 그 이상입니다."

◇

마를레네 디트리히는 작열하는 1939년 여름도 앙티브에서 보낸다. 이번에도 남편 루디와, 남편의 애인 타마라와, 딸 마리아와, 어머니와, 전 애인 요제프 폰 슈테른베르크와, 현재 애인 에리히 마리아 레마르크와 함께 뒤 캅 에덴 록 호텔에서 태양과, 술과, 고통으로 채워진 나른한 몇 주를 보낸다.

마를레네 디트리히는 8월 14일에 앙티브를 떠난다. 몇 년 만에 영화 출연 제의를 받아서 배를 타고 미국으로 돌아간다. 선착장에서 남편 루디가 다음번에는 부디 자기를 좀더 존중해달라고 부탁한다. 그러나 마를레네 디트리히는 그저 손을 흔들 뿐이다. 하얀 소맷자락이 뱃바람에 펄럭거린다. 굿바이, 유럽. 할리우드로 돌아간 마를레네 디트리히는 가을에 서부영화 〈사진〉 촬영을 마친다. 술집에서 일하는 프렌시 역이었다. 영화 속에서 마를레네 디트리히가 탁한 목소리로 멜랑콜리하게 희망도 없고 현재를 망각한 듯 부르는 노래들은, 망명자로서 역시 할리우드에서 은신처를 찾은 프리드리히 홀랜더가 지은 노래들이었다. 마를레네 디트리히는 이 영화에서 예전보다 더 자유롭고 요염하게 연기하고 노래하는데, 그사이 교훈을 얻어 이제 거친 서부가 갈망하는 여인을 연출할 줄 알게 된 듯하다. 이 영화 출연에 대한 보상인 듯 마를레네 디트리히는 이 영화가 나오고 나서 미국 시민권을 취득한다.

마를레네 디트리히는 영화 〈푸른 천사〉로 1930년대의 시작을 알리는 종을 울렸을 때와 똑같이 남자들의 이성을 마비시키는 산전수전 다 겪은 관능적인 여성으로서 1930년대를 끝맺는다. 그러나 이번에는 감독이 아니라 주연배우 제임스 스튜어트와 사랑에 빠진다.

한편 에리히 마리아 레마르크는 비난을 퍼붓는 아내 유타를 뒤에 남겨둔 채 마를레네 디트리히와 가까이 있기 위해 유럽을 떠나 미국으로 온다. 그런데 할리우드에 도착해보니, 구세계 출신의 멜랑콜리한 애인이 필요 없어진 마를레네 디트리히는 에리히 마리아 레마르크를 팔 벌려 환영하지 않는다. 어느 날 저녁 에리히 마리아 레마르크는 이렇게 소리친다. "나를 사랑해!" 그러자 정적이 흐른다. 곧 마를레네 디트리히는 1932년에 프리드리히 홀랜더가 지어준 노래, 자기 삶에 딱 어울리는 노래를 부르기 시작한다. "나는 내가 누구인지 몰라요, 한 남자만을 위한 여자가 되기엔 너무 아깝죠." 에리히 마리아 레마르크는 문을 쾅 닫고 가버린다.

◇

시의적절하게도 1939년 여름에 헝가리에서 미클로시 젠쿠트헤가 쓴 『카사노바에 관하여』라는 책이 나온다. 미클로시 젠쿠트헤는 위대한 베네치아 만담가의 사랑 이론과 전기를 유일무이한 방법으로 섞어놓았는데, 이 책에서 카사노바가 사랑의 참된 본질을 처음으로 깨달은 사람이라고 감동에 젖어 밝히고 있다. 바로 사랑의 기본은 "이동"이라는 것이다. 그래야만 끊임없이 새로운 사랑이 생겨날 수 있다는 것이다. 저자는 다양한 신분, 다양한 도시, 다양한 침대를 거친 카사노바의 편력을 통해 "환경에 따라 무책임한 곡예를 부리는 것이 사랑의 본질"이라는 점을 보여준다. 그리고 카사노바가 바로 가톨릭교도이기 때문에 그런 롤 모델로 딱 맞다면서, 만약 개신교도였다면 성공하지 못했을 거라고 말한다. 가톨릭교도만이 죄를 짓고 나서 참회하는 마법을 안다는 것이다. 그리고 우리 후세대는 카사노바가 책으로 남긴 참회의 수혜자들이라고 말한다. 그러니까 카사노바의 업적은 "다른 사람들이 낭만적으로 파멸하도록 만드는 것을 최고의 기쁨으로 바꿔놓는다"는 사실에 있다는 말이었다.

◇

클라우스 만은 신세계에 상륙했지만 산타모니카에서도 베벌리힐스에서도 구유럽 꿈만 꾼다. 그렇다고 혼자도 아니다. 클라우스 만은 올더스 헉슬리, 루트비히 마르쿠제와 함께 시원한 칵테일을 마시면서도 1933년 사나리쉬르메르에서 보낸 무더운 여름을 떠올린다. 비키 바움의 수영장에서도, 루트 란츠호프의 소파에서도, 오후에 크리스토퍼 이셔우드와 함께 바닷가에 있을 때도 저녁에 빌리 와일더와 프리츠 랑과 함께 술집에 있을 때도 몇 시간 동안이고 열을 올리며 1920년대 베를린 시절을 얘기한다. 캘리포니아에서 보니까 그 시절이 점점 황금빛으로 빛나기 시작한다. 그러다가 다시 방에 혼자 있게 되면, 그리고 네온사인이 깜박거리고 마약의 유혹을 느끼면 클라우스 만은 비애에 사로잡힌다. "또다시 이 끔찍한 울음. 피로와 절망의 눈물. 아, 눈물도 위안이 안 된다." 클라우스 만은 나치 정부와 망명생활 때문에 괴롭고, 토마스 퀸 커티스와 헤어져 고통스럽다. 가끔 두 사람 사이에 사랑이 다시 불타오르기도 했지만, 지난 8월에 토마스는 자기 자신을 지키기 위해 클라우스를 영영 떠나버렸다. 클라우스 만은 순진한 어린 남창들한테 위안을 구하지만 곧 질려버린다. 그래서 그들과 함께 긴긴 주말을 보내기가 두렵다. 그 대신 다시 좋았던 옛 시절을 꿈꾸고, 몇 시간이고 도서관에서 『파켈』 『크베어슈니트』 『다메』 『벨트뷔네』에 실린 롤프 뉘른베르크의 글을 읽는다. 옛날에 자기가 쓴 기사도 발견한다. 1932년 11월에 쓴 「성병리학과 국가사회주의」였다. 그때 자기가 했던 예언에 조금 위안을 받기도 하고, "마법사" 아버지가 편지에 신작 『활화산』을 성공작이라고 생각한다고 말해준 것도 위안이 된다. 그러나 곧 캘리포니아의 작열하는 태양이 클라우스 만에게 남아 있는 좋은 에너지를 모조리 태워버린다. 절망에 빠진 친구가 망명지에서 자살한 소식을 듣자 클라우스 만은 최근 몇 년 동안 죽은 이들이 모두 떠오른다. 요제프 로트, 에른스트 톨러, 외됸 폰 호르바트, 리키 할가르텐이 떠오르고, 안네마리 슈바르첸바흐는 아직 살아 있을까 궁금해진다. "끝없이 떠오르는 기억들." 1939년 8월 21일에 클라우스 만은 이렇게 일기에 쓴다. 그리고 이렇게 잇는다. "그들에게 닥친 오싹한 종말. 나 자신의 죽음에 대한 예감. 내가 알던, 그리고 내가 사랑했던 이들이 모두 떠나가는 것을 보기 전에 그 일이 일어나길."

◇

시인 두르스 그륀바인은 1939년 8월 23일에 관해 한 편의 시를 지었다. 그 시는 이렇게 끝난다.

그날을 생각하라, 어느 여름날,
유럽 도시들에서 사람들이
마지막으로 감시받지 않고, 순진한 모습으로
카페에 앉아, 웃고, 토론하던 날을,
인도 위로 사람들이 피우는 담배의 푸른 연무 속에서
저속 촬영된 기록영화 영상 속 사람들의
분주한 몸짓과, 소심한 눈빛을

초현실주의자들의 피크닉을 생각하라,
최후의 휴머니스트가 스페인 국경
메마른 강바닥에서 비참하게 쓰러지기 전
코트다쥐르 바닷가에서 어른들의 놀이를,
아방가르드 최후의 여름을,
멈춰 선 위대한 순간을.

◇

최후의 휴머니스트 발터 벤야민은 독일 군대가 폴란드를 점령하고 며칠 뒤에 사나리쉬르메르와 파리에 있던 다른 독일 망명자들처럼 프랑스 포로수용소에 억류된다. 처음에는 거대한 파리 축구경기장 스타드 콜롱브에, 나중에는 샤토 드 베르누쉬성에. 그곳에서 벤야민을 보거나 벤야민과 이야기를 나눈 사람들은 모두 벤야민이 너무나 침착해서 당황한다. 밤이 되면 침대 시트는 두려움에 오싹해진다. 그러나 벤야민은 과거를 꿈꾸며 자기 마음을 정복한 파리의 매춘부 엘렌 레제에게 마법 같은 편지를 쓴다. 둘이 함께 보낸 시간들을 얼마나 많이 생각하는지. "인생에서 가장 소중한 순간일 때가 많은 그런 기억들을 무엇으로 대신할 수 있을까?" 그로부터 얼마 지나지 않아 최후의 휴머니스트 발터 벤야민은 「역사 개념에 관하여」라는 논문을 써서 한나 아렌트와 하인리히 블뤼허에게 맡긴다. 그 논문에는 벤야민이 1920년대부터 소유하고 있었던 파울 클레의 그림에 대한 고찰이 담겨 있다. '새로운 천사'라는 제목의 그림이다. 한 천사가 묘사되어 있는데, 그 천사는 마치 자기가 바라보고 있는 대상으로부터 멀어지려는 것처럼 보인다. 역사의 천사는 틀림없이 이런 모습일 것이다. 역사의 천사는 과거로 얼굴을 돌렸다. 그리고 일련의 사건이 우리 눈앞에 펼쳐지는 곳에서 단 하나의 재앙을 본다. 그 재앙은 끊임없이 잔해 위에 잔해를 쌓아 그 잔해들을 천사의 발치에 내던진다." 이것이 1930년대 역사의 비극이다. 그리고 발터 벤야민의 비극이자 모든 유대인 망명자의 비극이다.

발터 벤야민은 마르셀 프루스트의 『잃어버린 시간을 찾아서』를 번역한 사람으로서 근대적 사고가 순진하게 미래만 바라보았으나 본래 구원은 과거 속에서만 발견할 수 있다는 사실을 배웠다. 기억은 현재의 인식이나 유토피아보다 더 중요하다는 것이 프루스트가 남긴 위대한 유언이자 위로의 약속이다. 그리고 벤야민은 『1900년경 베를린의 유년 시절』에 대한 매혹적인 기억을 통해 프루스트의 유언과 약속을 구현한다. 그리고 1939년에 벤야민에게 마지막으로 수호천사가 되어주려 애쓰는 역사의 천사에 대한 찬양을 통해. 그러나 벤야민도 알다시피 역사의 천사가 눈앞에 보고 있는 미래는 이미 재앙이다.

◇

하인리히 만은 세계대전이 임박했음을 느낄 때마다 결혼하려고 한다. 그래서 늘 아주 오래 기다린다. 그런 시기에는 행정상 문제가 생기기 마련이기 때문이다. 그래서 전쟁이 시작되고 나서 격식도 제대로 갖추지 못한 이상한 결혼식을 하게 된다. 25년 전 첫번째 아내 미미와 결혼할 때도 그랬고 지금 넬리 크뢰거와 결혼할 때도 마찬가지다. 넬리는 망명생활 동안 점점 더 마약과 술에 빠졌다. 망명자들의 지적인 대화와, 하나같이 자기를 경멸하는 속물적인 만 일가로부터 벗어나기 위한 현실 도피 방법이었다. 니스에 있는 하인리히 만과 넬리 크뢰거를 만나러 온 테아 슈테른하임은 넬리를 두고 이렇게 말했다. "먹음직스럽고 뚱뚱해 보이는 새색시." 하인리히 만이 늘 편지에 쓰듯이, 넬리 크뢰거를 생각하면 "아름다운 육체만 보이고, 그 생각만 하면 늘 진정이 안 되는" 재주가 있는 사람은 오로지 하인리히 만뿐이다. 여름에 넬리 크뢰거가 빌라 콩스탕스 중독 치료 재활원에서 돌아오자, 예순여덟의 작가 하인리히 만은 연인이자 동반자인 넬리와 결혼하여 이 육체적 불안을 제도화하고 싶어한다. 전쟁이 일어난 지 여드레가 지났고 프랑스에 있는 독일인들이 모두 포로수용소로 끌려가기 직전이었던 9월 9일에, 니스의 호적사무소 직원은 혼인식을 거행한다. 넬리 크뢰거의 주치의인 프랑스인 신경과 의사 바르나탕 박사가 결혼 증인이었다. 하인리히 만이 독일 국적을 박탈당하고 체코 여권을 가지고 있었으므로 북독일 출신인 아내도 체코인이 되었다. 하인리히 만은 넬리 크뢰거에게 결혼선물로, "고통과 행복을 함께한 10년에 대한 증서"라는 헌사를 담은 『증오』의 프랑스어판을 준다. 이튿날, 이제 체코인이 된 넬리 만은 프랑스에 주둔하고 있는 체코 군인들을 위해 따뜻한 속옷을 뜨기 시작한다. 그리고 그다음날에는 다시 프랑스 와인을 마구 마셔대기 시작한다.

◇

전쟁의 화가이자 대도시의 화가인 오토 딕스는 제국 끄트머리까지 왔다. 처음에는 란데크에 있는 처형 소유의 성으로, 이제는 보덴호숫가에 있는 헤멘호펜으로. 이곳에서 날마다 옛 거장의 화풍으로 풍경화를 그린다. 이제 화폭에는 인간이라고는 창녀와 군인 대신 마리아와 요셉이 딱 한 번 등장할 뿐이다. 오토 딕스는 풍경 속으로, 종교와 역사 속으로 망명했다. 전통을 재수용함으로써 예언으로 가득찬 그림들이 만들어진다. 이 무렵 오토 딕스가 그린 〈롯과 그의 딸들〉을 보면 배경으로 드레스덴이 불타고 있는 모습이, 5년 뒤 폭격 세례를 맞아 불에 탈 때와 똑같은 모습이 보인다.

오토 딕스는 미술 아카데미 회원직을 박탈당한 뒤에도 애인 케테 쾨니히를 보기 위해 정기적으로 기차를 타고 드레스덴까지 먼길을 간다. 아내 마르타는 남편의 장거리 연애를 참는 수밖에 다른 방도가 없다. 아이들은 이 사실을 전혀 알지 못한다. 그러나 1939년 여름에 오토 딕스의 이중생활은 더이상 비밀로 숨길 수 없게 된다. 오토 딕스와 케테 쾨니히에게 아기가 생겼기 때문이다.

그 일이 아니더라도 오토 딕스의 인생은 파탄이 난 것 같다. 뮌헨에 있는 뷔르거브로이켈러 맥주홀에서 목공 게오르크 엘저가 히틀러를 암살하려다 실패하는데, 그 일이 일어난 후 경찰이 헤멘호펜에 있는 오토 딕스의 집 문을 두드린다. 오토 딕스는 2주 동안 구금된다. 공모 혐의였다. 그런데 케테 쾨니히가 오토 딕스의 명예를 실추시킬 서류들을 드레스덴에 있는 관청에서 사라지게 하는 바람에 게슈타포는 오토 딕스를 풀어줄 수밖에 없었다. 그래서 오토 딕스는 아내 마르타에게 돌아갈 수 있게 된다.

◇

보부아르는 사르트르가 갈망하는 올가의 약혼자이자 자기 연인인 보스트에게 자신의 성생활을 이렇게 설명한다. "나에게 관능적인 삶은 딱 하나, 바로 당신과의 관계뿐이에요." 이렇게 내밀한 이야기를 하면서 존칭을 쓰다니…… 멋지다. 편지는 계속 이어진다. 보부아르는 좀 당혹스럽지만 한 가지 더 분명히 해두고 싶다면서 이렇게 쓰고 있다. "사르트르와도 육체적인 관계를 맺고 있지만 별로 의미 없어요. 본질적으로 애정이죠. 그리고 어떻게 말해야 좋을지 모르겠지만, 몰두하는 느낌이 없어요. 그 사람도 몰두하지 않으니까요." 이 고백이 있고 나서 사르트르, 보부아르, 보스트 이렇게 세 사람은 마르세유에서 며칠 동안 함께 느긋한 여름날을 보낸다. 그러나 단둘이 있게 되자, 보스트는 보부아르에게 자기가 보낸 편지들을 모두 태워버리라고 부탁한다. 자기도 편지들을 태워버리겠다면서. 아마도 약혼자 올가와 결혼하게 될 것 같다고. 시몬 드 보부아르는 울고 만다. 보부아르는 사르트르에게 위로받고 싶어하지만, 사르트르는 자기가 올가의 동생 반다를 유혹해서 어떻게 성공했는지 자세히 얘기하고 싶어할 뿐이다. 얼마 후 보스트와 사르트르는 짐을 싸게 된다. 두 사람 모두에게 소집령이 떨어진 것이다. 8월 31일부로 전시 복무에 들어가야 했다. 기차역으로 사르트르를 배웅하러 나온 보부아르는 가슴이 찢어질 것 같았다. 반면에 사르트르는 노트에 이렇게 기록한다. "누구나 상대방이 자기를 사랑해주길 원하지만 간과하는 사실이 하나 있다. 사랑한다는 것은 사랑받기를 원한다는 뜻이고, 상대방이 자기를 사랑해주길 원한다면 상대방 역시 사랑받기를 원한다는 사실을. 그래서 사랑하는 이들은 영원한 불확실성 속에 있다." 그럼 시몬 드 보부아르는 어떻게 되었을까? 영원한 불확실성 속에서 사랑하고 있는 이 여인은 자신의 두 남자가 모두 전쟁터로 끌려가자 올가와 반다 자매와 함께, 다시 말해 남편의 연인과 연인의 약혼녀와 함께 바뱅가에 있는 단마르크 호텔로 거처를 옮긴다.

◇

장폴 사르트르가 징집되던 8월 31일 저녁에, 하로 슐체보이젠은 반호숫가에서 요트 하이주루에 오른다. 5년 전에 아내 리베르타스를 처음 만났던 그 배다. 오랜 친구이자 연적인 귄터 바이젠보른에게 호수 위에서 은밀히 얘기 좀 나누자고 청한 것이다. 바이젠보른은 1년 넘게 리베르타스와 열정적으로 불륜을 저지르고 있었다. 이날 밤 하로는 리베르타스와의 위대한 사랑이 시작된 이 배에서 이제 그만 불륜을 끝내라고 귄터를 설득한다. 안타깝게도 내일 아침이면 완전히 다른 세상이 시작될 거라면서. 바로 전쟁이었다. 게다가 "역사상 가장 큰 전쟁이 될 것"이라고 했다. 귄터는 이날 밤 일기에 하로 슐체보이젠에 대해 이렇게 적는다. "반호수에서 저녁하늘을 가르는 날씬하고 아름답고 완벽한 옆모습. 한 사람의 독일인, 불꽃같은 남자, 전쟁 전야의 친구." 귄터 바이젠보른은 더이상 리베르타스를 두고 싸우지 않겠다고 약속했다. 귄터 바이젠보른 역시 하로에 대한 리베르타스의 사랑이, 에로틱한 사랑이든 아니든, 자기에 대한 사랑보다 훨씬 더 크다는 것을 느끼고 있었다.(리베르타스와 하로 슐체보이젠이 활동하던 저항조직 "붉은 악단"이 탄로나 1942년 12월 22일에 두 사람 모두 플뢰첸제에서 처형된다. 리베르타스는 죽기 몇 분 전에 하로에게 이런 편지를 띄운다. "우리는 이제 더이상 헤어질 필요가 없어. 얼마나 위대하고 멋진 일이야.")

◇

1934년에 이상적인 독일 군인상을 만들기 위해 모델을 섰던 클라우스 폰 슈타우펜베르크 백작은 1939년 9월 1일에 군인 9935명으로 이루어진 강력한 "제1 보병사단"을 이끌고 폴란드를 침공한다. 클라우스 폰 슈타우펜베르크는 부퍼탈에서 출발하기 전, 행군중에 읽으려고 철학 고전을 몇 권 샀다. 폴란드 전선에서 아내 니나의 걱정이 담긴 편지 두 통을 받는다. 클라우스는 밤베르크에 있는 아내에게 걱정할 필요 없다고 답장한다. 그러나 사실 전투는 "예상보다 손실이 크다"면서. 유감스럽게도 동료 장교들은 아주 미숙하고, 폴란드 군인은 아주 용감하다고. 자기가 전차로 짓밟고 있는 이 나라는 전혀 마음에 들지 않는다고, "끝이 보이지 않는 가난과 피폐"로 가득하다고 냉담하게 말한다. 그리고 단 며칠 만에 수많은 사람의 목숨을 빼앗고 온 나라에 고통과 참해를 안긴 '청소'를 한 뒤 승리에 취해 독일 병영으로 돌아온다. 1939년 9월, 클라우스 폰 슈타우펜베르크 백작은 아직 총통 히틀러에게 충성하는 독일 군인이자 속물 지식인이다. 아내에게 보내는 편지에 폴란드 출정 때 멋지고 튼튼한 고무 코트가 없어진 것이 짜증날 뿐이라고 말하는 수준이다. 참, 약탈한 성에 아주 예쁜 제국시대 가구가 있었다는 말도 덧붙인다.

◇

히틀러는 국방군에게 폴란드 침공을 명령하고 나서 레니 리펜슈탈에게 전화를 걸어 혹시 전선에서 멋진 영화를 만들어볼 의향이 없느냐고 묻는다. 레니 리펜슈탈은 당장 하겠다고 대답한다. 그러고는 쿠어퓌르스텐담에 있는 양복점에 가서 군복을 맞춘다. 재단사는 자신의 상상력을 발휘해 바람 같은 속도로 휘장과 견장까지 달린 카키색 군복을 만들어준다. 레니 리펜슈탈은 현재 애인인 음향기술자 헤르만 슈토르르와 또다른 영화 기술자 두 명을 데리고 베를린 슈테티너 기차역에서 북동쪽 방향에 있는 전선으로 출발한다. "리펜슈탈 특별 영화제작군단"은 총통의 특별 보호를 받는다. 영화를 찍는 이 괴짜 여자는 전선에 있는 군인들에게 짜증을 불러일으켰다. 가짜 군복에 왼쪽 허리띠에는 권총을, 장화 목에는 단검까지 차고 서 있는 리펜슈탈의 모습을 보았을 때 군인들은 평정심을 유지하기 힘들었다. 전쟁이 한창인 이 마당에 아마존 전사 놀이를 하는 여자가 전선에 나타나다니. 게다가 총통의 지시로. 그러나 남부 군단 사령관 폰 만슈타인 장군이 보고한 바에 따르면, 레니 리펜슈탈은 폴란드 콘스키에에서 유대인 스물두 명이 총살당하는 모습을 직접 보고는 "충격을 받은 채 전장을 떠난다". 콘스키에에서 살상이 있고 나서 레니 리펜슈탈을 찍은 사진이 남아 있는데 얼굴에 경악이 서려 있다. 이제 이성을 넘어서는 〈믿음의 승리〉와 도덕을 넘어서는 〈의지의 승리〉가 어디를 향하는지 알게 된 것이다. 바로 죽음이다. 그러나 레니 리펜슈탈이 베를린에 돌아왔을 때쯤에는 이미 그 일을 잊었다.

◇

한편 할리우드에서는 마를레네 디트리히와 에리히 마리아 레마르크가 서로 물어뜯고 있다. 레마르크는 디트리히의 뺨을 때리고, 디트리히는 레마르크의 손을 깨문다. 그러자 레마르크는 창백하고 어안이 벙벙한 얼굴로 가버린다. 이튿날 아침 마를레네 디트리히의 집 차가운 대리석 계단 위에 떨어진 몇 방울의 핏자국만이 전날의 방문을 상기시킨다. 레마르크는 이 관계의 파국을 보고는 일기에 감정적 철수 명령을 적는다. "결심했다, 떠나자!"

◇

전쟁이 시작되자, 한나 아렌트의 남자 하인리히 블뤼허도 프랑스에 있던 모든 독일 망명자 남성들처럼 파리 올림픽경기장 스타드 올랭피크 콜롱브에 억류된다. 블뤼허는 씩씩하게 대처한다. 칸트와 데카르트를 읽고, 한나 아렌트에게 다소 철학적인 사랑 선언이 담긴 편지를 쓴다. "내 사랑, 당신이 내 여자라는 생각을 하면 행복해. 그리고 그 생각을 많이 해." 그러다가 감정에 휩싸이게 되고 우뇌가 주도권을 장악한다. "내 사랑, 너무 강렬해서 평생 동안 지속되고 더욱 깊어지지 않는 것 말고는 변하지 않을 감정이 있다는 것은 행운의 선물이야." 그리고 결국 하인리히 블뤼허의 말이 옳았다. 그건 그렇고, 철학자 하인리히 블뤼허가 쓴 글 중에 지금까지 남아 있는 것은 한나 아렌트에게 보낸 편지들뿐이다.

◇

9월 초, 바닷가에 있는 작은 독일 망명자 도시 사나리쉬르메르에도 현실이 들이닥친다. 아내 마르타뿐만 아니라 애인 에바 헤르만도 유대인 작가 리온 포이흐트방거에게 빨리 유럽을 떠나라고 설득한다. 그러나 포이흐트방거는 너무 뜸을 들인다. 그러고는 9월 16일에 이렇게 쓴다. "잠을 거의 못 잤다. 경찰에서 소환 명령이 떨어졌다. 아직 이곳에 남아 있는 다른 독일인들도 마찬가지였다. 내일 강제수용소로 들어가야 한다. 경찰서에 이런 문구가 쓰여 있었다. '모두 환영합니다'." 9월 23일에 포이흐트방거는 엑상프로방스 남쪽에 있는 레밀 강제수용소로 이송된다. 그러나 불과 일주일 뒤에 다시 자유의 몸이 된다. 마르타는 갑자기 빌라 발메르에 나타나 같이 바다로 수영하러 가지 않겠느냐고 묻는 남편을 믿을 수 없다는 표정으로 쳐다본다. 두 사람은 다시 한번 계단을 내려가, 다시 한번 지중해 따뜻한 바다로 들어가, 바다 속으로 가라앉고 있는 붉은 태양을 보며 다시 한번 위로받는다. 그러나 인근 군항 툴롱에서 다가오는 거대한 잿빛 군함들이 야자수 아래에서 보내는 이 망명생활도 이제 끝이라는 것을 알려준다. 공포를 불러일으키는 배들이 수평선 위에서 점점 커지자 두 사람은 말이 없어진다. 그리고 조용히 몸의 물기를 닦고는, 충격에 빠진 채 집으로 올라간다. 두 사람 모두 이 집에서 지낼 수 있는 날도 얼마 남지 않았음을 느낀다.

◇

『대리석 절벽 위에서』 원고를 이제 막 끝낸 에른스트 윙거는 대위로 임명되어 첼레에 있는 병영에 배치된다. 9월 17일에 가족에게 작별 인사를 하러 잠깐 가족의 품으로 돌아온 에른스트 윙거는, 병영에서 전쟁터로 나가는 남편과 헤어지며 우는 여자들 때문에 몹시 힘들다고 아내에게 하소연한다. 그럴 필요 없다는 것이다. 제1차세계대전 때도 그것 때문에 아주 괴로웠다면서. 그레타 윙거는 남편의 말에 진심으로 동감한다. "열렬한 애정의 힘을 보여주려면 나약함의 표현 말고 다른 표현수단을 찾아야 한다. 남자들이 전쟁터로 나가는 것은 수백 년 전부터 이어져온 일이므로 우리는 집에서 무력한 눈물이나 흘리면서 애처로운 편지나 하소연으로 남편을 나약하게 만들면 안 된다."

◇

열여덟 살의 조피 숄은 스물두 살의 사관후보생 프리츠 하르트나겔을 사랑한다. 두 사람은 2년 전 어느 댄스파티에서 처음 만났다. 프리츠 하르트나겔은 짧게 깎은 군인 머리를 하고 있고, 조피 숄은 단발머리인데 머리카락 두 가닥이 마치 반항하듯 삐져나와 있다. 조피 숄은 얼굴을 가리는 그 머리카락 두 가닥을 끊임없이 입으로 불어댄다. 이 두 사람만큼 서로 이렇게 다른 연인이 또 있을까 싶지만 그래도 두 사람 모두 믿음은 깊다. 한번은 조피 숄이 이렇게 물었다. "성욕을 정신으로 극복할 수 있다고 믿지 않아?" 그러나 두 사람 모두 수도원 체질은 아니다. 1939년 여름에 두 사람은 처음으로 북독일에서 함께 휴가를 보내고 사랑을 나눈다. 사실 기독교적인 성도덕에 따라 결혼한 후에야 성관계를 가져야 한다고 믿는 조피로서는 내키지 않는 일이었다. 조피는 프리츠를 멀리하다가 다시 유혹하며 끝없이 갈팡질팡한다. 그러나 곧 값싼 반지를 한 쌍 사서는 북독일에 있는 호텔에서 부부 행세를 한다. 사실 조피 숄은 자기가 다짐한 금욕을 실천하기에는 삶에 대한 욕구에 굶주려 있다. 극기와 갈망 사이에서 혼란스러워하는 젊은 독일 여성이다. 와인과 자동차를 사랑하며 분노에 가득차 있다. 독일소녀단 수장이고 나치를 증오한다. 프리츠 하르트나겔은 사랑 얘기도 많이 하지만 그만큼 조국 얘기도 많이 한다.

그렇다, 조피 숄과 프리츠 하르트나겔은 이 마지막 평화로운 여름에 휴가여행중이다. 먼저 발트해에 있는 하일리겐하펜으로, 그다음에는 늪지대를 지나 보릅스베데로 가서 풀밭에 눕는다. 지금 조국은 뜨겁고 아름답다. 두 사람은 미래를 꿈꾼다. 그러나 곧 프리츠가 소집명령을 받는다. 전쟁이 시작되자마자 조피 숄은 이런 편지를 띄운다. "지금 사람들이 다른 사람들에 의해 끊임없이 생명의 위협을 당하는 현실을 난 이해할 수 없어. 앞으로도 결코 이해할 수 없을 테고 끔찍해.” 하르트나겔은 이렇게 답장한다. “이 모든 살육의 의미에 대해 네가 물을 때마다 엄청난 갈등을 느껴……” 조피 숄은 적극적으로 저항에 나서기로 결심하고 전단지를 뿌린다. 전단지에는 이렇게 쓰여 있었다. “당신의 심장을 뒤덮고 있는 무관심의 외투를 찢어버려라!” 조피 숄이 심장을 열어젖힌 프리츠 하르트나겔은 어쩌고 있을까? 장교로서 나치 정권에 충성하고 있었다. 두 사람은 달라도 어쩜 이렇게 다를까. 그래도 두 사람은 서로 사랑한다. 프리츠 하르트나겔은 스탈린그라드 전투에서 큰 부상을 입게 되고, 조피 숄은 나치에 저항하다가 1943년에 사형당한다. 그후로 프리츠 하르트나겔도 나치 정권에 반대하는 입장에 서게 되고 자유의지에 따라 미국의 포로가 된다. 그리고 전쟁이 끝나자 판사가 되어 재무장에 반대하며 평화운동을 위해 싸운다. 그리고 조피의 언니 엘리자베트와 결혼한다. 그렇게 조피 숄이 죽은 뒤에도 자신의 위대한 사랑 조피 숄 가까이 머문다.

◇

브루노 발츠는 체포된 지 24시간도 안 되어 요제프 괴벨스의 지시에 따라 프린츠알브레히트가 8번지에 있는 게슈타포 감옥에서 풀려난다. 동성애자라는 이유로 체포되어 하루종일 고문을 당하던 차였는데, 발츠의 노래가 없으면 사라 레안더가 출연하는 새 영화 촬영을 끝낼 수 없다고 UFA 영화사에서 괴벨스에게 호소한 것이다. 영화 제목은 '위대한 사랑'이 될 거라고 한다. 새벽에 발츠를 태운 차가 바벨스베르크로 향한다. 그곳에서 발츠는 게슈타포의 감시를 받으며 24시간 만에 이제까지 지은 노래 가운데 가장 위대한 노래 두 곡을 짓는다. 바로 〈난 알아요, 언젠가 기적이 일어날 거라는 걸〉과 〈그런다고 세상이 무너지지 않아〉였다. 그러나 이 두 노래 모두 틀렸다.

참고 문헌

1929~1939년에 관한 일반 문헌

Ackroyd, Peter: *Charlie Chaplin*. London 2014.

Aspetsberger, Friedbert: *Arnolt Bronnen*. Biographie. Wien 1995.

Baum, Vicki: *Es war alles ganz anders*. Frankfurt 1963.

Barthes, Roland: *Fragmente einer Sprache der Liebe*. Frankfurt 1978.

Bauschinger, Sigrid: *Else Lasker-Schüler. Eine Biographie*. Göttingen 2004.

Bedford, Sybille: *Rückkehr nach Sanary. Roman einer Jugend*. München 2009.

Bedford, Sybille: *Treibsand. Erinnerungen einer Europäerin*. München 2006.

Bisky, Jens: *Berlin. Biographie einer großen Stadt*. Berlin 2019.

Blotkamp, Carel: *Artists' Late and Last Works*. London 2019.

Blubacher, Thomas: *Gustaf Gründgens. Biographie*. Leipzig 2013.

Bosworth, R. J. B.: *Claretta. Mussolini's Last Lover*. Yale 2017.

Brassaï: *Flaneur durch das nächtliche Paris*. München 2013.

Breslauer, Marianne. *Fotografien 1927–1936. Ausstellungskatalog Berlinische Galerie, Berlin*. Wädenswil 2010.

Breslauer, Marianne: *Bilder meines Lebens. Erinnerungen*. Wädenswil 2012.

Brogi, Susanna und Strittmatter, Ellen (Hrsg.): *Die Erfindung von Paris*. Marbach 2019.

Buñuel, Luis: *Mein letzter Seufzer. Erinnerungen*. Frankfurt 1985.

Bürger, Jan und Gehring, Petra (Hrsg.): *»Feminismus zwischen den Kriegen«*, Zeitschrift fü Ideengeschichte, Nr. 4 / 2020.

Céline, Louis–Ferdinand: *Briefe an Freundinnen. 1932–1948*. Gifkendorf 2007.

Corino, Karl: Robert Musil. *Eine Biographie*. Reinbek 2003.

Coxon, Ann: Anni Albers. Fabrics. München 2018.

Cziffra, Geza von: *Kauf Dir einen bunten Luftballon. Erinnerungen an Götter und Halbgötter*. München 1975.

Cziffra, Geza von: *Hanussen. Hellseher des Teufels. Ein Bericht*. München 1978.

Darwent, Charles: *Josef Albers. Leben und Werk*. Bern 2020.

Dearborn, Mary v.: *Ich bereue nichts. Das außergewönliche Leben der Peggy Guggenheim*. Köln 2007.

Demandt, Alexander: *Untergänge des Abendlandes. Studien zu Oswald Spengler*. Köln, Weimar, Wien 2007.

Die dreißiger Jahre. Schauplatz Deutschland. Ausstellungskatalog Haus der Kunst München. München 1977.

Die schwarzen Jahre. Geschichte einer Sammlung 1933–1945. Neue Nationalgalerie, Berlin. Berlin 2015.

Döring, Jörg: *»ich stellte mich unter und machte mich klein«. Wolfgang Koeppen. 1933–1948*. Frankfurt 2001.

Domin, Hilde: *Die Liebe im Exil. Briefe an Erwin Walter Palm aus den Jahren 1931–1959*. Frankfurt 2009.

Eilenberger, Wolfram: *Feuer der Freiheit. Die Rettung der Philosophie in finsteren Zeiten 1933–1943*. Stuttgart 2020.

Etzold, Alfred: *Der Dorotheenstädtische Friedhof. Die Begräbnisstätten an der Berliner Chausseestraße*. Berlin 2002.

Felken, Detlef: *Oswald Spengler. Konservativer Denker zwischen Kaiserreich und Diktatur*. München 1988.

Feuchtwanger, Lion: *Ein möglichst intensives Leben. Die Tagebücher*. Berlin 2018.

Field, Andrew: *Djuna Barnes. Eine Biographie*. Frankfurt 1992.

Fischer, Jens Malte: *Karl Kraus. Der Widersprecher*. Wien 2020.

Flügge, Manfred: *Gesprungene Liebe. Die wahre Geschichte zu »Jules und Jim«*. Berlin 1993.

Flügge, Manfred: *Wider Willen im Paradies. Deutsche Schriftsteller im Exil in Sanary-sur-Mer*. Berlin 1996.

Flügge, Manfred: *Heinrich Mann. Eine Biographie*. Reinbek 2006.

Flügge, Manfred: *Die vier Leben der Marta Feuchtwanger. Biographie*. Berlin 2008.

Flügge, Manfred: *Das flüchtige Paradies. Künstler an der Côte d'Azur*. Berlin 2008.

Flügge, Manfred: *Muse des Exils. Das Leben der Malerin Eva Herrmann*. Frankfurt 2012.

Flügge, Manfred: *Traumland und Zuflucht. Heinrich Mann in Frankreich*. Frankfurt 2013.

Flügge, Manfred: *Das Jahrhundert der Manns*. Berlin 2015.

Franck, Dan: *Montparnasse und Montmartre. Künstler und Literaten in Paris zu Beginn des 20. Jahrhunderts*. Berlin 2011.

Friedrichs, Hauke: *Funkenflug. August 1939. Der Sommer, bevor der Krieg begann*. Berlin 2019.

Frisch, Max: *»Im ürigen bin ich immer völig allein«. Briefwechsel mit der Mutter 1933*. Frankfurt 2000.

Fuld, Werner und Ostermaier, Albert: *Die Göttin und ihr Sozialist. Christiane Grautoff – ihr Leben mit Ernst Toller*. Bonn 1996.

Gide, André: *Tagebuch. 1889 – 1939*. Stuttgart 1954.

Gladitz, Nina: *Leni Riefenstahl. Karriere einer Täterin*. Zürich 2020.

Goebbels, Joseph: *Die Tagebücher 1924–1945. 5 Bände*. München 1992.

Görtemaker, Heike B.: *Eva Braun. Leben mit Hitler*. München 2019.

Grosz, George: *Ein kleines Ja und ein großes Nein. Sein Leben von ihm selbst erzählt*. Frankfurt 2009.

Grusenberg, *Richard M. und Groß, Johannes: Die dreißiger Jahre*. Frankfurt 1970.

Hachmeister, Lutz: *Hôtel Provençal. Eine Geschichte der Côte d'Azur*. München 2021.

Hausmann, Raoul: *Photographㅈs 1927 – 1936*. Köln, Paris 2017.

Havemann, Florian: *Speedy-Skizzen*. Berlin 2020.

Hecht, Gusti: *»muss man sich gleich scheiden lassen?«*. Berlin 1932.

Herlin, Hans: *Die Geliebte. Die tragische Liebe der Clara Petacci zu Benito Mussolini*. München 1980.

Hermann, Lutz: *Literarisches Paris. 80 Dichter, Schriftsteller und Philosophen. Wohnorte*. Berlin 2003.

Hertling, Anke: *Eroberung der Männerdomäne Automobil. Die Selbstfahrerinnen Ruth Landshoff-Yorck, Erika Mann und Annemarie Schwarzenbach*. Bielefeld 2013.

Hessel, Franz: *Nur was uns anschaut, sehen wir. Literaturhaus Berlin*. Berlin 1998.

Hessel, Franz: *Heimliches Berlin. Roman*. Düsseldorf 2017.

Hildenbrandt, Fred: *»ich soll dich grüßen von Berlin«. 1922–1932. Berliner Erinnerungen, ganz und gar unpolitisch*. München 1966.

Hille, Karoline: *Gefährliche Musen. Frauen um Max Ernst*. Berlin 2007.

Hintermeier, Mara und Raddatz, Fritz J. (Hrsg.): *Rowohlt-Almanach 1908–1962*, 3 Bd. Reinbek 1962.

Hirte, Chris: *Erich Mühsam. Eine Biographie*. Freiburg 2009.

Hörner, Unda: Im Dreieck. *Liebesbeziehungen von Friedrich Nietzsche bis Marguerite Duras*. Frankfurt 1999.

Hörner, Unda: *Madame Man Ray. Fotografinnen der Avantgarde in Paris*. Berlin 2002.

Hörner, Unda: *Auf nach Hiddensee! Die Bohème macht Urlaub*. Berlin 2003.

Hörner, Unda: *Orte jüdischen Lebens in Berlin. Literarische Spaziergänge durch Mitte*. Berlin 2010.

Hörner, Unda: *Scharfsichtige Frauen. Fotografinnen der 20er und 30er Jahre in Paris*. Berlin 2010.

Hörner, Unda: *Frauen im Jahr Babylon*. Berlin 2020.

Hörner, Unda: *Nancy Cunard. Zwischen Black Pride und Avantgarde*. Berlin 2020.

Hoffmann, Peter: *Claus Schenk Graf von Stauffenberg und seine Brüder*. Stuttgart 1992.

Hollaender, Friedrich: *Von Kopf bis Fuß. Revue meines Lebens*. Bonn 1996.

Horncastle, Mona: J*osephine Baker: Weltstar. Freiheitskämpferin. Ikone. Die Biographie*. Wien 2020.

Illouz, Eva: *Warum Liebe weh tut. Eine soziologische Erklärung*. Berlin 2011.

Illouz, Eva: *Warum Liebe endet. Eine Soziologie negativer Beziehungen*. Berlin 2018.

Jackson, Felix: *Berlin, April 1933*. Bonn 2018.

James, Don: *Surfing San Onofre to Point Dume. 1936–1942. Photographs*. New York 1996.

Jelavich, Peter: *Berlin Alexanderplatz. Radio, Film and the Death of Weimar Culture*. New York 2005.

Jentzsch, Bernd (Hrsg.): *Ich sah das Dunkel schon von ferne kommen. Erniedrigung und Vertreibung in poetischen Selbstzeugnissen*. München 1979.

Karl, Michaela: *Ich blättere gerade in der Vogue, da sprach mich der Führer an. Unity Mitford, eine Biographie*. München 2018.

Karlauf, Thomas: *Stefan George. Die Entdeckung des Charisma*. München 2007.

Keilson, Hans: *Da steht mein Haus. Erinnerungen*. Frankfurt 2011.

Kemp, Wolfgang: *Foreign Affairs. Der Abenteuer einiger Engländer in Deutschland 1900–1947*. München 2010.

Kennedy, John F.: *Unter Deutschen. Reisetagebücher und Briefe 1937–1945*. Berlin 2013.

Kessler, Harry Graf: *Das Tagebuch 1880 – 1937. Band 9: 1926–1937*. Stuttgart 2010.

Klöckner–Draga: *Renate Müller. Ihr Leben, ein Drahtseilakt. Ein deutscher Filmstar, der keinen Juden lieben durfte*. Bayreuth 2006.

Kohlert, Werner und Pfäfflin, Friedrich: *Das Werk der Photographin Charlotte Joel*. Göttingen 2019.

Kort, Pamela: *Paul Klee 1933. Ausstellungskatalog München / Bern / Hamburg 2003*. Köln 2003.

Krützen, Michaela: *Hans Albers. Eine deutsche Karriere*. Weinheim 1995.

Ladd, Brian: *The Ghosts of Berlin. Confronting German History in the Urban Landscape*. New York 1997.

Lahann, Birgit: *»Wir sind durchs Rote Meer gekommen, wir werden auch durch die braune Scheiße kommen«. Schriftsteller in Zeiten des Faschismus*. Bonn 2018.

Lahme, Tilmann (Hrsg.): *Die Briefe der Manns. Ein Familienportrait*. Frankfurt 2016.

Lartigue, Jacques–Henri: *Collection Renée Perle*, 2 Bd., Etude Tajan, Paris, 21. Dezember 2000 und 4. Mai 2001.

Lartigue, Jacques–Henri: *The Invention of an Artist*. Princeton 2004.

Lartigue, Jacques–Henri: *Un dandy à la plage*. Paris 2016.

Laserstein, Lotte: *Von Angesicht zu Angesicht. Katalog Städel und Berlinische Galerie*. München 2019.

Laserstein, Lotte: *Meine einzige Wirklichkeit. Anna-Carola Krausse*. Berlin 2018.

Lebrecht, Norman: *Genius & Anxiety. How Jews Changed the World 1847–1947*.

London 2019.

Lebrun, Bernard / Lefebvre: *Robert Capa. The Paris Years 1933–1954*. New York 2011.

Lethen, Helmut: *Verhaltenslehren der Kälte. Lebensversuche zwischen den Kriegen*. Frankfurt 1994.

Lethen, Helmut: *Unheimliche Nachbarschaften. Essays zum Kälte-Kult und der Schlaflosigkeit der Philosophischen Anthropologie im 20. Jahrhundert*. Freiburg 2009.

Levenson, Thomas: *Einstein in Berlin*. New York 2003.

Lindinger, Michaela: *Hedy Lamarr. Filmgöttin, Antifaschistin, Erfinderin*. Wien 2019.

Longerich, Peter: *Goebbels. Eine Biographie*. München 2012.

Lubrich, Oliver: *Reisen ins Reich. 1933 bis 1945. Ausländische Autoren berichten aus Deutschland*. Frankfurt 2004.

Lunzer, Heinz: *Horváth. Einem Schriftsteller auf der Spur*. Salzburg 2001.

Malaparte, Curzio: *Zwischen Erdbeben*. München 1996.

Malaparte, Curzio: *Technik des Staatstreiches*. Essay. Berlin 1988.

Mänz, Peter u. a. (Hrsg.): *Die UFA. Geschichte einer Marke*. Berlin 2018.

Markus: *Mein Leben unter braunen Clowns. Eine Jugend in Deutschland*. Oldenburg 1995.

Marnham, Patrick: *Diego Rivera. Träumer mit offenen Augen*. Bergisch Gladbach 2001.

Marsh, Charles: *Dietrich Bonhoeffer. Der verklärte Fremde. Eine Biografie*. Gütersloh 2015.

Martynkewicz, Wolfgang: *1920. Am Nullpunkt des Sinns*. Berlin 2019.

Mehring, Reinhard: *Carl Schmitt. Aufstieg und Fall. Eine Biographie*. München 2009.

Mierau, Fritz: *Russen in Berlin 1918–1933*. Weinheim 1988.

Modern Couples. Art, Intimacy and the Avantgarde. Ausstellungskatalog Barbican Centre, London. London 2018.

Montefiore, Simon Sebag: *Stalin. Am Hof des roten Zaren*. Frankfurt 2006.

Moreck, Curt: *Ein Führer durch das lasterhafte Berlin*. Das deutsche Babylon 1931. Berlin 2019.

Mueller-Dohm, Stefan: *Adorno. Eine Biographie*. Frankfurt 2011.

Müller, Melissa: *Das Mädchen Anne Frank. Die Biographie*. Frankfurt 2013.

Müller, Ulrike: *Bauhaus-Frauen. Meisterinnen in Kunst, Handwerk und Design*. München 2009.

Muscheler, Ursula: *Mutter, Muse und Frau Bauhaus. Die Frauen um Walter Gropius*. Berlin 2018.

Nerdinger, Winfried: *Walter Gropius. Architekt der Moderne*. München 2019.

Nieradka-Steiner, Magali: *Exil unter Palmen. Deutsche Emigranten in Sanary-sur-Mer*. Darmstadt 2018.

Nottelmann, Nicole: *Die Karrieren der Vicki Baum. Eine Biographie*. Köln 2007.

Oppenheim, Meret: *Worte nicht in giftige Buchstaben einwickeln. Das autobiographische Album »Von Kindheit bis 1943« und unveröffentlichter Briefwechsel*. Zürich 2013.

Payne, Robert: *Greta Garbo. Die Göttliche*. München 1976.

Peters, Olaf: *Otto Dix. Der unerschrockene Blick. Eine Biographie. Stuttgart 2013.*

Peteuil, Marie-Francoise: Helen Hessel. Die Frau, die Jules und Jim liebte. Eine Biographie. Frankfurt 2013.

Preußen, Hermine Prinzessin von: *Der Kaiser und ich. Mein Leben mit Kaiser Wilhelm II. im Exil*. Göttingen 2008.

Rasch, Uwe und Wagner, Gerhard: *Aldous Huxley*. Darmstadt 2019.

Regnier, Anatol: *Jeder schreibt für sich allein. Schriftsteller im Nationalsozialismus*. München 2020.

Regnier, Anatol: *Du auf deinem höchsten Dach. Tilly Wedekind und ihre Töchter. Eine Familienbiographie*. München 2005.

Riefenstahl, Leni: *Memoiren*. München 1987.

Robinson, David: *Chaplin. Sein Leben. Seine Kunst*. Zürich 1989.

Rother, Rainer und Thomas, Vera: *Linientreu und Populär. Das UFA-Imperium 1933–1945*. Berlin 2017.

Rüther, Günther: *Wir Negativen. Kurt Tucholsky und die Weimarer Republik*. Wiesbaden 2018.

Schaefer, Hans Dietrich: *Das gespaltene Bewußtsein. Deutsche Kultur und Lebenswirklichkeit*. München 1981.

Scheffler, Karl: *Berlin. Ein Stadtschicksal*. Berlin 2015.

Schiedermair, Ulrike: *Margot von Opel. 1902–1993*. Frankfurt 2020.

Schirrmacher, Frank: *Die Stunde der Welt. Fünf Dichter. Ein Jahrhundert*. München 2017

Schlichter, Rudolf: *Gemälde. Aquarelle. Zeichnungen. Herausgegeben von Götz Adriani*. München 1997.

Schlichter, Rudolf: *Das widerspenstige Fleisch*. Berlin 1932.

Schmeling, Max: *Erinnerungen*. Berlin 1977.

Schneider, Wolfgang: *Alltag unter Hitler*. Berlin 2000.

Schütz, Erhard: *Glänzender Asphalt. Eine Stadtrundfahrt durch Groß-Berlin. 1920/1933*. Berlin 2020.

Schwarz, Hans–Peter: *Adenauer. Der Aufstieg 1876 - 1952*. Bd. 1. Stuttgart 1986.

Seidl, Claudius: *Billy Wilder. Seine Filme. Sein Leben*. München 1988.

Semler, Daniel: *Brigitte Helm. Der Vamp des deutschen Films*. München 2008.

Serke, Jürgen: *Die verbrannten Dichter*. Weinheim 1977.

Serke, Jürgen: *Himmel und Hölle zwischen 1918 und 1989. Die verbrannten Dichter. Sammlung Jürgen Serke*. Berlin 2008.

Sigmund, Anna Maria: *Die Frauen der Nazis*. Wien 1998.

Singer, Lea: *Die Poesie der Hörigkeit*. Hamburg 2017.

Sobanski, Antoni Graf: *Nachrichten aus Berlin. 1933–1936*. Berlin 2007.

Soden, Kristine von: *»Und draußen weht ein fremder Wind …« Üer die Meere ins Exil*. Berlin 2020.

Sombart, Werner: *Jugend in Berlin. 1933–1943. Ein Bericht*. München 1984.

Später, Jörg: *Siegfried Kracauer. Eine Biographie*. Berlin 2016.

Spengler, Oswald: *Jahre der Entscheidung*. München 1961.

Steinthaler, Evelyn: *Mag's im Himmel sein, mag's beim Teufel sein. Stars und die Liebe unterm Hakenkreuz*. Wien 2018.

Stölzl, Gunta: *Bauhaus-Meisterin*. Ostfildern 2009.

Struss, Dieter: *Das war 1933. Fakten. Daten. Zahlen. Schicksale*. München 1980.

Szentkuthy, Miklos: *Apropos Casanova. Das Brevier des Heiligen Orpheus* (1939). Berlin 2020.

Tergit, Gabriele: *Vom Frühling und von der Einsamkeit. Reportagen aus den Gerichten*. Frankfurt 2020.

Tomkins, Calvin: *Marcel Duchamp. Eine Biographie*. München 1999.

Vaill, Amanda: *Hotel Florida. Wahrheit, Liebe und Verrat im Spanischen Bürgerkrieg*. Stuttgart 2015.

Vickers, Hugo: *Loving Garbo. Die Affären der Göttlichen*. München 1995.

Villecco, Tony: *Pola Negri. The Hollywood Years*. New York 2017.

Walther, Peter: *Fieber. Universum Berlin 1930–1933*. Berlin 2020.

Weiß, Nobert und Wonneberger, Jens: *Literarisches Dresden*. Berlin 2001.

Werner, Paul: *Die Skandal Chronik des deutschen Films. Von 1900 bis 1945*. Frankfurt 1990.

Wichner, Ernst: *Industriegebiet der Intelligenz. Literatur im Neuen Berliner Westen der 20er und 30er Jahre. Literaturhaus Berlin*. Berlin 1990.

Windsors, Die: *Briefe einer großen Liebe. Die private Korrespondenz aus dem Nachlaß der Herzogin von Windsor*. München 1986.

Winklbauer, Andrea: *Moderne auf der Flucht. Österreichische Künstlerinnen in*

Frankreich 1938–1945. Jüdisches Museum, Wien. Wien 2008.
Wunderlich, Heinke: *Sanary-sur-Mer. Deutsche Literatur im Exil*. Eggingen 2004.

Zehle, Sibylle: *Max Reinhardt. Ein Leben als Festspiel*. Wien 2020.
Zoske, Robert M.: *Sophie Scholl. Es reut mich nichts. Portrait einer Widerständigen*. Berlin 2020.

책의 주인공에 관한 문헌들

Arendt, Hannah und Blücher, Heinrich: *Briefe 1936–1968*. München 1996.
Arendt, Hannah: *Rahel Varnhagen. Lebensgeschichte einer deutschen Jüdin*. Kritische Gesamtausgabe, Band 2. Göttingen 2021.
Grunenberg, Antonia: *Hannah Arendt und Martin Heidegger. Geschichte einer Liebe*. München 2006.
Keller, Hildegard E.: *Was wir scheinen*. Köln 2021.
Young–Bruehl, Elisabeth: *Hannah Arendt. Leben, Werk und Zeit*. Frankfurt 1986.

Beauvoir, Simone de: *Memoiren einer Tochter aus gutem Hause*. Reinbek 1958.
Cohen–Solal, Annie: *Sartre 1905–1980*. Reinbek 1988.
Rowley, Hazel: *Tête-à-tête. Leben und Lieben von Simone de Beauvoir und Jean-Paul Sartre*. Berlin 2007.
Zehl Romero, Christiane: *Simone de Beauvoir*. Reinbek 2001.

Beckmann, Mathilde: *Mein Leben mit Max Beckmann*. München 1983.
Beckmann, Max: *Retrospektive. Haus der Kunst etc*. München 1984.
Beckmann, Max: *Weiblich – Männlich. Hamburger Kunsthalle*. Hamburg 2020.

Benjamin, Walter: *Das Adressbuch des Exils. 1933 – 1940. »Wie üerall hin die Leute vestreut sind«*. Leipzig 2006.

Jäger, Lorenz: *Walter Benjamin. Das Leben eines Unvollendeten*. Berlin 2017.

Benjamin, Walter: *Begegnungen. Herausgegeben von Erdmut Wizisla*. Leipzig 2015.

Benjamin, Walter und Adorno, Gretel: *Briefwechsel 1930–1940. Herausgegeben von Christoph Gödde und Henri Lonitz*. Berlin 2019.

Valero, Vicente: *Der Erzähler. Walter Benjamin auf Ibiza 1932 und 1933*. Berlin 2008.

Benn, Gottfried und Oelze, Friedrich Wilhelm: *Briefwechsel 1932–1956*. 3 Bd. Göttingen 2016.

Benn, Gottfried: *»Absinth schlüft man mit Strohhalm, Lyrik mit Rotstift«. Ausgewälte Briefe 1904–1956*. Göttingen 2017.

Benn, Gottfried: *Den Traum alleine tragen. Neue Texte, Briefe, Dokumente*. Wiesbaden 1966.

Benn, Gottfried und Sternheim, Thea: *Briefwechsel und Aufzeichnungen. Herausgegeben von Thomas Ehrsam*. Göttingen 2004.

Hof, Holger: *Gottfried Benn. Der Mann ohne Gedächtnis. Eine Biographie*. Göttingen 2011.

Hof, Holger: *Benn. Sein Leben in Bildern und Texten*. Stuttgart 2007.

Dyck, Joachim: *Der Zeitzeuge. Gottfried Benn 1929–1949*. Göttingen 2006.

Lethen, Helmut: *Der Sound der Väter. Gottfried Benn und seine Zeit*. Berlin 2006.

Brecht, Bertolt und Weigel, Helene: *»ich lerne: gläer + tassen spüen«. Briefe 1923–1956*. Berlin 2012.

Brecht, Bertolt: *Reisen im Exil. 1933–1949*. Frankfurt 1996.

Brecht, Bertolt: *Briefe*. Frankfurt 1981.

Hauptmann, Elisabeth: ≫Tagebuchaufzeichnungen zu Brecht≪. In: *Sinn und Form*, 2021/2, S. 155 – 164.

Hecht, Werner: *Brecht Chronik. 1898–1956.* Frankfurt 1997.

Häntzschel, Hiltrud: *Brechts Frauen.* Reinbek 2003.

Kebir, Sabine: *»Mein Herz liegt neben der Schreibmaschine.« Ruth Berlaus Leben vor, mit und nach Bertolt Brecht.* Algier 2006.

Parker, Stephen: *Brecht. Eine Biographie.* Berlin 2018.

Nordalm, Jens: *Der schöne Deutsche. Das Leben des Gottfried von Cramm.* Hamburg 2021.

Döblin. 1878–1978. Eine Ausstellung des Deutschen Literaturarchivs. Marbach 1978.

Köhn, Eckhardt: *Yolla Niclas und Alfred Döblin.* Engelrod 2017.

Bona, Dominique: *Gala. Mein Leben mit Éluard und Dalí.* Frankfurt 1996.

Genzmer, Herbert: *Dalí und Gala.* Berlin 1998.

McGirk, Tim: *Gala. Dalís skandalöse Muse.* München 1989.

Rai, Edgar: *Im Licht der Zeit.* München 2019.

Spoto, Donald: *Marlene Dietrich. Die große Biographie.* München 1992.

Wieland, Karin: *Dietrich & Riefenstahl. Die Geschichte zweier Jahrhundertfrauen.* München 2011.

Citati, Pietro: *Schön und verdammt. Ein biographischer Essay über Zelda und F. Scott Fitzgerald.* Zürich 2009.

Karl, Michaela: *Wir brechen die 10 Gebote und uns den Hals. Zelda und F. Scott Fitzgerald. Eine Biographie.* Salzburg 2011.

Fitzgerald, F. Scott und Fitzgerald, Zelda: *Lover! Briefe. Ausgewählt von Hanns Zischler.* München 2005.

Turnbull, Andrew: *F. Scott Fitzgerald. Das Genie der wilden zwanziger Jahre.* München 1986.

Fitzgerald, F. Scott: *Zärtlich ist die Nacht.* München 2011.

Fitzgerald, Zelda: *Schenk mir den Walzer*. München 1984.

Hemingway, Ernest: *Paris, ein Fest fürs Leben*. Reinbek 2011.

Hemingway, Ernest und Fitzgerald, F. Scott: *Wir sind verdammt lausige Akrobaten. Eine Freundschaft in Briefen. Herausgegeben von Benjamin Lebert*. Hamburg 2013.

Hemingway, Ernest: *49 Depeschen. Reportagen 1920–1956*. Reinbek 1972.

Lynn, Kenneth S.: *Hemingway. Eine Biographie*. Reinbek 1989.

Isherwood, Christopher: *Löwen und Schatten. Eine englische Jugend in den zwanziger Jahren*. Berlin 2010.

Isherwood, Christopher: *Christopher und die Seinen*. Berlin 1992.

Jünger, Ernst: *Gärten und Straßen. Aus den Tagebühern 1939 und 1940*. Berlin 1942.

Villinger, Ingeborg: *Gretha Jünger. Die unsichtbare Frau*. Stuttgart 2020.

Kiesel, Hellmuth: *Ernst Jünger. Die Biographie*. München 2007.

Decker, Gunnar: *Hesse. Der Wanderer und sein Schatten. Biographie*. München 2012.

Michels, Volker: *Hermann Hesse. Leben und Werk im Bild*. Frankfurt 1981.

Michels, Volker: *»In den Niederungen des Aktuellen«. Hermann Hesse. Die Briefe 1933–1939*. Berlin 2018.

Reetz, Bärbel: *Hesses Frauen*. Berlin 2012.

Rosenkranz, Jutta: *Mascha Kaléko. Biografie*. München 2007.

Kaléko, Mascha: *Das lyrische Stenogrammheft*. Berlin 1933.

Hanuschek, Sven: *»Keiner blickt dir hinter das Gesicht«. Das Leben Erich Kästners*. München 1999.

Kästner, Erich: *Literarische Publizistik. 1923–1933*. 2 Bd. Zürich 1989.

Kästner, Erich: *Dieses Naja, wenn man das nicht hätte! Ausgewählte Briefe von 1909–1972.* Herausgegeben von Sven Hanuschek. Zürich 2003.

Kästner, Erich: *Kästner für Erwachsene.* Zürich 1966.

Kästner, Erich: *Der Gang vor die Hunde* (1931). Zürich 2013.

Kornfeld, Eberhard W.: *Ernst Ludwig Kirchner. Dresden. Berlin. Davos.* Bern 1979.

Kornfeld, Eberhard W.: »Zu Ernst Ludwig Kirchners Suizid am 15. Juni 1938«. In: *Schriften zu Ernst Ludwig Kirchner.* Bd. IV. Bern 2021.

Klemperer, Victor: *LTI. Notizbuch eines Philologen.* Berlin 1947.

Klemperer, Victor: Licht und Schatten. Kinotagebuch 1929 – 1945. Berlin 2020.

Nowojski, Walter und Klemperer, Hadwig (Hrsg.): *»Ich will Zeugnis ablegen bis zum letzten.« Tagebüher 1933–1945.* 8 Bd. Berlin 1995.

Blubacher, Thomas: *Die vielen Leben der Ruth Landshoff-Yorck.* Frankfurt 2015.

Bürger, Jan: *Im Schattenreich der wilden Zwanziger. Fotografien aus dem Nachlaß von Ruth Landshoff-Yorck.* Marbach 2017.

Landshoff, Ruth: *Die Vielen und der Eine.* Hamburg 2020.

Landshoff, Ruth: *Das Mädchen mit wenig PS. Feuilletons aus den zwanziger Jahren. Herausgegeben von Walter Fänders.* Berlin 2015.

Landshoff, Ruth: *Klatsch, Ruhm und kleine Feuer. Biographische Impressionen.* Frankfurt 1997.

Landshoff, Ruth: *Roman einer Tänzerin. Herausgegeben und mit einem Nachwort versehen von Walter Fähnders.* Berlin 2002.

Vollmoeller, Karl: *Aufsätze zu Leben und Werk.* Berlin / Vilnius 2007.

Dillmann, Klaus Konrad: *Karl Gustav Vollmoeller. Eine Zeitreise durch ein bewegtes Leben.* Freiberg 2000.

Claridge, Laura: *Tamara de Lempicka. Ein Leben für Dekor und Dekadenz.* Frankfurt 2002.

De Lempicka–Foxhall, Baroness Kizette: *Tamara de Lempicka. Malerin aus Leidenschaft. Femme Fatale der 20er Jahre.* München 1987.

Rosteck, Jens: *Zwei auf einer Insel. Lotte Lenya und Kurt Weill.* Berlin 1999.

Spoto, Donald: *Die Seeräuber-Jenny. Das bewegte Leben der Lotte Lenya.* München 1990.

Buchmayr, Friedrich: *Der Priester in Almas Salon. Johannes Hollnsteiners Weg von der Elite des Ständestaats zum NS-Bibliothekar.* Weitra 2003.

Hilmes, Oliver: *Witwe im Wahn. Das Leben der Alma Mahler-Werfel.* München 2004.

Man Ray: *Selbstportrait. Eine illustrierte Autobiographie.* München 1983.

Man Ray. *Unbekümmert, aber nicht gleichgültig. Ausstellung Martin Gropius Bau.* Berlin 2008.

L'Ecotais, *Emmanuelle de: Man Ray. Das photographische Werk.* München 1998.

Schwarz, Arturo: *Man Ray.* München 1980.

Mann, Erika: *Wenn die Lichter ausgehen. Geschichten aus dem Dritten Reich.* Reinbek 2005.

Mann, Erika und Mann, Klaus: *Das Buch von der Riviera.* Reinbek 2019.

Strohmeyer, Armin: *Dichterkinder. Liebe, Verrat und Drama–der Kreis um Klaus und Erika Mann.* München 2020.

Wendt, Gunna: *Erika und Therese. Erika Mann und Therese Giehse–eine Liebe zwischen Kunst und Krieg.* München 2018.

Berger, Renate: *Tanz auf dem Vulkan. Gustaf Gründgens und Klaus Mann.* Darmstadt 2016.

Mann, Klaus: *Der Vulkan. Roman unter Emigranten*. Reinbek 1999.

Mann, Klaus: *Speed. Erzählungen aus dem Exil*. Reinbek 1990.

Mann, Klaus: *Mephisto. Mit einem Nachwort von Michael Töteberg*. Reinbek 2019.

Mann, Klaus: *Briefe*. Berlin und Weimar 1988.

Mann, Klaus: *Briefe und Antworten. 1922-1947*. Herausgegeben von Martin Gregor–Dellin. Reinbek 1991.

Mann, Klaus: *Tagebücher. 1931-1949*. München 1987 – 1991.

Naumann, Uwe (Hrsg.): *»Ruhe gibt es nicht, bis zum Schluß«. Klaus Mann (1906-1949)*. Bilder und Dokumente. Reinbek 1999.

Naumann, Uwe (Hrsg.): *Die Kinder der Manns. Ein Familienalbum*. Reinbek 2005.

Schaenzler, Nicole: *Klaus Mann. Eine Biographie*. Frankfurt 1999.

Mann, Thomas: *Die Tagebücher*. 1933 – 1934, 1935–1936, 1937–1939. Frankfurt ab 2010.

Marbacher Magazin, 89/2000: ≫>lles ist wertlos.<Thomas Mann in Nidden.≪ Marbach 2000.

Flügge, Manfred: *Heinrich Mann. Eine Biographie*. Reinbek 2006.

Jüngling, Kirsten: *Nelly Mann. »Ich bin doch nicht nur schlecht.« Eine Biographie*. Berlin 2008.

Flügge, Manfred: *Traumland und Zuflucht – Heinrich Mann in Frankreich*. Frankfurt 2013.

Jaspers, Willi: *Die Jagd nach Liebe – Heinrich Mann und die Frauen*. Frankfurt 2007.

Dearborn, Mary: *Henry Miller. Eine Biographie*. München 1991.

Ferguson, Robert: *Henry Miller. Ein Leben ohne Tabus*. München 1991.

Miller, Henry: *Stille Tage im Clichy*. Reinbek 1998.

Burke, Carolyn: *Lee Miller. On Both Sides of the Camera*. London 2005.
Lee Miller. *Ausstellungskatalog Albertina Wien*. Wien 2015.
Penrose, Antony: *Surrealist Lee Miller*. London 2019.

Boyd, Brian: *Vladimir Nabokov. Die russischen Jahre 1899–1940*. Reinbek 1999.
Nabokov, Vladimir: *Briefe an Véra*. Reinbek 2017.
Maar, Michael: *Solar Rex. Die schöne böse Welt des Vladimir Nabokov*. Berlin 2007.
Urban, Thomas: *Vladimir Nabokov–Blaue Abende in Berlin*. Berlin 1999.
Zimmer, Dieter E.: *Nabokovs Berlin*. Berlin 2001.

Bair, Deirdre: *Anaïs Nin. Eine Biographie*. München 1998.
Nin, Anaïs: *Trunken vor Liebe. Intime Geständnisse*. Bern 1993.
Nin, Anaïs: *Die Tagebücher der Anaïs Nin*. 3 Bd. München 1987.
Nin, Anaïs: *Henry, June und ich. Intimes Tagebuch*. München 1991.

Katz, Gabriele: *Liebe Mich! Erich Maria Remarque und die Frauen*. Berlin 2018.
Sternburg, Wilhelm von: *Erich Maria Remarque. »Als wäe alles das letzte Mal«. Eine Biographie*. Köln 1998.
Bronsen, David: *Joseph Roth. Eine Biographie*. Köln 1974.
Kreis, Gabriele: *»Was man glaubt, gibt es«. Das Leben der Irmgard Keun*. Zürich 1991.
Roth, Joseph: *Ich zeichne das Gesicht der Zeit. Essays. Reportagen. Feuilletons*. Göttingen 2010.
Sternburg, Wilhelm von: *Joseph Roth. Eine Biographie*. Köln 2009.
Weidermann, Volker: *Ostende. 1936. Sommer der Freundschaft*. Köln 2014.

Caws, Mary Ann: *Picasso's Weeping Woman: The Life and Art of Dora Maar*. New York 2010.

Richardson, John: *A Life of Picasso. The Triumphant Years 1917–1932*. Volume III. New York 2007.

Pablo Picasso und Marie-Thérèse Walter. Zwischen Klassizismus und Surrealismus. Graphikmuseum Picasso Münster. Bielefeld 2004.

Benz, Wolfgang: *Im Widerstand. Größe und Scheitern der Opposition gegen Hitler*. München 2018.

Hans Coppi: *Harro Schulze-Boysen – Wege in den Widerstand*. Koblenz 1995.

Kettelhake, Silke: *»Erzäl allen, allen von mir!« Das schöe kurze Leben der Libertas Schulze-Boysen*. München 2008.

Ohler, Norman: *Harro & Libertas. Eine Geschichte von Liebe und Widerstand*. Köln 2019.

Bemann, Helga: *Kurt Tucholsky. Eine Biographie*. Berlin 1984.

Hörner, Unda: *Ohne Frauen geht es nicht. Kurt Tucholsky und die Liebe*. Berlin 2017.

Lenze, Nele (Hrsg.): *Tucholsky in Berlin. Gesammelte Feuilletons 1912–1950*. Berlin 2007.

Matthias, Lisa: *Ich war Tucholskys Lottchen*. Hamburg 1962.

Tucholsky, Kurt: *Schloß Gripsholm*. Berlin 1931.

Tucholsky, Kurt: *Gesamtausgabe. Texte und Briefe*. Herausgegeben von Antje Bonitz, Dirk Grathoff, Michael Hepp, Gerhard Kraiker. 22 Bd. Reinbek ab 1996.

Wittgenstein, Ludwig: *Denkbewegungen. Tagebücher*. 1930 – 1932, 1936 – 1937. Innsbruck 1997.

Geier, Manfred: *Die Liebe der Philosophen. Von Sokrates bis Foucault*. Hamburg 2020.

Wolff, Charlotte: *Augenblicke verändern uns mehr als die Zeit. Autobiographie*. Kranichstein 2003.

Wolff, Charlotte: *Die Hand als Spiegel der Psyche*. Bern 1993.

Weidle, Barbara: *Kurt Wolff. Ein Literat und Gentleman*. Bonn 2007.

Wolff, Helen: *Hintergrund für Liebe. Mit einem Nachwort von Marion Detjen*. Bonn 2020.

Wolff, Kurt: *Autoren – Bücher–Abenteuer. Betrachtungen und Erinnerungen eines Verlegers*. Berlin 2004.

감사의 말

이 책은 1920년대와 1930대를 살아간 주인공들의 삶을 추적하여 책으로 남긴 수많은 훌륭한 저자들의 작업을 기반으로 쓰였다. 참고문헌에는 이 책을 집필하는 데 큰 도움이 된 책들이 나열되어 있다. 또한 이 책을 준비하고 집필하는 동안 개인적으로 결정적인 영감을 준 모든 분께도 감사를 전한다.

마이엔 베크만, 요르크 봉, 얀 뷔르거, 마리온 데트옌, 마르쿠스 개르트너, 두르스 그륀바인, 니콜라 헤어베크, 홀거 호프, 에버하르트 W. 코른펠트, 우르줄라 메르츠, 헬무트 레텐, 크리스토프 뮐러, 옌스 노르트알름, 마리아 피와바르스키, 아담 소보친스키, 크리스토프 슈퇼츨, 벤야민 폰 슈투크라트 바레 및 미하엘 퇴테베르크 등등.

특히 원고를 비판적으로 꼼꼼히 읽어주신 네 분, 전문적 식견을 갖춘 첫번째 독자로서 『1913년 세기의 여름』을 집필하는 데 도움을 준 에어하르트 슈츠, 미하엘 마르, 에바 메나세, 우베 나우만에게 깊이 감사드린다. 그리고 내용을 보강하는 데 큰 도움을 준 피셔 출판사의 발행인인 지브 부블리츠와 편집자 옐레나 프람에게 감사의 말을 전한다. 그리고 에이전트 마티아스 란트베어에게도 감사드린다.

옮긴이의 말

지금으로부터 약 10년 전, 『1913년 세기의 여름』이라는 타임머신을 가지고 나타나 우리를 100년 전 과거로 시간여행을 떠나게 했던 플로리안 일리스는 이 책에서 더 방대한 시간여행으로 우리를 안내한다. 『1913년 세기의 여름』에서 제1차세계대전이 일어나기 직전 1년 동안의 일을 다루었다면 『증오의 시대, 광기의 사랑』에서는 제2차세계대전이 일어나기 직전 10년 동안 벌어진 일을 다룬다. 뉴욕 증시 폭락을 신호탄으로 시작된 대공황과 더불어 나치즘, 파시즘, 공산주의가 부상하고 불안과 증오가 악순환을 이루며 파국으로 치닫던 시대였다. 로베르트 무질은 "세계의 역사는 적어도 그 절반은 사랑의 역사"라고 말했다. '잃어버린 보물 사냥꾼' 플로리안 일리스는 일기, 편지, 잡지, 신문, 그림, 사진 자료를 바탕으로 베를린 황금기의 끝자락인 1929년부터 제2차세계대전이 일어난 1939년까지 격동의 10년을 문화사적으로 의미 있는 주요 인물들의 사랑 이야기를 통해 풀어낸다.

『1913년 세기의 여름』에 등장했던 많은 인물들도 다시 등장하는데, 그때는 아직 아기이거나 아이였는데 이제 어른이 된 이들도 있고, 그때는 한창 혈기 왕성한 젊은이였지만 이제 중년과 노년을 맞이한 경우도 있다. 히틀러는 이번에도 엑스트라로 등장한다. 『1913년 세기의 여름』에는 300명 넘는 인물들이 등장했는데, 이 책에서는 두 배 가까이 되는 인물들이 등장해 사랑의 모든 얼굴을 보여준다. 저자는 이 책을 쓰기 위해 394권의 책을 읽고 자료 조사를 했다고 한다. 그러나 너무 많은 인물들과 정보량에 겁먹을 필요는 없다. 소설을 읽는다고 생각하면 된다. 정말 그런 착각이 들기도 한다. 이성애, 동성애, 양성애, 근친애, 지고지순한 사랑, 이기적인 사랑, 불같은 사랑, 권태로운 사랑, 육체적인 사랑, 정신적인 사랑, 계약연애 등등 모든 사랑이 적나라하게 펼쳐지는 한 편의 막장 드라마 같은데 허구가 아니라 사실이라는 점에서 더 짜릿하고 충격적이다.

자유연애를 선언한 사르트르의 끝없는 바람기 때문에 시몬 드 보부아르는 남몰래 괴로워하고, 『위대한 개츠비』의 작가 스콧 피츠제럴드는 아내 젤다가 동성의 연인과 사랑에 빠진 사이 알코올과 사랑에 빠져 있고, 이루어질 수 없는 사랑에 미쳐버린 젤다는 정신병원을 전전한다. 하이데거를 사랑하면서도 다른 남자와 결혼한 한나 아렌트는 여전히 하이데거를 잊지 못하다가 또 새로운 사랑을 만난다. 시인 고트프리트 벤의 바람기 때문에 그의 여자친구가 자살하기도 하는데, 벤은 자기 여자친구의 절친과 새로운 연애를 시작한다. 전설의 테니스 선수 고트프리트 폰 크람은 결혼한 몸이지만 동성의 애인이 있고, 그의 아내는 남편의 복식 파트너와 애인 사이다. 그러면서도 크람 부부는 서로 사이가 좋다. 작곡가 쿠르트 바일은 바람난 아내를 여전히 사랑하기에 아내가 프랑스 휴양지에서 애인과 카지노를 전전하며 방탕한 생활을 하는 동안 열심히 작곡으로 돈을 벌어 아내에게 보낸다. 극작가 베르톨트 브레히트는 망명지마다 애인이 있는데, 모두 브레히트가 자기를 배반한 나쁜 남자라는 사실을 알면서도 물심양면으로 그를 돕는다. 물론 블라디미르 나보코프와 베라 부부처럼 서로 사랑하며 다정하게 지내는 부부도 있다.

누구나 사랑이라는 열정에 빠져 있는 것처럼 보이지만 이 시대는 냉정의 시대이기도 했다. '1913년'이 표현주의의 시대였다면, '1929년~1939년'은 반표현주의를 표방하는 신즉물주의의 시대였다. 제1차세계대전이 안겨준 충격과 혼란을 직시하고 극복하고자 감정 표현을 억제하고 객관적 실재를 중시했던 신즉물주의는 기술 지상주의, 기계 숭배, 물질 만능주의와 자기 소외를 낳았으며 '냉정'이라는 유행을 낳기도 했다. "심장은 그저 근육에 불과하다"고 믿으며 냉정함이 쿨하고 멋져 보인다고 생각하던 시대, 타마라 드 렘피카의 그림처럼, 레니 리펜슈탈의 영화처럼, 마를레네 디트리히의 연기처럼, 루이페르디낭 셀린의 소설처럼 차가운 시대였다. 그래서였을까. 마치 그 대가를 치르듯 이 10년 동안 고조된 냉정과 열정 사이의 긴장은 결국 제2차세계대전으로 폭발한다.

저자는 이 책을 통해 우리에게 위로와 경고를 전하고 싶었던 것 같다. 위대한 사람들도 보통 사람들처럼 사랑 때문에 울고 웃고 상처받고 좌절한다는 것을 보여주고 싶었던 것이다. 또한 과거 여행을 통해 지금 우리가 겪고 있는 일들은 완전히 새로운 것이 아니라고, 이미 100년 전에도 있었다고, 과거는 지나간 일로 영영 사라지는 것이 아니라고, 야만의 시대는 언제든 다시 올 수 있다고 경고하는 것이다.

그때는 결핵이라는 위협이 있었다면 지금은 코로나라는 위협이 있고, 그때는 반유대주의에 의한 증오 범죄가 있었다면 지금은 이민자와 젠더 갈등을 둘러싼 증오 범죄들이 있다. 당시 남자들은 제1차세계대전의 충격에서 벗어나지 못한 채 신체적으로는 물론 정신적으로 황폐해지고 무기력한 상태에 있었던 반면 여자들은 잠자리에서나, 경제적으로나, 정치적으로나 점점 자립적이고 독립적이 되어갔고, 남자들은 그런 여자들에게 도전받는다는 위협과 불안에 사로잡혔다. 젠더 갈등은 새로운 것이 아니다. 그리고 여전히 세계 어딘가는 전쟁중이고 우리는 늘 제3차세계대전의 위협 속에 살고 있다. 그 당시에도 절망에 빠진 이들이 술, 마약, 죽음과 같은 또다른 도피처를 찾고는 했다. "1920년대 사람들에게 절실히 필요한 것은 사랑이었다. 그러나 그들이 얻은 것은 흥분제였다"는 저자의 메시지는 지금 우리에게도 딱 맞지 않은가? 지금 우리에게 절실히 필요한 것 역시 바로 '사랑'일지 모른다. 물론 이 책에서 보여주는 사랑의 얼굴들은 때로 이해하기 어렵기도 하다. '사랑love'이라는 단어는 '갈망한다'는 의미의 산스크리트어인 'Lubh'에서 비롯되었다. 디오티마는 "(사랑의) 신은 언제나 굶주린 상태에 살고 있다"고 말하기도 했다. 그래서 제임스 조이스의 『율리시스』에 나오는 "사랑은 사랑을 사랑하는 것을 사랑한다"는 말은 더 진실로 다가온다. 이것이 사랑의 본질일지도 모르겠다. 이보다 더한 막장 드라마는 없을 것 같은 이들의 사랑 이야기 끝에 내가 얻은 것은 따뜻한 '관용'이었다. 비록 비난은 할지언정 증오로 단죄하지 않고 이 모든 사랑을 있는 그대로 받아들이는 것, 이런 사랑을 하는 이들을 끌어안는 것이다.

인물 목록

ㄱ

가르보, 그레타(Greta Garbo, 1905～1990) 스웨덴 출신 미국의 영화 배우.

게롤트투홀스키, 마리(Mary Gerold-Tucholsky, 1898～1987) 쿠르트 투홀스키의 두번째 아내. 쿠르트 투홀스키 재단 설립자.

게르츠루프, 엘리자베트(Elisabeth Gerdts-Rupp, 1888～1972) 독일의 법학자이자, 민족학자이자 서정시인.

게오르게, 슈테판(Stefan George, 1868～1933) 독일의 시인.

고다드, 폴레트(Paulette Goddard, 1910～1990) 미국의 배우. 찰리 채플린과 에리히 마리아 레마르크의 아내였음.

골드스미스, 마거릿(Margaret Goldsmith, 1894～1971) 미국의 저널리스트이자, 역사 소설가이자 번역가.

과다니니, 이리나(Irina Guadagnini) 러시아 태생 미국의 작가 블라디미르 나보코프의 애인.

괴링, 헤르만(Hermann Göring, 1893～1946) 독일의 정치인. 나치

전범.

괴벨스, 마그다(Magda Goebbels, 1901~1945) 히틀러의 최측근이었던 요제프 괴벨스의 아내.

괴벨스, 요제프(Joseph Goebbels, 1897~1945) 독일의 정치인. 아돌프 히틀러의 최측근이었음.

굼퍼트, 마틴(Martin Gumpert, 1897~1955) 독일 태생 미국의 의사이자 작가.

귀에, 위고(Hugo Guiler, 1898~1985) 미국의 영화제작자. 휴 파커 길러(Hugh Parker Guiler), 이안 휴고(Ian Hugo)로도 알려짐.

그라우토프, 크리스티아네(Christiane Grautoff, 1917~1974) 독일의 배우. 표현주의 작가 에른스트 톨러의 아내.

그로스, 게오르게(George Grosz, 1893~1959) 독일 태생 미국의 화가. 표현주의, 다다이즘, 신즉물주의 경향의 작품 활동을 펼침.

그로스, 에바(Eva Grosz) 독일 태생 미국의 화가 조지(게오르게) 그로스의 아내.

그로피우스, 발터(Walter Gropius, 1883~1969) 독일의 건축가이자, 디자이너. 바우하우스 설립자.

그로피우스, 이제(Ise Gropius, 1897~1983) 독일의 에세이 작가. 바우스하우스 설립자 발터 그로피우스의 아내.

그뤼네발트, 마티아스(Matthias Grünewald, 1480~1530) 르네상스 시대 독일의 주요 화가.

그륀바인, 두르스(Durs Grünbein, 1962~) 독일의 시인, 에세이 작가, 고전 번역가.

그륀트겐스, 구스타프(Gustaf Gründgens, 1899~1963) 독일의 배우이자 연출가.

그린, 폴(Paul Green, 1894~1981) 미국의 극작가.

기네스, 브라이언(Bryan Guinness, 1905~1992) 아일랜드 태생 영국의 작가이자 변호사.

기제, 카를(Karl Giese, 1898~1938) 독일의 기록 수집가이자 박물관 큐레이터.

기제, 테레제(Therese Giehse, 1898~1975) 독일의 배우.

길, 카라(Cara Gyl) 독일의 연극배우. 에리히 캐스트너의 여자친구.

ㄴ

나보코프, 베라(Véra Nabokov, 1902~1991) 러시아 태생의 번역가. 블라디미르 나보코프의 아내.

나보코프, 블라디미르(Vladimir Nabokov, 1899~1977) 러시아 태생 미국의 작가, 번역가, 곤충학자.

네어, 카롤라(Carola Neher, 1900~1942) 독일의 배우.

네어, 카스파(Caspar Neher, 1897~1962) 독일 태생 오스트리아의 무대미술가.

네어, 에리카(Erika Neher) 독일 태생 오스트리아의 무대미술가 카스파 네어의 아내.

노아유, 마리로르 드(Marie-Laure de Noailles, 1902~1970) 프랑스의 작가, 화가, (아방가르드) 미술품 수집가이자 예술 후원가.

노이너, 브리기테(Brigitte Neuner) 독일의 작가 에리히 마리아 레마르크의 에이전트이자 매니저이자 연인.

뇌게라트, 펠릭스(Felix Noeggerath) 독일의 철학자 발터 벤야민의 친구.

뉘른베르크, 롤프(Rolf Nürnberg, 1903~1949) 독일의 기자.

니클라스, 샤를로테(Charlotte Niclas) 욜라 니클라스(Yolla Niclas) 참조.

니클라스, 욜라(Yolla Niclas, 1900~1977) 독일의 사진작가.

닌, 아나이스(Anaïs Nin, 1903~1977) 프랑스 태생 미국의 작가.

닌, 호아킨(Joaquín Nin, 1879~1949) 카탈루냐 태생 쿠바의 작곡가이자 피아니스트.

ㄷ

단눈치오, 가브리엘레(Gabriele D'Annunzio, 1863~1938) 이탈리아의 시인이자 소설가.

달리, 갈라(Gala Dalí, 1894~1982) 20세기 가장 유명한 뮤즈로 수많은 예술가에게 영감을 불러일으킴. 살바도르 달리의 연인으로 특히 유명함.

달리, 살바도르(Salvador Dalí, 1904~1989) 스페인의 초현실주의 화가.

더스패서스, 존(John Dos Passos, 1896~1970) 미국의 작가. 어니스트 헤밍웨이, 윌리엄 포크너, 스콧 피츠제럴드와 더불어 미국의 대표적 모더니즘 작가.

도베네크, 리자 폰(Lisa von Dobeneck, 1912~1975) 본명은 엘리자

베트 폰 도베네크(Elisabeth von Dobeneck) 테니스 선수 고트프리트 폰 크람의 아내. 리자 폰 크람 참조.

도브리안스키, 아나톨(Anatol Dobriansky) 1936년 올림픽 때 첫 성화 봉송 예정자.

도이치, 에른스트(Ernst Deutsch, 1890～1969) 오스트리아의 배우.

돌빈, 알프레트(Alfred Dolbin) 독일 태생의 무대미술가, 삽화가. 헤르만 헤세의 세번째 부인 니논 헤세의 전남편.

되블린, 알프레트(Alfred Döblin, 1878～1957) 독일의 정신과 의사이자 작가.

되블린, 에르나(Erna Döblin, 1888～1957) 알프레트 되블린의 아내.

뒤러, 알브레히트(Albrecht Dürer, 1471～1528) 독일의 화가, 판화가, 미술이론가.

뒤샹, 마르셀(Marcel Duchamp, 1887～1968) 프랑스의 미술가. 기성품 예술의 선구자.

디바니, 알렉시스(Alexis Mdivani, 1908～1935) 미국의 세계적 부호 바버라 허튼의 남편.

디트리히, 마를레네(Marlene Dietrich, 1901～1992) 독일 태생의 배우.

디트리히, 요제피네(Josephine Dietrich, 1876～1945) 마를레네 디트리히의 어머니.

딕스, 넬리(Nelly Dix, 1923～1955) 독일의 작가이자 화가. 독일의 화가 오토 딕스의 딸.

딕스, 마르타(Martha Dix, 1895～1985) 독일의 금은세공사. 화가 오토 딕스의 아내.

딕스, 오토(Otto Dix, 1891～1969) 독일의 신즉물주의 화가.

딕스, 우르주스(Ursus Dix, 1927～2002) 독일의 복원 전문가. 독일의 화가 오토 딕스의 아들.

ㄹ

라르티그, 자크앙리(Jacques-Henri Lartigue, 1894～1986) 프랑스의 사진작가이자 화가.

라스커쉴러, 엘제(Else Lasker-Schüler, 1869～1945) 독일의 시인, 극작가.

라이스, 에리히(Erich Reiss, 1887～1951) 독일의 출판업자. 잡지 『샤우뷔네』 발행인.

라인하르트, 막스(Max Reinhardt, 1873～1943) 오스트리아의 연극 연출가, 영화감독.

라저슈타인, 로테(Lotte Laserstein, 1898～1993) 독일 태생 스웨덴의 화가.

라치스, 아샤(Asja Lācis, 1891～1979) 라트비아의 배우이자 연극 감독.

란다우어, 발터(Walter Landauer, 1902～1944) 독일의 출판업자.

란츠호프, 루트(Ruth Landshoff, 1904～1966) 독일 태생 미국의 배우이자 작가.

란츠호프, 프리츠(Fritz Landshoff, 1901～1988) 독일 태생 네덜란드의 출판업자.

랑, 프리츠(Fritz Lang, 1890～1976) 독일의 영화감독이자 배우, 시나리오 작가.

레냐, 로테(Lotte Lenya, 1898～1981) 오스트리아 태생 미국의 배우이자 가수.

레르트, 리하르트(Richard Lert, 1885～1980) 오스트리아 태생 미국의 지휘자.

레마르크, 에리히 마리아(Erich Maria Remarque, 1898～1970) 독일의 작가.

레비, 줄리앙(Julien Levy, 1906～1981) 미국의 미술상이자 미술품 수집가.

레스핑거, 마르그리트(Marguerite Respinger) 루트비히 비트겐슈타인이 사랑했던 유일한 여인으로 알려진 인물.

레안더, 사라(Zarah Leander, 1907～1981) 스웨덴의 배우이자 가수.

레이, 맨(Man Ray, 1890～1976) 미국의 사진작가, 영화감독.

렘피카, 타마라 드(Tamara de Lempicka, 1898～1980) 폴란드 출신의 화가.

로런스, 데이비드 허버트(David Herbert Lawrence, 1885～1930) 영국의 작가.

로르, 실리(Cilly Lorre, 1897～1979) 오스트리아 태생 미국의 배우. 페터 로르의 아내.

로르, 페터(Peter Lorre, 1904～1964) 헝가리 태생 미국의 영화배우, 시나리오작가, 영화감독.

로볼트, 에른스트(Ernst Rowohlt, 1887～1960) 독일의 출판업자.

로스, 아돌프(Adolf Loos, 1870~1933) 오스트리아의 건축가.

로소, 힐데가르트 폰(Hildegard von Lossow) 독일의 극작가 아르놀트 브로넨의 두번째 아내.

로쉬, 틸리(Tilly Losch, 1903~1975) 오스트리아의 무용수, 안무가, 배우, 화가.

로트, 요제프(Joseph Roth, 1894~1939) 오스트리아의 작가이자 저널리스트.

롤랑, 로맹(Romain Rolland, 1866~1944) 프랑스의 작가, 음악평론가, 평화주의자.

르코르뷔지에(Le Corbusier, 1887~1965) 본명은 샤를에두아르 잔느레(Charles-Édouard Jeanneret-Gris). 스위스 태생 프랑스의 건축가, 건축이론가, 화가, 조각가, 가구 디자이너.

리버만, 막스(Max Liebermann, 1847~1935) 독일의 인상주의 화가.

리옹, 마르고(Margo Lion, 1899~1989) 프랑스의 배우.

리퍼, 루돌프 폰(Rudolph von Ripper, 1905~1960) 오스트리아의 초현실주의 화가이자 삽화가.

리페비스터펠트, 베른하르트 추어(Bernhard zur Lippe-Biesterfeld, 1911~2004) 네덜란드의 군인이자 네덜란드 여왕의 남편.

리펜슈탈, 레니(Leni Riefenstahl, 1902~2003) 독일의 배우이자, 영화감독, 영화제작자, 시나리오작가. 나치 선전 영화를 제작함.

리히텐슈타인, 알프레트(Alfred Lichtenstein, 1889~1914) 독일의 표현주의 시인.

린지, 벤 B.(Ben B. Lindsey, 1869~1943) 본명 벤저민 바 린지

(Benjamin Barr Lindsey). 미국의 판사이자 사회개혁가.
릴케, 라이너 마리아(Rainer Maria Rilke, 1875~1926) 독일의 시인이자 소설가.
링겐, 테오(Theo Lingen, 1903~1978) 독일 태생 오스트리아의 배우.

ㅁ

마그리트, 르네(René Magritte, 1898~1967) 벨기에의 대표적인 초현실주의 화가.
마그리트, 조제트(Georgette Magritte, 1901~1986) 르네 마그리트의 아내.
마라이, 산도르(Sándor Márai, 1900~1989) 헝가리의 서정시인이자, 작가이자 희곡작가.
마르, 도라(Dora Maar, 1907~1997) 프랑스의 사진작가, 화가, 모델.
마르쿠제, 루트비히(Ludwig Marcuse, 1894~1971) 독일의 철학자이자 작가.
마르쿠제, 사샤(Sascha Marcuse) 본래 이름은 에르나 마르쿠제(Erna Marcuse). 독일의 철학자 루트비히 마르쿠제의 아내.
마르크, 프란츠(Franz Marc, 1880~1916) 독일의 표현주의 화가, 판화가.
마외, 르네(René Maheu, 1905~1975) 프랑스의 철학 교수이자 외교관.
마이어, 게르트루데(Gertrude Meyer, 1914~2002) 나치 저항 운동가.

마케, 아우구스트(August Macke, 1887～1914) 독일의 표현주의 화가.

마티아스, 리자(Lisa Matthias, 1894～1982) 독일의 기자.

만, 골로(Golo Mann, 1909～1994) 독일의 역사학자. 토마스 만의 셋째 아들.

만, 레오니(Leonie Mann, 1916～1986) 독일의 작가이자 번역가. 소설가 하인리히 만의 딸.

만, 에리카(Erika Mann, 1905～1969) 독일의 배우이자, 작가, 카바레 예술가. 토마스 만의 딸.

만, 카티아(Katia Mann, 1883～1980) 토마스 만의 아내.

만, 클라우스(Klaus Mann, 1906～1949) 독일의 작가, 토마스 만의 아들.

만, 토마스(Thomas Mann, 1875～1955) 독일의 소설가.

만, 하인리히(Heinrich Mann, 1871～1950) 독일의 소설가.

만슈타인, 에리히 폰(Erich von Manstein, 1887～1973) 독일의 군인.

만키에비츠, 헤트비히(Hedwig Mankiewitz, 1893～1974) 독일의 화가. 라울 하우스만의 아내.

말라파르테, 쿠르초(Curzio Malaparte, 1898～1957) 이탈리아의 작가, 저널리스트, 외교관. 본래 이름은 쿠르트 에리히 주케르트(Curt Erich Suckert)로 아버지가 독일인이었음.

말러, 구스타프(Gustav Mahler, 1860～1911) 오스트리아의 작곡가.

말러베르펠, 알마(Alma Mahler-Werfel, 1879～1964) 오스트리아의 작곡가이자 살롱 부인.

망가 벨, 안드레아(Andrea Manga Bell, 1902～1985) 독일의 삽화가이자 저널리스트.

매컬러스, 카슨(Carson McCullers, 1917～1967) 미국의 작가.

머피, 새라(Sara Murphy, 1883～1975) 제럴드 머피의 아내.

머피, 제럴드(Gerald Murphy, 1888～1964) 미국의 화가이자 예술애호가.

메네르트, 프랑크(Frank Mehnert, 1909～1943) 독일의 작가이자 조각가.

메링, 엘프리데(Elfriede Mehring) 독일의 작가 에리히 캐스트너의 비서.

멘델스존, 프란체스코 폰(Francesco von Mendelssohn, 1901～1972) 독일의 첼리스트이자 미술품 수집가.

멜름스, 힐데가르트(Hildegard Melms) 독일의 화가 막스 베크만의 모델이자 연인.

모렉, 쿠르트(Curt Moreck, 1888～1957) 독일의 작가.

모르겐, 루트 폰(Ruth von Morgen) 리자 폰 크람의 연인.

모호이너지, 라슬로(László Moholy-Nagy, 1895～1946) 헝가리 태생 미국의 화가이자 사진작가.

몰로토프, 뱌체슬라프(Wjatscheslaw Molotow, 1890～1986) 러시아의 정치가, 외교관.

몽파르나스의 키키(Kiki vom Montparnasse, 1901～1953) 본명은 알리스 프랭(Alice Prin). 프랑스의 가수, 배우, 화가, 모델.

무질, 로베르트(Robert Musil, 1880～1942) 오스트리아의 소설가.

뮈잠, 에리히(Erich Mühsam, 1878～1934) 독일의 작가이자 무정부주의자.

뮈잠, 첸츨(Zenzl Mühsam, 1884～1962) 독일의 정치 활동가. 에리히 뮈잠의 아내.

뮐러, 헤트비히(Hedwig Müller) 스위스의 의사. 쿠르트 투홀스키의 연인.

미스 판 데어 로에, 루트비히(Ludwig Mies van der Rohe, 1886～1969) 독일계 미국의 건축가.

밀러, 리(Lee Miller, 1907～1977) 미국의 사진모델이자 사진작가, 사진기자.

밀러, 준(June Miller, 1902～1979) 작가 헨리 밀러의 두번째 아내.

밀러, 헨리(Henry Miller, 1891～1980) 미국의 작가이자 화가.

ㅂ

바그너, 리하르트(Richard Wagner, 1813～1883) 독일의 작곡가.

바르부르크, 마리(Mary Warburg, 1866～1934) 독일의 화가이자 조각가. 아비 바르부르크의 아내.

바르부르크, 아비(Aby Warburg, 1866～1929) 독일의 미술사가이자 문화사가.

바르텐부르크, 한스 루트비히 다비트 빌헬름 프리드리히 하인리히 요르크 폰(Hans Ludwig David Wilhelm Friedrich Heinrich Yorck von Wartenburg) 독일 태생 미국의 배우이자 작가 루트 란츠호프의 남편.

바서만, 알베르트(Albert Bassermann, 1867～1952) 독일의 연극배

우이자 영화배우.

바서만, 야콥(Jakob Wassermann, 1873～1934) 독일의 작가.

바스무트, 조피아(Sophia Wasmuth) 독일의 시인 고트프리트 벤의 절친으로 둘 사이에 오간 편지 모음집이 있음.

바움, 비키(Vicki Baum, 1888～1960) 오스트리아의 작가.

바이겔, 헬레네(Helene Weigel, 1900～1971) 독일의 배우이자 예술감독. 독일의 극작가 베르톨트 브레히트의 아내.

바이어, 헤르베르트(Herbert Bayer, 1900～1985) 오스트리아의 사진작가, 화가.

바이젠보른, 귄터(Günther Weisenborn, 1902～1969) 독일의 작가이자 나치 저항운동가.

바일, 엘제(Else Weil, 1889～1942) 독일의 의사. 쿠르트 투홀스키의 첫번째 아내.

바일, 쿠르트(Kurt Weill, 1900～1950) 독일 태생 미국의 작곡가.

발덴, 헤르바르트(Herwarth Walden, 1878～1941) 독일의 출판업자, 화랑주, 작가.

발도프, 클레르(Claire Waldoff, 1884～1957) 독일의 재현예술가이자 민요 가수.

발둥, 한스(Hans Baldung, 1484/1485～1545) 독일의 화가이자 동판화가.

발렌틴, 카를(Karl Valentin, 1882～1948) 독일의 코미디언이자 영화제작자.

발츠, 브루노(Bruno Balz, 1902～1988) 독일의 작사가.

발테르, 마리테레즈(Marie-Thérèse Walter, 1909～1977) 프랑스의 모델이자 화가 파블로 피카소의 연인.

베데마이어, 헤르타 폰(Herta von Wedemeyer, 1907～1945) 고트프리트 벤의 아내.

베데마이어, 마리아 폰(Maria von Wedemeyer, 1924～1977) 독일의 정보처리학자이자 매니저. 독일의 신학자이자 나치 저항운동가인 디트리히 본회퍼의 약혼자였음.

베데킨트, 틸리(Tilly Wedekind, 1886～1970) 독일의 배우. 독일의 극작가 프랑크 베데킨트의 아내.

베데킨트, 파멜라(Pamela Wedekind, 1906～1986) 독일의 배우이자 가수. 독일의 극작가 프랑크 베데킨트의 딸.

베데킨트, 프랑크(Frank Wedekind, 1864～1918) 독일의 극작가이자 시인이자 배우.

베드포드, 쥐빌레(Sybille Bedford, 1911～2006) 독일 태생 영국의 저널리스트이자 논픽션 작가.

베르누이, 크리스토프(Christoph Bernoulli, 1897～1981) 스위스의 미술상이자 인테리어 디자이너.

베르버, 아니타(Anita Berber, 1899～1928) 독일의 댄서이자 배우.

베르크너, 엘리자베트(Elisabeth Bergner, 1897～1986) 오스트리아 태생 영국의 연극배우이자 영화배우.

베르펠, 프란츠(Franz Werfel, 1890～1945) 독일의 표현주의 시인이자 소설가이자 극작가.

베를라우, 루트(Ruth Berlau, 1906～1974) 덴마크의 배우이자 연출가이자 사진작가이자 작가.

베베른, 안톤(Anton von Webern, 1883~1945) 오스트리아의 작곡가이자 지휘자.

베어, 맥스(Max Baer, 1909~1959) 미국의 헤비급 복싱 세계 챔피언이자 배우.

베이, 니메트 엘루이(Nimet Eloui Bey) 1920~30년대 유명했던 이집트의 모델. 아지즈 엘루이 베이의 첫번째 아내.

베이, 아지즈 엘루이(Aziz Eloui Bey) 이집트의 사업가. 리 밀러의 남편.

베이커, 조세핀(Josephine Baker, 1906~1975) 미국 태생 프랑스의 무용수이자 엔터테이너이자 레지스탕스.

베크만, 마틸데(Mathilde Beckmann, 1904~1986) 독일의 가수. 막스 베크만의 두번째 아내.

베크만, 막스(Max Beckmann, 1884~1950) 독일 태생 미국의 표현주의 화가, 판화가.

베크만투베, 미나(Minna Beckmann-Tube, 1881~1964) 독일의 화가이자 오페라 가수. 독일의 화가 막스 베크만의 첫번째 아내.

베트게, 에버하르트(Eberhard Bethge, 1909~2000) 독일의 개신교 목사이자 신학자.

벤, 고트프리트(Gottfried Benn, 1886~1956) 독일의 표현주의 시인, 의사.

벤구리온, 다비드(David Ben-Gurion, 1886~1973) 이스라엘의 정치가이자 시오니즘 지도자. 이스라엘의 초대 총리.

벤야민, 게오르크(Georg Benjamin, 1895~1942) 독일의 소아과 의

사이자 나치 저항 운동가. 발터 벤야민의 동생.

벤야민, 도라(Dora Benjamin, 1890～1964) 오스트리아의 저널리스트이자 작가이자 번역가. 발터 벤야민의 첫째 아내.

벤야민, 발터(Walter Benjamin, 1892～1940) 독일의 철학자, 문예비평가.

벤야민, 슈테판 라파엘(Stefan Rafael Benjamin, 1918～1972) 독일의 철학자 발터 벤야민의 아들.

보부아르, 시몬 드(Simone de Beauvoir, 1908～1986) 프랑스의 철학자이자 작가.

보부아르, 엘레네 드(Hélène de Beauvoir) 프랑스의 철학자이자 작가 시몬 드 보부아르의 동생.

보스트, 자크로랑(Jacques-Laurent Bost, 1916～1990) 프랑스의 저널리스트, 작가, 번역가. 시몬 드 보부아르의 연인.

보트머, 한스 콘라트(Hans Conrad Bodmer, 1891～1956) 스위스의 의사이자 육필 원고 수집가.

본회퍼, 디트리히(Dietrich Bonhoeffer, 1906～1945) 독일 개신교 목사이자, 반 나치 운동가.

볼프, 샤를로테(Charlotte Wolff, 1897～1986) 독일의 의사이자 성과학자이자 작가.

볼프, 엘리자베트(Elisabeth Wolff, 1890～1970) 독일의 번역가. 독일의 출판업자 쿠르트 볼프의 첫번째 아내.

볼프, 쿠르트(Kurt Wolff, 1887～1963) 독일의 출판업자.

볼프, 헬렌(Helen Wolff, 1906～1994) 독일 태생 미국의 출판업자이자 작가. 판테온 출판사 설립. 쿠르트 볼프의 아내.

뵈클린, 아르놀트(Arnold Böcklin, 1827～1901) 스위스의 상징주의 화가.

부뉴엘, 루이스(Luis Buñuel, 1900～1983) 스페인 태생 멕시코의 영화제작자.

뷜러, 엘리노어(Elinor Büller) 고트프리트 벤의 연인.

브라우히취, 만프레트 폰(Manfred von Brauchitsch, 1905～2003) 독일의 자동차 경주 선수.

브란트, 빌리(Willy Brandt, 1913～1992) 독일의 정치인.

브레다, 릴리(Lili Breda) 고트프리트 벤의 연인.

브레슬라우어, 마리안네(Marianne Breslauer, 1909～2001) 독일의 사진작가이자 미술상.

브레히트, 베르톨트(Bertolt Brecht, 1898～1956) 독일의 시인, 극작가, 연출가.

브로넨, 아르놀트(Arnolt Bronnen, 1895～1959) 오스트리아의 극작가, 연출가.

브로넨, 올가(Olga Bronnen) 아르놀트 브로넨의 아내. 올가 슈카리나 참조.

브로이도, 베라(Vera Broido, 1907～2004) 러시아 태생 영국의 작가.

브로이어, 마르셀(Marcel Breuer, 1902～1981) 헝가리 태생의 유대계 건축가이자 디자이너.

브르통, 앙드레(André Breton, 1896～1966) 프랑스의 시인, 작가. 초현실주의 주창자.

브리튼, 벤저민(Benjamin Britten, 1913～1976) 영국의 작곡가.
블라우포트 텐 카테, 안나 마리아(Anna Maria Blaupot ten Cate) 네덜란드의 화가.
블로흐, 에른스트(Ernst Bloch, 1885～1977) 독일의 철학자.
블루멘펠트, 쿠르트(Kurt Blumenfeld, 1884～1963) 독일 출신의 이스라엘 시온주의자.
블뤼허, 하인리히(Heinrich Blücher, 1899～1970) 독일 태생 미국의 철학자. 철학자 한나 아렌트의 남편.
비나베르, 헤미요(Chemjo Vinaver, 1895～1973) 폴란드의 지휘자이자 작곡가.
비넨펠트, 비앙카(Bianca Bienenfeld) 프랑스의 철학자이자 작가 시몬 드 보부아르의 제자이자 연인.
비싱, 에곤(Egon Wissing) 독일의 의사. 독일의 철학자 발터 벤야민의 사촌.
비치, 실비아(Sylvia Beach, 1887～1962) 미국의 서적상이자 출판업자.
비트겐슈타인, 루트비히(Ludwig Wittgenstein, 1889～1951) 오스트리아 태생 영국의 철학자.
빌, 마리(Marie Ville) 장폴 사르트르의 여자친구.
빌헬름 2세(Wilhelm II., 1859～1941) 정식 이름은 프리드리히 빌헬름 빅토르 알베르트 폰 프로이센(Friedrich Wilhelm Viktor Albert von Preußen). 프로이센의 왕이자 독일의 황제.

ㅅ

사르트르, 장폴(Jean-Paul Sartre, 1905～1980) 프랑스의 철학자.

샤갈, 마르크(Marc Chagall, 1887～1985) 러시아 태생 프랑스의 표현주의 화가.

샤넬, 코코(Coco Chanel, 1883～1971) 프랑스의 패션 디자이너이자 기업가.

샤론, 아리에(Arieh Sharon, 1900～1984) 이스라엘의 건축가.

셀린, 루이페르디낭(Louis-Ferdinand Céline, 1894～1961) 프랑스의 의사이자, 작가.

셀즈, 장(Jean Selz, 1904～1997) 프랑스의 예술사가.

셰그렌, 탈레(Talle Sjögren) 루트비히 비트겐슈타인이 사랑했던 마르그리트 레스핑거의 남편.

쇤베르크, 아르놀트(Arnold Schönberg, 1874～1951) 오스트리아 태생 미국의 작곡가.

쇼, 조지 버나드(George Bernhard Shaw, 1856～1950) 아일랜드 태생 영국의 극작가, 소설가, 평론가.

숄, 조피(Sophie Scholl, 1921～1943) 독일의 나치 저항운동가.

숄렘, 게르숌(Gershom Scholem, 1897～1982) 본명 게르하르트 숄렘(Gerhard Scholem). 독일 태생 이스라엘의 종교역사학자.

숍, 헤디(Hedi Schoop, 1906～1995) 독일의 무용수, 화가, 조각가, 카바레 예술가. 독일의 작곡가 프리드리히 홀랜더의 아내.

슌랑크, 마르고트(Margot Schönlank) 에리히 캐스트너의 여자친구.

슌탄, 도리스 폰(Doris von Schönthan, 1905～1961) 독일의 모델, 광

고 카피라이터, 저널리스트이자 사진작가.

쉬켈레, 르네(René Schickele, 1883～1940) 독일의 작가이자 번역가.

슈네베르거, 한스(Hans Schneeberger, 1895～1970) 오스트리아의 촬영기사.

슈니츨러, 아르투어(Arthur Schnitzler, 1862～1931) 오스트리아의 소설가이자, 극작가.

슈니츨러, 릴리 폰(Lilly von Schnitzler, 1889～1981) 독일의 미술품 수집가이자 예술 후원가.

슈뢰더, 루돌프 알렉산더(Rudolf Alexander Schröder, 1878～1962) 독일의 시인이자 번역가.

슈멜링, 막스(Max Schmeling, 1905～2005) 독일의 헤비급 복서. 세계 헤비급 챔피언.

슈미트, 카를(Carl Schmitt, 1888～1985) 독일의 법학자이자 정치학자.

슈발리에, 모리스(Maurice Chevalier, 1888～1972) 프랑스의 배우이자 샹송 가수.

슈슈니크, 쿠르트(Kurt Schuschnigg, 1898～1977) 오스트리아의 수상.

슈바르첸바흐, 안네마리(Annemarie Schwarzenbach, 1908～1942) 스위스의 사진작가, 저널리스트이자, 작가.

슈카리나, 올가(Olga Schkarina, 1929?～1935) 출생시 이름은 올가 푀르스터프라우(Olga Förster-Prowe). 요제프 괴벨스의 애인이자 아르놀트 브로넨의 아내였으며, 배우이면서 러시아 비밀 정보기관의 첩보원으로 알려짐.

슈타우펜베르크, 니나 솅크 폰(Nina Schenk von Stauffenberg, 1913~2006) 클라우스 솅크 폰 슈타우펜베르크의 아내.

슈타우펜베르크, 베르톨트 솅크 폰(Berthold Schenk von Stauffenberg, 1905~1944) 독일의 법학자이자 나치 저항운동가.

슈타우펜베르크, 클라우스 솅크 폰(Claus Schenk von Stauffenberg, 1907~1944) 독일의 나치 장교였다가 나치 저항운동가가 됨.

슈테른, 귄터(Günther Stern, 1902~1992) 독일 태생 오스트리아의 철학자이자 시인. 한나 아렌트의 첫번째 남편.

슈테른베르크, 리자 폰(Riza von Sternberg, 1903~1980) 미국의 영화배우. 영화감독 요제프 폰 슈테른베르크의 첫번째 아내.

슈테른베르크, 요제프 폰(Josef von Sternberg, 1894~1969) 오스트리아 태생 미국의 영화감독.

슈테른베르크, 프리츠(Fritz Sternberg, 1895~1963) 독일의 경제학자이자 사회학자, 마르크스주의 이론가.

슈테른하임, 도로테아 몹사(Dorothea Mopsa Sternheim, 1905~1954) 독일의 무대미술가, 무대의상 디자이너, 저항운동가.

슈테른하임, 카를(Carl Sternheim, 1878~1942) 독일의 극작가.

슈테른하임, 테아(Thea Sternheim, 1883~1971) 독일의 작가. 독일의 극작가 카를 슈테른하임의 두번째 아내.

슈테핀, 마르가레테(Margarete Steffin, 1908~1941) 독일의 배우이자 작가. 베르톨트 브레히트의 연인.

슈퇼츨, 군타(Gunta Stölzl, 1897～1983) 독일의 방직공이자 섬유디자이너. 바우하우스 최초의 여성 마이스터.

슈트라이허, 율리우스(Julius Streicher, 1885～1946) 독일의 언론인이자 정치인. 나치 당원이자 나치 지부장이었음.

슈펭글러, 오스발트(Oswald Spengler, 1880～1936) 독일의 철학자.

슐라이허, 보기슬라프 폰(Bogislav von Schleicher, 1892～1945) 프로이센의 기병대장.

슐라이허, 엘리자베트 폰(Elisabeth von Schleicher, 1893～1934) 독일의 군인이자 정치인 쿠르트 폰 슐라이허의 아내.

슐라이허, 쿠르트 폰(Kurt von Schleicher, 1882～1934) 독일의 군인이자 정치인. 바이마르공화국의 마지막 수상.

슐레머, 오스카(Oskar Schlemmer, 1888～1943) 독일의 화가, 조각가, 무대미술가.

슐로스, 쥐빌레(Sybille Schloß, 1910～2007) 독일의 배우.

슐리흐터, 루돌프(Rudolf Schlichter, 1890～1955) 독일의 신즉물주의 화가이자 작가.

슐리흐터, 스피디(Speedy Schlichter, 1902～1975) 본명은 엘프리데 엘리자베트 슐리흐터(Elfriede Elisabeth Schlichter). 스위스의 배우이자 작가. 루돌프 슐리흐터의 아내.

슐체보이젠, 리베르타스(Libertas Schulze-Boysen, 1913～1942) 독일의 나치 저항운동가. 나치 저항조직 '로테 카펠레'을 이끈 하로 슐체보이젠의 아내.

슐체보이젠, 하로(Harro Schulze-Boysen, 1909～1942) 독일의 기자

이자 나치 저항운동가.

슐츠, 프란츠(Franz Schulz, 1897～1971) 오스트리아헝가리 제국 태생 미국의 작가이자 시나리오 작가.

스키너, 프랜시스(Francis Skinner, 1912～1941) 루트비히 비트겐슈타인의 공동연구자이자, 연인.

스타이켄, 에드워드(Edward Steichen, 1879～1973) 룩셈부르크 태생 미국의 사진작가.

스타인, 거트루드(Gertrude Stein, 1874～1946) 미국의 전위 작가, 미술품 수집가.

스탈린, 나데즈다(Nadezhda Stalin, 1901～1932) 스탈린의 두번째 아내.

스탈린, 이오시프(Iosif Vissarionovich Stalin, 1879～1953) 소련의 정치가.

시브룩, 윌리엄(William Seabrook, 1884～1945) 미국의 작가이자 심령론자이자 세계 일주 여행가.

실레, 에곤(Egon Schiele, 1890～1918) 오스트리아의 표현주의 화가.

실링, 에르나(Erna Schilling, 1884～1945) 독일의 나이트클럽 댄서이자 모델. 독일의 표현주의 화가 에른스트 루트비히 키르히너의 뮤즈이자 동반자.

심농, 조르주(Georges Simenon, 1903～1989) 벨기에의 작가.

심슨, 월리스(Wallis Simpson, 1896～1986) 영국 왕 에드워드 8세의 아내.

ㅇ

아넬리, 조반니(Giovanni Agnelli, 1921~2003) 이탈리아의 기업인. 이탈리아 자동차 회사 피아트의 공동 파트너.

아데나워, 구시(Gussie Adenauer, 1895~1948) 콘라트 아데나워의 두번째 아내.

아데나워, 콘라트(Konrad Adenauer, 1876~1967) 독일의 초대 총리.

아도르노, 그레텔(Gretel Adorno, 1902~1993) 독일의 화학자이자 기업가. 철학자 테오도어 아도르노의 아내.

아도르노, 테오도어(Theodor W. Adorno, 1903~1969) 독일의 철학자.

아렌트, 한나(Hannah Arendt, 1906~1975) 태어날 때 이름은 요한나 아렌트(Johanna Arendt). 유대인 출신의 독일계 미국 정치철학자.

아르토, 앙토냉(Antonin Artaud, 1896~1948) 프랑스의 극작가이자, 배우이자, 감독.

아바티노, 주세페 페피토(Giuseppe Pepito Abatino, 1898~1936) 조세핀 베이커의 매니저이자 동반자.

아우프리히트, 에른스트 요제프(Ernst Josef Aufricht, 1898~1971) 독일의 배우이자 극단 단장.

아이슬러, 한스(Hanns Eisler, 1898~1962) 오스트리아의 작곡가.

아인슈타인, 알베르트(Albert Einstein, 1879~1955) 독일 태생 미국의 물리학자.

아코스타, 메르세데스 드(Mercedes de Acosta, 1892~1968) 미국의 작가이자 패션디자이너.

안드리안, 레오폴트 폰(Leopold von Andrian, 1875～1951) 오스트리아의 작가, 외교관.

알렉산더, 아비타(Avitar Alexander, 1936～1968) 정식 이름은 스티븐 비나베르(Steven Vinaver). 마샤 칼레코와 헤미요 비나베르 사이의 아들로, 미국의 극작가이자, 연출가.

알로조로프, 빅토르 카임(Viktor Chaim Arlosoroff, 1899～1933) 시온주의 정치인.

알로조로프, 지마(Sima Arlosoroff) 빅토르 알로조로프의 아내.

알롱디, 르네(René Allendy, 1889～1942) 프랑스의 정신분석가. 작가 아나이스 닌의 연인이었음.

알베르스, 요제프(Josef Albers, 1888～1976) 독일의 화가, 미술이론가, 미술교육가.

알부, 루트(Ruth Albu, 1908～2000) 독일 태생 미국의 영화배우이자, 연극배우. 에리히 마리아 레마르크의 연인이었음.

야닝스, 에밀(Emil Jannings, 1884～1950) 독일의 배우.

야코비, 로테(Lotte Jacobi, 1896～1990) 독일의 사진작가.

야콥존, 지크프리트(Siegfried Jacobsohn, 1881～1926) 독일의 언론인이자 연극평론가. 연극 잡지 『샤우뷔네』 창간자.

에드워드 8세(Edward VIII., 1894～1972) 영국의 왕 조지 5세의 장남으로, 1936년 왕위에 올랐지만 자기가 사랑한 여인을 왕실에서 반대하자 왕위를 동생에게 양위하고 사랑을 선택함.

에른스트, 막스(Max Ernst, 1891～1976) 독일의 화가, 판화가.

에버스베르크, 아네타(Annetta Ebersberg) 독일의 영화감독 레니 리펜슈탈의 친구.

에어랑어, 헨리(Henry Erlanger) 독일의 나치 저항운동가 하로 슐체보이젠의 친구이자 동료,

엘뤼아르, 폴(Paul Éluard, 1895~1952) 프랑스의 대표적인 초현실주의 시인.

예고로바, 류보프(Lubov Egorova, 1880~1972) 러시아의 발레리나.

예네케, 구스타프(Gustav Jaenecke, 1908~1985) 독일의 테니스 선수이자 아이스하키 선수.

예이젠시테인, 세르게이(Sergej Eisenstein, 1898~1948) 라트비아 출신 구소련의 영화감독.

오든, 위스턴 휴(Wystan H. Auden, 1907~1973) 영국의 작가.

오랑슈, 마리베리(MarieBerthe Aurenche, 1906~1960) 프랑스의 화가. 독일의 화가 막스 에른스트의 두번째 아내.

오시에츠키, 모드 폰(Maud von Ossietzky, 1888~1974) 독일의 기자이자 노벨평화상 수상자 카를 폰 오시에츠키의 아내.

오시에츠키, 카를 폰(Carl von Ossietzky, 1889~1938) 독일의 저널리스트이자 작가이자 평화주의자. 잡지 『벨트뷔네』 발행인.

오펜슈타트, 릴리(Lily Offenstadt) 독일의 작가 아르놀트 츠바이크의 애인.

오펜하임, 메레트(Meret Oppenheim, 1913~1985) 독일 태생 스위스의 화가, 조각가, 시인.

오펠, 마르고트 폰(Margot von Opel, 1898~1993) 에리히 마리아 레마르크의 연인이자 안네마리 슈바르첸바흐의 연인.

온드라, 아니(Anny Ondra, 1902/1903~1987) 체코 태생 독일의 배우. 복싱 세계 챔피언 막스 슈멜링의 아내.

올리비에, 페르낭드(Fernande Olivier, 1881~1966) 파블로 피카소의 첫 연인이자 모델.

와일더, 빌리(Billy Wilder, 1906~2002) 오스트리아 태생 미국의 시나리오 작가이자 영화감독.

욀체, 프리드리히 빌헬름(Friedrich Wilhelm Oelze, 1891~1978) 독일의 예술 후원가.

울리히, 루이제(Luise Ullrich, 1910~1985) 오스트리아의 배우이자 작가.

움보(Umbo, 1902~1980) 본명은 오토 막시밀리안 움베어(Otto Maximilian Umbehr). 독일의 사진작가이자 사진기자.

워홀, 앤디(Andy Warhol, 1928~1987) 미국의 화가이자 영화제작자.

웨인, 존(John Wayne, 1907~1979) 미국의 영화배우.

윙거, 그레타(Gretha Jünger, 1906~1960) 본명은 그레타 폰 야인젠(Gretha von Jeinsen). 독일의 에세이 작가. 에른스트 윙거의 아내.

윙거, 에른스트(Ernst Jünger, 1895~1998) 독일의 소설가, 비평가.

율리아나 여왕(Juliana Louise Emma Marie Wilhelmina, 1909~2004) 네덜란드 빌헬미나 여왕과 헨드릭 공 사이에 무남독녀로 태어나 1948년 여왕으로 즉위, 1980년까지 재위함.

이르강, 에리카(Erika Irrgang) 프랑스의 작가 루이페르디낭 셀린의 연인.

이셔우드, 크리스토퍼(Christopher Isherwood, 1904~1986) 영국의

작가.

이텐, 요하네스(Johannes Itten, 1888～1967) 스위스의 화가이자 미술이론가이자 미술교육가.

ㅈ

자이들, 레아(Lea Seidl, 1895～1987) 오스트리아의 오페라 가수이자 배우.

자코메티, 알베르토(Alberto Giacometti, 1901～1966) 스위스의 조각가이자 화가. 구성주의와 입체주의 화풍을 펼침.

잔더, 아우구스트(August Sander, 1876～1964) 독일의 사진작가.

잠보나, 일제 유타(Ilse Jutta Zambona, 1901～1975) 독일의 댄서. 에리히 마리아 레마르크의 아내.

제거스, 안나(Anna Seghers, 1900～1983) 독일의 작가.

제르나우, 롤라(Lola Sernau, 1895～1990) 독일 태생 미국의 번역가. 1926년부터 1941년까지 독일의 작가 리온 포이흐트방거의 비서였음.

제임스, 에드워드(Edward James, 1907～1984) 영국의 시인이자, 예술 후원가.

젠쿠트헤, 미클로시(Miklós Szentkuthy, 1908～1988) 헝가리의 작가.

조이스, 제임스(James Joyce, 1882～1941) 아일랜드의 시인이자 소설가.

졸리베, 시몬(Simone Jollivet) 프랑스의 철학자 장폴 사르트르의 애인.

주어캄프, 페터(Peter Suhrkamp, 1891～1959) 독일의 출판업자.

지버, 루돌프(Rudolf Sieber, 1897~1976) 미국의 영화제작자. 마를레네 디트리히의 남편.

지버, 마리아(Maria Sieber, 1924~) 미국의 배우, 마를레네 디트리히의 딸.

질베르, 콜레트(Colette Gilbert) 프랑스의 연극배우. 장폴 사르트르의 애인.

ㅊ

채플린, 찰리(Charlie Chaplin, 1889~1977) 영국 태생 미국의 영화배우.

체르닌후데니츠, 베라 폰(Vera von Czernin-Chudenitz, 1904~1959) 오스트리아 연방수상 쿠르트 슈슈니크의 아내.

체트리츠, 우르줄라 폰(Ursula von Zedlitz) 안네마리 슈바르첸바흐가 사랑한 여인.

초프, 마리안네(Marianne Zoff, 1893~1984) 오스트리아의 오페라 가수이자 배우.

추크마이어, 카를(Carl Zuckmayer, 1896~1977) 독일 태생 스위스의 작가.

츠바이크, 슈테판(Stefan Zweig, 1881~1942) 오스트리아의 작가.

츠바이크, 아르놀트(Arnold Zweig, 1887~1968) 독일의 작가.

츠바이크, 프리데리케(Friderike Zweig, 1882~1971) 오스트리아의 저널리스트이자 번역가. 오스트리아의 작가 슈테판 츠바이크의 첫번째 아내.

친서, 에른스트(Ernst Zinsser, 1904~1985) 독일의 건축가. 콘라트 아데나워의 두번째 아내 구시 아데나워의 동생.

칠케, 빌리(Willy Zielke, 1902~1989) 독일의 사진작가이자 촬영기사이자 영화감독, 영화제작자.

칠케, 프리델(Friedel Zielke) 독일의 사진작가이자 영화감독 빌리 칠케의 아내.

ㅋ

카네티, 엘리아스(Elias Canetti, 1905~1994) 불가리아 태생의 소설가, 극작가.

카노바만, 마리아(Maria Kanová-Mann, 1886~1947) 체코 출신의 연극배우. 독일의 소설가 하인리히 만의 아내.

카라바조(Caravaggio, 1571~1610) 17세기를 대표하는 이탈리아 화가. 본명은 미켈란젤로 메리시 다 카라바조(Michelangelo Merisi da Caravaggio).

카리우스, 루디(Rudi Carius) 독일의 작가 하인리히 만의 아내 넬리 크뢰거의 애인.

카를슈타트, 리즐(Liesl Karlstadt, 1892~1960) 독일의 배우, 카바레 연예인.

카사티, 루이자(Luisa Casati, 1881~1957) 이탈리아 후작부인으로 뮤즈이자 예술 후원가였으며 20세기 초 유럽의 패션 아이콘이었음.

카이저, 게오르크(Georg Kaiser, 1878~1945) 독일의 표현주의 극작가.

칸딘스키, 니나(Nina Kandinsky, 1896～1980) 바실리 칸딘스키의 두번째 아내.

칸딘스키, 바실리(Wassily Kandinsky, 1866～1944) 러시아 태생의 추상주의 화가.

칸토로비츠, 알프레트(Alfred Kantorowicz, 1899～1979) 유대계 독일의 법학자이자, 작가이자, 문학자.

칼레코, 마샤(Mascha Kaléko, 1907～1975) 폴란드 태생의 신즉물주의 시인.

칼레코, 자울(Saul Kaléko) 폴란드 태생의 신즉물주의 시인 마샤 칼레코의 남편.

캐스트너, 에리히(Erich Kästner, 1899～1974) 독일의 시인이자 소설가, 시나리오 작가.

캐스트너, 이다(Ida Kästner, 1871～1951) 독일의 시인이자 소설가 에리히 캐스트너의 어머니.

커티스, 토마스 퀸(Thomas Quinn Curtiss, 1915～2000) 미국의 영화평론가이자 연극평론가.

커포티, 트루먼(Truman Capote, 1924～1984) 미국의 소설가, 시나리오 작가, 배우.

케네디, 조(Joe Kennedy, 1888～1969) 미국의 기업가이자 외교관으로 케네디 일가의 기초를 다진 인물. 존 F. 케네디 대통령의 아버지.

케어, 알프레트(Alfred Kerr, 1867～1948) 독일의 작가, 연극비평가.

케어, 유디트(Judith Kerr, 1923～2019) 독일 태생의 삽화가이자 작가. 알프레트 케어의 딸.

케어, 율리아(Julia Kerr, 1898~1965) 독일의 작곡가. 알프레트 케어의 두번째 아내.

케스텐, 토니(Toni Kesten) 독일의 작가 헤르만 케스텐의 아내.

케스텐, 헤르만(Hermann Kesten, 1900~1996) 독일의 신즉물주의 작가.

케슬러, 하리 그라프(Harry Graf Kessler, 1868~1937) 독일의 미술 수집가이자 예술 후원가, 저널리스트, 작가이자 외교관.

코르트너, 프리츠(Fritz Kortner, 1892~1970) 오스트리아의 배우이자 영화감독.

코사키에비치, 반다(Wanda Kosakiewicz, 1917~1989) 우크라이나 태생 프랑스의 연극배우.

코사키에비치, 올가(Olga Kosakiewicz, 1915~1983) 우크라이나 태생 프랑스의 연극배우.

코인, 이름가르트(Irmgard Keun, 1905~1982) 독일의 신즉물주의 작가.

코코슈카, 오스카(Oskar Kokoschka, 1886~1980) 오스트리아의 표현주의 화가이자 시인.

코흐, 한스(Hans Koch, 1881~1952) 독일의 의사, 작가, 미술품 수집가.

콕토, 장(Jean Cocteau, 1889~1963) 프랑스의 작가이자, 영화감독이자, 화가.

콘, 에른스트(Ernst Cohn) 독일의 비뇨기과 의사.

콘, 율라(Jula Cohn) 독일의 조각가. 발터 벤야민의 연인이었음.

콜리쉬, 루돌프(Rudolf Kolisch, 1896～1978) 오스트리아 태생 미국의 바이올리니스트.

콜비츠, 케테(Käthe Kollwitz, 1867～1945) 독일의 화가, 판화가, 조각가. 프롤레타리아 회화 선구자.

콜프, 아네테(Annette Kolb, 1870～1967) 독일의 작가, 평화주의자.

쾨니히, 케테(Käthe König) 독일의 화가 오토 딕스의 모델이자 연인.

쾨펜, 볼프강(Wolfgang Koeppen, 1906～1996) 독일의 작가.

쿠르베, 귀스타브(Gustave Courbet, 1819～1877) 프랑스의 사실주의 화가.

쿠르츠케, 얀(Jan Kurzke) 독일의 배우이자 연출가 구스타프 그륀트겐스의 애인.

쿠빈, 알프레트(Alfred Leopold Isidor Kubin, 1877～1959) 오스트리아의 판화가, 삽화가, 작가. 상징주의와 표현주의를 표방함.

쿠프너, 라울(Raoul Kuffner, 1886～1961) 헝가리 출신의 실업가.

쿤하임, 피터(Pieter Kunheim) 독일의 영화배우 브리기테 헬름의 아들.

쿤하임, 후고 에두아르트(Hugo Eduard Kunheim, 1902～1986) 독일의 기업가.

크라나흐, 루카스(Lucas Cranach, 1472～1553) 르네상스 시대의 대표적인 독일 화가.

크라우스, 카를(Karl Kraus, 1874～1936) 오스트리아의 작가이자 평론가.

크라카우어, 지크프리트(Siegfried Kracauer, 1889～1966) 독일의 건축가, 저널리스트, 사회학자, 영화이론가.

크람, 고트프리트 폰(Gottfried von Cramm, 1909～1976) 독일의 테니스 선수.

크람, 리자 폰(Lisa von Cramm, 1912～1975) 출생 시 이름은 엘리자베트 폰 도베네크(Elisabeth von Dobeneck). 고트프리트 폰 크람의 전 아내.

크레이그, 엘리자베스(Elizabeth Craig, 1902～1989) 미국의 무용수. 프랑스의 작가 루이페르디낭 셀린의 연인이었음.

크뢰거, 넬리(Nelly Kröger, 1898～1944) 소설가 하인리히 만의 두번째 아내.

클라분트(Klabund, 1890～1928) 본명은 알프레트 게오르크 헤르만 헨쉬케(Alfred Georg Hermann Henschke). 독일의 시인이자 극작가, 소설가.

클라이스트레초, 루트(Ruth von Kleist-Retzow, 1867～1945) 독일의 나치 저항 운동가.

클레, 릴리(Lily Klee, 1876～1946) 독일의 피아니스트. 파울 클레의 아내.

클레, 파울(Paul Klee, 1879～1940) 스위스 태생 독일의 추상주의 화가.

클렘퍼러, 빅토르(Victor Klemperer, 1881～1960) 독일의 문예학자, 라틴어 문학 연구자, 정치인.

클렘퍼러, 에바(Eva Klemperer, 1882～1951) 독일의 피아니스트이자, 오르간 연주자이자, 화가이자 번역가. 빅토르 클렘퍼러의 아내.

클롭슈토크, 로베르트(Robert Klopstock) 독일의 의사.

클루게, 알렉산더(Alexander Kluge, 1932~) 독일의 영화감독이자 시나리오 작가, 텔레비전 프로듀서, 작가, 철학자, 변호사.

클루게, 알리스(Alice Kluge) 독일의 영화감독이자 시나리오작가 알렉산더 클루게의 어머니.

키르히너, 에른스트 루트비히(Ernst Ludwig Kirchner, 1880~1938) 독일의 표현주의 화가, 판화가.

키르히너, 헤르타(Herta Kirchner, 1913~1939) 독일의 배우.

키쉬, 에곤 에르빈(Egon Erwin Kisch, 1885~1948) 체코 출신의 저널리스트, 작가.

ㅌ

타우버, 리하르트(Richard Tauber, 1891~1948) 오스트리아의 오페라 가수.

타우트, 브루노(Bruno Taut, 1880~1938) 독일의 건축가이자 도시계획가.

테르기트, 가브리엘레(Gabriele Tergit, 1894~1982) 독일 태생 영국의 작가이자 저널리스트.

토도로비치, 두쉬카(Duška Todorović) 독일의 법학자 카를 슈미트의 두번째 아내.

토스카니니, 아르투로(Arturo Toscanini, 1867~1957) 이탈리아의 지휘자.

톨러, 에른스트(Ernst Toller, 1893~1939) 독일의 작가이자 좌파 사회주의 혁명가.

투홀스키, 쿠르트(Kurt Tucholsky, 1890~1935) 독일의 시인, 수필가, 비평가, 저널리스트.

튀센, 모드(Maud Thyssen, 1909~1977) 서프로이센 출신의 사진 모델, 독일 태생 헝가리의 실업가이자 예술품 수집가 하인리히 튀센의 아내.

트라클, 게오르크(Georg Trakl, 1887~1914) 오스트리아의 표현주의 시인.

트렌커, 루이스(Luis Trenker, 1892~1990) 오스트리아의 등산가, 배우, 영화감독이자 작가.

ㅍ

파렘, 올가(Olga Parem) 독일의 철학자 발터 벤야민의 연인.

파른하겐 폰 엔제, 라헬(Rahel Varnhagen von Ense, 1771~1833) 독일의 작가. 유대인 및 여성 해방 운동가.

파른하겐 폰 엔제, 아우구스트(August Varnhagen von Ense, 1785~1858) 독일의 전기 작가이자 연대기 작가.

파세티, 오토 폰(Otto von Pasetti, 1903~?) 오스트리아의 테너 가수.

파운드, 에즈라(Ezra Pound, 1885~1972) 미국의 시인.

파이닝어, 라이오넬(Lyonel Feininger, 1871~1956) 독일계 미국의 화가.

파이스텔로메더, 베티나(Bettina Feistel-Rohmeder, 1873~1953) 독일의 화가이자 미술평론가. 나치 예술 이념 주창자.

파일헨펠트, 발터(Walter Feilchenfeldt, 1894~1953) 독일의 미술상

이자 출판업자.

팜, 실리(Cillie Pam) 프랑스의 작가 루이페르디낭 셀린의 연인.

페트, 젤마(Selma Pett) 독일의 작사가 브루노 발츠의 아내.

포라다, 케테 폰(Käthe von Porada, 1891~1985) 독일의 저술가.

포르스트, 빌리(Willi Forst, 1903~1980) 오스트리아의 연극배우, 대본작가, 연출가, 제작자이자 가수.

포르흐트, 카를(Carl Forcht, 1907~1997) 독일 태생 미국의 영화 편집자.

포이흐트방거, 리온(Lion Feuchtwanger, 1884~1958) 독일 소설가, 극작가.

포이흐트방거, 마르타(Marta Feuchtwanger, 1891~1987) 독일의 작가 리온 포이흐트방거의 아내.

포터, 콜(Cole Porter, 1891~1964) 미국의 작곡가이자 작사가.

폴묄러, 카를 구스타프(Karl Gustav Vollmoeller, 1878~1948) 독일의 고고학자, 문헌학자, 작가, 번역가.

프란츠, 헤르베르트(Herbert Franz) 독일의 작가 클라우스 만의 애인.

프랑코, 프란시스코(Francisco Franco, 1892~1975) 스페인의 군부 독재자.

프로이트, 지크문트(Sigmund Freud, 1856~1939) 독일의 심리학자. 정신분석 창안자.

프루스트, 마르셀(Marcel Proust, 1871~1922) 프랑스의 소설가.

프리드리히, 카스파 다비트(Caspar David Friedrich, 1774~1840) 독일의 낭만주의 화가.

프링스하임, 헤트비히(Hedwig Pringsheim, 1855～1942) 독일의 배우. 여권론자 헤드비히 돔의 딸이자, 토마스 만의 아내 카티아 만의 어머니.

프링스하임, 클라우스(Klaus Pringsheim, 1883～1972) 독일의 작곡가, 지휘자, 음악비평가. 토마스 만의 부인 카티아 만의 쌍둥이 남매.

플라이서, 마리루이제(Marieluise Fleißer, 1901～1974) 독일의 신즉물주의 작가.

피사로, 카미유(Camille Pissarro, 1830～1903) 프랑스의 인상주의 화가.

피셔, 사무엘(Samuel Fischer, 1859～1934) 독일의 출판업자. 피셔 출판사 창립자.

피츠제럴드, 젤다(Zelda Fitzgerald, 1900～1948) 미국의 작가, 화가. 프랜시스 스콧 피츠제럴드의 아내.

피츠제럴드, 프랜시스 스콧(F. Scott Fitzgerald, 1896～1940) 미국의 작가.

피카소, 올가(Olga Picasso, 1891～1955) 러시아 태생의 발레 무용수이자, 피카소의 첫번째 아내.

피카소, 파블로(Pablo Picasso, 1881～1973) 스페인 태생 프랑스의 화가.

ㅎ

하우프트만, 게르하르트(Gerhart Hauptmann, 1862～1946) 독일의 자연주의 극작가, 소설가.

하우프트만, 엘리자베트(Elisabeth Hauptmann, 1897∼1973) 독일의 작가이자 번역가.

하이데거, 마르틴(Martin Heidegger, 1889∼1976) 독일의 철학자.

하임, 게오르크(Georg Heym, 1887∼1912) 독일의 초기 표현주의 문학을 대표하는 시인.

할가르텐, 리키(Ricki Hallgarten, 1905∼1932) 독일의 화가, 판화가, 삽화가.

헉슬리, 마리아(Maria Huxley) 영국의 작가 올더스 헉슬리의 아내.

헉슬리, 올더스(Aldous Huxley, 1894∼1963) 영국의 작가이자 철학자.

헤닝스, 엘리자베트 폰(Elisabeth von Hennings) 엘리자베트 폰 슐라이허 참조.

헤르만, 에바(Eva Herrmann, 1901∼1978) 독일 태생 미국의 화가.

헤르미네 황비(Hermine Reuß, 1887∼1947) 독일 황제 빌헬름 2세의 두번째 아내.

헤릅스트, 마나세(Manasse Herbst, 1913∼1997) 오스트리아헝가리 제국 태생 미국의 가수이자 배우.

헤밍웨이, 어니스트(Ernest Hemingway, 1899∼1961) 미국의 작가.

헤세, 니논(Ninon Hesse, 1895∼1966) 독일의 미술사가. 헤르만 헤세의 세번째 부인.

헤세, 헤르만(Hermann Hesse, 1877∼1962) 독일의 시인이자 소설가.

헤셀, 프란츠(Franz Hessel, 1880∼1941) 독일의 번역가이자 작가.

헤셀, 헬렌(Helen Hessel, 1886~1982) 독일의 패션 기자. 독일의 작가 프란츠 헤셀의 아내.

헤스터베르크, 트루데(Trude Hesterberg, 1892~1967) 독일의 연극배우, 영화배우, 오페라 가수, 카바레 연예인.

헤어베겐, 일데폰스(Ildefons Herwegen, 1874~1946) 본명 페터 헤어베겐(Peter Herwegen). 독일의 베네딕트 수도사로, 역사학자이자 전례학자.

헤어초크, 빌헬름(Wilhelm Herzog, 1884~1960) 독일의 문학사가이자 문화사가, 평화주의자.

헬름, 브리기테(Brigitte Helm, 1908~1996) 독일의 영화배우.

호르바트, 외된 폰(Ödön von Horváth, 1901~1938) 헝가리 태생의 극작가.

호르크하이머, 막스(Max Horkheimer, 1895~1973) 독일의 사회 철학자. 프랑크푸르트학파 지도자.

호프만, 하인리히(Heinrich Hoffmann, 1885~1957) 독일의 사진작가이자 나치 정치인. 히틀러의 사진작가.

호프만스탈, 게르티 폰(Gerty von Hofmannsthal) 오스트리아의 시인이자 극작가 후고 폰 호프만스탈의 아내.

호프만스탈, 프란츠 폰(Franz von Hofmannsthal) 오스트리아의 시인이자 극작가 후고 폰 호프만스탈의 아들.

호프만스탈, 후고 폰(Hugo von Hofmannsthal, 1874~1929) 오스트리아의 시인, 극작가.

홀랜더, 프리드리히(Friedrich Hollaender, 1896~1976) 독일의 레뷰

및 영화음악 작곡가.

후설, 에드문트(Edmund Husserl, 1859~1938) 오스트리아 출신의 독일 철학자. 현상학의 창시자.

히르쉬펠트, 마그누스(Magnus Hirschfeld, 1868~1935) 독일 의사이자 성과학자.

히틀러, 아돌프(Adolf Hitler, 1889~1945) 오스트리아 태생 독일의 독재자.

힌덴부르크, 파울 폰(Paul von Hindenburg, 1847~1934) 독일의 장군이자 바이마르공화국 2대 대통령.

힐덴브란트, 프레트(Fred Hildenbrandt, 1892~1963) 독일의 저널리스트이자 작가.

힘러, 하인리히(Heinrich Himmler, 1900~1945) 독일의 나치 친위대장. 홀로코스트의 핵심적인 책임자.

지은이 **플로리안 일리스**
1971년 독일 헤센주 슐리츠에서 태어나고 자랐다. 본대학교와 옥스퍼드대학교에서 미술사와 근대사를 공부했다. 독일의 대표 신문 『프랑크푸르터 알게마이네 차이퉁』의 문예부 편집자로 일했으며, 예술잡지 『모노폴』을 창간했다. 베를린의 경매회사 빌라 그리제바흐의 공동 대표이사로서 19세기 예술을 담당했으며, 2017년부터 명성 높은 주간지 『디 차이트』의 편집위원으로 일하고 있다. 저서로 『골프 세대』 『1913년 세기의 여름』 『증오의 시대, 광기의 사랑』 『침묵의 마법』 등이 있다.

옮긴이 **한경희**
서울대학교 독어교육과를 졸업하고 동 대학원에서 박사과정을 수료했다. 옮긴 책으로 『그들이 한자리에 모이면 어떤 말을 할까』 『처음부터』 『파란 문 뒤의 야콥』 『헤르만』 『불안, 그 두 얼굴의 심리학』 『벌거벗은 원숭이에서 슈퍼맨으로』 『유럽 문화사』 『1913년 세기의 여름』 『위기에 빠진 지구』 등이 있다.

증오의 시대, 광기의 사랑
감정의 연대기 1929~1939

초판 인쇄 2024년 5월 20일 | **초판 발행** 2024년 6월 10일

지은이 플로리안 일리스 | **옮긴이** 한경희
책임편집 이경록 | **편집** 임혜지 이희연
디자인 김하얀 | **저작권** 박지영 형소진 최은진 서연주 오서영
마케팅 정민호 서지화 한민아 이민경 안남영 왕지경 정경주 김수인 김혜원 김하연 김예진
브랜딩 함유지 함근아 고보미 박민재 김희숙 박다솔 조다현 정승민 배진성
제작 강신은 김동욱 이순호 | **제작처** 한영문화사(인쇄) 경일제책사(제본)

펴낸곳 (주)문학동네 | **펴낸이** 김소영
출판등록 1993년 10월 22일 제2003-000045호
주소 10881 경기도 파주시 회동길 210
전자우편 editor@munhak.com | **대표전화** 031)955-8888 | **팩스** 031)955-8855
문의전화 031)955-3579(마케팅), 031)955-3572(편집)
문학동네카페 http://cafe.naver.com/mhdn
인스타그램 @munhakdongne | **트위터** @munhakdongne
북클럽문학동네 http://bookclubmunhak.com

ISBN 978-89-546-3683-4 03920

잘못된 책은 구입하신 서점에서 교환해드립니다.
기타 교환 문의 031)955-2661, 3580

www.munhak.com